琉球国成立前夜の考古学

新里亮人 著

同成社

食器類の産地を歩く

1. 長崎県西彼杵半島のホゲット石鍋製作遺跡　2. 同製作遺跡に残された滑石製石鍋の未成品　3. 中国陶磁器窯跡（福建省）　4. 重ね焼きの状態を留めた中国陶磁器（福建省）　5. 徳之島カムィヤキ陶器窯跡の窯跡検出状況（伊仙町教育委員会提供）

琉球列島を代表する食器類

1．沖縄諸島の在地土器鍋（熱田貝塚出土）　2．先島諸島の在地土器鍋（カイジ浜貝塚出土）　3．奄美諸島の在地土器鍋（山田半田遺跡出土）　4．今帰仁タイプ碗（宮古島住屋遺跡出土）　5．ビロースクタイプ碗Ⅰ類（宮古島住屋遺跡出土）　6．ビロースクタイプ碗Ⅱ類（宮古島旧城辺町内古墓出土）　7．カムィヤキA群（徳之島カムィヤキ陶器窯跡出土）　8．カムィヤキB群（徳之島カムィヤキ陶器窯跡出土）（1・2：沖縄県立埋蔵文化財センター所蔵　3：喜界町教育委員会所蔵　4～6：宮古島市教育委員会所蔵　7・8：伊仙町教育委員会所蔵）

目　次

序　章　グスク時代研究の意義 ……………………………………………………………… 1

　1. 特有の歴史的経緯　1
　2. 研究の現状　1
　3. 琉球国の成立史をめぐる諸問題　3
　4. グスク時代における食器類研究の意義　4

第1章　グスク時代開始直前の考古学的状況 ……………………………………………… 7

　1. グスク時代とは　7
　2. 資料の蓄積と基礎的編年の確立　8
　3. 編年研究と社会論の展開　8
　4. 課題の抽出　9
　5. グスク時代開始直前の考古学的状況　10

第2章　在地土器の変容と展開からみた南島の社会変革 ………………………………… 19

　1. グスク時代における在地土器の変容　19
　2. 土器B群の先行研究と問題の所在　20
　3. 鍋形土器の型式学的検討　25
　4. 沖縄諸島出土土器の型式学的検討　27
　5. 先島諸島出土土器の型式学的検討　31
　6. 奄美諸島出土土器の型式学的検討　36
　7. 各段階における土器の製作動向　38
　8. 沖縄諸島における特異な食器構成　41
　9. 土器B群の歴史的・文化的意義　41

第3章　舶来煮沸具の受容 …………………………………………………………………… 43

　1. 滑石製石鍋とは　43
　2. 日本列島における滑石製石鍋の研究　44
　3. 琉球列島における滑石製石鍋の研究史　46
　4. 日本列島、琉球列島における滑石製石鍋の出土状況　50
　5. 琉球列島における滑石製石鍋が示す意味　57

第4章　舶来供膳具の受容 ……………………………………………………………… 67

    1．舶来供膳具研究の意義と問題の所在　67
    2．琉球列島出土貿易陶磁器の先行研究　68
    3．九州島・琉球列島における中国産陶磁器の消費状況　70
    4．琉球列島における中国産陶磁器の様相　73
    5．消費状況の比較検討　76
    6．中国産陶磁器の消費状況からみた琉球列島の地域性　80
    7．陶磁器流通の推移からみた琉球列島の経済状況　83

第5章　徳之島における窯業生産の動向 ……………………………………………… 85

    1．琉球列島最古の窯業生産遺跡　85
    2．生産品と生産跡の概要　85
    3．先行研究と課題の抽出　90
    4．器種分類　93
    5．壺の型式学的検討　93
    6．壺の製作技法　98
    7．椀・甕・鉢・水注の分類　100
    8．A群とB群の設定　103
    9．A群とB群の先後関係と科学的特性　105
    10．生産動態　110
    11．琉球列島における窯業生産の成立と展開　115

第6章　陶器流通の特質 ………………………………………………………………… 119

    1．分析の方法　119
    2．カムィヤキ出土遺跡の集成　119
    3．カムィヤキの分布状況　120
    4．消費遺跡におけるカムィヤキの出土状況　123
    5．カムィヤキの流通とその特質　131

第7章　窯業技術の系譜 ………………………………………………………………… 133

    1．窯業技術をめぐる諸問題　133
    2．カムィヤキの技術系譜に関する研究とその争点　133
    3．製作技法、窯体構造の比較検討　135
    4．徳之島カムィヤキ陶器窯跡の成立背景　139

第8章　食器類からみたグスク時代の歴史動向 ……………………………………… 145
1. 琉球列島史の特質　145
2. 先史時代における3つの文化圏　145
3. グスク時代前期（11世紀中頃～12世紀前半）　151
4. グスク時代中期（12世紀中頃～13世紀前半）　154
5. グスク時代後期（13世紀中頃～14世紀）　155

終　章　琉球国成立前夜の社会動態 ……………………………………………………… 159
1. グスク時代の琉球列島と東アジア　159
2. グスク時代琉球列島における島嶼間経済の展開と社会の複雑化　160
3. グスク時代研究の展望と課題　161

付　表　分析の対象とした食器類出土遺跡の一覧 ……………………………………… 163
1. 九州島・琉球列島における滑石製石鍋出土遺跡一覧　165
2. 九州島・琉球列島における中国産陶磁器出土遺跡一覧　192
3. 琉球列島における福建産粗製白磁出土遺跡一覧　265
4. カムィヤキ出土遺跡一覧　273

参考文献　285
図表出典一覧　302
あとがき　305
索　引　309

琉球国成立前夜の考古学

序章　グスク時代研究の意義

1. 特有の歴史的経緯

　九州島と台湾の間に点在する島々は、地質学的には「琉球列島」、歴史学の分野では「南島」と呼ばれる（図1）。島々の大半は亜熱帯気候に属し、大小さまざまな規模のサンゴ礁に囲まれた独特な自然環境や景観をもつ。

　当該地域におけるこれまでの考古学研究は、確実なところ6000年におよぶ先史時代（BC5000～AD1000）に、狩猟・漁撈・採集経済が展開し、続くグスク時代（11～14世紀）、農耕の本格化とともに奄美諸島から先島諸島で一体的な食器文化が花開いて、グスク（城跡）を構築した按司と呼ばれた支配者層が出現したことを明らかにしてきた。文献史の研究では、14世紀代に沖縄諸島各地に割拠していた有力者が3つにまとめられて明との朝貢貿易が始まり（三山時代）、1429年、沖縄本島を本拠地とする琉球国は北側の奄美諸島から南側の先島諸島までをその版図に収めたとされる。
(1)

　両分野での研究成果によれば、琉球列島が辿ってきた歴史的経緯は表1のようにまとめられ、日本列島のそれとは大きく異なることがわかる。世界遺産「琉球王国のグスク及び関連遺産群」は、そうした歴史性に裏打ちされた固有な文化の象徴的存在ともいえよう。

2. 研究の現状

　考古学と歴史学の研究成果を整合的に捉える高良倉吉は、長い先史時代から急速に王国を成立させた点を琉球史の特質と捉え、古琉球期（12世紀頃～1609年）を、「先史時代の与件を前提に琉球の島々が一体的な地域として形成される段階であると同時に、政治的にも琉球王国という独自の国家を形成して自立化を図る時代」としてその歴史的意義を評価している（高良1987）。また、安里進は蓄積された考古資料に依拠して、古琉球の前期を「生産経済時代」と「グスク時代」に区分し、政治的時代（大型グスク構築期）以前における生産（農業生産、窯業生産、鉄器生産）と流通（東アジア産各種食器類の流通）に支えられた経済段階の歴史的重要性を指摘している（安里進 1990b）。

　一方、奄美諸島における遺跡の特異性に注目する高梨修（2005）は、沖縄県側で主導されるグスク時代研究に対し「琉球列島をめぐる従来の歴史学研究は琉球王国論に収斂される潮流が強い」として、奄美諸島や先島諸島が琉球国の地方展開を知るための補助的題材とみなされる研究現状の打開を訴える。実際、奄美諸島には小湊フワガネク遺跡群（高梨編 2016）、喜界島城久遺跡群（松原ほか 2015）、奄美大島赤木名城跡（中山編 2003）、徳之島カムィヤキ陶器窯跡（新東・青﨑編

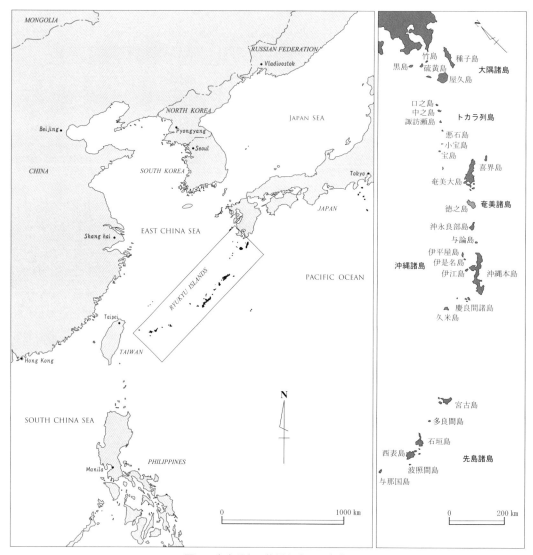

図1　琉球列島の位置と島々の名称

1985a・b、青﨑・伊藤編 2001、池田榮編 2005、新里亮編 2005）など生産や流通の拠点的遺跡や大規模な集落跡、城郭が集中的に分布しており、奄美諸島が琉球列島史上で果たした重要な役割について、今や否定する者はない。

　先島諸島においても日本列島に類例が少ない福建産粗製白磁碗が密に分布し（金武 1988）、特有の通用門で結ばれた石垣囲い屋敷跡群が点在するなど（国立歴史民俗博物館編 1999）、稀有な遺跡が少なからずある。琉球列島各地で展開した物質文化のあり方がこのように多様であることから、それぞれ島嶼域では地域独自の時代名称が付されることが一般的であるが（表1）、このことはかえって、琉球国の成立史を考える上で、沖縄本島以外の地域にも十分に目を配り、各地の歴史的・文化的地域性を正当に評価することの大切さを教えてくれる。

表1 各地域の時代区分

日本列島	琉球列島			※	年代
	奄美諸島	沖縄諸島	先島諸島		
旧石器時代		旧石器時代		先史時代	
縄文時代	縄文時代並行期	貝塚時代前〜後期	先史時代		BC 5000
弥生時代	弥生時代並行期				
古墳時代	古墳時代並行期				
奈良時代	古代並行期				
平安時代				古琉球	11c中
鎌倉時代	中世並行期	グスク時代	歴(原)史時代		
室町時代		三山時代			
	琉球王国(第一尚氏王朝〜第二尚氏王朝前期)				1429年
江戸時代	薩摩藩統治時代	琉球王国(第二尚氏王朝後期)		近世琉球	1609年
近代	鹿児島県	沖縄県		近・現代	1879年
現代					1945年

※文献史による時代区分名称。
網かけ部分は本書で主に扱う時代を示す。

3. 琉球国の成立史をめぐる諸問題

　本書のタイトルにある琉球国とは、1429年に中国明王朝との朝貢貿易と東南アジア、日本との中継貿易によって栄華を誇った港市国家で、中山による南山と北山の統一後、沖縄本島の首里を拠点に成立した王国である。その成立過程の解明を目指す研究においては、在地産の土器や陶器、九州島産および中国産の食器類の編年に基づいて村落や城郭の構造を年代順に序列化し、その発達過程を明らかにする分析方法が主流となっている(安里進1990b)。また、権力者層が成長し、王国の成立へと至るグスク時代の歴史的経緯を考察するなかでは、農業生産高の増大に伴う農業共同体の結束が重要視され、沖縄本島中・南部において展開した成熟的な農耕社会の延長線上に王国の成立が位置付けられる、一地域内からの発展段階的な王国成立モデルが描き出されてきた(安里進 1998)。

　しかし、こうした歴史観が醸成される学問的経緯を整理した池田榮史は、発展段階的な王国成立論を「沖縄諸島を中心として構築されてきた琉球国の成立過程に関する理解論」として、各諸島における多様な様相の解明によってグスク時代を評価し直す必要性を説いた(池田榮 2009)。また、琉球列島をめぐる近年の考古学、歴史学、言語学、人類学など関連諸分野の研究成果を総括した吉成直樹は、琉球国の成立要因に「外的衝撃」を認め、内部の論理による説明が難しいことを指摘している(吉成 2013)。

以上のような見解が立て続けに示される論拠は、奄美諸島をめぐる近年の考古学的研究成果にある。文献史の分野からは律令期における朝廷と南島の朝貢関係の存在と奄美諸島地域の階層社会化がすでに指摘されていたが（鈴木靖 1987）、奄美大島においていくつか確認されている「ヤコウガイ大量出土遺跡」をこうした社会情勢下で成立した南方物産交易の拠点と解釈し、グスク時代を牽引した大規模な城郭や集落跡、窯業生産跡など拠点性の高い遺跡が奄美諸島に集中する考古学的事実を、このような歴史動向の中で捉えようとする試みもある（高梨 2005）。琉球国の成立要因を日本列島、中国、朝鮮半島を含む周辺諸国との関係性に求めるこうした提言は、主に奄美諸島の特殊性を重視する研究者から発信された新たな歴史像であるが、最近の研究動向に注目すれば、琉球列島の国家形成史に関する研究は、周辺地域をより広く包摂して多角的視点から検証する段階に到達したとみてよい。

4. グスク時代における食器類研究の意義

琉球国の成立を準備した重要な段階とされるグスク時代には、支配者と被支配者の関係が存在し、富の所有に不平等が生じる階層社会が展開していたと考えられている。文字資料に恵まれないため、当時の生活文化や経済状況の解明に当たっては必然的に考古資料が主役となるが、中でもその多くを占める食器類の生産年代、産地、技術系譜を明らかにすることは、グスク（城塞）、建物、墓など各種遺構の存続時期の確定に当たり不可欠で、なおかつ当時の経済的・文化的交流の復元にあたっても有効である。

先にも述べたとおり、今までのグスク時代研究では、沖縄諸島での成果が琉球列島の全体動向として捉えられる傾向が強かった。これは資料の蓄積が多く、王都が所在した沖縄諸島の検討が積極的に行われたことに起因する。しかし、奄美諸島や先島諸島における調査・研究の著しい進展によって、従来のような資料的制約からは解放され、各地域における考古学的状況は以前と比べて格段に明瞭となった。であるからこそ、これまで沖縄諸島側からの視点で築き上げられてきたグスク時代像を、南北縁の島嶼域を加えて、できるだけ広い範囲の中で捉え直し、各島々の役割を東アジアの中で描き出すことは、目下の重要な課題だと筆者は考えている。将来的に貿易立国琉球の本質を見極めることを展望するならば、直前のグスク時代における経済や社会段階の実相解明は避けては通れず、食器類が提起する考古学上の諸問題を解決しておくことは、少なくとも不利益にはならないはずである。

このような問題意識のもと、本書では食器類の分析によってグスク時代の経済状況を明らかにし、琉球国成立史の一部分を考古資料から復元することを目的とする。ここでいう食器類とは食事に用いる供膳具、貯蔵具、調理具、具体的には各島々で製作された土器、徳之島産の陶器（通称：カムィヤキ）、九州島産滑石製石鍋、中国・朝鮮半島産の陶磁器類を指すが（図2）、これらの産地が広域におよぶという資料的特性を踏まえると、食器類は当時の食文化（食器の機能など）を知る上で重要なことはもちろんのこと、その生産、流通、消費という一連の経過から琉球列島と周辺地域の交流や物流のあり方を復元する上でも不可欠な歴史資料だといえる。また、グスク時代における食器類の出土状況を個別に検討することによって、階層化した社会の中で食器類がどのような原理で使用されていたかを推定することが可能となるので、食器類は、器質に適した用途をもつ機能

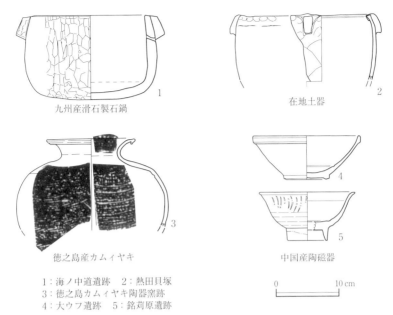

1：海ノ中道遺跡　2：熱田貝塚
3：徳之島カムィヤキ陶器窯跡
4：大ウフ遺跡　5：銘苅原遺跡

図2　検討の対象とする主な考古資料

的側面をもちながらも、過去における社会の一端を読み解く文化的・象徴的側面を備えた物質資料としても価値が高いといえる。

　食器類のこうした特性と琉球国が貿易国家であった歴史的経緯を踏まえ、以下では基本的な生活道具であった食器類の検討より、琉球国成立の前史を経済・社会・文化の面から捉え直すことを試みていきたい。具体的には、琉球列島産食器類（在地土器、徳之島産カムィヤキ）の観察や型式学的検討に基づいてそれらの年代序列や技術系譜を明らかにし、これらと舶来食器類（九州産滑石製石鍋、朝鮮半島産無釉陶器、中国産陶磁器）との共存関係を地域別に分析することによって、当時の経済と社会の関係から各諸島の食器構成が示す文化的意味について考察していくものである。

　分析に当たっては、沖縄諸島のみならず、近年重要遺跡の調査と公表が相次いでいる大隅諸島、奄美諸島、先島諸島の資料もその対象に加え、南北1000キロ以上におよぶ島嶼域の地域相を明らかにしながら琉球列島全域を見渡すことに徹した（図3）。これまでのグスク時代研究では、日本列島とは異なる歴史を歩んできた琉球列島の独自性と現国土領域の南縁を構成する一地域としての特異性が強調されてきたが、本書ではこれを少し発展させ、食器類から導き出せる各島嶼域の個別的特徴を、周辺地域（特に九州と南中国）における考古学的状況と比較しながら描き出すことに努めている。

　以下では、奄美・沖縄・先島諸島における食器類の製作や消費動向を時期別に整理し、それらの地域的特性をできるだけ明らかにしていくが、食器類の分析を通して、各諸島の経済動向を連結的に捉えながら、それぞれの特質を明らかにするという視点に立って分析を進める。グスク時代の食器文化は島嶼ごとに特徴的かつ多様であるが、ここでは個性の強調に終始せず、共通点と相違点を可能な限り示すことによって、グスク時代の琉球列島が、東アジアの中世世界とどのような関わり合いをもって展開していたかについて考えることにする。

　国王を頂点とする重層的階層社会の形成過程において、琉球列島の食器類は何を語るのであろう

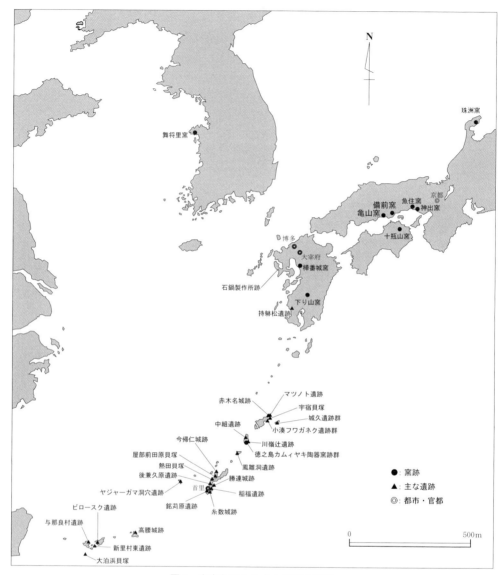

図3　本書と関わる主な遺跡の位置

か。グスク時代から三山時代、琉球国時代に至る歴史的経緯を、交易の側面から論じるべく、まずは、在地土器と舶来食器の分析から各島嶼域の地域相を明らかにすることから始めていきたい。

註
（1）文献史学の研究成果は、永山（2010）、弓削（2010）等を参照した。
（2）琉球列島各島嶼域の時代区分は、鹿児島県教育委員会編（2006）、高良（1987）、石垣市教育委員会市史編集課編（2015）を参照した。

第1章　グスク時代開始直前の考古学的状況

1. グスク時代とは

　琉球列島のグスク時代（沖縄考古学会編 1978）とは、多和田眞淳（1956）による貝塚時代晩期、高宮廣衞（1965）による城（グスク）時代に当たる用語で、貝塚に次いで出現したグスクとその城主（按司）に代表される時代とされる。いわゆるグスク論争を経て、構造物としての機能の多様性とその段階的発展については一定の結論が得られたが、グスクを政治の場として捉える観点からは、グスク時代を経済的段階（農耕社会段階）と政治的段階（階層社会段階）に区分し、城が出現していない前者をグスク時代から切り離す意見もある（安里進 1991b）。また、グスクの防御機能を重視する立場からは、堀切、土塁、石積みなどの出現からその機能が喪失するまでの間をグスク時代とし（當眞 2000）、出土する陶磁器による時期区分もこれに基づいて定められることが多い（金武 1998c）。

　このようにグスク時代の定義は研究者の立場によって若干の差異があるが、貝塚時代とグスク時代とでは、両者の考古学的状況が大きく異なるという認識が共有されていることは明らかである。沖縄諸島におけるフェンサ城貝塚の発掘調査では、甕と壺を主要器種とする貝塚時代終末期のフェンサ下層式土器から鍋、壺、椀などで構成されるフェンサ上層式土器の層位的変遷が実証された（友寄・嵩元 1969）。フェンサ上層式の出現は、伝統的土器様式の変容という大きな意味をもち、以後フェンサ上層式がグスク時代を代表する在地土器という認識が広まるにつれ、グスク土器またはグスク（系）土器と呼ばれるようになった（金城亀 1990、金城匠 1999）。土器様式の観点からは、フェンサ上層式に準ずる土器の出現をもってグスク時代の開始とみる意見も多く、発掘調査報告書などでの実用面ではこれが一般的である。本書においてもグスクで使用された食器類が、築城が開始される以前より存在していたことを重視し、貝塚時代と琉球国時代の間をグスク時代と扱うことにする。その始まりは、貝塚時代後期の甕、壺とは系譜が異なる鍋、甕、壺、鉢、椀、水注などで構成された特徴的な在地土器の出現を指標としておく。

　以下では、特筆すべきグスク時代研究の成果を確認し、本書での課題と論点を整理するが、検討対象とする食器類の先行研究については各章にて別途詳述する。

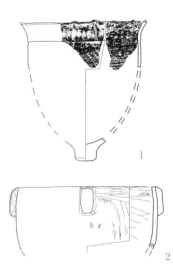

1：我謝遺跡　　0　　10cm
2：後兼久原遺跡

図4　貝塚時代後2期とグスク時代の土器

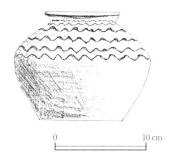

表2 高宮廣衞による城（グスク）時代の編年

貝塚時代後期		
城時代	前期	城跡土器＋須恵器
	中期	城跡土器＋須恵器＋陶磁器＋鉄器
	後期	城跡土器＋須恵器＋陶磁器＋鉄器＋古瓦

図5　廣瀬祐良報告の按司時代土器

2. 資料の蓄積と基礎的編年の確立

　グスク時代の遺跡から土器、陶器、陶磁器などが出土することは戦前から知られていた（鳥居1905、廣瀬 1933、図5）。戦後、琉球列島各地の踏査によって、グスクにおける須恵器や陶磁器の散布が明らかとなって、それに基づく琉球列島編年の基礎が確立した（多和田 1956）。

　本土復帰（1953年）を果たした奄美諸島では、九学会による奄美大島宇宿貝塚の調査（国分ほか 1959）、沖縄諸島では琉球政府（1952〜72年）や在地の研究者による各遺跡の調査がそれぞれ行われ、考古資料の蓄積が進められた（琉球政府文化財保護委員会 1965・1966、嵩元 1966、友寄・嵩元 1969、安里進 1969）。沖縄諸島の調査成果を総括した高宮廣衞（1965）は、遺物構成の段階的変化に注目してグスク時代を3期に分けてその基本動向をまとめ（表2）、これらが先島諸島でも認められることに注目して沖縄諸島と先島諸島における文化動向の類似性を指摘している。

　沖縄県の本土復帰以降（1972年〜）、開発に伴う調査が進展し、グスクのみならず、集落遺跡や生産遺跡の調査が開始されたが、特に沖縄本島における熱田貝塚の発掘では、九州産滑石製石鍋に由来する土器の存在が明らかとなり（金武・比嘉編 1979）、奄美諸島（河口編 1979）、先島諸島の調査も進んで（金武・金城編 1986）、沖縄・奄美諸島の貝塚時代、先島諸島の新石器時代が12世紀前後に終焉を迎える見通しが得られた（金武 1994）。高宮が指摘したグスク時代の文化動向の類似性は奄美諸島を含む広範囲におよんだことが明らかとなり、後にそれはトカラ列島、大隅諸島へと北上する兆しを見せはじめる（村上 1988、亀井 1993、新東 1995、中園編 2015）。

　こうしてグスク時代における文化圏の範囲や成立年代が次第に明らかになるにつれ、代表的遺物の詳細な年代や来歴を追究する研究を積極化させることとなった。

3. 編年研究と社会論の展開

　グスク時代を代表する遺物に土器、陶器、陶磁器、瓦、鉄、穀類があるが、そのうち土器、陶器、陶磁器の研究を中心とする遺物論はグスク時代研究の根幹をなす部分で、それらの具体的検討は祝部土器、須恵器と報告された陶質土器から始められた。九学会の調査を率いた国分直一（1959）は、宇宿貝塚の調査成果を踏まえ「旺然たる須恵器の南下分布」を律令期の南島経営と関係をもつとし、その来歴を日本列島に求めた。その後、これら陶質の土器は朝鮮半島からの将来品

とする意見（三島 1966、白木原 1975）や琉球列島内での生産を想定する見解（友寄 1964）が示された。日本列島に類例がないとの理由から「類須恵器」（白木原 1975）と名付けられたが、1983年における徳之島カムィヤキ陶器窯跡の発見以後は（義・四木 1984、新東・青崎編 1985a・b）は、遺跡名称に因んでカムィヤキと呼ばれることが一般的となった（池田 2005a）。

多くの研究者によって型式学的検討が重ねられ（赤司 1999、安里進 1975・1991a、池田榮 1993・2000、池田榮編 2005、大西 1996、佐藤伸 1970、吉岡 1994・2002a・b）、生産跡の悉皆調査や自然科学的分析によって遺跡の範囲が拡大すると（青崎・伊藤編 2001、新里亮編 2005）、遺跡の重要性と学問的価値付けにかかる議論も活発化し（名瀬市教育委員会・カムィヤキ古窯跡群シンポジウム実行委員会編 2002）、大規模な窯業が営まれた自然的要因の究明も進められた（寺田 2015、成尾 2015）。

窯業生産品の研究が進展するとともに、琉球列島の在地土器への関心も高まりはじめた。沖縄諸島でのグスクや集落跡の調査によって、貝塚時代からグスク時代への変遷が土器系統の差異からも読み取れるようになり（友寄・嵩元 1969、安里進 1975、金武・比嘉編 1979）、後の検討によってこうした在地土器が九州島の中世食器や中国産陶磁器と関係が深いことが明らかとされた（安里進 1995、金城亀 1990）。本土側の研究情報の積極的な収集とその研究成果を援用した遺物の編年研究が進展し（安里進 1991a）、特定の島嶼域を対象とする土器の型式学的検討も進められ、属性や主成分を分析する定量解析の有効性も示された（新里貴 1997・2006）。

在地の陶器や土器とともに頻繁に検出される遺物として中国や東南アジア産の陶磁器類がある。これらは品質の優劣を問わず数多く出土するため、琉球列島の陶磁器研究は注目度が高い全国区の分野といえる。大規模グスクから出土する優品の検討を嚆矢とするが（伊東・鎌倉 1937、矢部 1975、亀井 1985）、発掘調査から得られた資料の検討によって沖縄県域の基本動向がまとめられ（金武 1989b・1998c）、それらの運搬経路の時間的推移も論じられた（亀井 1986・1993）。近年では、全国的編年への寄与を目的とした分類案が提示され（瀬戸ほか 2007、瀬戸 2010・2013・2015）、それらの産地同定を目指す実証的研究も行われている（森本・田中 2004、木下編 2009）。

こうした遺物研究の成果に基づいて、琉球国成立過程の解明を目指す社会論も展開した。こうした研究は安里進によって主導され、土器、カムィヤキ、陶磁器の編年に基づく城塞の序列化によって経済的段階（農業生産、窯業、鉄器生産、海外交易）から政治的段階（グスクの出現および王権の成立）への歴史展開が考古学的に検証され（安里進 1990b）、村落跡の考古学的分析によって、農業共同体から王国への展開過程も論じられた（安里進 1998）。また、王陵の築造には各種技術者集団の動員も想定され（安里進 2003、上原静 2013）、金工や造瓦の検討から琉球国成立以前における権力構造の実態把握も進められている。

4. 課題の抽出

以上のことから、グスク時代の研究は遺物や遺構の特徴的理解に留まらず、当時における社会構造の質的把握を射程に収めていることがわかる。特に、大規模な城塞や大量に出土する豊富な輸入陶磁器類の存在から、グスク時代には琉球列島が階層化した社会段階に到達していたことは定説となっている。ただし、序章でも述べたとおり、諸研究が依拠した考古資料は沖縄本島に偏っている

ため、近隣の奄美諸島、先島諸島との比較検討によって相対化されたグスク時代像ではなく、このことは同時に、これまでのグスク時代像が主に沖縄諸島側から情報発信によって描き出されてきたものであることを意味する。また、その生業基盤が農耕と牧畜にあったことから、農業共同体の拡大と統合の帰結点に琉球国の成立が位置付けられる歴史観も示されてされてきたが（安里進 1990b・1998）、貿易国家として知られる琉球国の特質に注目するのであれば、やはり交易活動の展開と階層社会化の相関関係を考古学的に導き出すことに力を注ぐべきであろう。

そこで、本書ではグスク時代の遺跡から普遍的に出土する食器類の検出状況から、これらがいつ、どこで作られ、いかなる経路を辿って運ばれ、そしてどのようにして使われたのかを考古学の手法を用いて分析し、各地域における食器構成の意味について考えていくことを第一の目的とした。こうした作業によって、当時の琉球列島における経済状況の推移を復元し、当時の交易と琉球列島における階層社会化がどのように関係していたかについて論じるものである。朝貢貿易と中継貿易によって繁栄した琉球国が成立する前夜における階層化の段階を、経済と文化の面から検討し、新たな歴史像を提示したい。

なお、本書では、各地の遺跡から出土した食器類の年代的序列を定めることに紙幅を割いている。遺跡や遺構の時代を決定するには、こうした出土遺物の年代的位置付けが基本となるからである。中国産陶磁器が多く出土する地域的特徴も手伝い、琉球列島における遺跡や遺構の所属時期は九州島以北における陶磁器年代が当てられ、在地食器類の変遷過程には注意があまりおよばなかった。次章以降では、各島嶼域における在地土器の型式学的検討に基づき、これらと共伴する舶来食器の検討を進めていくが、本題に移る前に、グスク時代開始直前の考古学的状況について紹介し、貝塚時代後期における奄美諸島の特殊性について確認しておきたい。

5. グスク時代開始直前の考古学的状況

（1）奄美諸島から出土する律令期の食器類

奄美諸島における貝塚時代後2期の遺跡からは、土師器、須恵器、初期貿易陶磁器など律令期の遺物が出土することがある。集成によると（池畑 1998、高梨 2005、宮城弘 2014、野﨑 2016）、奄美大島11遺跡、喜界島9遺跡、徳之島2遺跡、沖永良部島1遺跡での事例があり、喜界島の城久遺跡群では土師器甕に系譜をもつ在地土器が製作されていたことも明らかとなった（野﨑 2015）。出土陶磁器との共伴関係から、これらは9世紀後半頃から11世紀後半の所産であったことが指摘されている（池田 2017a）。

以下では、九州島における土器生産の動向を参照しながら、奄美諸島で律令期の土師器（椀、甕）、須恵器、中国陶磁器が出土する意味について考えてみたい。

（2）マツノト遺跡出土土師器の特徴

マツノト遺跡の第1文化層からは25点の土師器が出土している。第1文化層とされる砂層は兼久式土器期の包含層で、同層からは鉄器、青銅器および大量のヤコウガイが検出されている（中山編 2006）。出土土師器の器種には椀、甕がある。以下にそれらの観察所見と特徴について述べる。

表3 マツノト遺跡出土資料観察表

図	番号	器種	出土地	口径(cm)	器高(cm)	成形、調整など 外			成形、調整など 内			胎土	混和材	焼成
						口	胴	底	口	胴	底			
6	1	椀	12区	11.0		回転ナデ	回転ナデ		回転ナデ	回転ナデ 赤彩		粗い	石英	良好
	2	椀	7区	13.0	7.7	回転ナデ	回転ナデ	回転ナデ	回転ナデ	回転ナデ	ナデ	緻密	角閃石	良好
7	1	甕	5区上			ナデ			横ハケ目	ケズリ		粗い	輝石 石英	良好
	2	甕	10区			横ナデ			横ナデ ハケ目			粗い	輝石 石英	良好
	3	甕	上層	20.0		横ナデ 縦ハケ目	縦ハケ目		横ナデ ケズリ 横ハケ目	縦ケズリ 指押さえ		粗い	輝石 石英 褐色鉱物	良好
	4	甕	6区	22.0		横ナデ	縦ハケ目		横ナデ横 ハケ目	縦ケズリ		粗い	輝石 石英 褐色鉱物	良好
	5	甕		26.0		横ナデ 指押さえ	縦ハケ目		横ナデ 斜ハケ目	横ケズリ		粗い	輝石 石英 褐色鉱物	良好
8	1	甕	4区上			横ナデ	ナデ		ナデ	横ケズリ		粗い	石灰岩石英	良好
	2	甕	17区	24.0		横ナデ	ナデ		横ナデ	横ケズリ		粗い	石灰岩石英 輝石	良好
	3	甕	3区			横ナデ 指押さえ	横ナデ		横ナデ	横ケズリ		粗い	石灰岩石英	良好
	4	甕	12区	22.0		横ナデ	横ナデ		横ナデ	横ケズリ		粗い	石灰岩	良好

A. 椀（図6）

椀は計3点（うち2点は同一個体）出土している。1は小型品であり、復元口径は11 cmを測る。12区から出土した。回転台によって製作されており、外面には明瞭な稜線が認められる。焼成は良好で、胎土は比較的粗い。内面には赤彩が施される。

2は回転台成形による高台付椀である。7区で検出された。口径13.0 cm、器高7.7 cm、高台径9.0 cmを測る。高台幅が広く、高脚な形状を呈する。体部は曲線的で、口縁がやや外開き気味に立ち上がる。焼成はよく、胎土は緻密かつ良質で、色調は明橙色を呈する。器面に触れると細粉が付着する。器壁は4mmから5mm程度で非常に薄く、繊細に仕上げられている。

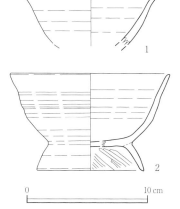

図6 マツノト遺跡出土の土師器椀

B. 甕（図7）

甕は22点検出されており、うち口縁を残す資料は5点ある。胎土がやや粗く、色調は黄白色を呈する一群である。角閃石が混和されるものが多い。

外器面にハケ目調整、内器面にケズリ調整が確認できる。ケズリ調整は強く深めに施されており、明瞭なケズリ痕が残されている。そのため、胴部と口縁部の境には明瞭な稜線がめぐる。頸部内器面には、横位のハケ目調整により平坦面が形成される。

甕の頸部の屈曲点に粘土継ぎ目が確認できるので、胴部と口縁部を明確に区別して製作されたと

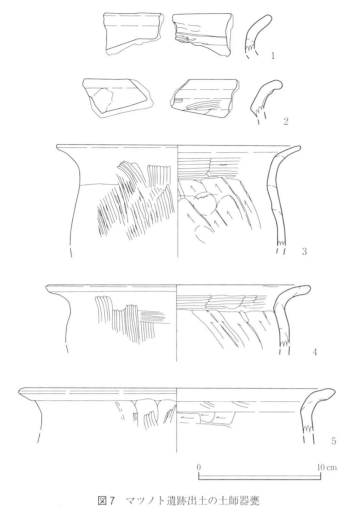

図7 マツノト遺跡出土の土師器甕

みられる。4は、ケズリ痕の上に粘土が被さっている状況が確認でき、胴部ケズリ調整の後に口縁部に粘土を貼りつけたことを示す資料である。口縁部には弱い回転によるナデ調整がなされているが、胴部に回転調整は認められない。

胴部の張りは弱く、最大径は口縁部にある（胴部最大径＜口径）。口縁は緩やかに外反するもの（1～3）と外折気味に大きく開くもの（4、5）がある。

C. 土師器甕系在地土器（図8）

マツノト遺跡からは、土師器甕に系譜が辿れる在地土器も出土している。色調は赤褐色を呈し、混和材として石灰質の鉱物が含まれる。胎土は貝塚時代後2期奄美諸島の在地土器である兼久式土器のそれとよく似る。内器面にケズリ調整が施されており、上述した土師器甕の製作技法の影響が認められる。ただし、口縁部が短く外傾する形状（胴部最大径≒口径）、ケズリの方向、ハケ目調整が施されない点において差異がある。

これらは同一文化層から出土した土師器と同時代資料と判断されるが、その再現性は高いとはいえない。

（3）九州島における古代の土器生産

さて、これらの土師器はどのような動向の中で奄美大島へ持ち込まれたのであろうか。琉球列島の先史時代遺跡からは、九州島で製作された土器が出土し（曽畑式土器、免田式土器、成川式土器など）、逆に琉球列島の土器や南海産貝製品が九州地方で発見されることがある。さらに、グスク時代には九州産の滑石製石鍋が琉球列島全域へと流通し、当該地域との経済的な連結は先島諸島にもおよぶ。時代によって多寡があるが、琉球列島と九州島は先史時代以来絶えず交流関係にあったことは明らかである。

このような歴史状況を踏まえると、マツノト遺跡出土の土師器も九州島との関わりの中でもたらされたことが想定できるので、ここでは九州北部、中九州、南九州の古代土器研究を概観し、その

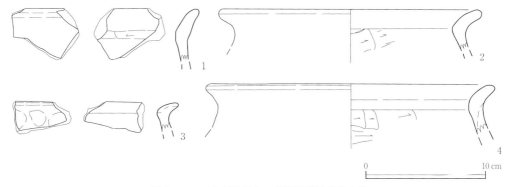

図8　マツノト遺跡出土の土師器甕系在地土器

生産動向を確認してみたい。マツノト遺跡出土土師器椀の特徴でもある回転台成形土師器の出現以降、すなわち8世紀以後の土器様相を中心にみていくことにする。

A．九州北部

九州北部では大宰府近辺の食器研究が積極的に進められてきた。大宰府条坊跡の各遺構から検出された供膳具（杯、皿類）の分類から始まり（横田・森田 1976、前川威 1978）、椀の型式学的検討や（中島恒 1992）、食器構成の総体的把握を目指した研究が進められている（中島恒 1995・2001、山本信 1988、山本信・山村 1997）。分類や分析方法の詳細はそれぞれに譲るが、大宰府周辺の土師器椀は、須恵器を原型とした直線的な形（Ⅰ類）から金属器、瓷器系土器を指向した丸みを帯びたもの（Ⅱ、Ⅲ類）へと推移し、その画期は9世紀末から10世紀初頭とされる（中島恒 1992）。

土師器甕は、古墳時代の系譜を引く甕Ⅰ類（頸部の屈曲が強く、胴の張りが強いもの）、8世紀代から新規に出現する甕Ⅱ類（胴が張らず、最大径が口縁にある）、タタキ成形による甕Ⅲ類の順に変化する（中島恒 2001）。11世紀頃には煮沸具の形態が鍋形へと移行するという（山本信・山村 1997）。

B．中九州

中九州（特に熊本県域）では、生産遺跡出土資料（松本編 1980）と消費遺跡出土資料（網田 1994a・b）の検討が進められた。網田龍生（1994a・b）は、大宰府の食器様相、在地の須恵器生産、越州窯青磁、緑釉陶器の流通との比較から土師器の生産動向を以下のようにまとめている。

回転台成形の土師器椀は8世紀前半代に出現し、その器形は益城郡に所在する須恵器窯製品と類似するが、9世紀前半頃から画一的な直線形態の椀が製作される。その後10世紀前半頃から曲線的な形態で高台が高い椀が出現し、少なくとも10世紀後半まで同系統のものが確認できる。赤彩が施される椀は8世紀後半から10世紀中頃まで一般的に認められる。

煮沸具の検討は中村和美によって進められている（中村和 1996）。8世紀後半頃に口縁部が強く外反した胴部の張らない甕が出現し、その系統のものが9世紀代まで継続する。

C．南九州

南九州では、火山灰の噴出年代（開聞岳噴出物層、推定年代874年）に基づいた土器編年が行われている（下山 1993）。これを受けた中村和美は、広域流通品、遺構の新旧関係により薩摩、大隅両地域における土師器、須恵器の生産動向をまとめている（中村和 1994・1996・1997）。また、鹿児島県における律令土器の総括的検討も進められた（松田 2004）。

これらによると、薩摩地域では8世紀後半代から回転台使用の土師器（供膳具）が製作され、その形態は、須恵器に類似するとされる。その後、9世紀後半代に、体部が丸みをもつ椀（中村分類椀Ab1）および円盤状の底部をもつ、いわゆる充実高台の椀（中村分類C類）が出現する。赤彩椀もこの頃から認められる。

　煮沸形態は在地の成川式土器系統の脚台付甕が8世紀後半から9世紀前半頃まで製作されるが、8世紀後半代に外面器ハケ目、内器面ヘラケズリが施される土師器甕が出現する。その形態は、口縁が長く、外反するもので、胴部が張るもの（松田1類）と直線的な胴部のもの（松田2類）が9世紀前半代まで共存する。9世紀後半代に短い口縁がL字状に折れ曲がる形態となり（松田7、8類）、10世紀中頃に器高が低くなり、口縁がより短く、くの字状に屈曲した形態へと変化する。

（4）九州地方における古代の土器様相

　九州北部、中九州、南九州における土師器の生産動向を供膳具、煮沸具の別に表4・5にまとめた。製作技術、系統関係に着目すると、九州における古代土器生産には以下に記すような共通点を見出すことができ、こうした要素を律令時代的な土器動態と捉えられそうである。

　回転台土師器は8世紀代に出現する。3地域ともに在地の須恵器と類似した形態の供膳具が製作されており、須恵器の製作技法と形態が土師器に受け継がれている。須恵器供膳具の生産が減少する9世紀後半代以降、須恵器系譜の直線的形態のものから金属器、瓷器系統の曲線的な椀が製作されるようになる。

　煮沸用の甕は、供膳具と比べ変化に乏しいが、古墳時代以降の在地土器に系譜を辿れるものが8世紀代まで製作される。8世紀後半には、口縁が大きく外反ないし外折する胴部が張らない形態のものが出現し、その系統の甕が10世紀代まで存続する。胴が張らない直線的な器形のものは律令時代的な甕と考えられ、地域によって独自の変遷を辿るようである。

（5）マツノト遺跡出土土師器の推定年代

　九州島における律令期の土器研究は、大宰府の食器様相との比較検討、共伴する広域流通品と遺構の新旧関係の分析によって進められてきた。各地域における土器構成の変遷は、大宰府編年に沿って組み立てられているわけではなく、大宰府編年を検証するかたちで検討が行われていることがわかる。この点を確認した上で、マツノト遺跡第1文化層出土土師器の年代を推定したい。

　マツノト遺跡で検出された高台付椀は、回転台成形によって製作されており、九州で回転台土師器が出現する8世紀以降の所産であることは間違いない。

　体部が曲線的で、器壁が薄く、器高に比して高台が高い特徴的な形態は、山本分類中椀c2、中島分類椀Ⅱ類、網田第6段階、中村分類Ab1類と類似するものである（図9）。これらは金属器および瓷器系土器の影響を受けたものと想定されており、9世紀後半から10世紀中頃に収まる資料とされる。赤彩が施された椀もこの頃のものであろう。

　胎土、混和材、色調に着目し、筆者が実見した限りの資料（福岡県太宰府市前田遺跡3次調査資料、鹿児島県薩摩川内市成岡遺跡、大島遺跡、鹿屋市榎崎B遺跡）の中には、該当品を見出すことができず、製作地を確定するには至らなかった。しかし、直線的形態から曲線的形態への変遷は、中九州、南九州でも確認され、九州一円の共通した生産動向と見なし得る。したがって、これ

表4 九州島における古代土器生産の動向（椀）

年代	北部九州	中九州	南九州
8世紀	回転台土師器の出現 直線的形態 （須恵器系譜）	回転台土師器の出現 （須恵器系譜）	
9世紀		直線的形態 形態の斉一化	回転台土師器の出現 直線的形態 （須恵器系譜） 充実高台椀の出現 丸い形態 （金属器、瓷器系譜）
	丸い形態 （金属器、瓷器系譜）		
10世紀		丸い形態 （金属器、瓷器系譜）	
		小皿の出現	小皿の出現
11世紀			

表5 九州島における古代土器生産の動向（甕）

年代	北部九州（中島2001）	中九州（中村1996）	南九州（松田2004）
8世紀	甕Ⅰ類　甕Ⅱ-1類	胴が張るタイプ	
	甕Ⅱ-2類 甕Ⅱ-3類		
		胴が張らないタイプ	甕1類、2類
9世紀			
	甕Ⅱ-4類		甕5〜8類
	甕Ⅲ類		
10世紀			
11世紀	鍋型		鍋型

らの産地がいずれの地域であったとしても、その形態的特徴から9世紀後半から10世紀中頃に位置付けられると考えられる。

　また土師器甕は、古墳時代における在地土器系統のものが8世紀代まで製作されるが、8世紀後半代には胴部が直線的に延びる律令時代的なものが出現する。これらは供膳具と比べて存続年代が長いため、一定の年代幅をもたせざるを得ない。また、地域によって独自の型式変遷を辿るようで、その産地確定は急務となるが、ここでは律令的土師器甕が一般化した9世紀代から煮沸形態が鍋形へと変化する11世紀以前、すなわち9世紀から10世紀代の所産と考えておきたい。

　以上から、マツノト遺跡出土土師器の年代は9世紀から10世紀代、とりわけ9世紀後半から10世紀前半代の可能性が高いと考えられる。[4]

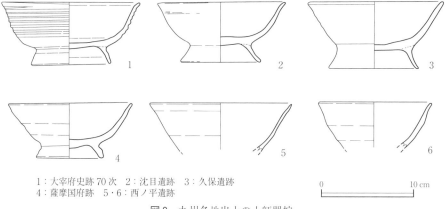

1：大宰府史跡 70 次　2：沈目遺跡　3：久保遺跡
4：薩摩国府跡　5・6：西ノ平遺跡

図9　九州各地出土の土師器椀

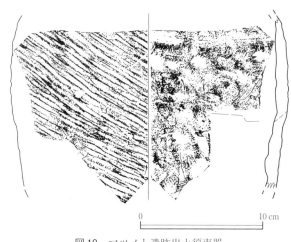

図10　マツノト遺跡出土須恵器

（6）マツノト遺跡出土須恵器の特徴

　マツノト遺跡からは島外産の須恵器も出土している（図10）。底部から肩部付近の破片資料で器種は壺とみられるが、肩が張らず、直線的な器形を示す。焼成は良好で、色調は黄灰色を呈する。胎土は緻密で、混和材として石英がわずかに含まれている。

　外器面には斜位の平行線叩き文が密に認められる。出土層位は第1文化面であり、平成3年度24区出土資料と平成16年度調査Mトレンチ出土資料が接合した（中村友 2006）。先述の土師器の年代が当てられるとみられ、胎土分析では中岳山麓窯跡群の製品が琉球列島に持ち込まれている可能性が指摘されている（篠藤・鐘ヶ江・中村 2015）。

（7）奄美諸島出土の越州窯系青磁と北宋白磁

　近年の発掘調査では、奄美諸島において唐代や北宋代の陶磁器碗類が持ち込まれていることが明らかとなっている。これらは大宰府A期（8世紀末〜10世紀中頃）、大宰府B期（10世紀後半〜11世紀中頃）に編年される初期貿易陶磁器と呼ばれるもので、全国的には北部九州での出土例が

突出する（土橋 1997）。福岡県では鴻臚館に多く、博多に少ないので（田中 2008）、大衆的な商品ではなく、特定階層に所有された器物であったとみられる。

グスク時代の陶磁器量と比べると圧倒的に少ないが、琉球列島の中では奄美諸島の喜界島に集中し、徳之島でも少量が確認されている（図11）。大隅諸島、トカラ列島にも出土例がある（亀井 1993、新里貴 2017a）。なお、喜界島で発見された越州窯系Ⅲ類の水注は、大宰府C期（11世紀中頃）のものであるという（亀井 2006、中島恒 2008）。

（8）奄美諸島北縁の特異な状況

奄美諸島の北縁（喜界島、奄美大島北部）では、九州島以北の土師器や須恵器が持ち込まれるのとともに土師器甕系統の在地土器が製作され（図12）、これらに越州窯系青磁や北宋白磁に代表される初期貿易陶磁器がわずかに伴う状況が確認される。一方、そのほかの島嶼域（奄美大島南部、徳之島、沖永良部島、与論島、沖縄諸島）では、貝塚時代後2期を代表するくびれ平底土器系統の土器が製作されているので、グスク時代開始直前における琉球列島には、日本列島の食器組成と類似点をもつ地域と在地の土器伝統を保持する地域が奄美大島を境として併存していたことがわかる。

地理的に九州島と近い琉球列島北縁の地域において、他地域とは区別される特別な食器様相が確認されることは、当該地域が九州島との交流や交易を優勢的に展開していたことを示し、続くグスク時代の経済状況を考える上でも非常に大きな意味をもつとみられる。次章以降はこの点を念頭に置きながら検討を進めることにしたい。

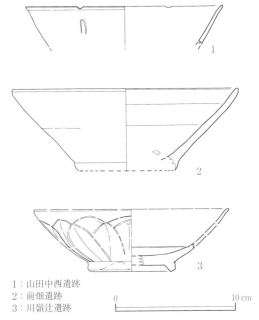

1：山田中西遺跡
2：前畑遺跡
3：川嶺辻遺跡

図11　奄美諸島出土の越州窯系青磁と北宋白磁

図12　山田半田遺跡出土の土師器甕系在地土器

註

（1）グスク論争とは、沖縄諸島に分布する各種グスクの機能や起源をめぐる議論で、1970年代を中心に展開した。民俗学者はグスクを聖域とみなし（仲松 1961・1973）、考古学者はグスクの機能を城館として、防御された集落からの発展形と考えた（嵩元 1969・1971）。歴史学者の高良倉吉は、グスクの多様な盛衰過程としてグスクモデルを提示し（高良 1973）、両論に矛盾がないことを指摘し、論争は収束した。

（2）2010年から3次にわたる新たな調査が行われ、近年調査報告書が刊行されている（新里貴編 2018）。
（3）これについては農業経済学者からの反論もある（来間 2013）。
（4）これら土師器の系譜と年代については、池田榮史（2005b）、野﨑拓司（2016）らも検討を加えており、両氏ともに9世紀代の年代観（池田は9世紀後半から10世紀とする）と南九州からの搬入を想定している。
（5）この点については2016・2017年度の奄美考古学会において議論がなされ（鼎・與嶺 2016、野﨑 2016、安座間 2016、宮城弘 2016、新里貴 2017b）、近く検討の成果が公表される見込みである。

第 2 章　在地土器の変容と展開からみた南島の社会変革

1．グスク時代における在地土器の変容

　奄美・沖縄地域の貝塚時代後2期は、土師器甕系統（喜界島、奄美大島北部）とくびれ平底系統（奄美大島南部～沖縄諸島）の両在地土器が地域によって偏在する時代であった。これに続くグスク時代には、各島々において一定の共通性をもった特徴的な土器群が製作されるようになる。器種は鍋形、甕形、羽釜形、壺形、椀形、坏形があり、そのうち鍋形土器は九州産滑石製石鍋を祖形とする（金武・比嘉編 1979）。主に奄美諸島から先島諸島に至る範囲で確認されているが、三島村黒島での出土例があるので（中園編 2015）、その間に位置するトカラ列島にもこれらが存在する可能性は高い（図13）。中国産陶磁器や鉄鍋の模倣品も含まれ（金城亀 1990）、日本の中世食器とも関係が深いとされる（安里進 1995）。

　当該期の土器研究は、沖縄諸島で盛んだが（安里進 1987・1991a、宮城弘・具志堅 2007、具志堅 2014、宮城弘 2015、池田榮 2015）、近年、奄美諸島や先島諸島の出土例が増加し（金武 1994、新里貴 2004b・2006・2015）、琉球列島一円の動向を総括できる環境が整いつつある。この状況を踏まえ、本章ではこれら土器群の型式学的検討をもとに器種構成の推移を整理し、特徴的な器形や器種構成が示す意味について考えてみたい。

　以下では、次節で示す型式設定の経緯を踏まえ、奄美・沖縄地域貝塚時代後2期のくびれ平底土器の系譜上に位置付けられる土器を「土器A群」、中世食器に由来する新出の土器を「土器B群」と呼び分けて検討を進める。両者は胎土、器形、器種構成の特徴が大きく異なる。安里進（1987）は炭化穀類との共伴関係から、土器A群を狩猟採集民の土器、土器B群を農耕民の土器として、土器様式の差異に生業手段の変化を読み取っている。

　奄美諸島における土器の観察経験をもとにすると、両土器群は見た目や手触りにも違いがある。土器A群は胎土に砂粒や石英が混和される砂質な一群で、色調は明赤褐色を呈し、触れると胎土粉が付着する。土器B群は灰色鉱物（チャートか？）、金雲母、滑石などが混和された泥質な類である。土器A群と比べて器壁が厚く、色調は暗い。その手触

1．城久遺跡群
2．宇宿貝塚
3．小湊フワガネク遺跡
4．中組遺跡
5．川嶺辻遺跡
6．鳳雛洞遺跡
7．今帰仁城跡
8．屋部前田原貝塚
9．熱田貝塚
10．後兼久原遺跡
11．銘苅原遺跡
12．稲福遺跡
13．糸数城跡
14．高腰城跡
15．ピロースク遺跡
16．新里村西遺跡
17．新里村東遺跡
18．与那良遺跡

図13　検討の対象とした主な遺跡の位置

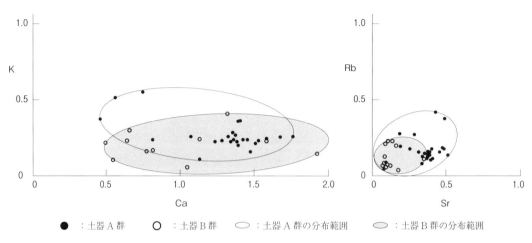

図 14　川嶺辻遺跡における土器 A 群と土器 B 群の科学的特徴

りは滑らかな触感を呈する。これらの所見は両土器の系統差が混和材、胎土の違いと対応することを示しており、こうした特徴に留意すると、土器 A 群と土器 B 群は器形や文様の判読が付かない細片でも分類が可能である。

　土器の胎土分析によると、徳之島川嶺辻遺跡から出土した土器 A 群と土器 B 群はともに、Ca が多い特徴をもちながらも（図 14 左）、後者は Sr と Rb の含有量が 0.35 以下に収まる傾向が確認され（図 14 右）、それぞれの素材粘土が異なると結論付けられている（新里亮・三辻 2008b）。このことは肉眼観察および触感によって認識し得る土器の特徴がその科学的特性の差異とそのまま対応することを示している。また同遺跡出土土器の圧痕調査からは、土器 A 群には栽培植物が確認されない一方で、土器 B 群には穀類の圧痕が残されている結果が得られているので（新里亮ほか 2017、図 15）、安里進（1987）が述べたように、土器 B 群が琉球列島における農耕の始まりと深く関係する土器であったことに間違いはないであろう。

　このように土器 A 群と土器 B 群は、系譜、器種、器種構成、胎土の質だけでなく、素材粘土の化学的特性や共存する植物質資料の内容までもが大きく異なるので、グスク時代の在地土器とは、先史時代土器から一系列的に変化したものでなく、様式レベルで変容した食器類であるということができる。両土器群の比較のため、諸特徴を一覧にすると表 6 のとおりとなる。

2．土器 B 群の先行研究と問題の所在

（1）沖縄諸島の先行研究

A．型式の設定と型式学的検討

　沖縄諸島における土器 B 群には、フェンサ城式土器（多和田 1956）、城跡土器（高宮廣 1965）、フェンサ上層式土器（友寄・嵩元 1969）、グシク系土器（安里進 1975）、闊底土器（安里進 1991a）、グスク土器（金城亀 1990）、グスク（系）土器（金城匠 1999）などの呼び名がある。このうち汎用されるのはグスク土器だが、これは沖縄地域の時代区分名称「城時代」（高宮廣 1965）が「グスク時代」へと表記が変わるとともに一般化した用語だとされる（池田榮 2009b）。

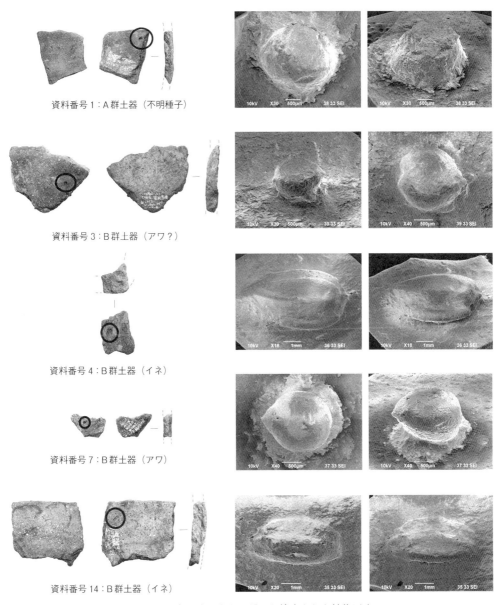

図15　川嶺辻遺跡出土土器から検出された植物圧痕

表6　土器A群と土器B群の諸特徴

	土器A群	土器B群
器種	甕・壺	鍋・羽釜・甕・壺・椀
胎土	砂質	泥質
混和材	砂粒・石英	滑石・金雲母
科学的特性	Sr・Rb含有量0.5以下	Sr・Rb含有量0.35以下
特記事項	穀類圧痕なし	穀類圧痕あり

当初の型式名称であるフェンサ城式とは、カムィヤキ（文中では須恵器）を伴うことを根拠に設定された型式で（多和田 1956）、フェンサ城貝塚の正式な発掘調査を経て、砂丘遺跡から出土するくびれ平底土器系列のフェンサ下層式と壺形・鉢形を主体とするフェンサ上層式に区分された経緯をもつ（友寄・嵩元 1969）。その後、沖縄諸島における城跡、集落遺跡など各種遺跡の調査が進んだが（安里進 1969、琉球大学考古学研究会 1971 など）、1975 年における久米島ヤジャーガマ遺跡の調査では、陶磁器を伴わないヤジャーガマＢ式土器の設定によって、フェンサ上層式土器の細分と序列化が図られた（安里進 1975）。

　沖縄県の本土復帰以後、開発対応の緊急調査が増加し、グスクのみならず集落遺跡における調査資料の蓄積が進められた。とりわけ恩納村熱田貝塚の調査では、九州産滑石製石鍋、玉縁白磁碗（大宰府分類白磁碗Ⅳ類）、カムィヤキ（文中では類須恵器）とともに滑石製石鍋を模した土器が出土し（金武・比嘉編 1979）、土器Ｂ群の初現と系譜を明らかにする画期的な調査成果が得られ、土器研究の活発化を導くこととなった。

　九州島における滑石製石鍋の編年に基づいた土器Ｂ群の型式学的検討は安里進（1987・1991a・1995）による一連の研究を嚆矢とする。安里は、熱田貝塚から出土した石鍋模倣土器を、森田勉（1983）の石鍋Ａ群を忠実に再現した山川第六式、再現性がやや形骸化したものを上御願式、再現性が低い土器を宮平式と設定し（表7）、土器に貼りつけられる「方形把手」が時間とともに退化して「瘤状把手」、「瘤状突起」へと至る鍋形土器の型式変化を導いた。これによってグスク時代における食器構成の基本動向が示され、土器編年を軸に据えた城塞的グスクの出現から消滅に至る歴史動向が概括された。

　一方、外来食器との形態比較により、器種分類と系統関係の整理を目的とする検討も行われ、金城亀信は輸入陶磁器、鉄鍋との形態的類似から外来品の模倣を指摘し（金城亀 1990）、金城匠子は写しに着目した法量、形態、調整の相関関係の分析から器種構成の変遷を論じた（金城匠 1999）。また、中世土器研究の全国的展開とともに九州島との比較も進められ、土製供膳具が著しく少ない特異性も指摘されている（山本信・山村 1997）。

　このような器形や器種に注目した型式学的検討は盛んでありながらも、研究の根幹となるべき器種分類については、「煩雑を極め、各者各様の分類案を提示している」といわれるほど認識が異なるとされ（山本正 2000b）、土器系統の整理と主要器種となる鍋形土器の型式学的、層位学的検討を軸に据えた器種構成の確定が問題として提起された（池田榮 2004・2009b）。

　こうした指摘を踏まえ、器種構成の推移を秩序立てたのは宮城弘樹と具志堅亮であった。両氏は鍋形、甕形土器の２器種構成から時間の経過とともに壺形、椀形が暫時加わる傾向を捉えて、沖縄諸島の在地土器を３様式に区分し（宮城・具志堅 2007）、後に具志堅はこの区分と煮沸具の型式変

表7　本書の土器分類と既存型式の対応関係

時代	多和田 1956	友寄・嵩元 1969	安里 1975	安里 1987	本書
古	フェンサ城式	フェンサ下層式	ヤジャーガマＡ式 フェンサ下層式	ヤジャーガマＡ式 フェンサ下層式	土器Ａ群
↓		フェンサ上層式	ヤジャーガマＢ式	山川第六式 ヤジャーガマＢ式	土器Ｂ群
新			宮平式	上御願式 宮平式	

遷が相関することを示した（具志堅 2014）。このような検討から安里進（1991a）による鍋形土器の型式変化と共に伴出器種が多様化する様相が明らかとなり、器種構成の復元には鍋形土器の型式学的検討が有効であることが改めて提示されることとなった。

B. 在地土器の系譜と関わる問題

型式学的検討の進展によって土器の系統関係が明らかとなるにつれ、系譜を異にする土器A群と土器B群の遺跡内における出土状況が議論の的となりはじめた。沖縄諸島では、貝塚時代後2期を代表するくびれた平底をもつ甕（くびれ平底土器）と石鍋A群と関係が深い鍋形土器が同遺跡から出土することがしばしばある。友寄・嵩元（1969）によるフェンサ城貝塚の調査成果から、両者の出現時期は前者が古く、後者が新しいとされてきた。

勝連城跡の最下層からはくびれ平底土器が単独的に出土したことから、当該期には初現期のグスクが出現している可能性が指摘されたが（嵩元 1972）、この状況に注目する池田榮史（2004・2012・2015）は、沖縄本島中部の喜屋武グスクⅡ地区R-68グリッドにおける土器の出土状況に基づき、土器A群と土器B群が一定期間共存するという見解を述べた（池田榮 2004）。これについて宮城と具志堅は、沖縄本島北谷町後兼久原遺跡の土器出土状況から否定的な意見をもっているが（宮城弘・具志堅 2007）、続く論考において池田は、くびれ平底土器の型式変化や器種構成に留意しながら、13世紀前後の陶磁器が出土する喜屋武グスク第Ⅲ層の頃までは、両者が併存し、土器様式が段階的に交代した可能性を指摘している（池田榮 2015）。

石鍋A群を祖形とする土器の成立は、外部集団の移動に伴う農耕の導入が契機とみられているが（池田榮 2009・2015、宮城弘・千田 2014）、池田はこの視点に立って、様式交代が比較的短期間で完結する奄美諸島と一定の併存期間を有する沖縄諸島の差異に触れ（池田榮 2009b）、土器の型式学観が琉球列島の歴史観におよぼす影響について論じている（池田榮 2015）。

池田による一連の指摘を受けた宮城（2016）は、石鍋A群模倣土器を石鍋の使用者集団から分枝した人々が用いた次世代的な土器とみて、遺跡の類型作業から農耕文化の導入過程について予察を述べた。その中で宮城は、くびれ平底土器と石鍋A群模倣土器が出土する類型3の遺跡を、狩猟採集民である在地集団と農耕を知る移住集団の接触によって成立したものと解釈している。

このような議論を経て、沖縄諸島で系統を異にする二種の在地土器が同遺跡から出土する意味については一致した理解が得られているものの、くびれ平底土器系統の土器A群と滑石製石鍋系統の土器B群が共存する期間を短期的に捉えるか、それとも長期間とみるかという2つの解釈が並立しているのが現状としてある。しかしながら、これら論考の公表によってグスク時代研究の新たな枠組みと視点が提示され、研究は次段階への第一歩を踏み出すこととなった。

（2）先島諸島の先行研究

先島諸島には、土器を使用しない無土器時代が展開していたが、その後、外耳土器（多和田 1956、高宮廣 1965）、八重山式土器（国分 1972）と呼ばれる特徴的な土器群が遺跡から出土するようになる。石垣島川平貝塚の出土品が初見で（鳥居 1905）、鍋形土器は口縁部下に2ないし4つの偏平な横耳が貼りつけられる特徴を備える。

石垣島中森貝塚（高宮廣・Meighan 1959）、ビロースク遺跡（金武編 1983）、竹富島新里村遺跡（島袋・金城編 1990）の発掘調査によって土器の特徴が明らかになると、横耳をもつ中森式（高宮

廣・Meighan 1959）、口縁がくの字に屈曲するビロースク式が設定されたが（金武 1989c）、竹富島大泊浜貝塚での石鍋 A 群（金武 1986）と同島新里村遺跡における石鍋 A 群を模した土器（島袋・金城編 1990）の検出は、横耳をもつ土器よりも型式学的に古い鍋形土器の存在を示す重要な発見となった。

この成果を踏まえた金武正紀は、新里村式（石鍋 A 群模倣土器）、ビロースク式（口縁がくの字に屈曲する鍋で外耳付もある）、中森式（偏平な横耳をもつ鍋）への変遷案を示して、中森式の祖形を石鍋 A 群模倣土器に求め（金武 1994）、新里貴之は金武による煮沸具の型式変遷を属性分析の手法を用いて追認した（新里貴 1997）。宮古諸島では野城式土器（下地和 1978）が知られていたが、近年石鍋 A 群模倣土器が出土し、先島諸島全域におよぶ器種構成の時間的推移が整理された（新里貴 2004b・2015）。

（3）奄美諸島の先行研究

奄美諸島では滑石が混入される土器の存在が知られていたが（河口編 1979、河口ほか編 1983・1984・1985、馬原・友口編 1985）、1990 年代以降、石鍋 A 群模倣土器の出土例が増加し（中山編 1996、高梨編 2003、新里亮編 2010、具志堅編 2010）、これら沖縄諸島に倣ってグスク土器（中山編 1996）、グスク系土器（新里貴 2006）と呼ばれるようになった。

新里貴之によると、石鍋 A 群模倣土器は直状から外傾器形へと変化して 13 世紀後半頃を境に内湾、屈曲内湾器形などが出現するという（新里貴 2006）。また、沖永良部島の洞穴遺跡から出土した一群を加えた検討では、鍋形土器の型式変遷、器種組成、滑石の混入頻度に触れ、奄美諸島の独自性と地域差の存在に言及している（新里貴 2015）。土器の出土量は沖縄、先島諸島と比べて少ないことから、煮沸具は前時代（古代並行期）の土師器甕系在地土器から石鍋 A 群へと変化することが想定され（野﨑 2016）、喜界島、奄美大島、徳之島では滑石混入土器の比率が高いともいわれる（新里貴 2006・2015、宮城弘 2015）。

（4）問題の所在

さて、先行研究による土器 B 群の型式学的検討を確認すると、各器種の系譜と器種構成の変遷過程が示され、各諸島間の並行関係、製作器種や土器の使用期間の異同に関しては把握されているものの、器種構成の差異が示す意味には言及がおよんでいないことが指摘できる。これは資料数の隔たりが大きかったことに起因するとみられるが、奄美・先島諸島の出土事例が増えつつあるので、各地における器種構成の変遷を、新出資料を加えながら再度整理し、総括することは一定の意義をもつであろう。また、土器 A 群と土器 B 群の正確な併存期間を考慮し、新たな土器文化の導入と展開が示す歴史動向を明らかにするためにも土器 B 群の型式学的検討は避けて通ることはできない。

そのため以下では、先行研究を踏まえながら器種構成の推移を改めて確認していくが、その変遷を押さえるには用途に注目した器種分類と出土量が安定している煮沸具の型式学的検討が最も重要なので、煮沸痕を残す土器のうち、口径に対し器高が高いものを甕形、器高が低いものを鍋形、鍔がめぐるものを羽釜形に分けて分析を行う。なお、甕形は口縁部がくの字もしくは L 字状に屈折し、内面に明瞭な削り痕を残す特徴から九州島以北の土師器甕を祖形とする可能性が高く、鍋形は

石鍋 A 群（森田 1983）、羽釜形は石鍋 B 群（森田 1983）や九州島以北の羽釜形土器に系譜をもつことが指摘されている（安里進 1995、新里貴 2015）。

宮城と具志堅は石鍋 A 群模倣土器の器形、口縁端部の形状、調整技法の検討を行っているが（宮城弘・具志堅 2007、具志堅 2014）、石鍋 A 群の大きな特徴である方形把手の形態や貼りつけ方に注目した分類は提示されていない。石鍋の模倣については何らかの象徴性を認める意見もあることから（鈴木康 2006・2007）、把手の形態を細かく分類し、その形状が崩れる過程や地域的差異を把握することは、先々その象徴的意味を考える上で役立つであろう。そこで以下では、石鍋 A 群の特徴を参照しながら鍋形土器の器形、口縁端部の形状、把手の形態と貼りつけ方、把手の有無を含めた鍋形土器の型式学的検討によって各諸島における鍋形土器の型式を設定し、各遺跡での共伴器種の組み合わせを把握することから始めていきたい。

また、宮城弘（2014b）、與嶺（2015）らによる型式学的検討で指摘された厚底で底径が狭くくびれ平底土器新相の出土状況も合わせて確認しながら、奄美・沖縄諸島における土器 A 群と B 群の併存期間についても私見を述べることにする。

3. 鍋形土器の型式学的検討

（1）器形の分類

石鍋 A 群には、口縁が外傾するもの、直立するもの、弱く内湾するものがあり、概ね直線的な器形を呈する（図 16）。方形把手は口縁に直交して削り出され、その上面は口縁端面に沿って平滑に仕上げられる。この特徴と模倣の忠実性に留意し、鍋形土器を器形、把手の貼りつけ方法、把手の有無によって次の 4 つに分類する（図 17-①）。

器形 1 ：把手が口縁側縁に直交して貼りつけられるもの。口縁は内湾、直立、外傾の 3 種があり、直線的な形態を示す。最大径は口縁から胴部上位にあり、把手が口縁端部の上面を巻き込み鞍状に貼りつけられるものもある。

器形 2 ：把手が口縁端から斜行、またはその貼りつけ位置が垂下して胴部に貼りつけられるもの。把手が口縁端から斜行して貼りつけられ、口縁が弱く内傾または内湾し、曲線的な形態を示すものを ⅰ、把手が胴部に貼りつけられ、口縁が直立または外傾し直線的な形態を示すものを ⅱ とする。前者は沖縄諸島、後者は奄美諸島にみられる器形である。最大径は胴部上位にあり、ⅰ では把手が口縁端部を巻き込み鞍状に貼りつけられるものもある。

器形 3 ：最大径が胴部上位にあり、把手をもたないもの。口縁が内傾または内湾し、曲線的な器形を呈するものを ⅰ、口縁が直立、外傾し直線的な器形を呈するものを ⅱ とする。前者は沖縄諸島、後者は奄美諸島にみられる器形である。

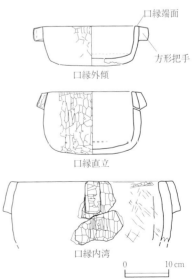

図 16　石鍋 A 群の器形と部位

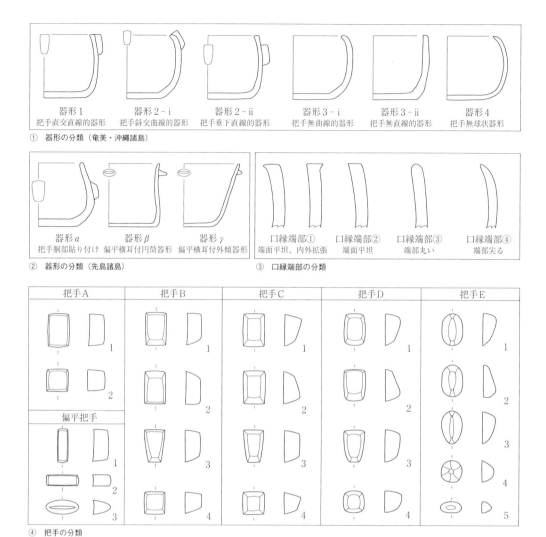

図17 鍋形土器の器形、口縁部、把手の分類概念図

器形4：最大径が胴部中位にあり、把手をもたないもの。口縁は強く内湾するため、器形は球状を呈する。

　先行研究を踏まえると石鍋A群に類似するものから類似しないもの、すなわち把手が口縁に直交する直線的な形状を呈する形態から、把手の貼りつけ方や貼りつけ位置が変化し、最終的に把手が喪失して球状の器形に至る過程が想定される。

　また、先島諸島においては他地域ではみられない特殊な器形を呈し、胴部に把手または偏平な横耳を有する特徴的な鍋形土器が存在する。これらは新里村式（石鍋A群模倣土器）から派生したとされるが（金武1994）、甕形土器との関連性も想定されるので、以下の独立した分類を設けて検討を行うこととした（図17-②）。

　器形α：把手が胴部に貼りつけられるもの。口縁は弱く内湾または内傾し、最大径は胴部上位もしくは胴部下位にある。

器形β：口縁が胴部上位で緩やかにくびれた円筒状の器形を呈し、胴部上位に偏平な横耳をもつもの。最大径は口縁部にある。口縁はL字状に強く屈折するものと外反気味に直立するものがある。

　器形γ：最大径は口縁部にあるが、底径と比して口径が大きいもの。口縁は外傾し、胴部に偏平な横耳をもつ。

（2）口縁端部の分類

　各諸島における鍋形土器の口縁端部は以下の4つに分類できる（図17-③）。

　口縁端部①：口縁端部に平坦面をもち、側縁が内側ないし外側に拡張するもの

　口縁端部②：口縁端部に平坦面をもつもの

　口縁端部③：口縁端部が丸みを帯びるもの

　口縁端部④：口縁端部が尖るもの

　口縁端部が一定の厚みを有し、平坦面をもつ石鍋A群の特徴に注目すると、口縁端部の幅が厚く平坦なものから薄く尖るもの、すなわち①から④への変化が想定できる。

（3）把手の分類

　続いて把手の分類に移りたい。石鍋A群がもつ立方形、直方形の把手を参考に、平面、断面形状によってAからEに分けてその細別を縦に並べ、また平面形状が偏平な把手も1から3に細別した（図17-④）。分類の基準を以下に示す。

　把手A：平面形、断面形ともに方形のもの。把手は立方体、直方体の形状を呈する。

　把手B：平面形方形、断面形台形のもの。把手は截頭方錐状の形状を呈する。

　把手C：平面形方形、断面形不等辺台形のもの。把手は截頭方錐状を呈する。

　把手D：平面形隅丸方形状、断面形不当辺台形のもの。把手は截頭円錐状を呈する。

　把手E：平面形楕円形状、断面形三角形状のもの。把手は楕円錘または円錐状を呈する。

　把手なし：把手をもたないもの。

　偏平把手1：縦位の偏平把手

　偏平把手2：横位の偏平把手

　偏平把手3：平面形横楕円状の横耳

　把手の形態が形骸化し、最終的に把手を失う過程は先行研究によってすでに示されているが（安里進 1991a）、これによると把手AからEへと変化して最終的に把手なしへと至ることが予想できる。また、偏平把手1、2は方形把手から派生し、先島諸島に多い偏平把手3は偏平把手2から変化したとも推測される。

4. 沖縄諸島出土土器の型式学的検討

（1）器形と口縁端部の対応関係

　沖縄諸島で出土した約300点の器形と口縁端部の相関関係を表8に示す。なお、器形2と3は把手の有無を基準とするため、破片ではその判定ができないことから表では一括して集計した。

器形1は口縁端部①、②が多く、口縁端部④とはまったく対応していない。また、器形2・3-i では口縁端部②、③、器形4では口縁端部①、②が少ない一方で口縁端部③、④が多数を占めるので、古いと想定した直線的な器形ほど口縁端が平滑に仕上げられる口縁端部①、②と相関し、器形の湾曲化に伴って、丸みをもつ口縁端部③、④が増加する傾向が確認できる。

（2）器形と把手の対応関係

　器形、口縁端部形態、把手の形状およびその有無を確認したい（表9）。把手Aは器形1×口縁端部①、②にのみ対応し、把手B、Cでは器形1×口縁端部①、②を主体としながら器形1×口縁端部③、器形2×口縁端部①、②との関連が少数確認される。このことは、石鍋A群の把手と最も類似する把手Aが直線的形態かつ口縁端部が平坦なものと限定的に対応し、やや形の崩れた把手Bはそれらと共に口縁端部が丸みを帯びたものや曲線的形態のものとも結びつくことを示している。把手C、Dでは器形1×口縁端部③や曲線的な器形2と組み合わさるものが増加し、把手Eは器形1との対応関係が確認されなくなる一方で、曲線的形態を示す器形2と強く関係しながら、口縁端部が尖る口縁端部④とも組み合わさるようになる。器形3、4は分類上把手なしとしか対応しないが、先述のように口縁端部は丸いか尖るものとの組み合わせが多くなる。偏平把手としたものはさほど数が多くないが、後述する奄美諸島の鍋形土器と関係する可能性が考えられる。

表8　器形と口縁端部の相関関係（沖縄諸島）

	口縁端部①	口縁端部②	口縁端部③	口縁端部④	計
器形1	50	54	27		131
器形2・3-i	19	54	56	10	139
器形4	7	8	23	15	53
計	76	116	106	25	323

表9　器形、口縁端部、把手の相関関係（沖縄諸島）

	把手A	把手B	把手C	把手D	把手E	把手無	偏平把手1	偏平把手2
器形1×口縁端部①	10	19	9	5		1		
器形1×口縁端部②	7	17	16	8		1		3
器形1×口縁端部③		6	4	7			4	2
器形1×口縁端部④								1
器形2i×口縁端部①		2	5	3	5			3
器形2i×口縁端部②		4	4	15	15		1	1
器形2i×口縁端部③				5	20		2	3
器形2i×口縁端部④					4			1
器形3i×口縁端部①								
器形3i×口縁端部②						13		
器形3i×口縁端部③						24		
器形3i×口縁端部④						4		
器形4×口縁端部①						5		
器形4×口縁端部②						4		
器形4×口縁端部③						19		
器形4×口縁端部④						14		

Ⅰ式　Ⅱ式　Ⅲ式　Ⅳ式　Ⅴ式　Ⅵ式
※網かけ部分は古相、白抜き部分は新相を表す。

（3）鍋形土器の型式設定

　器形、口縁端部、把手に注目して集計を行うと、これらの相関関係に一定のまとまりが確認できるので、これに基づき鍋形土器の型式を以下のように設定したい。

　沖縄諸島鍋形Ⅰ式：内湾、直立、外傾する口縁をもつ直線的な器形を呈し、最大径は口縁にある。把手が口縁端部と直行して貼りつけられる石鍋A群の忠実模倣品である。明瞭な方形把手が貼りつけられ、把手が口縁端部を巻き込んで鞍状に貼りつけられるものもある。口縁端部に明瞭な平坦面をもち、内外へ拡張し断面逆L字状を呈するものを古相、形が単純化して断面四角形状となったものを新相とする。器面調整は内外面ともに入念なナデが施される。

　沖縄諸島鍋形Ⅱ式：器形、把手の貼りつけ方法、器面調整はⅠ式と同様であるが、方形把手がやや崩れた台形把手をもつ。口縁端部が平坦なものを主流とするが、丸みを帯びたものも出現し、前者を古相、後者を新相とする。

　沖縄諸島鍋形Ⅲ式：器形、把手の貼りつけ方法および内外器面の調整はⅠ式、Ⅱ式と同様であるが、口縁端部は丸みを帯びたものが一定量を占めるようになる。把手は断面形不等辺台形状を呈し、その正面観が方形状のものを古相、隅丸方形状のものを新相とする。

　沖縄諸島鍋形Ⅳ式：曲線的な器形を呈し、最大径は胴部上位にある。器形の内湾化に伴い、把手は口縁端部と斜行して貼りつけられる。把手は断面形台形、不等辺台形状を呈するが偏平化したものが多い。口縁端部は丸みを帯びたものが増加するが、尖るものも新たに加わる。口縁端部が厚みをもち、不等辺台形状把手をもつものを古相、偏平把手または三角形状の突起が付くものを新相とする。古相では内外面ともにナデ調整が施されるものが多いが、新相は器面調整がやや粗くなり、ナデが徹底されず指頭圧痕やケズリ痕が残される。

　沖縄諸島鍋形Ⅴ式：曲線的な器形を呈し、最大径は胴部上位にある。把手はもたない。粘土継ぎ目が確認できるほどナデ調整が粗放になる。指頭圧痕やケズリ痕も確認できる。内面にはハケ目調整が施される。口縁端部は厚みをもつものが多数を占めるが、丸いものや尖るものもあり、前者を古相、後者を新相としておく。

　沖縄諸島鍋形Ⅵ式：胴部が強く張り、球状の器形を呈する。把手はない。口縁端部は丸いものと尖るものが多い。口縁端部が厚みをもち、Ⅴ式と同様の調整痕を留めるものを古相、口縁端部が丸いもしくは尖り、器壁が薄く、調整が粗雑で明瞭な指頭圧痕を留めるものを新相とする。

（4）鍋形土器の型式変化と共伴器種

　続いて型式の新古関係を確定したい。先行研究（具志堅 2006・2014、宮城弘・具志堅 2007）を参考に鍋形各型式の出土地、共伴器種、先に述べたA群土器新相（宮城弘、2014bの3期、奥嶺2015の第3段階）の出土地における有無を一覧にまとめてみた（表10）。グスク時代の遺跡は一般的に層の堆積が薄く同一包含層から複数時期にわたる遺物が検出されることが多い。さらに遺構出土例にもなかなか恵まれないため、一括性を抽出し得る遺跡を基準資料として表の上段に配置し、そのほかを参考事例として下段に示している。

　まず土器A群の出土状況からみた遺跡の先後関係について検討してみたい。池田（2009b・2015）、宮城（2016）が検討したように土器B群の導入によって土器A群が淘汰されていく経過に注目すると、土器A群を出土する遺跡は古く、出土しない遺跡が新しいとみることができる。表

表10 沖縄諸島における出土状況

	遺跡名	地区	遺構、層位等	鍋形型式	供伴器種	※	文献
基準資料	熱田貝塚	ハ、ホ地区	Ⅲ層	Ⅰ、Ⅱ	甕、羽釜	○	金武・比嘉編 1979
	屋部前田原貝塚	Ⅱ地区	3号掘立柱建物	Ⅰ、Ⅱ	甕	○	仲宗根ほか編 2007
	後兼久原遺跡	庁舎地区	Ⅴ層	Ⅱ	甕、羽釜	○	山城・島袋編 2003
	後兼久原遺跡	Ⅰ地区	8～12層	Ⅲ	羽釜	○	片桐編 2004
	フェンサ城貝塚	各調査区	Ⅰ、Ⅱ層	Ⅲ～Ⅵ	甕、壺、椀	○	友寄・嵩元 1969
	後兼久原遺跡	Ⅱ地区	溝3	Ⅳ、Ⅴ	甕、壺	×	片桐編 2004
	糸数城跡	A地区	Ⅲ～Ⅴ層	Ⅳ～Ⅵ	甕、羽釜、壺、椀、坏	×	金城編 1991
	熱田貝塚	ホ地区	Ⅱ層	Ⅴ		×	金武・比嘉編 1979
	今帰仁城跡	主郭	Ⅶ～Ⅸ層	Ⅴ、Ⅵ	壺、椀、坏	×	金武編 1991
	シイナグスク	TP2～10	Ⅱ、Ⅲ層	Ⅴ、Ⅵ	壺、椀、坏	×	玉城編 2005
	今帰仁城跡	主郭	Ⅴ、Ⅵ層	Ⅴ、Ⅵ	壺、椀、坏	×	金武編 1991
	佐敷グスク	2地区	ST2	なし	壺	×	當眞編 1980
参考資料	喜屋武グスク	R-68グリッド	Ⅲ層	Ⅰ～Ⅳ	羽釜、甕、壺、椀	○	大城編 1988
	銘苅原遺跡	区画整理事業区	Ⅰ～Ⅱ層	Ⅰ～Ⅳ	甕、壺、椀	×	金武 1997
	伊良波東遺跡	調査区内	Ⅱ、Ⅲ層、盛土	Ⅰ～Ⅵ	甕、羽釜、椀	○	島編 1987
	伊佐前原第1遺跡	調査区内	7～9層	Ⅰ～Ⅵ	甕、羽釜、椀	○	當銘編 2001
	勝連城跡	四の曲輪北側	各層	Ⅰ～Ⅵ	甕、羽釜、壺、椀	○	宮城・中村編 2011
	後兼久原遺跡	庁舎地区	Ⅲ層	Ⅱ～Ⅵ	甕、羽釜、壺、椀	○	山城・島袋編 2003
	稲福遺跡	上御願地区	Ⅰ～Ⅲ層	Ⅲ～Ⅵ	甕、羽釜、壺、椀	○	當眞 1983
	ヒヤジョー毛遺跡	第3貝塚	Ⅱ層	Ⅳ～Ⅵ	甕	×	金武編 1994
	真志喜森川原遺跡	H20グリッド	1号土器集積	Ⅴ	壺	×	呉屋編 1994
	佐敷グスク	2地区	Ⅱ層	Ⅵ	壺、甕、椀	×	當眞編 1980

※土器A群の有無 ○:あり ×:なし

　10によると、Ⅰ式、Ⅱ式の出土遺跡（熱田貝塚、屋部前田原貝塚、後兼久原遺跡）からは土器A群が検出される一方で、Ⅴ式、Ⅵ式の出土遺跡（今帰仁城跡、シイナグスク、佐敷グスク）では確認されないことが明らかなので、鍋形土器Ⅰ式、Ⅱ式はⅤ式、Ⅵ式へとよりも相対的に古く、Ⅲ式、Ⅳ式は型式学的にその間へ位置付けて問題ないであろう。土器A群は屋部前田原貝塚Ⅱ地区3号掘立柱建物跡からの検出例から、鍋形Ⅰ式・Ⅱ式との共伴は確実視でき、鍋形Ⅲ式が出土する後兼久原遺跡Ⅰ地区包含層での検出例からこの頃までは存続していた可能性が見込まれる。ただし出土量はごく少量なので、鍋形Ⅲ式の頃にはほぼ姿を消しつつあったとみてよいであろう。

　続いて共伴遺物に着目しながら、型式変化の妥当性を検証すると、Ⅰ式、Ⅱ式は、熱田貝塚、屋部前田原貝塚、後兼久原遺跡において大宰府C期（11世紀後半～12世紀前半）の白磁碗やその模倣対象である石鍋A群との共伴関係にあることから、初現期の型式と認定することができる。鍋形Ⅲ式、Ⅳ式は単独的な出土事例が確認できていないものの、先に述べたとおりⅡ式以降、把手をもたないⅤ式以前に位置付けて問題はない。Ⅴ式、Ⅵ式は今帰仁城跡やシイナグスクにおいて13世紀後半から14世紀前半の陶磁器との確実な共伴例が確認されている。Ⅴ式、Ⅵ式の出現をそれぞれ13世紀後半、14世紀前半とすると、Ⅱ式、Ⅲ式は12世紀後半から13世紀前半に出現した型式と想定できる。15世紀前半代の佐敷グスクST02では鍋形土器が出土していないので、その製作は14世紀代には終了していた可能性が高い。

　最後に鍋形土器の型式変化をもとに、沖縄諸島における器種構成の変遷を確認する。表10には各型式との共伴器種も示しているが、これによるとⅠ式、Ⅱ式は、甕形、羽釜形、Ⅲ式からⅥ式は甕、羽釜、壺との共伴関係が認められる。一方、鍋形Ⅴ式、Ⅵ式のみが出土する今帰仁城跡とシイ

ナグスクでは壺と碗が出土しているが、甕、羽釜は認められないことから、甕、羽釜はⅣ式までと共存する器種である可能性が高い。Ⅴ式、Ⅵ式の頃に煮沸用の甕は存在しないが、器高が低く、くの字状の口縁をもつ煮沸具が出現することから、甕形が鍋形に変化した可能性が考えられる。また、中国産陶磁器をモデルとした椀形、坏形の安定的な製作が確認できる。

（5）沖縄諸島における器種構成の変遷

　以上の検討を踏まえ、沖縄諸島における器種構成の変遷をまとめたものが図 18 である。鍋形土器の型式変化を軸として、対応する器種を検討した結果、沖縄諸島における土器の製作動向は大きく3つの段階に分けることができる。

　第1段階は、土器 A 群と石鍋 A 群の形状を忠実に残す土器 B 群の共存が認められ、土器 B 群は鍋、甕、羽釜の煮沸具のみで構成される原初的段階である。続く第2段階には、土器 A 群がほぼ姿を消し、土器 B 群において石鍋 A 群模倣伝統の形骸化が認められ、壺形が新たに加わる。第3段階は、石鍋 A 群の特徴が完全に喪失し、鍋形と甕形の統合と食膳具の製作が盛行する。共伴陶磁器の年代を参考に、第1段階を 11 世紀中頃から 12 世紀中頃、第2段階を 12 世紀中頃から 13 世紀中頃、第3段階を 13 世紀中頃から 14 世紀代と想定しておきたい。[(3)]

5．先島諸島出土土器の型式学的検討

（1）鍋形土器の器形、口縁端部、把手の対応関係

　先行研究では、石鍋 A 群模倣土器（新里村式）を起点に 13 世紀後半頃に偏平な横耳を有する鍋形土器（中森式）が出現することが示され、石鍋 A 群の方形把手が偏平な横耳へと段階的に変化することが指摘されている（金武 1994）。器形と口縁端部、把手の対応関係を集計すると表 11・12 のようになる。石鍋 A 群と近い器形では口縁端部①から④のすべてが認められるが、口縁端部②と③が主体となる。器形 α と器形 β は口縁端部③との相関が強く、器形 γ は口縁端部①、②とは対応しない。このことは、石鍋 A 群の特徴である口縁端部の平坦面成形の意識があまり強くなく、丸みを帯びたものが多く製作されていたことを想定させる。また、石鍋 A 群の器形と近い器形 1 でも把手 A から E のすべてが認められて多様性に富み、さらに縦横位の偏平把手も少量ながら存在する。器形 α では石鍋 A 群に認められる方形把手は少なく、ほとんどが横位の偏平把手と対応し、器形 β、γ ではすべてが偏平横耳となる。

　器形、口縁端部、把手の関係性からも、先行研究で示された石鍋 A 群模倣から偏平な横耳をもつ土器へという沖縄諸島とは異なる型式変化を見出すことができる。

（2）鍋形土器の型式設定

　以上の検討と先行研究を踏まえ、先島諸島の鍋形土器を次のように型式設定したい。

　先島諸島鍋形Ⅰ式：内湾、直立、外傾する口縁をもつ直線的な器形を呈し、最大径は口縁にある。把手は口縁端部と直行して貼りつけられる石鍋 A 群の忠実模倣品である。新里貴之（1997）のⅠ群の一部と対応する。明瞭な方形把手が貼りつけられるが、把手が口縁端部を巻き込んで鞍状に貼りつけられるものもある。口縁端部に明瞭な平坦面をもつものを古相、丸みを帯びるものを新

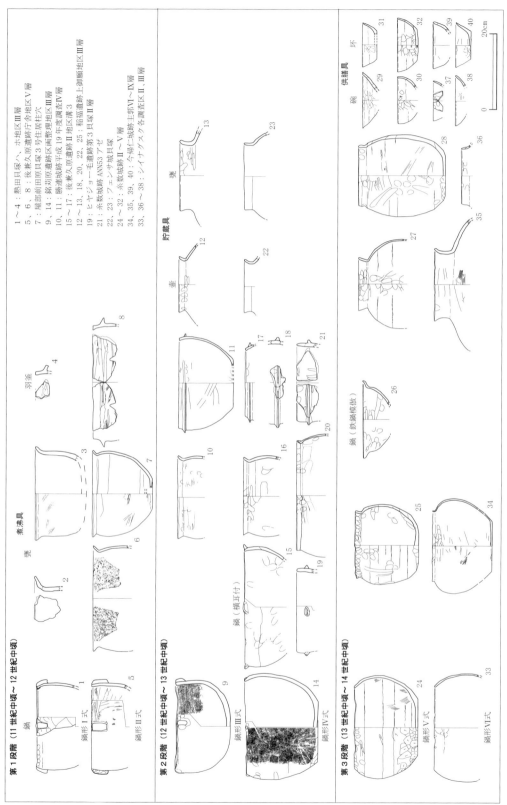

図18 器種構成の変遷（沖縄諸島）

相とする。器面調整は内外面ともに入念なナデが施されるが、底部にはヘラケズリ痕を留める。

　先島諸島鍋形Ⅱ式：器形、把手の貼りつけ方法、器面調整はⅠ式と同様であるが、口縁端部は丸いものが多い。新里貴之（1997）のⅠ群の一部と対応し、方形把手が崩れた不等辺台形把手のうち、その平面形が方形状のものを古相、丸みを帯びたものを新相とする。

　先島諸島鍋形Ⅲ式：器形、把手の貼りつけ方法、器面調整はⅠ式、Ⅱ式と同様であるが、把手は断面形不等辺台形状を呈し、口縁端部は丸いものが主流となる。新里貴之（1997）のⅠ群の一部と対応する。

　先島諸島鍋形Ⅳ式：把手が胴部上位に貼りつけられるもの。口縁は弱く内湾し、最大径は胴部上位にある。胴部上位に貼りつけられる把手はやや偏平化して外耳状を呈する。把手が方形の形状を留めるものを古相、横位の偏平把手となるものを新相とする。新里貴之（1997）のⅠ群の一部と対応し、器面調整はⅠ式、Ⅱ式、Ⅲ式と同様である。

　先島諸島鍋形Ⅴ式：胴部上位に偏平な横耳をもち、底径と口径がほぼ等しい円筒状の器形を呈する。最大径は口縁部にある。口縁端部に平坦面を有し、口縁がL字状に強く屈折するものと口縁端部が丸みを帯び、口縁が外反気味に直立するものがあり、前者を古相、後者を新相とする。新里貴之（1997）のⅢ群とⅣ群の一部に対応し、器面調整はハケ目状調整、ナデ調整が認められ、底部

表11　器形と口縁端部の相関関係（先島諸島）

	口縁端部①	口縁端部②	口縁端部③	口縁端部④	計
器形 1	2	7	10	2	21
器形 a	1	1	12	3	17
器形 β	1		27	5	33
器形 γ			1	2	3
計	4	8	50	12	74

表12　器形、口縁端部、把手の相関関係（先島諸島）

	把手A	把手B	把手C	把手D	把手E	偏平把手1	偏平把手2	偏平把手3
器形1×口縁端部①	1							
器形1×口縁端部②	1	2			3	1		
器形1×口縁端部③	1		1	4	5			
器形1×口縁端部④				1				
器形a×口縁端部①			1				1	
器形a×口縁端部②								
器形a×口縁端部③			1	1			2	
器形a×口縁端部④							2	
器形β×口縁端部①								1
器形β×口縁端部②								1
器形β×口縁端部③								31
器形β×口縁端部④								1
器形γ×口縁端部①								
器形γ×口縁端部②								
器形γ×口縁端部③								3
器形γ×口縁端部④								2

　　　□：Ⅰ式　　□：Ⅱ式　　□：Ⅲ式
　　　□：Ⅳ式　　□：Ⅴ式　　□：Ⅵ式
※網かけ部分は古相、白抜き部分は新相を表す。

表13 先島諸島における出土状況

	遺跡名	地区	遺構、層位等	鍋形型式	供伴器種	文献
基準資料	新里村東遺跡	調査区内	Ⅱ層	Ⅱ～Ⅴ	甕	島袋・金城編 1990
	ビロースク遺跡	調査区内	Ⅱ、Ⅲ層 Ⅰ層	 Ⅴ	 壺	金武編 1983
参考資料	カイジ浜貝塚	6区 B-44	2層 2号屋敷80号柱穴	Ⅰ～Ⅳ Ⅰ	甕	金城ほか編 1994
	新里村西遺跡	B-41 3号屋敷 4号屋敷	1号屋敷7号柱穴 西石垣 西石垣	なし Ⅲ～Ⅵ Ⅱ、Ⅵ	甕 壺 壺	島袋・金城編 1990

にはヘラケズリが施される。

　先島諸島鍋形Ⅵ式：胴部上位に偏平な横耳をもち、底径と比して口径が大きいもの。最大径は口縁部にある。口縁は弱く外傾するものと強めに外傾するものがあり、前者を古相、後者を新相とする。新里貴之（1997）のⅣ群の一部に対応し、器面調整はⅤ式と同様である。

（3）鍋形土器の型式変化と共伴器種

　先行研究により鍋形Ⅰ式からⅥ式への推移は明らかであるが、表13に各遺跡における出土状況をまとめ各型式の年代と共伴器種を確認してみたい。

　先島諸島では単一型式の出土例が限られるが、数少ない基準的な事例に竹富島新里村東遺跡と石垣島ビロースク遺跡がある。12、13世紀の集落跡とされる新里村東遺跡のⅡ層には鍋形Ⅱ式からⅤ式が含まれているので、Ⅱ式の出現を12世紀頃、Ⅴ式の出現を14世紀以前に絞り込むことができる。近隣に位置する新里村西遺跡の2号屋敷内の柱穴からはⅠ式が出土し、これは型式学的にⅡ式以前の11世紀後半代に出現したと想定される。また同一調査区内の1号屋敷内の7号柱穴からは滑石が混入された甕が得られているので、Ⅰ式には甕形土器が伴う可能性が高い。

　竹富島カイジ浜貝塚では、鍋形Ⅰ式からⅣ式を含む2層下部より甕形とともに口縁が短く屈曲する鍋形土器（図19-9、10）が検出されている。新里貴之（1997）はこれをカイジ村タイプと呼んで12世紀後半代に位置付けているが、くの字状口縁を呈する甕形と類似した器形の特徴は、これが甕の低器高化によって成立した鍋である可能性を示している。

　12世紀後半から13世紀後半代の青磁と白磁がまとまって得られている石垣島のビロースク遺跡Ⅱ、Ⅲ層からは口縁部がくの字状に屈曲する鍋形土器（金武1994でのビロースク式、図19-11～13）が単独的に出土し、これはカイジ村タイプに後続するとされる（新里貴 2004b）。ビロースク式には偏平な横耳を有するものが含まれるので（図19-11）、方形把手の形状をかろうじて留めるⅣ式以降の出現が推定され、それに後続する偏平横耳を有する鍋形Ⅴ式は、ビロースク式につながるL字状または外反口縁の鍋形土器に偏平横耳が貼りつけられることによって成立したと解される。ビロースク遺跡Ⅰ層からは鍋形Ⅴ式が出土しているので、これはⅡ、Ⅲ層で顕著なビロースク式に後続するのは明らかである。

　カイジ浜貝塚の出土状況からカイジ村タイプは鍋形Ⅳ式以前、ビロースク遺跡での出土状況からビロースク式は鍋形Ⅳ式とⅤ式との間に位置付けられる。前者は12世紀中頃、後者は12世紀後半から13世紀前半に製作され、それに後続するⅤ式は13世紀中頃に出現したものと推察される。新

里村西遺跡の3、4号屋敷石垣内からは14世紀中頃から15世紀代の陶磁器を伴ってⅤ式が多く検出されているが、これにはⅥ式が少量ながら含まれていることからⅤ式は14世紀代まで製作され、15世紀頃を境にⅥ式が出現したと考えておきたい。ビロースク遺跡Ⅰ層や新里村西遺跡3号屋敷西石垣ではⅤ式、Ⅵ式に伴って壺形土器が出土している。

（4）先島諸島における器種構成の変遷

先島諸島における器種構成の変遷をまとめたのが図19である。鍋形と甕形で構成される時代を第1段階、甕の低器高化によって成立したカイジ村タイプの出現をもって第2段階とする。第3段階は貯蔵具である壺の出現と煮沸具として横耳を有する鍋形土器の普遍化を指標としておきたい。

年代観は先行研究に準ずるが甕の低器化が沖縄諸島よりも早く、土器製作が15世紀代以降も継続し、供膳具が欠如する点で沖縄諸島とは大きく異なり、土器の器種構成と製作期間に関する地域差の存在を指摘することができる。

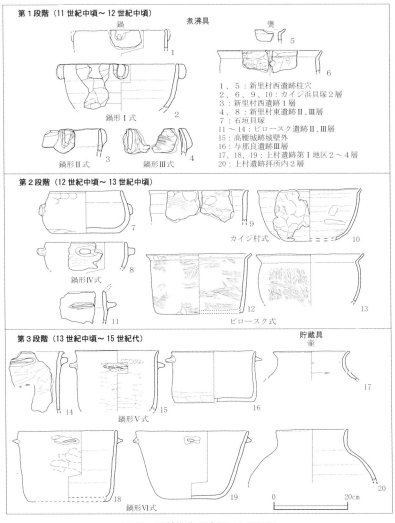

図19　器種構成の変遷（先島諸島）

6. 奄美諸島出土土器の型式学的検討

(1) 鍋形土器の器形、口縁端部形態、把手の対応関係

　奄美諸島では土器の出土量が少ないが、これまでと同様に、器形、口縁端部、把手の形状およびその有無を検討すると、表14、15のようになる。器形1には口縁端部②、③、④と把手A、B、E、偏平把手1が認められるが、把手A、Bはともに口縁端部に平坦面を有する②と対応し、把手Eは口縁端部③、④とも対応する。器形2-iiでは、口縁端部②、③があり把手Dおよび偏平把手1、2が認められる。把手がない器形3-ii、4は口縁端部③、④と相関する。

　奄美諸島ではこのような状況が確認され、石鍋A群の忠実模倣品が把手の位置が垂下しながら形状が崩れて横位の偏平把手化し、把手の喪失を経て最終的に内湾する器形の変化が想定される。

(2) 鍋形土器の型式設定

　以上の検討を踏まえると、奄美諸島の鍋形土器は次のように型式設定できる。

　奄美諸島鍋形I式：内湾、直立、外傾する口縁をもつ直線的な器形を呈し、最大径は口縁にあ

表14　器形と口縁端部の相関関係（奄美諸島）

	口縁端部①	口縁端部②	口縁端部③	口縁端部④	小計
器形1		5	3	2	10
器形2-ii		1	2		3
器形3-ii			4		4
器形4				2	2
小計	0	6	9	4	19

表15　器形、口縁端部、把手の相関関係（奄美諸島）

	把手A	把手B	把手C	把手D	把手E	偏平把手1	偏平把手2	把手無
器形1×口縁端部①								
器形1×口縁端部②	2	1				1		
器形1×口縁端部③					2			
器形1×口縁端部④					1			
器形2ii×口縁端部①								
器形2ii×口縁端部②						1	1	
器形2ii×口縁端部③				1			2	
器形2ii×口縁端部④								
器形3ii×口縁端部①								
器形3ii×口縁端部②								
器形3ii×口縁端部③								1
器形3ii×口縁端部④								1
器形4×口縁端部①								
器形4×口縁端部②								
器形4×口縁端部③								
器形4×口縁端部④								2

　：I式　　：II式　　：III式
　：IV式　　：V式　　：VI式

※網かけ部分は古相、白抜き部分は新相を表す。

第 2 章　在地土器の変容と展開からみた南島の社会変革　37

る。把手は口縁端部と直行して貼りつけられる石鍋 A 群の忠実模倣品である。新里貴之（2006）のⅠ1類と対応する。明瞭な方形把手が貼りつけられるが、把手が口縁端部を巻き込んで鞍状に貼りつけられるものもある。将来の出土に備え、口縁端部に明瞭な平坦面をもつものを古相、丸みを帯びるものを新相としておく。器面調整は内外面ともに入念なナデが施され、底部にはヘラケズリ痕を留める。

　奄美諸島鍋形Ⅱ式：器形、把手の貼りつけ方法、器面調整はⅠ式と同様で、口縁端部は丸いものが主流となる。把手の断面は台形状を呈し、その平面形が方形状のものを古相、丸みを帯びたものを新相とする。新里貴之（2006）のⅠ1類と対応する。

　奄美諸島鍋形Ⅲ式：器形、把手の貼りつけ方法、器面調整はⅠ式、Ⅱ式と同様であるが、把手は断面形不等辺台形状または偏平な縦耳状を呈する。口縁端面は丸いものが主流となる。新里貴之（2006）のⅠ2類と対応する。

　奄美諸島鍋形Ⅳ式：把手の貼りつけ位置が垂下し、胴部上位に貼りつけられる。口縁は弱く内湾し、最大径は胴部上位にある。縦位偏平把手や平面形円形、断面形三角形状の把手をもつものを古相、横位の偏平把手が貼りつけられるものを新相とする。後者は、新里貴之（2006）のⅡ類と対応する。器面調整はⅠ式、Ⅱ式、Ⅲ式と同様である。

　奄美諸島鍋形Ⅴ式：把手をもたず、直線的な器形を呈する。口縁部は直立ないしやや外傾し、最大径は口縁部にある。口縁端部は丸みを帯びるものが主流となるが、口縁端部が丸いものを古相、尖るものを新相としておく。新里貴之（2006）のⅠ2類と対応し、器面調整はハケ目状調整、ナデ調整が認められ、底部にはヘラケズリが施される。

　奄美諸島鍋形Ⅵ式：把手をもたず、内湾器形を呈する。最大径は胴部上位にあるものと中位にあるものに分けられ、前者を古相、後者を新相としておく。口縁端部は尖るものが多い。新里貴之（2006）のⅢ類に対応し、器面調整はⅤ式と同様である。

（3）鍋形土器の型式変化と共伴器種

　奄美諸島における鍋形土器の型式変遷と共伴器種および土器 A 群の出土状況を確認してみたい（表14〜16）。土器 A 群の出土例は徳之島に限られるが、これは喜界島と奄美大島北部において、

表16　奄美諸島における出土状況

	遺跡名	地区	遺構、層位等	鍋形型式	供伴器種	※	文献
基準資料	山田半田遺跡	B2区	Ⅱ層	Ⅰ	甕	×	澄田ほか編 2009
	前畑遺跡	H-12	土壙墓7号	Ⅲ		×	野崎ほか編 2011
	大ウノ遺跡	B地区	P1627	Ⅳ	甕?	×	野崎ほか編 2013a
	中組遺跡	B調査区	Ⅱ層 Ⅲ層	Ⅳ Ⅳ		○ ○	具志堅編 2013
	下原Ⅳ遺跡	B-5区	3号掘立柱建物跡	Ⅴ		×	黒川編 2004
	鳳雛洞	調査区内	Ⅱ層	Ⅴ、Ⅵ		×	新里編 2014
参考資料	宇宿貝塚			Ⅰ、Ⅲ、Ⅵ		×	中山 1996
	川嶺辻遺跡	緊急調査区	第1遺構面 第4遺構面	Ⅲ Ⅲ	（椀） （甕）、（椀）	○	新里編 2010

※土器 A 群の有無　○：あり　×：なし

土器 A 群に代わって土師器甕系統の在地土器が製作されていたことに起因する（野﨑 2016）。そのため、土器 A 群の有無によって遺跡の相対的な前後関係を導くことは難しいので、そのほか遺物との共伴関係から検討を行いたい。

　石鍋 A 群の形状に最も近い I 式は、城久遺跡群山田半田遺跡において石鍋 A 群や大宰府 C 期（11 世紀後半～12 世紀前半）の陶磁器と共伴しており（澄田ほか 2009）、当該諸島における最古の型式として設定することができる。また、同遺跡群前畑遺跡（野﨑ほか編 2011）の土坑墓 7 号では III 式、中組遺跡（具志堅編 2013）では IV 式が大宰府 D 期（12 世紀後半代～13 世紀前半）の陶磁器に伴うことが確認されており、III 式を 12 世紀後半代、IV 式を 13 世紀前半代に出現した型式と見なし得る。残る II 式であるが、これは型式学的に I 式と III 式の間に位置付けられることから 12 世紀前半代の出現年代を想定しておく。V 式（新里貴之 I 2 類）は 13 世紀前半までに収まり、VI 式（新里貴之 III 類）は 13 世紀後半以降に出現するとされるので（新里貴 2006）、沖縄諸島よりも把手の喪失が早いことがわかる。

　鍋形以外の器種に甕とごくわずかに椀がある。共伴関係は明確でないが、いずれも滑石が混入されているので、鍋形 I 式から IV 式との共存が想定される。土器 A 群は徳之島においてのみ確認されているが、中組遺跡 B 調査区 IV 層において石鍋 A 群と共伴関係にあり、同区 II・III 層においても出土が確認されているので（具志堅編 2013）、鍋形 I 式・II 式との共存が認められる。

（4）奄美諸島における器種構成の変遷

　図 20 には奄美諸島における器種構成の変遷を示しているが、鍋形 I 式、II 式は甕を伴うことから煮沸具のみが製作される段階として認定でき、これを第 1 段階と設定しておく。鍋形 III 式、IV 式、V 式にはわずかながら甕と椀が確認されており、以上 3 型式が製作される時代を第 2 段階とする。鍋形 VI 式は事例が少ないが、今のところ共伴器種が確認されていないことから鍋形が限定的に使用される第 3 段階として設定する。ただし沖永良部島においてさまざまな形態の鍋形土器が確認されていることから（新里貴 2006）、煮沸具の多様化も本段階の特徴となる可能性がある。

　奄美諸島では貯蔵具が製作されない点、鍋形土器の把手が喪失する時期において沖縄諸島、先島諸島と異なる状況が確認される。土器の終焉については沖永良部島内城遺跡での採集例から（新里貴 2006）、15 世紀代を目途にしておきたい。

7. 各段階における土器の製作動向

　各諸島における特筆される動向を段階別にまとめると次のとおりとなる（表 17）。

（1）第 1 段階（11 世紀中頃～12 世紀前半）

　石鍋 A 群を祖形とする鍋形土器が奄美諸島から先島諸島で一斉に製作される。胎土、混和材は各諸島で異なることから、これらが各地で製作された煮沸具であったことは明らかである。沖縄諸島では羽釜形もあるが、主要器種が鍋形、甕形であった点で共通する。

　甕形土器は内面に削り痕を留める特徴から、九州島の土師器甕に系譜が辿れる可能性が高い。このことは、石鍋 A 群を模した鍋形と土師器に系譜をもつ甕形は、総じて九州島の食器類から影響

第2章　在地土器の変容と展開からみた南島の社会変革　39

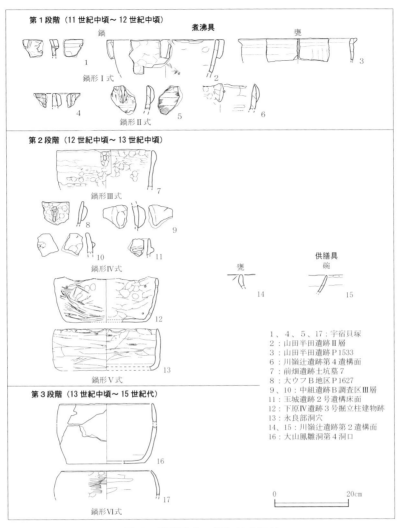

図20　器種構成の変遷（奄美諸島）

表17　各諸島における土器B群の製作動向

段階	項目	奄美諸島	沖縄諸島	先島諸島
第1段階 11世紀中頃～12世紀中頃	鍋形型式 器種構成	Ⅰ、Ⅱ式 鍋＋甕	Ⅰ、Ⅱ式 鍋＋羽釜＋甕	Ⅰ、Ⅱ式 鍋＋甕
	製作動向	滑石混入		
		煮沸具のみ		
第2段階 12世紀中頃～13世紀中頃	鍋形型式 器種構成	Ⅲ～Ⅴ式 鍋＋(羽釜)＋(甕)＋(椀)	Ⅲ、Ⅳ式 鍋＋羽釜＋甕＋壺＋甕＋椀	Ⅲ、Ⅳ式 鍋
	製作動向	滑石混入		滑石混入なし
		供膳具の出現	貯蔵具、供膳具の出現	甕の低器高化
第3段階 13世紀中頃～14世紀代	鍋形型式 器種構成	Ⅵ式 鍋	Ⅴ、Ⅵ式 鍋＋壺＋甕＋椀＋坏	Ⅴ、Ⅵ式 鍋＋壺
	製作動向	煮沸具のみ	甕の低器高化	貯蔵具の出現
		煮沸具の多様化	供膳具の増加	外耳土器の一般化

を受けたことを示している。ただし、供膳具を欠き、甕形にも滑石が混入されるなど中世の九州島とは異なる独自性も看取されることから、外来の食器文化を選択的に受容した琉球列島特有の土器様式と捉えておきたい。

（2）第2段階（12世紀中頃～13世紀中頃）

鍋形土器は島嶼ごとに独自の型式変化を示し、奄美諸島では器形の直立化と把手の喪失、沖縄諸島では器形の湾曲化と把手の矮小化、先島諸島では甕の低器高化、把手の横耳化が確認される。器種構成に注目すると、沖縄諸島においては貯蔵具が出現する一方、奄美諸島では煮沸具と少量の供膳具、先島諸島では煮沸具のみの製作に留まる。鍋形の型式変遷と器種構成に地域差が生じはじめる段階として捉えられ、このような状況は13世紀中頃まで継続する。

12世紀後半以降全国的に出土例が確認される石鍋B群は、琉球列島では希少で、その模倣土器も局地的には確認されるものの琉球列島全域で一般化することはない。このことは、九州との経済関係に何らかの変化が生じ、石鍋B群が琉球列島へはあまり供給されなかったことを示唆している。この段階において器種構成が各諸島で異なることは、九州島との経済関係の変化と共に土器の地域色が強まる可能性が考えられ、時間の経過とともに地域の実情に即した食器文化が展開していく状況が看取される。

（3）第3段階（13世紀中頃～14世紀代）

第3段階には、石鍋A群を模倣する伝統が途絶え、各諸島の独自性が最も顕著となる。滑石の混入も認められなくなり、沖縄諸島では球胴形の鍋の製作と甕形の低器高化、先島諸島ではいわゆる横耳をもつ鍋の普遍化、奄美諸島では煮沸具の多様化が確認される。

沖縄諸島では煮沸具、貯蔵具、供膳具が出揃うが、供膳具は中国産陶磁器を模した椀、坏が目立つ。その一方、奄美諸島では煮沸具、先島諸島では煮沸具と貯蔵具が製作されるが、両者ともに供膳具を欠き、沖縄諸島との懸隔が甚だしい。沖縄諸島で土製供膳具が積極的に製作される点が本段階における最大の特徴で、その成立期とは一線を画した土器製作上の転換期とみることができる。また、沖縄諸島では14世紀代、奄美諸島では15世紀代に土器の製作が終了するのに対して、先島諸島では近世まで継続し、土器の終焉年代が各諸島で異なることを付記しておきたい。

（4）土器A群の終焉時期

沖縄諸島と奄美諸島南部では鍋形Ⅰ式、Ⅱ式の出土遺跡において土器A群が検出される傾向にあることが確認された。鍋形Ⅲ式以降の出土遺跡から検出されることもあり、第2段階まで下る可能性もなくはないが、遺構での検出例に恵まれないため確実な共伴例は今のところない。その量も著しく少ないことから土器A群の存続年代は第1段階までに収まり、第2段階にはほぼ終焉を迎えていたと考えておきたい。

現状では土器A群と土器B群の並存期間はおおよそ100年程度と見込んでおきたいが、これらの確実な同時代性を実証するには胎土、混和材の比較検討が必要となろう。今後の課題とする。

8. 沖縄諸島における特異な食器構成

　土器A群と土器B群の製作動向は以上のように整理できるが、沖縄諸島においては石鍋A群の特徴を残す鍋形土器の製作が長期間継続し、中国産陶磁器の模倣品を含む供膳用土器が積極的に製作されるなど、外来食器に対する強い志向性が看取される。ここに注目し、第3段階の沖縄諸島で土製供膳具が一定量使用される理由について私見を述べ、本章のまとめとしたい。

　琉球列島における中国産陶磁器の分析によると、13世紀後半頃（本章における第3段階と対応）は、交易ルートの多様化によって中国産陶磁器の出土量が増加する時期とされる（第5章にて後述）。それはとりわけ沖縄諸島で顕著であるが、中国産陶磁器の供膳具が多出する沖縄諸島において、土製供膳具が多く製作される対極的な現象は一体どのように理解すればよいのだろうか。

　宮城と具志堅の集計を参考にすると（宮城弘・具志堅 2007の表1）、土製供膳具の総数86点のうち51点がグスクと呼ばれる城塞からの出土であり、なかでも今帰仁城跡や糸数城跡など後に大規模化する特別な遺跡から得られていることは特筆される。また、集落跡でもこれらを多く出土するのは、稲福遺跡や銘苅原遺跡など豊富な陶磁器をもつ特別な遺跡に限られる。このようにみると、沖縄諸島の土製供膳具は在地の有力者と関連する遺跡から検出される傾向が強く、中国産陶磁器の不足を補う実用品というよりも、何らかの象徴的な意味をもつ食器であった可能性が考えられる。

　これらは中国産陶磁器の写しとみられるものが大半を占めるが、中世土器の研究によると、外来品を写す器は身分制の象徴、写さない器は宗教的、儀礼的な意味をもつ食器とされる（宇野 1997）。沖縄諸島の一般的でない遺跡から土製供膳具が出土する傾向は、当該諸島における身分制度や儀礼的行為を含む社会の複雑化の進行を反映しているようにもみえる。本章での第3段階における沖縄諸島の特異な食器構成は、重層的階層社会であった三山時代、琉球王国時代の直前における社会の複雑化が在地の食器構成に表現され、奄美、先島諸島とは一線を画する食器類の使用原理が展開したことを示しているのではないだろうか。

9. 土器B群の歴史的・文化的意義

　グスク時代に成立した土器B群の歴史的・文化的意義は次の点にある。

　土器B群は、かつて異文化圏であった先島諸島においても製作されていることから、その成立は琉球列島全域が一体的な土器文化によってまとまったことを意味する。奄美・沖縄地域における出土状況からは、土器B群の出現によって土器A群が淘汰された様子がうかがえるので、これらは外部集団からの影響によって導入された、琉球列島各地の在地土器だと評価できる。さらに、これまでは豊富な陶磁器に比べ注目されにくかったが、在地土器の編年観は、将来的に遺構の帰属年代や遺跡の存続期間を把握する上で、陶磁器以上の有用性をもつことも追記しておきたい。

　器形や器種の特徴に注目すると、これらは九州島や中国からの舶来食器に系譜をもつことから、広域流通品の大衆化に特徴づけられる中世日本の食器文化とつながりが深く、琉球列島全域におよぶ農耕社会成立とも不可分な関係をもつ。こうした点において、土器B群は琉球列島の社会変革

を物語る資料として意義深いものである。

　型式学的検討の結果、各諸島で各様の様式変化をみせることが明らかとなったが、沖縄諸島の土製供膳具はグスクを中心とした特別な遺跡から出土するので、当該地域の特異な食器構成は、三山・琉球国時代の直前における複雑な社会状況と対応し、グスク時代における琉球列島社会の一側面を反映している可能性が高い。

　土器B群の特質はこのように整理できるが、特に、社会の複雑化と密接に関係する階層性や祭祀儀礼の実態は遺構や遺物出土状況の分析によって解明されなければならず、今後多角的な検証が必要とされることは言うまでもない。本章では土製供膳具の存在意義について強調したが、将来的には煮沸具、貯蔵具における写しの意味も考えていく必要があるだろう[5]。

　次章以降では、ここで示した土器の型式変化を参考にしながらその他の食器類の型式学的検討を行い、グスク時代琉球列島における食器類の生産と流通について考察していきたい。これにより琉球列島各地の経済状況を復元的に把握し、段階的な社会変化のあり方についても考えていくことにする。

註
（1）瀬戸哲也（2014）も沖縄諸島における移民集落の存在を認めている。
（2）先島諸島の先史時代編年が確立する経緯については、石垣市教育委員会市史編集課編（2015）に詳しい。
（3）琉球列島における土器B群や大宰府Ⅱ類、同Ⅳ類白磁碗は11世紀末頃に出現するとみる意見が多いが（金武・比嘉編 1979、吉岡・門上 2011）、奄美諸島における兼久式土器や土師器甕系在地土器の製作期は概ね11世紀前半代までに収まり（高梨 2005、鼎 2017、鼎・與嶺 2017、與嶺 2017）、11世紀中頃が下限とされる初期高麗青磁、高麗陶器、大宰府分類白磁碗Ⅺ類が石鍋A群などとともに出土することを考慮し、少しさかのぼらせた時期を設定している。
（4）稲福遺跡は山グスクとも記載されているので、ここで特別な集落とした遺跡は、グスクに分類できる可能性もある。こうした場合、グスクからの土製供膳具出土例はさらに増加する可能性がある。
（5）中島恒次郎（2008）は、滑石製石鍋と石鍋模倣土器、高麗陶器とカムィヤキの関係性を原型と模倣型と捉え、それぞれの使用者がそれぞれ異なる階層に属していた可能性を指摘している。

第3章　舶来煮沸具の受容

1. 滑石製石鍋とは

　滑石製石鍋とは、滑石と呼ばれる軟質で保温性に優れた石材を加工して作られた鍋形、羽釜形の容器である（図21）。日本列島の古代・中世遺跡からの検出例が多く、当時の代表的煮沸具としてよく知られる。西北九州や中国地方において製作跡が発見されているが（森田 1983）、そのうち長崎県西彼杵半島の石鍋製作所跡は（正林・下川編 1980、東 2003）、最も規模が大きい。

　出土遺跡の集成を参照すると（三島・島津 1983、下川 1984、河内 1991、栗林 1994、中島史 2000、二宮 2006、石塚 2007など）、東北地方から琉球列島に至る範囲に分布し、九州島での事例が際立つ。軟質の素材を活かし、温石、スタンプ、硯、漁業錘なども製作された。

　前章で述べたとおり、滑石製石鍋は土器B群鍋形の祖形となり、琉球列島の先史時代を収束に導く鮮烈な文化的インパクトを与えた（當眞・金武 1983、新里貴 1997、下地和 1998）。ここでは、琉球列島における農耕の普及期と同じ頃に滑石製石鍋が受容されたことに注目し、これらがどのような経済状況下で運び込まれたかについて検討を行いたい。

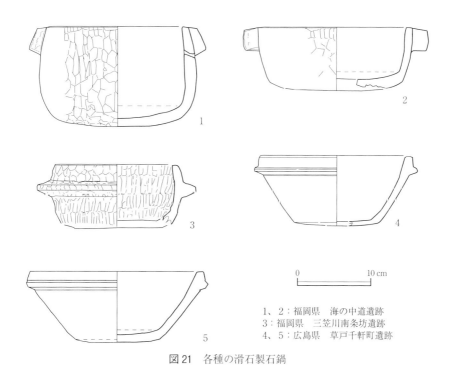

1、2：福岡県　海の中道遺跡
3：福岡県　三笠川南条坊遺跡
4、5：広島県　草戸千軒町遺跡

図21　各種の滑石製石鍋

2. 日本列島における滑石製石鍋の研究

（1）用途の推定

　滑石製石鍋の報告は、明治時代にさかのぼり（藤井 1886）、長崎県西彼杵半島内に鍋形の石材が多く残されていることが知られていた。その形状に注目した喜田貞吉は、鍋形は炉、羽釜形は竈に結びつくとして形態と火処の対応関係を指摘し（喜田 1915）、江藤正澄は穿孔品の存在から強飯用の道具と報告した（江藤 1916）。

　下川達彌は、「石鍋」（類聚雑要抄：13世紀）、「石ナベ」（厨事類記：13世紀後半）、「いしなべ」（武家調味故実：16世紀）が甘葛（あまかずら）、厚預粥（いもがゆ）、鴫肉等の調理に使用されたとする記録から、滑石製石鍋を特定階級の調理具とし（下川 1995）、松尾秀昭も絵画資料を用いて煮沸具としての用途を想定した（松尾 2016）。記録に記された用途は、消費地出土品に煤が付着していることと矛盾なく、滑石製石鍋は、文字のとおり火にかけて用いる煮沸具であったことがわかる。一方、製塩に用いられた可能性を示す実験結果も得られており（山崎 1993a）、用途を限定しない万能の煮沸具としての機能をもっていたことが推測される。

（2）型式学的検討と編年

　1970年代以降、中世都市の発掘調査が進み、滑石製石鍋の出土事例が増加すると、型式分類と編年が積極的に進められた。型式学的検討の嚆矢となったのは木戸雅寿の研究で、木戸は各地で出土した滑石製石鍋を大きく4つに分け、広島県草戸千軒遺跡出土品を中心にそれらの年代、形態、製作工程の対応関係について検討している（木戸 1982）。木戸によるとⅠ類が桶状のもの、Ⅱ類が瘤または縦長状把手付のもの（以下では把手付石鍋とする）、Ⅲ類が鍔付のもの（以下では鍔付石鍋とする）、Ⅳ類が鍔はなく、口縁が斜めに切り落とされたもので、このうち鍔付であるⅢ類は、厚手で口径と底径が等しく、鍔が大きく張り出すⅢ-a類、鍔が斜め下がり気味に削り出され底径が狭くなるⅢ-b類、鍔の削り出しが浅くその上辺は短くなり、底径が口径の半分程度に狭くなるⅢ-c類、鍔そのものが全体に小さく、その削出がほとんどなされないⅢ-d類に細分された。各遺構からの出土状況より、草戸千軒町遺跡では鍔付から鍔無への型式変化が追え、特に底径が小さくなる点を、量産化を目指した素材獲得方法の合理化と結論付けた。形態と素材獲得方法の対応関係に焦点を定めたこの分類は、滑石製石鍋の型式分類の基本となるもので、後の研究に大きな影響を与えることとなった。

　木戸の見解を踏まえ、九州島での出土状況を検討した森田勉は、滑石製石鍋を3つの群に分け、それらの出現順序について論じた（森田 1983）。森田は、把手付石鍋をA群、鍔付で底が広いものをB群、鍔付であるが底径が口径よりも小さくなるものをC群と分類した。A群は木戸Ⅱ類、B群は木戸Ⅲ類-a、C群は木戸Ⅲ類-b、c、dに相当する。福岡県の大宰府や海の中道遺跡等においてともに出土した土師器と陶磁器の年代に基づき、A群は9世紀末頃から11世紀代、B群は11世紀後半から13世紀後半、C群は13世紀後半から15世紀後半まで消費されたと結論付けた。その後木戸は、鍔の断面が三角形状になるⅢ類-eを加えた編年案を示し（木戸 1993）、また、鈴木康之は草戸千軒町遺跡から出土した滑石製石鍋の詳細な検討により、鍔付石鍋の型式変遷と流通状

況について述べ、木戸Ⅲ・Ⅳ類、森田B・C群の編年案の妥当性を検証した（鈴木康編 1998）。

3氏の検討は、古い順から把手付石鍋、鍔付石鍋、鍔無石鍋へと形態が変化することを示した点で共通しているが、木戸編年と森田編年では、把手付石鍋（森田A類、木戸Ⅱ類）と鍔付石鍋（森田B群、木戸Ⅲ類-a）の出現年代に相違がみられる。森田は福岡県海の中道遺跡などの出土例から把手付石鍋を9世紀末から11世紀代とし、木戸はこれを11世紀前半から後半に位置付けたため、把手付石鍋の上限年代については異なった見解が示された。これと関係し、鍔付石鍋の出現年代を森田は11世紀後半、木戸は12世紀初頭に位置付けているが、両年代の離齬について木戸は、各地域での土器編年に基づく検証を要すると述べている（木戸 1995）。この編年観の差異は、後に琉球列島における滑石製石鍋の使用年代に対する2つの解釈と深く関わることになった。

1997年、『中世食文化の基礎的研究』が国立歴史民俗博物館より刊行され、日本国内における中世食器の編年と研究成果がまとめられた（国立歴史民俗博物館 1997）。九州・沖縄地方を担当した山本信夫・山村信榮は、把手付石鍋の出現年代を森田編年に依拠して9世紀末頃に置き、中世Ⅰ期（11世紀後半〜12世紀前半）を滑石製石鍋が商品的性格を帯びて安定的に消費される画期と評価した（山本・山村 1997）。大宰府観世音寺における出土品の分析においても、把手付石鍋の出現は遅くとも10世紀前後とされ（杉原 2007）、北部九州においては把手付石鍋の拡散期以前よりこれらが消費されていたことは確実視されている（中島恒 2008）。

以上の研究動向に注目した徳永貞紹は、把手付石鍋を初期滑石製石鍋と定義し、これらを張耳型、小耳型、長耳型に分け、張耳型から長耳型へと変化するとした（徳永 2010）。海の中道遺跡出土の小耳型は両者をつなぐ型式とされ、張耳型、小耳型の分布域は福岡平野周辺と限定的で、大宰府と関係する官衙的性格の遺跡から出土することから、森田による編年案を支持し、成立期（張耳型、小耳型：9世紀後半〜11世紀中葉）、展開期（長耳型：11世紀後葉〜12世紀中葉）、拡大期（鍔形：12世紀後半〜14世紀前半）、衰退期（鍔形・鍔無型：14世紀後半以降）とその消費動向を4期に整理している。

把手付石鍋の下限に関する検討も行われており、先述の徳永は12世紀後葉（徳永 2010）、松尾秀昭も長崎県内における出土状況の検討から12世紀後半頃とする（松尾 2011）。両氏ともに把手付石鍋は後続する鍔付石鍋と一時的に共存しながら、消滅に至ると考えており、従来の編年よりも把手付石鍋の下限年代を新しく見積る見解を示している。

（3）型式と製作工程の対応関係

一方、生産跡においては、以上の型式変遷と製作工程の対応関係を探る研究が進められてきた。大規模な産地を有する長崎県では、滑石露頭の岸壁に残された素材割取り用の区画や各種未成品の検討に基づく製作工程の復元が盛んであったが（内山 1924、副島邦 1971、下川 1974、正林・下川編 1980）、近年進められている生産跡の精力的な悉皆調査では（長崎石鍋記録会 2008）、新たな知見も得られている。

調査を主導した東貴之は、下川達彌によって確認されていた方形割付のほかに円形割付の痕跡を留める岸壁を発見し、新たに回収された未成品の検討を加えて既存型式と製作工程の対応関係を明らかにしている（東 2003）。東は、素材の獲得には従来から知られていた露頭岸壁面の掘削だけでなく、坑道内掘削も行われ、前者には方形割付と円形割付、後者では自由割付が多いことを指摘

し、把手付石鍋は方形割付、鍔付石鍋は円形割付、底径の狭い鍔付石鍋は自由割付と対応する傾向を指摘している。このことから生産地においては岸壁面掘削から坑道掘削へと素材の獲得方法が推移し、これを消費地の需要に応える量産化の結果と結論付けた。消費遺跡から出土する滑石製石鍋の形態的特徴が、生産地における素材獲得の方法と相関しているので、これまでの型式分類は妥当性と有用性が高いと判断される。

（4）流通をめぐる諸問題

さて、これらがどのように流通していたかについて、下川（1980）は、九州を中心とする西日本一帯と北陸、関東での出土例を確認し、なかでも都市に集中する傾向を指摘した。木戸（1993）はさらに問題を掘り下げ、型式別分布状況の検討によって、初現期の把手付石鍋と鍔付石鍋の一部（森田A・B群、木戸Ⅱ-a・b群、Ⅲ-a-1群）を、九州一円と琉球列島へ広がる近郊地流通品、底径の狭い鍔付石鍋（森田C群、木戸Ⅲ-a-2類）を瀬戸内海に点在しながら京都、鎌倉で安定的に消費された遠隔地流通品と捉えている。特に底径の狭い鍔付石鍋の流通量増加については、草戸千軒町遺跡（鈴木康編 1998）や鎌倉（石塚 2006）での分析からも明らかで、北陸、東北地方での出土例は（石塚 2007）、これらが広域流通品であったことを端的に物語っている。

また、生産地に近い長崎県の沿岸部においては、滑石製石鍋が際立って出土する遺跡が知られており、柴田亮（2015）は肥前西部地域における食器類の分析によって、佐世保湾沿岸地域と松浦地域に滑石製石鍋が集散される遺跡が存在し、こうした遺跡を経て各地の流通拠点へと運ばれていく経過を明らかにしている。

こうした経緯を経て滑石製石鍋が時間とともに分布範囲が拡大し、遺跡の性格によって出土量が偏る傾向が認識されるにつれ、それらの運搬主体や当時の経済状況のあり方も議論の的となった。把手付石鍋が北部九州と琉球列島で頻出することに注目した鈴木康之は、これらが住蕃貿易の担い手であった博多綱首（はかたこうしゅ）の生活用具として拡散し、続く鍔付石鍋はその流通が国内交易集団に引き継がれることによって、全国各地への流通した可能性を指摘している（鈴木康 2006）。この見解を参考にするならば、滑石製石鍋が型式別に分布範囲を異にする考古学的現象は、運搬の担い手や当時の流通構造のあり方と相関し、中世東アジアにおける物流の一端を知る上で非常に重要であることがわかる。この点を踏まえ、本章ではまず、滑石製石鍋の琉球列島での出土状況を検討し、これらがどのような経済下で持ち込まれたのかについて考えてみたい。

3. 琉球列島における滑石製石鍋の研究史

（1）発見の経緯

琉球列島において滑石製石鍋が初めて出土したのは、九学会連合による奄美大島宇宿貝塚の発掘調査で、これらは上層（Ⅱ～Ⅴ層）においてカムィヤキと共伴していることが指摘された（国分ほか 1959）。その際、喜界島志戸桶における事例も紹介されたが、これを受けた佐藤伸二は、志戸桶出土品が鍔付石鍋であることを図示するとともに、資料の集成によって、滑石製石鍋が九州を起点に西日本一帯から琉球列島へと連続的に分布していることを明らかにした（佐藤伸 1970）。一方、沖縄県域においては久米島のヤジャーガマ遺跡から滑石片が確認され、分布域がさらに南へと拡大

する兆しをみせた。調査者の安里進が、滑石が混入された鍔付土器の存在を根拠としてヤジャーガマB式土器を設定し、土器編年の道筋を立てたのは前章で述べたとおりである（安里進 1975）。

この時点において琉球列島では鍔付石鍋のみが知られていたが、編年的に古く位置付けられる把手付石鍋が初めて確認されたのは、沖縄本島恩納村熱田貝塚の発掘調査であった（金武編 1978）。熱田貝塚の調査では、ハ地区第Ⅴ層とⅢ層下部から貝塚時代後2期のくびれ平底土器、同地区第Ⅲ層上部から滑石製石鍋、カムィヤキ、玉縁口縁白磁碗がセットで出土し、貝塚時代後2期とグスク時代の生活面が層位的に検出される画期的な成果が得られた（金武・比嘉編 1979）。

その後、滑石製石鍋は、竹富島の大泊浜貝塚や新里村遺跡からカムィヤキ、中国産陶磁器とともに出土し、それまで奄美・沖縄地域とは異なる文化圏に属していた先島諸島でも分布することが明らかにされた。沖縄県での出土例は下川による集成表にも反映され（下川 1980）、その後検出例の増加によって滑石製石鍋、カムィヤキ、中国産陶磁器の3種容器は、グスク時代を代表する煮沸・貯蔵・供膳用の生活具として、その認識を全国へと広げることとなった（山本信・山村 1997）。

（2）滑石製石鍋の出現年代をめぐる問題

さて、熱田貝塚ハ地区第Ⅲ層は、玉縁口縁白磁碗（大宰府分類白磁碗Ⅳ類）の年代観により11、12世紀頃の年代観が当てられ（金武・比嘉編 1979）、先島諸島の調査成果と合わせて、琉球列島における先史時代の終焉がおおよそ12世紀頃と見通しが立てられるに至った。

しかし、先述の森田編年によって把手付石鍋が9世紀末には出現したとする説が発表されると（森田 1983）、安里進は、琉球列島の滑石製石鍋もこの頃に位置付けられ、熱田貝塚の年代が10世紀前後までさかのぼるのではないかとする見解を示した（安里進 1987）。考古資料の分析によって、グスク時代から琉球王国成立に至る歴史展開の解明を目指す安里は、熱田貝塚Ⅲ層を農耕・牧畜に支えられた「生産経済時代」を内包する堆積層で、政治的段階であるグスク時代よりも古くに位置付けられる経済的段階として分離する必要性を論じ、王国成立史を発展段階的に捉える自身の歴史観を提示した。この説は歴史学者からの賛同を得たことも手伝って、琉球史研究をめぐる新たな理論的枠組みとして定着するようにみえたが、熱田貝塚第Ⅲ層出土遺物の共伴関係の認識をめぐる考古学的方法の問題についてある論争が展開された。

熱田貝塚の発掘調査を担当した金武正紀は、把手付石鍋と玉縁口縁白磁碗が九州島の遺跡でも共伴して出土することから、本貝塚第Ⅲ層を12世紀頃とみて問題ないとする意見を新聞紙上に寄せた（金武 1989a）。これは、安里が9、10世紀に位置付けられる把手付石鍋の存在をこの調査事例に求めたことに対する反論であったが、これに対し、安里は森田編年を再吟味しながら熱田貝塚第Ⅲ層からは把手付石鍋のみが出土している点を挙げて、本層を12世紀前後に盛行する鍔付石鍋出現以前の堆積層とし、琉球列島における把手石鍋と石鍋模倣土器の出現が10世紀前後にあるという見解を再度示した（安里進 1990a・1991b）。その後金武による直接の反論はないが、先島諸島の文化編年や琉球列島の出土陶磁器についてまとめた論考によると、その立場は変えていない（金武 1994・1998c）。

先述のとおり、森田編年（1983）と木戸編年（1993）とでは把手付石鍋と鍔付石鍋の出現年代に異なる見解が示されたが、木戸による新たな編年案を受けた安里は九州における出土状況の検討によって、森田編年の支持を示し、熱田貝塚ハ地区第Ⅲ層を把手付石鍋が盛行する10・11世紀から

玉縁口縁白磁碗の 12 世紀中葉までの年代幅がある堆積層とした（安里進 1995・1996）。熱田貝塚第Ⅲ層の堆積年代に限って批判を述べた金武の意見に対する新たな回答なのであろう。

（3）滑石製石鍋の特異な使用方法

　滑石製石鍋は、その軟質な特徴から再加工品も多く、これらは消費地だけでなく、生産地からも出土する（正林・下川編 1980）。琉球列島においては再加工品も出土しているが、なかでも注目される資料として滑石の有孔製品がある。

　これらは奄美大島小湊フワガネク遺跡においてまとまって出土しているが（高梨編 2003）、池田榮史は、煤によって黒色化した面を切り込んで孔が穿たれていることに注目し、穿孔は鍋として役割を終えた後に施されたもので、これらが割れ口部分に位置する傾向を、分割用の孔を設けて小割した結果と想定する（池田榮 2003a）。前章で述べたとおり、土器B群には滑石が混入されるものが多く含まれるが、池田はこのような分割作業を、滑石片の二次流通を企図した一工程と考え、これらに商品的価値を見出した。さらに、こうした滑石片が多く出土し、かつ接合関係をもって大きめの破片に復元されることは、これらが自己消費に留まらない交易品として集積された証拠で、小湊フワガネク遺跡群が滑石片の流通拠点であった可能性を指摘している。

　小湊フワガネク遺跡群に限らず、各地の遺跡から発見される滑石片には、穿孔のほか、摺り切り痕を留めるものや分割線が刻まれたものがあり、これらには研磨面も確認されることも多い（図22）。宮城弘樹はこの点に注目して琉球列島における滑石製品と滑石混入土器を集計し、滑石片が喜界島において圧倒的に多く、これに沖縄諸島が続くことを確認している（宮城弘 2015）。翌年の論考においては、喜界島では城久遺跡群、沖縄本島では小堀原遺跡に滑石片が集中し、滑石片を多く出土する遺跡ほど滑石混入土器が少ない傾向を踏まえ、滑石製石鍋を移民集団の煮沸具、土器

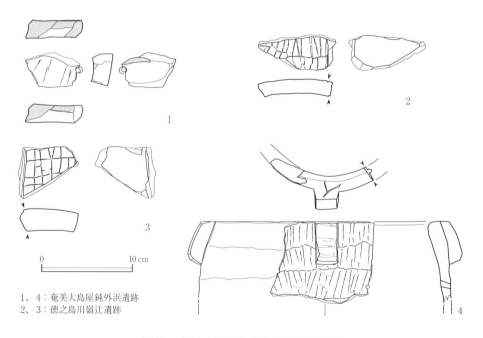

1、4：奄美大島屋鈍外浜遺跡
2、3：徳之島川嶺辻遺跡

図22　二次加工の痕跡を残す滑石製石鍋片

B 群を移民集団と在地集団の接触によって成立した食器と捉え、これらの使用集団の差異を指摘した（宮城弘 2016）。

　こうした検討に基づくと、琉球列島では滑石製石鍋を多く消費する拠点遺跡が複数存在し、滑石片がそうした遺跡から周辺へと広がる経過を想定することができる。また、滑石製石鍋が煮沸具のみならず、破損後の細片までもが土製煮沸具の混和材として利用される特異な使用方法があり、これと関係して滑石片が再流通する特殊な状況が生じていたことは明らかであろう。

　破片化した滑石製品が集積された遺跡が九州島の西岸部に存在することに注目した中島恒次郎は、これを鍔付石鍋の流行に押された把手付石鍋が中世の商人層によって再利用された結果とし、琉球列島においては原型（把手付石鍋）所有―模倣品（土器 B 群）所有―持たざる者という階層表現の一環として滑石片が積極的に導入されたと解釈する（中島恒 2008）。滑石を混入させることによって土器の保温性が飛躍的に高くなることはないとの実験結果は（川副 2012、縄田 2014）、土器に滑石粒を混入する行為がその機能性ではなく独特な光沢や重量感など、その象徴性が重視されていた結果であろう。土器 B 群の出現が琉球列島における社会の複雑化をも内包する文化現象であったことは前章で述べたとおりである。

（4）課題の抽出

　琉球列島における滑石製石鍋の出現年代について意見の一致をみていないことは先述したが、その後安里は、木戸編年を参考しながら琉球列島における把手付石鍋の出現年代を「11 世紀代頃」（安里進 2002a）、「11 世紀のある時期」（安里進 2002b）とし、ここ最近では「グスク時代の開始年代について 11 世紀後半に定着した感がある」と述べ、自らが示した 10 世紀前後説の範疇内のうち、その後半部分に具体的時期を設定している（安里進 2013）。

　このような結論が導き出された契機は喜界島における城久遺跡群の発掘調査にあるとみられる。城久遺跡群は 8 世紀末から 12 世紀前半を主体とする大規模な集落跡であるが、安里がグスク時代の開始期を 11 世紀代に調整した理由は、本遺跡から出土した滑石製石鍋のほとんどすべてが把手付の型式で、玉縁口縁白磁碗の頃（11 世紀後半〜12 世紀前半）に把手付石鍋のみの段階が確実に存在していることが明らかとなったからであろう。

　一連の議論を改めて確認すると、安里は鍔付石鍋の出現時期を最も重視しているようで、森田編年で示された把手付石鍋の単純期（9 世紀末〜11 世紀後半）、把手付石鍋と鍔付石鍋の共存期（11 世紀後半）、鍔付石鍋の単純期（12 世紀前半〜後半）へと型式が段階的に交代する過程を踏まえて、鍔付石鍋出現以前（＝把手付石鍋単純期）となる 11 世紀後半を 10 世紀前後と表現していることがわかる。

　ところが、喜界島の城久遺跡群において土器 A 群（奄美諸島の兼久式土器）の時期と把手付石鍋出現期の間に律令期の越州窯系青磁、須恵器などを伴う土師器甕系在地土器の段階が確認されたことにより（高梨 2008、野﨑ほか 2010）、城久 I 期（9 世紀〜11 世紀）が設定され、把手付石鍋は城久 II 期（11 世紀後半〜12 世紀中頃）に位置付けられた。安里が琉球列島における把手付石鍋の出現を 10 世紀前後の後半部分に下らせたのは、鍔付石鍋がほとんど出土しなかった本遺跡の調査成果に配慮したからとみられるが、城久 I 期において日本列島からの集団の移住による農耕の開始、階層社会化、ヒトの形質変化などを内包した「グスク文化の原型」の成立を認め、結果として

過去に示した10世紀前後説に新視点を盛り込んだ新たな枠組みが提示された（安里進 2013、417頁）。

こうした経緯により、琉球列島における滑石製石鍋の出現年代は11世紀代後半代に落ち着いてきたようにもみるが、先述のとおり、最近では九州島における滑石製石鍋の生産動向や編年がより高い精度で進められているので、これら研究成果との整合性を再び検証することも肝心であろう。特に、徳永（2010）による初期滑石製石鍋の「張耳型」に注目すると、城久遺跡群Ⅰ期（8世紀末〜11世紀）の遺物に伴ってこれらが出土しているかを確認する必要性も生じてくる。そこで、次節では、日本列島、琉球列島における滑石製石鍋の出土状況を踏まえながら、その流通過程を復元的に検討し、琉球列島における特異な状況について確認していきたい。

4. 日本列島、琉球列島における滑石製石鍋の出土状況

（1）滑石製石鍋出土遺跡の集成

西日本一帯における滑石製石鍋出土遺跡の集成は、1970年代から80年代初めにはすでに始まっていた（下川 1974・1984）。集成の当初は遺跡名、所在地と分布図の掲載に留まっていたが、木戸や森田による型式分類の発表後、一覧表には形態や型式が反映されるようになり（三島・島津 1983、河内 1991、栗林 1994、中島史 2000、二宮 2006）、型式差による分布範囲の差異も指摘されることとなった（木戸 1993・1995）。

筆者は九州島から琉球列島における型式別の分布状況を把握するため、既存の文献を参考にしながら2000年度までに刊行された報告書からこれらの集成作業を進めたが（新里亮 2002、付表1）、その後、石塚宇紀は東日本における事例（石塚 2007）、さらに対象を全国に広げた出土遺跡一覧を公表し（石塚 2008）、琉球列島においては宮城弘樹により情報の更新がなされた（宮城弘 2015）。また、生産跡については長崎県西彼杵半島一帯のほかに山口県宇部市の下請南遺跡が知られていたが（木戸 1993）、肥前西部地域においては長崎半島へも分布域が広がり（東 2003）、福岡県久山町首羅山遺跡（江上 2013）、篠栗町南蔵院で新たな産地が確認され（吉村・黒瀬 2003）、九州島内にも複数の産地が存在することが明らかとなっている。

このように滑石製石鍋の産地、消費地の数はともに増加の一途を辿っており、その生産と流通をめぐる問題はより複雑化の様相をみせはじめているが、現状における滑石製石鍋の分布や出土状況より推定される生産から消費に至る過程はどのように復元されるであろうか。把手付石鍋が九州島一円の近郊地流通品、鍔付石鍋が遠隔地流通品であったことはすでに指摘されているところであるが（木戸 1993）、本節では、近年の出土事例を加え、改めてこれらの分布状況と出土傾向を確認し、滑石製石鍋の流通について考えてみたい。

（2）滑石製石鍋の型式分類

まずは、これまでの研究成果によって滑石製石鍋を把手付（Ⅰ式）、鍔付（Ⅱ・Ⅲ式）、鍔無（Ⅳ式）に分け、その細分型式を次のように設定する。以下ではこの分類名に沿って話を進めるが、本来であれば生産地別の型式分類と形状に応じた細分型式の設定が必要であろう。ここでは、あくまでも琉球列島から出土する滑石製石鍋の形態的特徴を示すための便宜的な分類として用いる（表

18)。

Ⅰ式1類：把手が口縁部の2倍以上の厚みをもち、外側に広く張り出すもの。その平面形は正方形に近いものが多いが、横長状を呈するもの、把手が胴部上位に付されるものなどがある。森田A群、木戸Ⅱ類、徳永による張耳型、小耳型に対応し、これらは9世紀後半から10世紀代の所産とされる（徳永2010）。

Ⅰ式2類：把手の厚さは口縁部の1.5倍程に留まり、その平面形は縦長の長方形状を呈する。森田A群、木戸Ⅱ類、徳永による長耳型と対応し、11世紀中頃から12世紀後半に位置付けられる。

表18　滑石製石鍋分類の対応関係

森田 1983	木戸 1993	鈴木編 1998	徳永 2010	本書
	Ⅰ類			
A群-1 A群-2	Ⅱ類-a-1 Ⅱ類-a-2 Ⅱ類-b-1 Ⅱ類-b-2 Ⅱ類-b-3		張耳型 小耳形 長耳型	Ⅰ式1類 Ⅰ式2類
B群-1 B群-2, 3	Ⅲ類-a-1 Ⅲ類-a-2	第1型式 第2型式		Ⅱ式1類 Ⅱ式2類
C群-1 C群-2	Ⅲ類-b Ⅲ類-c Ⅲ類-d Ⅲ類-e-1 Ⅲ類-e-2	第3型式 第4型式 第5型式 第6型式 第7型式		Ⅲ式
	Ⅳ類	第8型式		Ⅳ式

Ⅱ式1類：鍔付のうち口径と底径が概ね等しく、体部は内湾し、鍔は胴部上位に付される。鍔は胴部上位に付され、断面台形の長い鍔が外側へ張り出す。森田B群-1、木戸Ⅲ類a-1と対応する。年代は遅くとも12世紀前半には出現し、11世紀後半までさかのぼる可能性があるとされる。

Ⅱ式2類：底径が口径よりもやや狭く、体部は内湾気味に直立し、鍔は胴部上位に付される。1類と比して鍔は短く、張り出しは弱い。森田B群-2、木戸Ⅲ類a-2、石塚2b類と対応する。13世紀後半以前の年代が想定されている。

Ⅲ式：底径が口径の半分以程度となり、体部は外傾する。鍔は口縁部直下に斜め下がりにめぐらされ、その長さは短く、張り出しも弱い。鍔の断面形が正台形のものをa（森田C群-1、木戸Ⅲ類bと対応）、断面不等辺台形のものをb（森田C群-2、木戸Ⅲ類c、dと対応）、断面三角形状のものをc（森田C群-2、木戸Ⅲ類eと対応）とする。13世紀後半からaが全国的に出土し、bは14世紀代、cは15世紀代に位置付けられている。

Ⅳ式：鍔はなく、口縁部が外方へ向かって斜め下がりに切り落とされる鉢状の形態を呈するもの。滑石製石鍋の末期形態で16世紀代の所産とされる。

（3）Ⅰ式の分布状況

これまでの集成成果に基づき、Ⅰ式の出土遺跡を地図に示すと図23のとおりとなる。これによると把手付石鍋は、京都と東北地方でのわずかに確認できるものの、生産地に近い西北九州と博多、大宰府が所在する北部九州で密に分布し、薩摩半島、有明海沿岸を含む九州島の西海岸域に集中している状況が看取される。

1類は、福岡平野を中心に出土することが知られているが（徳永2010）、官衙と想定される鹿児島市の不動寺遺跡にも類例品があり（図24、長野・藤井編 2016）、薩摩半島側にも分布していることがわかる。また豪族の居宅とされる宮崎県大島畠田遺跡ではⅣ期（10世紀前半）に位置付けられる掘立柱建物跡SB2のP13より滑石製石鍋片が出土していることから10世紀代にはこれらが南九州地域の特定層にも消費されていた可能性が高い。ただし、図23に示した出土例の大半はⅠ

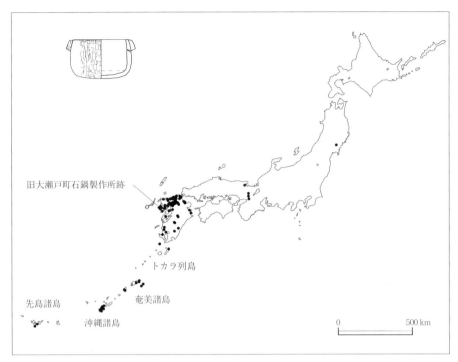

図 23　日本列島・琉球列島における滑石製石鍋 I 式の分布

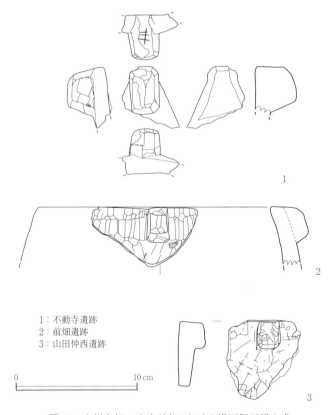

1：不動寺遺跡
2：前畑遺跡
3：山田仲西遺跡

図 24　九州南部・琉球列島における滑石製石鍋 I 式

式2類であることから、滑石製石鍋が商品として大量に生産されるのは本類以降の型式であることがわかる。

琉球列島においては、九州島と比べると少ないが、近年の集成では出土遺跡数が100を超えることが確認されている（宮城弘 2015）。大隅諸島から先島諸島での分布が確認され、少なくとも先島諸島に属する石垣島周辺の島々にもおよんでいる。このことと関係して把手付石鍋が各島嶼域における土器B群の祖形の一つとなったことは前章で述べたとおりである。

（4）Ⅱ・Ⅲ式の分布状況

続いて、鍔付石鍋の分布状況についても確認してみると、これらは九州島の全域で非常に多く出土することに加え、その分布範囲は西日本一帯、関東、北陸、東北地方へと大きく拡大する様子がうかがえる（図25）。これまでの指摘通り、鍔付石鍋が日本列島を代表する煮沸具として多く消費されるのは、本書でのⅢ式以降であることは明らかであろう。

ただしここでは、産地に近い九州島を中心として北側の方向に向かって広く拡散していくことと対照的な状況が、琉球列島で認められることに注目しておきたい。琉球列島において滑石製石鍋のⅡ式は、先島諸島で出土せず、沖縄本島を南限とする範囲に分布域が縮小し、特に全国で消費された同Ⅲ式の出土はまったく確認することができない。このことは、鍔付石鍋を模倣した土器B群がさほど流行せず、把手付石鍋より系列的に変化した鍋形土器が製作され続けることとも対応し（第2章）、在地の鍋形土器からも琉球列島では鍔付石鍋がさほど重視されていなかったことがうかがえる。

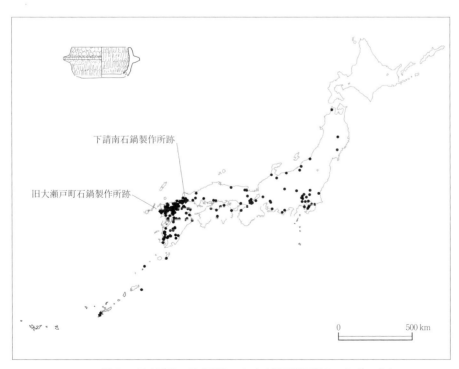

図25 日本列島・琉球列島における滑石製石鍋Ⅱ・Ⅲ式の分布

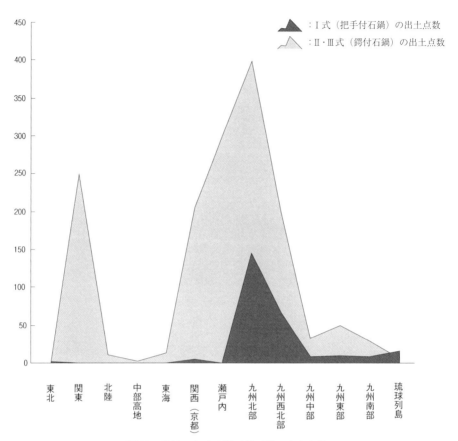

図26 各地における滑石製石鍋の出土点数

(5) 日本列島における滑石製石鍋の出土状況

　それでは分布状況のみからは明らかにできない拡散のあり方を推定するため、これらの出土数量についても確認してみたい。これまでの集成に基づき、東日本（東北、関東、北陸、中部日本、東海）、西日本（関西、瀬戸内）、九州島各地、琉球列島における把手付石鍋（Ⅰ式）と鍔付石鍋（Ⅱ・Ⅲ式）の出土数を、折れ線グラフで表現したのが図26となる。

　Ⅰ式は、港湾都市として著名な博多と官都大宰府が所在する北部九州と産地近隣の西北九州においてほかを圧倒する数量が確認される（図26の濃い網かけ部分）。長崎県域における検討によると、佐世保市の門前遺跡においてほかを圧倒する量が検出されることが知られており（副島和編 2006）、本遺跡をⅠ式2類の集積地とみる意見は多い（杉原 2007、柴田亮 2015）。こうした指摘に基づくと、Ⅰ式2類の検出状況は、産地付近の地域拠点と北部九州の都市で多く検出される傾向を示し、これらは産地から産地近隣の集積地、都市、地方の順に運搬される拡散経過が想定される。

　Ⅱ・Ⅲ式の出土数は、Ⅰ式の倍以上に上り、分布範囲の拡大と比例して数量が大幅に増加することがわかる（図26の淡い網かけ部分）。特に、九州島だけでなく、中国地方、関西地方、関東地方においても数の激増が認められるので、これらが草戸千軒町遺跡、京都、鎌倉など各地の都市で消費されながら、周辺へと拡散していく様子をうかがわせる。

　草戸千軒町遺跡における検討では、Ⅱ式3類（鈴木による第3型式）が大幅に増加することが指

摘されており（鈴木康編 1998）、関西地方や関東地方においても同じ傾向が認められる（河内 1991、中島史 2000、石塚 2007）。これらの広域分布と消費量の増加は、生産地で明らかにされた量産化を目指した素材獲得方法の採用（木戸 1982）と中国地方への産地拡大（鈴木康 2006）と調和的に理解され、滑石製石鍋の受容や流通のあり方に大きな変化が生じ、鍔付石鍋が全国的に広く普及していったことを端的に示している。また、西北九州において、産地付近の集散地が佐世保湾沿岸から松浦湾沿岸に集約され（柴田亮 2015）、日本列島全域を商圏に見据えた流通構造上の大きな変化が確認されることからも、Ⅲ式の出現は滑石製石鍋の流通上の最大画期とみて間違いないであろう。

（6）琉球列島における滑石製石鍋の出土状況

把手付石鍋の出土量をみれば、琉球列島は全国で3番目に位置し（図26）、これらが比較的多く出土する地域であることがわかる。九州島における出土状況を踏まえると、西北九州の集散地や北部九州の港湾（博多）から持ち込まれる流通過程が予想される[3]。宮城（2015）による近年の集成に基づくと、琉球列島各地における滑石製石鍋の出土点数は図27に示されるとおりとなり、琉球列島においては喜界島と沖縄本島で滑石製石鍋が多く検出される傾向にあることがわかる。それでは、滑石製石鍋の出土量をもう少し細かく検討するため、これらの出土量が多く、なおかつ破片総数が把握されている西北九州と琉球列島の遺跡を抽出し、それらの数量を比較してみたい。

西北九州では松浦湾沿岸（楼楷田）、佐世保湾沿岸（門前）、大村湾沿岸（白井川、寿古）、琉球列島では喜界島（城久遺跡群：半田、赤連、前畑、大ウフ、小ハネ、半田口、山田半田、山田中西）と沖縄本島中部西海岸域（工代勢原、平安山B、砂部サーク原、小堀原、後兼久原、伊礼原D）を対象に、各遺跡における滑石製石鍋の出土破片総数を棒グラフで示し、それらを合算して各地域における破片総数を折れ線で表したのが図28である[4]。

集計のうち、地域別の破片総数（折れ線グラフ）に注目すると、滑石製石鍋は産地付近の遺跡に多く、そこから距離が離れるほど出土量が少なくなる傾向は明らかである。先島諸島における把手付石鍋の出土数が非常に少ないので（宮城弘 2015、久貝 2015）、その数が希少である点に特徴を見出すとすれば、琉球列島内における把手付石鍋は北に多く南に少ない傾斜的な出土状況を示すことがわかり、産地からの距離が近いほど出土数量が多い対応関係が認められる。

琉球列島においては、喜界島での出土量が滑石製石鍋の産地のある西北九州に迫る勢いにあるこ

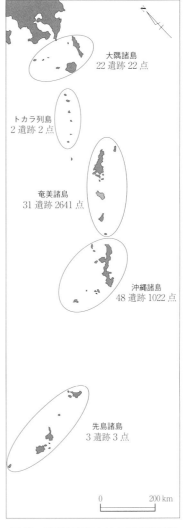

図27 琉球列島における滑石製石鍋出土状況

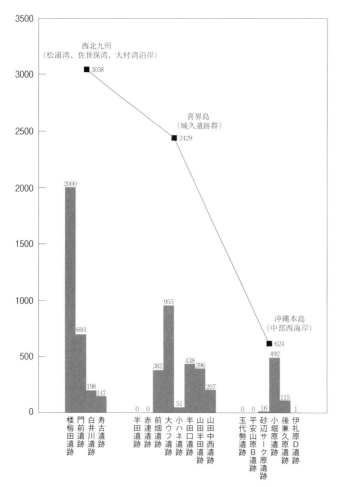

図28 西北九州、喜界島、沖縄本島における滑石製石鍋の出土点数

とから、それらの琉球列島への流通では、喜界島が一定の役割を担っていた可能性が考えられる。また、各遺跡における出土数（棒グラフ）をみると、西北九州では楼楷田遺跡、喜界島では城久遺跡群の北半を構成する前畑・大ウフ両遺跡、沖縄本島中部西海岸域では互いに隣接する小堀原遺跡と後兼久原遺跡において高い割合での出土が確認されるので、把手付石鍋は各地域内でも遺跡によって検出量に著しい差があり、特定の遺跡に集中する特徴をもった遺物であることがわかる(5)。

各地域における出土状況から、把手付石鍋にはこうした偏在性を見出すことができるが、琉球列島の主要島である奄美大島や沖縄本島において滑石製石鍋を多く出土する遺跡（小湊フワガネク、小堀原、後兼久原）は沿岸付近に立地しているため、九州島から琉球列島へと運び込まれる把手付石鍋は沿岸の拠点的な遺跡に集積されて、周辺へと広がる経過が想定される。

しかし、こうした大きな島とは比較にならない喜界島のような小規模な島において、ほかを圧倒する量が検出されていることにここでは注目しておきたい。鹿児島郡の三島村と喜界島に滑石製石鍋が集中することは以前から指摘されていたが（栗林 1994）、これを裏付けるように、三島村において把手付石鍋（Ⅰ式2類）が一定量出土することが近年の考古学的調査によって明らかになりつつある（中園編 2015）。一見需要の少なそうな小さな島において把手付石鍋が大量に出土することは、これらが九州島沿岸部の集散地や都市に集中することとまったく対照的である。さらに三島村や喜界島においては、海岸付近ではなく、島内最高所となる台地上の遺跡から大量に出土することから、把手付石鍋の集積と運搬ではなく、その島の中での消費を目的として搬入されたことをうかがわせる。

以上の検討から、把手付石鍋は、琉球列島における主要島の沿岸遺跡と小規模離島の高所遺跡で多く検出され、特に後者に圧倒的な量が集中する傾向を読み取ることができる。

5. 琉球列島における滑石製石鍋が示す意味

（1）琉球列島における出土状況の特徴

　日本列島における滑石製石鍋の出土状況を、琉球列島のそれと比較検討することによって、滑石製石鍋が型式別に拡散の方向性を違えることを示すことができたが、Ⅰ式の出土状況をさらに詳しくみてみると、これらが生産地と比較的近い北側の島々（大隅諸島、奄美諸島）に多く、遠方の先島諸島では少ない顕著な傾向がうかがえた。また、奄美大島や沖縄本島など比較的大きな島々では沿岸部の遺跡からまとまって出土することがあるが、小規模離島の高所に位置する遺跡から圧倒的な量が検出されるので、島の規模と出土数量は必ずしも比例しない。

　琉球列島における把手付石鍋の特徴をこのように整理した上で、最後に近年の出土事例を確認しながらその消長について検討し、琉球列島における滑石製石鍋の歴史的意義付けを試みたい。

（2）把手付石鍋の出現期

　徳永（2010）が指摘したとおり、琉球列島における把手付石鍋はほとんどがⅠ式2類に対応する。これは九州島の西海岸に11世紀中頃から分布する型式で、大宰府C期の中国産陶磁器を伴うことが各地で確認されている。ところが、奄美諸島や沖縄諸島においては大宰府C期の中国産陶磁器や土器B群ではなく、それ以前の土師器甕系統の在地土器や土器A群に滑石製石鍋片が伴う事例がいくつかある。喜界島城久遺跡群における滑石製石鍋出土遺構を集成したのが表19である。

　喜界島城久遺跡群においては土師器甕系在地土器の型式学的検討をもとに、掘立柱建物跡の帰属時期と形状の対応関係が検討されており、城久Ⅰ期（8世紀末〜11世紀）の掘立柱建物は柱穴が左右対称に整然と配置される特徴をもつことが明らかとなっている（松原ほか編 2015）。代表的な遺構として、半田口遺跡C地区の53・59・60・67・68・69・70号・72号掘立柱建物があるが、そのうち59・60・67・69・70号からは建物を構成するピットから土器A群、土師器甕系在地土器、越州窯系青磁、須恵器などとともに滑石製石鍋が検出されている（野崎ほか編 2013b）。

　また、徳之島天城町に所在する中組遺跡B区では、土器A群の単純層であるⅣ層（放射性炭素年代：10世紀後半〜11世紀前半）から滑石製石鍋2点が出土しており（具志堅編 2013）、奄美大島旧笠利町の下山田Ⅲ遺跡東地区（宮田・中山編 1988）、徳之島川嶺辻遺跡（新里亮編 2010）、沖縄本島宜野湾市の真志喜大川原第一遺跡（嵩元・安里 1993）では土器A群を主体とする包含層から滑石製石鍋が出土することが報告されている。

　これらには把手付石鍋が含まれているが、すべて小破片のため詳細な形状は判読が付かず、本書のⅠ式1類に対応するかどうかは定かでない。型式の認定については今後に委ねざるを得ないものの、把手付石鍋が奄美諸島において土器A群、土師器甕系在地土器、大宰府A・B期における中国産陶磁器など貝塚時代後2期や律令期の遺物と共に出土する事例を重視すると、琉球列島における把手付石鍋の出現を従来よりも古い11世紀後半以前に見積もることが可能となる。

　城久遺跡群の食器構成に注目した中島恒次郎は、城久Ⅰ期（8世紀末〜11世紀）を国家的色彩が強く、九州島に拠点を置く者によって主導された時期と想定する（中島恒 2008）。滑石製石鍋Ⅰ式1類が九州島の官衙的遺跡から出土する傾向にあり、琉球列島においては少量の点在に留まること

表 19 喜界島における滑石製石鍋出土遺構の集成

遺跡名	掘立柱建物	共伴遺物	文献
山田中西	1号（P4）		澄田・野﨑編 2006
	2号（P10）		
	3号（P1）	土師器系在地土器, カムィヤキA群, 朝鮮系無釉陶器	
	4号（P1）	カムィヤキA群, 土器B群	
	6号	土師器系在地土器	
	7号（P11, 12）	土師器系在地土器	
	8号（P1, 5）	カムィヤキA群, 白磁, 土師器系在地土器	
	9号（P1）	黒色土器, 土師器系在地土器, 白磁	
	10号（P6）	土師器系在地土器, 白磁, 須恵器	
	11号（P1, 3）	土師器系在地土器, 朝鮮系無釉陶器, 土器B群	
	13号（P1, 4）	土師器系在地土器, カムィヤキA群	
	14号（P3, 4, 6, 9, 11, 12）	土師器系在地土器, カムィヤキA群	
	16号（P5）	土師器系在地土器, 須恵器	澄田・野﨑編 2008
	19号（P12, 13）	土師器系在地土器, 須恵器	
	21号（P1, 2, 3, 4）	土師器系在地土器, 白磁	
	22号（P2, 8）	土師器系在地土器	
	23号（P3）	土師器系在地土器	
	24号（P2）	土師器系在地土器	
	25号（P5）		
	27号（P6）		
	28号（P2）	土師器系在地土器, 土器B群	
	29号（P3, 10）	土師器系在地土器, 白磁	
	30号（P10）		
	33号（P10, 11）	土師器甕系在地土器, カムィヤキ	
山田半田	4号（P1, 3）	土師器系在地土器	澄田ほか編 2009
	6号（P6, 14）	土師器系在地土器, 朝鮮系無釉陶器	
	7号（P6, 16）	土師器系在地土器	
	8号（P1）	土師器系在地土器	
	10号（P4, 10）		
	11号（P2, 8）	白磁	
	13号（P1, 2, 8, 9）	土師器系在地土器, カムィヤキA群, 白磁	
	16号（P1, 2）	土師器系在地土器, 朝鮮系無釉陶器	
	20号（P2）	土師器系在地土器	
	21号（P1, 27）	土師器系在地土器	
	43号（P7）		
	47号（P7）		
	52号（P10）		
	67号（P1, 5, 11）	土師器系在地土器, 朝鮮系無釉陶器	
	68号（P4, 7）	土師器系在地土器, カムィヤキA	
	69号（P1）	土師器系在地土器	
	70号（P1）	土師器系在地土器	
	76号（P11, 16, 25）	土師器系在地土器, 朝鮮系無釉陶器	
	77号（P10, 11, 14, 18）	土師器系在地土器,	
	78号（P3, 10, 11, 13）	土師器系在地土器, 白磁	
	81号（P1, 3）	土師器系在地土器, 須恵器	
	83号（P1, 5, 12）	土師器系在地土器, 朝鮮系無釉陶器	
	85号（P2, 3, 9）	土師器系在地土器, 須恵器, 白磁, 青磁	
	86号（P1, 10）	土師器系在地土器, 朝鮮系無釉陶器, 土器B群	
	92号（P3）	黒色土器, 土師器系在地土器, 白磁, 土器B群	
	94号（P2）	土師器系在地土器	
	99号（P14）		
	105号（P2）	土師器系在地土器, 須恵器	
	107号（P2, 6）	土師器系在地土器, 土器B群	
前畑	1号（P9）	土師器系在地土器	野﨑ほか編 2011
	3号（P4, 7, 9）	土師器系在地土器	
	4号（P2, 3）	土師器系在地土器	
	6号（P12, 13, 15, 17, 20, 23）	土師器系在地土器, 須恵器	
	7号（2, 3, 4, 7, 8）	土器A群, 土師器系在地土器, 朝鮮系無釉陶器	
	8号（P9）	土師器系在地土器	

※網かけ部は城久Ⅰ期（8世紀末〜11世紀）の可能性がある遺構を示す。

遺跡名	掘立柱建物	共伴遺物	文献
前畑	9号（P2, 3, 6）	土師器系在地土器, 須恵器	野﨑ほか編 2011
	10号（P1, 2, 3）	土師器系在地土器	
	11号（P2）	土師器系在地土器, 土器B群	
	13号（P4）	土師器系在地土器	
	15号（P2）	土器A群, 土師器系在地土器	
	20号（P1, 2）	土師器系在地土器, 土師器, 須恵器	
	21号（P6）	土師器系在地土器, 土師器	
	22号（P6）	土師器系在地土器, 須恵器, カムィヤキA群	
	23号（P8）	土師器系在地土器	
	24号（P3, 23, 25）	土師器系在地土器, 須恵器, カムィヤキA群, 土器B群	
	25号（P9, 11, 12）	土師器系在地土器, 須恵器	
	27号（P1）	初期高麗青磁	
	30号（P3）		
	34号（P2）	土師器甕系在地土器, 須恵器	
	37号（P1, 2）	土師器系在地土器	
	39号（P8, 9）	土師器系在地土器, 越州窯系青磁, 黒色土器, 朝鮮系無釉陶器, 土器B群	
	41号（P11）	土師器系在地土器, 白磁	
	42号（P10, 16）	土師器系在地土器, 須恵器	
	45号（P1）	土師器系在地土器, 須恵器	
	47号（P1）	土師器系在地土器	
	48号（P8）	土師器系在地土器, 白磁	
	51号（P1）	土師器系在地土器	
	52号（P2）	土師器系在地土器	
	53号（P1）	土器B群	
	54号（P3, 5, 6）	土器A群, 土師器系在地土器, 白磁	
	56号（P2）	土師器系在地土器	
	57号（P1）	土師器系在地土器	
	60号（P3）	土師器系在地土器, 土師器, カムィヤキA群	
	62号（P14）	土師器系在地土器, 須恵器	
	63号（P3）	土師器系在地土器	
	64号（P2）	土師器系在地土器, 土師器, 越州窯系青磁	
	67号（P2, 5）	土師器系在地土器, カムィヤキ	
	68号（P3）	土師器（滑石混入）	
	69号（P1）	土師器系在地土器	
	71号（P14）	土師器系在地土器, 須恵器, 青白磁	
	74号（P2, 3）	土師器系在地土器	
	77号（P2）	土師器系在地土器	
	79号（P2）	土師器系在地土器, 土師器	
	P80（P1）	土師器系在地土器, 越州窯系青磁	
	P82（P3）	土師器系在地土器, カムィヤキA群	
	88号（P16）	土師器系在地土器	
	90号（P1, 3, 10, 11）	土師器系在地土器, 白磁, 青磁, カムィヤキA群, 土器B群	
	92号（P4）	土師器系在地土器	
	99号（P6, 8, 12, 20, 22）	土師器系在地土器, 土師器, 朝鮮系無釉陶器, 白磁	
	101号（P7, 12, 14, 17, 21, 22）	土師器系在地土器, 須恵器, 朝鮮系無釉陶器, 土師器, 白磁	
	102号（P19, 25）	土師器系在地土器, 朝鮮系無釉陶器	
	103号（P1, 2）	土師器系在地土器, 土師器	
	105号（P5）	土師器系在地土器, 朝鮮系無釉陶器	
	106号（P6, 9, 16, 21）	土師器系在地土器, 朝鮮系無釉陶器, 土器B群, 白磁	
	107号（P1, 4）	土師器系在地土器	
	108号（P3, 5）	土師器系在地土器, カムィヤキA群	
	109号（P10）	土師器系在地土器, 須恵器, 土器B群, 白磁	
	110号（P2, 7）	土師器系在地土器, 黒色土器, 朝鮮系無釉陶器, 土器B群, 中国陶器	
小ハネ	2号（P7, 12）	須恵器	野﨑ほか編 2011
	7号（P2）	土師器系在地土器, カムィヤキA群	
	9号（P2）	土師器系在地土器, カムィヤキA群	
	10号（P1）	土師器系在地土器, 黒色土器, カムィヤキA群, 白磁	
	13号（P2）	土師器系在地土器, 白磁	
	14号（P3, 7）	土師器系在地土器, 白磁	
	15号（P4）	土師器系在地土器, 土師器, 黒色土器	
	16号（P2）	土師器系在地土器, 土師器, 土器B群, 白磁	
	21号（P3, 4）	土師器系在地土器, 土師器, 須恵器, 朝鮮系無釉陶器	
	22号（P6）	土師器系在地土器, 白磁	
	23号（P1, 3, 10）	越州窯系青磁	
	24号（P1）	須恵器, 白磁	

遺跡名	掘立柱建物	共伴遺物	文献
大ウフ	3号（P7）	土師器系在地土器, 須恵器	野﨑ほか編 2013a
	10号（P6,9）	土師器系在地土器, 白磁	
	11号（P1）	土師器系在地土器	
	13号（P1,2,8）	土師器系在地土器, 越州窯系青磁	
	14号（P3）	土器A群, 土師器系在地土器, 須恵器	
	16号（P2,3,4）	土器A群, 土師器系在地土器, 越州窯系青磁, 土器B群, 白磁, 青磁	
	17号（P1）	土師器系在地土器, カムィヤキA群, 白磁	
	18号（P16）	土師器系在地土器, 白磁	
	19号（P8）	土師器系在地土器	
	20号（P4）	土師器系在地土器, 須恵器	
	21号（P1,2）	土師器系在地土器, 須恵器, 朝鮮系無釉陶器, 土師器, 白磁	
	23号（P3）	カムィヤキA群	
	25号（5,6）	土師器系在地土器	
	27号（P3）	土師器系在地土器	
	35号（P4,24）	土師器系在地土器, 須恵器	
	36号（P3,4）	土師器系在地土器, 白磁	
	41号（P15）	土器A群, 土師器系在地土器, 須恵器	
	43号（P14）	土師器系在地土器	
	51号（P3）	土師器系在地土器, 須恵器, カムィヤキA群, 青磁	
	56号（P9）	土師器系在地土器, 須恵器	
	60号（P17）	土師器系在地土器, 須恵器	
	65号（P4）	土師器系在地土器	
	79号（P7）	土師器系在地土器, 須恵器, カムィヤキA群	
	83号（P2,3）	土師器系在地土器, 須恵器	
	85号（P4）	土師器系在地土器, 青磁	
半田口	2号（P1）	土師器系在地土器	野﨑ほか編 2013b
	16号（P1）	カムィヤキA群	
	19号（P2）	土師器系在地土器	
	21号（P2）		
	22号（P2,4）	土師器系在地土器, 越州窯系青磁, 須恵器, 青磁	
	26号（P16,21）	土師器系在地土器, 須恵器	
	27号（P12）	土師器系在地土器, 須恵器, 朝鮮系無釉陶器, 白磁	
	29号（P6）	土師器系在地土器	
	33号（P4）	土師器系在地土器	
	37号（P5,7,8,10）	土師器系在地土器, 土器B群	
	38号（P12,15）	土師器系在地土器, 須恵器, 越州窯系青磁	
	44号（P3）	土師器系在地土器, 須恵器	
	48号（P1,2,3,4）	土器A群, 土師器系在地土器, 須恵器	
	49号（P5）	土師器系在地土器, 白磁	
	51号（P5）	土師器系在地土器	
	54号（P1）	土師器系在地土器	
	57号（P1,4,8,9,11）	土師器	
	59号（P3）	土師器系在地土器	
	60号（P5,6）	土師器系在地土器, 越州窯系青磁	
	61号（P5）		
	62号（P2,9）	土器B群群	
	65号（P9）		
	66号（P1,3,4）		
	67号（P5）	土師器系在地土器	
	69号（P3,5,13,18,22）	土器A群, 土師器系在地土器, 須恵器	
	70号（P5）	土師器系在地土器, 越州窯系青磁, 須恵器	
	84号（P1,3,7,8）	土師器系在地土器, 土師器	
	85号（P1）	土師器系在地土器, カムィヤキA群, 白磁	
	87号（P1）		
	89号（P2）	土師器系在地土器, 白磁, 青磁	
	90号（P4）	土師器系在地土器, カムィヤキA群	
	91号（P4,8）	土師器系在地土器, 須恵器, カムィヤキA群	
	95号（P2,8,10,13）	土師器系在地土器, 青磁	

を考慮すると、これらが商品としての大量に持ち込まれたとは言いがたい。琉球列島における出現期の滑石製石鍋（Ⅰ式1類）は、九州島から断続的に来島する特定集団の生活用具として持ち込まれ、各遺跡に残されたと考えておきたい。

（3）把手付石鍋の広域流通の意味

さて、把手付石鍋は少なくとも11世紀前半頃には琉球列島に運び込まれたと考えられるが、奄美諸島における事例が主で、その出土量はさほど多くはなく、さらにこの頃はまだ土器B群が出現していないことを踏まえると、琉球列島全域を包括する把手付石鍋の流通と土器B群の製作は11世紀後半以降に下ると判断される。この頃から大宰府C期に編年される中国産陶磁器との共伴関係が明確となって、出土遺跡数が増加し、さらに宮古海峡を越えて先島諸島へと分布域を拡大する。九州島での出土遺跡数の増加は、把手付石鍋が琉球列島全域で使用され、それを模した土器B群が一挙に隆盛することとも調和的である。グスク時代の幕開けとなる熱田貝塚ハ地区第Ⅲ層はまさにこの頃にあたる。それではこの頃における把手付石鍋の広域分布は何を意味するのであろうか。以下では先島諸島で把手付石鍋が出土することに注目し、この点について考えてみたい。

奄美・沖縄地域においては、貝塚時代前期以来、伝統的に九州島との文化交流が確認できることから、九州島から把手付石鍋が持ち込まれることに違和感を覚えることはない。先に述べたように、奄美諸島において把手付石鍋が越州窯系青磁や須恵器などと出土することは、これらがまず律令期の九州島と関係して搬入され、この状況が中世へと引き継がれたとみることができるからである。しかし、把手付石鍋および土器B群の使用期以前の先島諸島では、奄美・沖縄地域とは異なる土器を使用しない文化が展開し、両地域間における物質文化の交渉形跡は確認できていない。このことからすると先島諸島での把手付石鍋の分布は極めて唐突であったと言わざるを得ず、宮古海峡を超え、共通した食器文化を成立させた別の担い手の存在を想定しなければならないであろう。

把手付石鍋が博多、大宰府、喜界島を中心とした琉球列島で多く出土し、破片の状態でも拡散していく現象に注目した鈴木康之は、把手付石鍋が商品として流通していたのではなく、「博多綱首」が使用する生活用具として広がっていたと指摘する（鈴木康2006・2007・2008）。博多綱首とは博多に居留し、東シナ海域で活動した商人のことで、日宋貿易の主翼となる住蕃貿易（じゅうばんぼうえき）の担い手であった（亀井1986）。つまり、把手付石鍋が南方向へと広域に分布していくことは、このような商人が南の特産物であるヤコウガイ、硫黄、赤木などの特産品を交易物資として求め、琉球列島へと活動領域を広げる過程で達成されたと鈴木は解釈するのであるが、中世におけるこうした遠隔地商人の経済活動を重視すると、先島諸島における把手付石鍋の極めて唐突な分布は理解しやすい。繰り返しになるが、物質文化に限定すると、先史時代の先島諸島と奄美・沖縄諸島との間には交流関係は認められてはいない。ましてや律令期における九州島からの搬入品も見当たらないことから、11世紀中頃から把手付石鍋が先島諸島で分布する状況は、前代からの交流関係の延長線上に位置付けられるものではなく、新たな経済状況の萌芽によって生み出されたと考えられるからである。この視点に立つと中国との往来を繰り返す博多綱首が把手付石鍋の運搬に関与していた可能性は十分に想定され、こうした遠隔地商人の商業活動が沖縄諸島以南の島々におよんだ結果、把手付石鍋が大宰府C期の中国産陶磁器とともに先島諸島へと到達したとの解釈は可能となる。波照間島大泊浜貝塚においては無土器期の文化層（第4層）より把手付石鍋、カムィヤキ、中国産白磁、褐釉

陶器壺、鉄鑿が検出されているが、土器B群の出土を欠くことから（金武・金城編 1986）、これらは奄美・沖縄諸島の土器B群を使用する人々とは異なる集団によって運び込まれた可能性がある。こうした出土状況は博多綱首のような遠隔地商人の足跡を示しているのかもしれず、今後、遺跡における食器類のセット関係を丹念に洗い出す分析が要求されるであろう[(6)]。

　また、これと状況は異なるが、鹿児島郡三島村（黒島、硫黄島、竹島）における把手付石鍋の出土状況にも注目しておきたい。近年、三島村内遺跡の分布調査と確認調査によって、滑石製石鍋の出土例が増加しているが、そのうち黒島のイバドン遺跡、大里遺跡、大里小学校周辺、硫黄島の熊野神社周辺から得られた瓦類は中国系とされ（中園編 2015）、三島においては把手付石鍋と中国系瓦がセット関係を構成する可能性が考慮される。中国系瓦は博多・大宰府を中心に出土し、薩摩半島西海岸側に散見される遺物で、三島の例は国内最南端の事例となるが、博多においては中国系瓦が唐房とされる宋人居住区から出土するとされ、鍔付石鍋を伴う事例もある（大庭 2008）。今後、三島村における中国系瓦の型式学的検討と把手付石鍋との確実な共伴関係の確認が必要となるが、こうした出土状況も鈴木が指摘するように、把手付石鍋が博多綱首のような遠隔地商人の生活用具として利用されていた可能性を強く示唆し、想像を逞しくすれば日宋貿易の重要物資であった硫黄の一大産地三島硫黄島の周辺において、把手付石鍋の使用集団が関与した組織的な交易活動が展開していたことも想定できる。今後の調査に委ねられる部分も多いが、把手付石鍋が遠隔地を行き来する特定集団の生活用具であった可能性を示す一例として注意しておく必要があろう。

　ただし、奄美諸島においては律令期の遺物と共に滑石片が出土し、喜界島の城久遺跡群においてⅠ式2類が大量に消費されていることは、北部九州や西北九州の勢力が関与した運搬も考慮されなければならず、また、奄美大島や沖縄本島の沿岸遺跡において把手付石鍋が偏在し、それらが周辺離島にも万遍なく行きわたる状況を勘案すれば、琉球列島内の在地民による2次的な拡散も見込まれる。琉球列島全域における把手付石鍋の分布は、こうしたさまざまな集団の複合的な関わり合いによって達成されたとみられ、物資の広域流通を特質とした中世的商業圏の成立と強く結びついた現象であるのと同時に、土器B群の出現とも足並みを揃えた、グスク時代の幕開けを告げる歴史的意義をもつと理解することができる。

（4）琉球列島における滑石製石鍋使用の終焉

　鍔付石鍋（特にⅢ式）は各都市を中心として大量に消費されながら周辺の地方へと至り、14世紀にはその分布域を東日本まで拡大したが、琉球列島ではこれとは対照的な状況が確認された。先島諸島での出土は認められず、沖縄本島を南限とする範囲に分布域が狭まり、その出土量も非常に少なく、鍔付石鍋を模倣した土器もさほど流行しない（第2章）。このことに注目した鈴木は、住蕃貿易の解体後は鍔付石鍋の運搬が国内商人に引き継がれたとし、13世紀後半からは北条氏得宗と結びつく勢力によって流通が活性化し、日本列島各地に拡散したと考え、琉球列島でその消費量が減少する要因を博多綱首による活動の後退に求めている（鈴木康 2006・2007）。

　トカラ列島、奄美諸島を中心に出土している鍔付石鍋は、底径と口径がほぼ等しいⅡ式1類に該当する。これらは九州島において11世紀後半には出現し（森田 1983）、12世紀後半頃まで把手付石鍋と併存するとされるので（徳永 2010、松尾 2011）、当該期の琉球列島では把手付石鍋と鍔付石鍋の両者が持ち込まれた場合もあったとみられる。喜界島志戸桶七城の鍔付石鍋は、鍔が小さく

口径よりも底径がやや狭いⅡ式2類に該当し、13世紀前半頃の型式と見なし得るが、13世紀後半から全国で普及した底径が半分程度となるⅢ式は琉球列島では確認されていないので、鍔付石鍋の搬入は13世紀後半以前には停止したとみられる。

以上の状況は琉球列島における滑石製石鍋の終焉が13世紀前半代であったことを示しており、第3段階（13世紀中頃以降）の土器B群には滑石が混入されなくなることも、これと対応する現象であったと判断できる（第2章）。

（5）琉球列島における滑石製石鍋の歴史的・文化的意義

これまでの研究成果によりながら、琉球列島から出土する滑石製石鍋の特徴について検討してきたが、出土状況から推察されるこれらの搬入動向は次のようにまとめられる（図29）。

Ⅰ期（11世紀前半代）：奄美諸島を中心に少量出土し、土師器甕系在地土器、越州窯系青磁、須恵器、土器A群を伴う出現期である。律令期における九州島の特定集団による生活用具として持ち込まれた可能性が想定される。

Ⅱ期（11世紀中頃～12世紀後半代）：琉球列島全域に分布する普及期で、土器B群の成立期でもある。Ⅰ式2類が単独的に出土することが多いが、これに少量のⅡ式1類を伴うこともある。前代から引き続き九州島の勢力による関与に加え、博多綱首のような遠隔地商人や琉球列島の在地集団による運搬によって各島々へと万遍なく拡散したことが想定される。

Ⅲ期（13世紀前半代）：Ⅱ式2類がごくわずかに出土する終末期で、分布域の縮小が認められる。本期を境に滑石を混入する土器の製作は停止する。

琉球列島における滑石製石鍋は当初、九州島の特定集団が使用する生活用具として持ち込まれたが、11世紀中頃における分布域の拡大と出土量の増加はこれらが商品的価値をもった流通品へと転化した結果だと推察される。Ⅱ期の大きな変化は九州島での出土状況と調和的で、商品価値を有する滑石製石鍋の運搬という経済活動は博多綱首、国内商人、在地勢力などの複合的な関与の結果と考えた。これは中世的商品流通の経済圏内に琉球列島全域が参入したことを意味し、農耕の普及と土器B群の出現に代表されるグスク時代の成立はこうした動きと確実に連動している。

全国的に流通した鍔付の型式は琉球列島では非常に少なく、その搬入が停止した13世紀前半代は九州島との経済関係に何らかの変化が生じたようにもみえる。ただしこれらは、竈や五徳と結びつく形状を呈していることから、これらが使用されない琉球列島の火処事情も流行の妨げとなったのかもしれない。また前章で検討したように、Ⅱ式を模倣する在地土器がさほど流行せず、把手付石鍋の系譜に位置付けられる鍋形土器の製作が続き、なおかつ土器に滑石を混入する行為が行われなくなっていくことは、滑石特有の質感を再現する風習が廃れ、その実用性を重んじた土器製作に転化した結果とも考えられ、九州島との経済関係が弱くなったというよりもむしろ、琉球列島側での需要の低下に起因していた可能性がある。こうした観点からすれば、琉球列島における鍔付石鍋の不流行は、需要に応じた商品流通の萌芽期と対応するとも捉えられ、琉球列島の在地勢力主導による交易活動が展開していたことをも示唆する。

このように考えると、琉球列島における滑石製石鍋の消長は、出現期：九州島からの集団の断続的来島（Ⅰ期）、中世的商品経済圏への参入とグスク時代の開始（Ⅱ期）、琉球列島在地勢力主導による交易活動の萌芽（Ⅲ期）と対応しており、滑石製石鍋はこの点において歴史的・文化的に意義

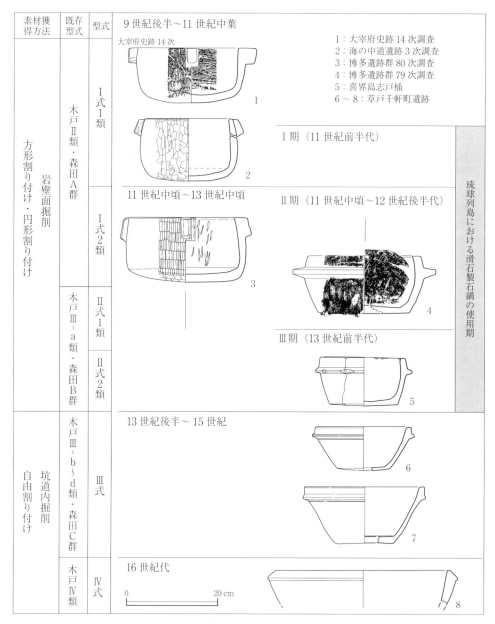

図29　滑石製石鍋の製作動向と型式変遷

深い特徴的な煮沸具であったといえる。

　琉球列島の在地勢力による交易活動の実態は、滑石製石鍋のみからでは明らかにできない部分も多いが、以上を念頭に置き次章では琉球列島における中国産陶磁器の消費動向からこれらの搬入経路を推定し、当時の経済状況についてさらに検討を進めていきたい。

註
（1）型式の認定が可能な資料の出土総数を示す。

（2）集計は 2008 年までに刊行された下記の文献に基づくため、松尾（2011）と柴田亮（2015）によって集計された西北九州の出土量は反映されていない。東日本（石塚 2006・2007）、関西地方（河内 1991、中島史 2000）、中国地方（鈴木康編 1998）、九州島・琉球列島（栗林 1994、下川 1984、新里亮 2002、二宮 2006、三島・島津 1983、宮城弘 2015）。
（3）柴田亮（2015）は、博多発着の商船が佐世保湾沿岸で把手付石鍋を積み込み、琉球列島へと運搬する過程を想定している。
（4）楼楷田遺跡では鍔付石鍋の破片数も含まれているため、把手付石鍋の総数はこれよりは減少するとみられる。
（5）奄美大島においては、小湊フワガネク遺跡の滑石製石鍋が島内のほかの遺跡よりも凌駕する可能性が指摘されている（池田榮 2003b）。
（6）奄美大島小湊で不時発見された古墓には、多様な中国産陶磁器が副葬されており、こうした商人の墓地であった可能性が想定されている（亀井 1993）。

第4章　舶来供膳具の受容

1. 舶来供膳具研究の意義と問題の所在

　これまでの検討では、九州島や中国を産地とする食器類が、グスク時代における在地土器の製作に少なからず影響を与え、それらの模倣品製作が当該地における社会の階層化の一端を表し、かつ、滑石製石鍋に代表される舶来煮沸具の流入動向は、琉球列島における在地集団主導による交易活動の展開と対応する可能性に言及してきた。本章では在地土器の模倣対象ともなった舶来供膳具に注目し、それら搬入経路の推定から、琉球列島の各諸島がどのような地域と経済的連結を有していたのかを明らかにしたい。

　ここでいう舶来食膳具とは、中国、朝鮮半島の陶磁器類を指すが、これらは琉球列島の集落遺跡や城塞的遺跡から安定的に出土することが知られ、記録に記された琉球国の中継貿易を実証する物質資料としての価値も高い（国吉 1991、亀井 1997a）。最近の研究によれば、グスク時代前半（11世紀後半〜13世紀前半）の琉球列島は、博多を起点とする流通圏内にあって（田畑 2000、田中 2009a）、これらの流通や在地産食器類の生産と関わる拠点的な遺跡は、九州島に比較的近い奄美諸島に多かったが（高梨 2008）、グスク時代後半（13世紀後半〜14世紀前半）には先島諸島、沖縄諸島を中心として南中国沿岸部との新たな経済関係が構築された可能性が高いとされる（木下 2009）。こうした指摘を踏まえると、グスク時代における食器類の生産や流通を理解するに当たり、島単位の細かな動向を把握することが肝心であることは明らかであろう。しかしながら、中国産陶磁器の出土傾向から推定される過去の物流については、南北 1000 km 以上におよぶ琉球列島が日本列島南縁の地域としてひとまとめに取り扱われ、研究の蓄積が多い沖縄諸島が議論の中心であり続け、当該地の考古学的状況が琉球列島の全体動向として捉えられる傾向がこれまで強かったように思われる。

　近年、奄美諸島、先島諸島の調査事例が増加し、各地の様相が明らかになりつつあることから、琉球列島における中国産陶磁器の出土状況を再度見直し、各島嶼域の地域的な特性やそれらの流通状況の年代的推移を改めて確認することは多少なりとも意義のあることであろう。ここでは、琉球列島における 11 世紀から 14 世紀代の中国産陶磁器の運搬経路を復元することを具体的な目的とするが、そのためにはこれらの消費様相を地域と時代の別に整理することが課題となる。以下では、先行研究に準拠しながら琉球列島各地の中国産陶磁器出土状況を検討し、それらの種別、構成、数量を把握することから始めていきたい。

2. 琉球列島出土貿易陶磁器の先行研究

(1) 資料の蓄積と基礎的研究の推進

　琉球列島では鳥居龍蔵(1905)、伊東忠太・鎌倉芳太郎(1937)らによる報告を嚆矢として、貿易陶磁器に関する研究が積極的に進められてきた。各地の遺跡からは青磁、白磁が一定量採集され(多和田1956)、戦後本格化したグスク(城跡)の調査によって、これらがグスク時代の中・後期に土器、須恵器、鉄器、古瓦とともに出土することが明らかとなった(高宮廣1965)。

　沖縄県の本土復帰を境に、遺跡の調査規模が拡大し、資料の蓄積が進むと、種別、器種、形態の分類を行い、出土状況、組成の検証から年代と搬入路を推定する研究が盛行した。こうした研究は、特に本土側の陶磁器研究の進展と歩調を合わせて進められたが、整備事業に伴う発掘調査によって、著名なグスクより出土する陶磁器の秀逸さは全国的に知られるところとなった(三上1978、矢部1975、亀井1980・1984、金武ほか1983)。遺跡から出土する多彩な陶磁器の年代と器種構成を把握し、それらの搬入経路を推定した亀井明徳による一連の研究は(亀井1986・1993)、日本貿易陶磁史における琉球列島の地位を確かなものとし、将来の研究の方向性を定めるに当たり重要な指針となった。

　1970年代以降、集落遺跡の発掘調査も進み、グスク出現以前の陶磁器類の検出例が増加しはじめた。先述した熱田貝塚の発掘調査では、Ⅳ層(貝塚時代後期後半)より大宰府C期の白磁碗(Ⅳ・Ⅴ類)が九州産滑石製石鍋、徳之島産カムィヤキとともに出土し(金武・比嘉編1979)、沖縄貝塚時代の終わり頃(12世紀前後)から中国産陶磁器が消費されることが判明した。その後、これらの共伴関係は、沖縄本島各地の遺跡で確認され(手塚2000)、先島諸島や近年調査件数が増加している奄美諸島においても同様な状況が報告されることとなった(金武1994、高梨2004a)。

　熱田貝塚の調査以降、沖縄県内在住の専門家による陶磁器の分類と本土出土品との比較研究によって、年代的位置付けと器種構成の変遷を探る研究が進められ(金武1988・1989b・1990)、沖縄諸島における貿易陶磁器の消費動向はより明確に把握されることとなり、研究を主導した金武正紀は、琉球列島における貿易陶磁器の流入動向を、グスク時代への胎動(Ⅰ期：11世紀末～12世紀前半)、グスク時代前夜(Ⅱ期：12世紀後半～13世紀)、グスク時代(Ⅲ期：14世紀～16世紀)の3期に区分した(金武1998c)。

(2) 琉球列島に偏在する中国産陶磁器の抽出

　金武の研究は後に発展的に継承され、製作技法に注目した系統関係の整理から、搬入陶磁器の産地同定を見据えた琉球列島独自の分類と器種構成の変遷案も発表された(瀬戸ほか2007、瀬戸2013)。これらと九州島における出土品との比較からは、13世紀代までの中国産陶磁器は、大宰府における陶磁器分類(横田・森田1978、宮崎亮編2000)が適応できること明らかとなっている(琉球大学考古学研究室2003)。

　このような個別資料の観察によって琉球列島出土陶磁器の特徴が明確になるにつれ、日本列島では稀な陶磁器の存在も知られるようになってきた。金武が調査を行った石垣島ビロースク遺跡では厚手で内湾する器形の白磁碗が、今帰仁城跡主郭第Ⅸ層では薄手の浅碗がまとまって出土し、その

特異性から前者はビロースクタイプ（金武 1988）、後者は後に今帰仁タイプと命名された（金武 2007）。

　今帰仁タイプ、ビロースクタイプは、全国的に例が少なく、琉球列島を中心に分布する粗製の陶磁器で、年代は概ね13世紀後半から14世紀前半に位置付けられる（金武 1988）。福建省の閩清県で生産されていたことが報告されると（田中・森本 2004）、産地同定と搬路確定を目的とする実証的研究が進められた（木下編 2009）。今帰仁タイプは、福建省連江県の浦口窯を産地とし（森本・田中 2004）、施釉箇所と口縁部形態の違いによって3類に分類され（金武 2009）、また、ビロースクタイプは福州市閩清県閩清窯を主要な産地とし（森本・田中 2004）、従来2つの種類が知られていたが（金武 1988）、同窯で生産されていた外反口縁碗が加わって3類に整理されることとなった（金武 2009）。

（3）研究の新展開と検討課題

　中国での産地探索が進められるなか、琉球列島側では沿岸部採集品や海底からの引き上げ品の資料化が進み（林編 1999、宮城ほか 2004、宮城ほか 2005、南西諸島水中文化遺産研究会・鹿児島大学法文学部物質文化論研究室編 2013）、沖縄本島における流通拠点の動態的な把握も試みられた（瀬戸 2017）。また、陶磁器の定量的分析から階層性を論じた大著も刊行されており（吉岡・門上 2011）、琉球列島出土陶磁器をめぐる研究は流通実態や社会構造の復元に射程を広げながら着実な深化をみせている。

　しかし、ここ10年調査例が増加しているトカラ列島、奄美諸島における調査事例によると、11世紀前半代までのいわゆる初期貿易陶磁器が大隅諸島から奄美諸島の範囲で確認され（宮城 2014a、新里貴 2017a）、地理的に九州島と近い琉球列島の北縁では、これらの受容が従来よりも古い時期にさかのぼることが確実となった（第1章）。さらに、初期龍泉窯系青磁や初期高麗青磁などこれまで未検出であった青磁類が構成に加わるなど（新里亮編 2010、松原ほか編 2015）、陶磁器の受容状況には確実な地域差が確認される。

　このように、琉球列島における中国産陶磁器をめぐる問題は想定以上に複雑な様相を呈しはじめているが、こうした実状に鑑みると、これらの出土状況を改めて確認し、時期・地域別の構成を正確に把握することが先決すべき課題となろう。特に福建省産の粗製陶磁器の検討によると、今帰仁タイプ碗、ビロースクタイプⅠ、Ⅱ類は、博多を含む九州地方での出土例が稀である一方、琉球列島では普遍的に出土することが明らかとされている（田中 2009a・b、新里亮 2009、宮城・新里 2009）。しかもこれらは、先島諸島、沖縄諸島で比較的まとまって検出されるが、奄美諸島での出土例が少ない傾向にあるとされ（宮城・新里 2009）、琉球列島全域における消費様相は一様ではない。この点に注目した木下尚子（2009）は、今帰仁タイプ碗、ビロースクタイプⅠ、Ⅱ類が南中国を起点に先島諸島を経由して琉球列島に持ち込まれたと解釈している。

　こうした研究から明らかなのは、琉球列島における貿易陶磁器の出土状況を細かく検討し、各諸島における消費状況の地域差を抽出することはそれらの搬入経路を推定するのに一定の効果を持ち得るということである。この点に注目し、次節では各遺跡における中国産陶磁器の時期ごとの出土量をできる限り明らかにし、九州島における中国陶磁器の消費状況と対比しながらこれらの搬入経路を時期別に復元することを試みたい。

3. 九州島・琉球列島における中国産陶磁器の消費状況

（1）想定される搬入経路

これまでの研究成果から予想される中国産陶磁器の搬入経路は次のとおりとなる。

まず、琉球列島における13世紀代以前の中国産陶磁器は大宰府分類の適用が可能で（琉球大学考古学研究室 2003）、この時期の中国産陶磁器が九州島で検出される資料とさほど大差がないことから、それらが九州島との関連で入手されていた可能性が想定される。しかしその一方で、14世紀前後に位置付けられる今帰仁タイプ碗、ビロースクタイプ碗は大宰府の分類ではまとめることができず、独自の分類案が用いられるので、これらは九州島から独立した経済事情の中で持ち込まれたとの想定が可能となる。池田榮史も13世紀後半頃から中国からの貿易陶磁器の流入が始まると想定しており、その現象を示すものとして福建産粗製白磁を挙げている（池田榮 2006c）。この時代は亀井が想定した按司による私貿易の時代と重なり（亀井 1993・1997b）、これら特別な白磁碗は朝貢貿易以前における琉球列島の経済状況を復元するに当たり重要な検討資料となり得る。

以上の点に注意し、以下ではまず九州島・琉球列島における中国産陶磁器出土遺跡の集成に基づいた中国産陶磁器出土遺跡数の時間的推移を明らかにし、これまでの研究成果によりながらこれらの消費動向を整理したい。

（2）九州、琉球列島における中国産陶磁器消費状況の推移

2009年における集成（宮城弘・新里 2009、新里亮 2009）に基づき、九州島・琉球列島における中国産陶磁器の出土遺跡数の推移を折れ線グラフに表現してみた（図30～32）。なお、時期区分は大宰府の成果に準じ（宮崎亮編 2000）、集計からは博多と大宰府を除いている。

まず、全体的な傾向を確認すると、大宰府C期（11世紀後半～12世紀前半）では総遺跡数が461となり、中国産陶磁器の大衆化と呼ぶにふさわしい出土状況を呈している。その後、D期（12世紀中頃～12世紀後半）で539遺跡とピークを迎え、E期（13世紀初頭～13世紀前半）の遺跡数が500と安定的な状況が維持される（図30）。F期（13世紀中頃から14世紀初頭）に至ると250遺跡と遺跡数が突如半減して、G期（14世紀初頭から15世紀前半）の183箇所で最小となる。これは1997年における統計とほぼ同様の結果を示している（土橋 1997、73頁表2、福岡～沖縄を参照）。

図30を地域別に振り分けると図31のとおりとなる。地域区分は、福岡県を北部九州、佐賀、長崎県を西北九州、熊本県を中九州、大分、宮崎県を東九州、鹿児島県を南九州、大隅諸島から先島諸島を琉球列島とし、これに基づく出土遺跡数の推移を折れ線で表現している。

これによると各地ともに、D期ないしE期にピークを迎え、F期以降下降線を辿る共通点が認められる。このことは、中国産陶磁器出土遺跡数の地域別内訳が九州島の全体傾向と大差はなく、C期以降安定的に消費されていた陶磁器がF期を境に減少していくことを示している。この傾向は、北部九州において特に顕著であるが、ほかの地域も似たような傾きの折れ線を描くため、各地における中国産陶磁器出土遺跡数の推移が北部九州における中国産陶磁器消費量の増減と対応し、中国産陶磁器の需要は博多、大宰府を擁する北部九州の動向と深く関係していたことを示してい

る。

　ところが、これと異なった様相をみせるのが琉球列島である。F期以降各地域の中国産陶磁器出土遺跡が減少する一方で、琉球列島ではF期まではその数を維持しながら、G期にピークを迎える。このことは、F期以降から琉球列島が九州島における中国産陶磁器の消費動向から外れはじめる時期と推察される。

　中国産陶磁器大量流入の開始期であるC期（11世紀後半代から12世紀前半代）をⅠ期、日宋貿易に最盛期であるD、E期（12世紀中頃から13世紀前半）をⅡ期、日元貿易の開始期前後となるF、G期（13世紀中頃から14世紀代）をⅢ期としてその推移を確認してみたい。図32によると、九州各地の中国産陶磁器出土遺跡数は第Ⅱ期でピークとなって、第Ⅲ期で減少するのでグラフは山形の折れ線を描くこととなる。これに対し琉球列島では、段階を追うごとに増加傾向を示し、第Ⅲ期がピークとなり折れ線は右上がりに表現される。これは、今帰仁タイプやビロースクタイプに代表される福建産粗製白磁が流入することによって中国産陶磁器出土遺跡が増加した結果と解され、琉球列島における中国産陶磁器流入の大きな画期として捉えることができる。

（3）中国産陶磁器の出土数からみた消費状況の推移

　中国産陶磁器の出土遺跡数からは、九州各地で山形の折れ線を描きながら推移する状況が確認されたが、出土点数からはどのような傾向がうかがえるだろうか。西北九州の計量結果（柴田亮 2015の表1）を参照し、出土数量の推移を確認してみたい。まず、出土破片数を本章における時期区分に沿って破片総数と破片総数の遺跡別内訳を折れ線で示すと図33のとおりとなる。

　破片総数を時期別にみるとⅠ期4023点、Ⅱ期4566点、Ⅲ期744点となり、Ⅰ期から多く、Ⅱ期でピークを迎え、Ⅲ期で大幅に減少する状況が確認できる。類似した状況は、長崎県域（宮崎貴 1994）、大分県豊後高田市域（佐藤信 2004）、鹿児島県域（中村和 2014）でも確認でき、出土遺跡数の増減は遺跡からの出土数

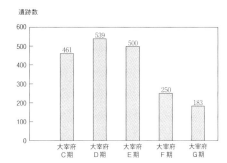

図30　九州・琉球列島における中国産陶磁器出土遺跡数

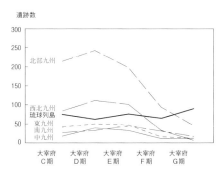

図31　地域別中国産陶磁器出土遺跡数の推移

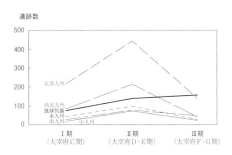

図32　本章での時期区分に沿った地域別中国産陶磁器出土遺跡数の推移

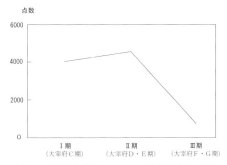

図33　西北九州における中国産陶磁器の消費状況

量と概ね比例しているので、その推移は中国産陶磁器の消費量を反映しているとみてよいであろう。

一方、中国産陶磁器の集散地として知られる博多遺跡群では、陶磁器一括廃棄遺構の分析に基づく各期の陶磁器組成が明らかにされており、田中克子（2016）は、博多駅築港線5次調査地点で出土した中国産陶磁器の集計から、これらが何らかの要因で流通せずに遺跡に残される状況を確認している。田中は、Ⅲ期（13世紀後〜14世紀初）の陶磁器が出土する遺構面（Ⅰ〜Ⅳ面）においてⅠ期、Ⅱ期（11世紀後〜13世紀前）の陶磁器が高比率で検出されることに注目し、当該期は輸入商品を適切に流通させる体制が不十分であった可能性を指摘する。さらに、Ⅲ期の陶磁器が1割に満たなくなることは、権門主導の貿易によって輸入された陶磁器類が消費者へと行き届く流通の効率化が図られた結果で、本期を国内流通の転換期と評価している。このことからすれば、集散地遺跡における出土陶磁器数の減少は輸入量の低下を示すというよりもむしろ、需要と供給の適正化とみるべきであろう。

（4）九州島における中国産陶磁器の流入動向

それでは以上に示したような中国産陶磁器の出土遺跡数と出土量の推移が、それらの流入動向とどのように対応しているかを確認してみたい。

Ⅰ期（11世紀後半〜12世紀後半）は、大宰府鴻臚館を拠点とした律令制的管理貿易が収束に向かい、博多において「博多綱首」と呼ばれる宋商人が「唐房（唐坊）」と呼ばれる居住区を拠点に貿易を行う「住蕃貿易」の成立期と対応する（亀井1986）。その証拠として博多では大量の貿易陶磁器が出土し、貿易港であったことを示すコンテナ用の大型容器、釉着したままの未加工の陶磁器、大量一括廃棄遺構などが検出される（大庭1999）。これと対応するように、九州各地では数多くの中国産陶磁器が検出されるようになり、琉球列島においてもこれらが一般に普及する。

Ⅱ期（12世紀中頃〜13世紀前半）は白磁に代わって青磁が多く消費されるようになり、九州地方における中国産陶磁器出土遺跡数はピークを迎える。この現象は全国的に認められており、特に13世紀代には全国各地に地域差なく中国産陶磁器が流通していたとされる（土橋1997）。

文献史の研究からも中国産陶磁器を含む12、13世紀の海外貿易の様相に関する指摘がある。榎本渉によると、12世紀後半頃大宰府による管理貿易は終焉を迎え、寺社、権門による海商の組織化が進んだ結果、商品流通が効率化し、博多以外の地域で貿易陶磁器の出土量が増加したという。寺社・権門は国内交易集団を組織して海商との分業と連携を調整し、博多綱首によってもたらされた財貨は、寺社・権門と関わる商人、神人・寄人などを通じて運送、販売されただろうと推定している（榎本2001・2008）。この時期に九州地方だけではなく全国的に中国産陶磁器出土遺跡数が増加することは、こうした動向と関連し、また西北九州や南九州の沿岸部に港湾的な遺跡が増加することも（徳永1998、宮崎1994・1998、宮下1998など）、こうした背景の中で解釈できるのかもしれない。本期の琉球列島においても中国産陶磁器の出土遺跡数は前期以上に増加しており、九州島における消費遺跡と同様の傾向が確認されるのでこの頃までの琉球列島の中国産陶磁器の流入は、九州島の動向と同様の脈絡の中で理解することができる。なお、当該期の中国産陶磁器が多く発見された奄美大島宇検村の倉木崎海底遺跡は、琉球列島近海を通過する貿易船の航行痕跡である可能性が高いとされ（林編1999）、琉球列島から九州島に至る日宋貿易のサブルートとも評価され

ている（榎本 2008）。琉球列島での中国産陶磁器出土遺跡がやや増加するのはこうした事情とも無関係ではないのかもしれないが、博多においては中国産陶磁器の残存率が高い時期にあたり、本期まではこれらが輸入過多の状態にあった可能性にも留意しておく必要がある。

Ⅲ期（13世紀中頃～14世紀代）には状況が大きく変化し、九州各地の中国産陶磁器出土遺跡数は極端に減少する。この傾向は博多においても認められ、陶磁器の流入は鎮静化に向かうとされる（田中 2008）。しかし、この現象は決して博多の衰退や国内流通の停滞を示すものではなく、幕府や有力神社を中心とした日本船を派遣する貿易すなわち需要者主体の貿易へと変化した結果と考えられ（田中 2008）、京都や鎌倉における貿易陶磁器出土遺跡数が非常に多くなるのはこれと調和的に捉えられる（土橋 1997の73頁表2）。九州地方における中国産陶磁器出土遺跡の減少もこれと無関係ではなく、博多においては中国産陶磁器の残像率が大幅に低下し、権門主導の貿易により国内流通は転換期を迎える。また本期における陶磁器一括廃棄遺構が確認されないことは荷揚げされた商品がそのまま京都、鎌倉の出資者の所有品となった可能性が高いとされる（田中 2016）。

琉球列島における中国産陶磁器の出土遺跡数は時代ごとに増加し続け、その数を維持しながら、Ⅲ期で最多となる。九州において国内流通の効率化が図られる一方で、琉球列島では今帰仁タイプ白磁碗、ビロースクタイプ白磁碗Ⅰ・Ⅱ類が持ち込まれることによって消費量は増加する。九州島とは区別される独自の当該期の陶磁器組成は、従来と異なる経済下において中国産陶磁器が入手されていた可能性が考慮される。

4. 琉球列島における中国産陶磁器の様相

琉球列島における中国産陶磁器の流入動向をもう少し詳しく検討するため、第2章で示した鍋形土器との共伴関係を確認してみたい（表20）。

表20　陶磁器出土状況

時期	陶磁器種別	出土遺跡	地区等	層位・遺構等	共伴する在地土器
Ⅰ期	大宰府C期（白磁）	熱田貝塚	ハ・ホ地区	Ⅲ層	鍋形Ⅰ・Ⅱ式
		屋部前田原貝塚	Ⅱ地区	3号掘立柱建物跡	鍋形Ⅰ・Ⅱ式
		後兼久原遺跡	庁舎地区	Ⅴ層	鍋形Ⅱ式
		後兼久原遺跡	Ⅰ地区	8～12層	鍋形Ⅲ式
		稲福遺跡	調査区内	Ⅰ～Ⅲ層	鍋形Ⅲ式～Ⅵ式
		糸数城跡	A地区	Ⅲ～Ⅴ層	鍋形Ⅳ式～Ⅵ式
Ⅱ期	大宰府D・E期（青磁・白磁）	前畑遺跡	調査区内	土壙墓7号	鍋形Ⅲ式
		中組遺跡	B調査区	Ⅱ・Ⅲ層	鍋形Ⅲ式
		フェンサ城貝塚	調査区内	Ⅰ・Ⅱ層	鍋形Ⅲ式～Ⅵ式
		稲福遺跡	調査区内	Ⅰ～Ⅲ層	鍋形Ⅲ式～Ⅵ式
		糸数城跡	A地区	Ⅲ～Ⅴ層	鍋形Ⅳ式～Ⅵ式
		ビロースク遺跡	調査区内	Ⅲ層	ビロースク式
		今帰仁城跡	主郭	Ⅸ層	鍋形Ⅴ式
Ⅲ期	大宰府F・G期（青磁・白磁）	稲福遺跡	調査区内	Ⅰ～Ⅲ層	鍋形Ⅲ式～Ⅵ式
		糸数城跡	A地区	Ⅲ～Ⅴ層	鍋形Ⅳ式～Ⅵ式
		今帰仁城跡	主郭	Ⅸ層	鍋形Ⅴ式
		今帰仁城跡	主郭	Ⅶ層	鍋形Ⅴ・Ⅵ式
	今帰仁タイプ	今帰仁城跡	主郭	Ⅸ層	鍋形Ⅴ・Ⅵ式
		今帰仁城跡	主郭	Ⅶ層	鍋形Ⅴ・Ⅵ式
	ビロースクタイプⅠ類	ビロースク遺跡	調査区内	Ⅰ層	鍋形Ⅴ式
		今帰仁城跡	主郭	Ⅶ層	鍋形Ⅴ・Ⅵ式
	ビロースクタイプⅡ類	今帰仁城跡	主郭	Ⅶ層	鍋形Ⅴ・Ⅵ式
		ビロースク遺跡	調査区内	Ⅰ層	鍋形Ⅴ式

Ⅰ期の中国産陶磁器は、古い型式である鍋形Ⅰ・Ⅱ式と伴出する例が非常に多いが、鍋形土器Ⅲ式以降の土器を出土する稲福遺跡や糸数城跡などでの出土も確認され、13世紀前半頃までその少量が消費されていた可能性が高い。

　Ⅱ期の中国産陶磁器は、鍋形Ⅰ・Ⅱ式を主体とする遺跡からは出土せず、沖縄諸島においては鍋形Ⅲ式以降、奄美諸島で鍋形Ⅲ・Ⅳ式、先島諸島でビロースク式との共伴関係が確認される。今帰仁城跡主郭においては鍋形Ⅴ式を主体とする第Ⅸ層においてわずかに出土しており、13世紀後半代まで一部が消費されていることがわかる。

　Ⅲ期の中国産陶磁器は鍋形Ⅴ・Ⅵ式との確実な共伴関係が確認される。今帰仁タイプは今帰仁城跡主郭の第Ⅸ層から出土し、第Ⅶ層でビロースクタイプⅠ・Ⅱ類と共伴するので、ビロースクタイプⅠ・Ⅱ類のよりは若干先行する傾向にある。

　在地土器との共伴関係より、琉球列島出土中国産陶磁器には九州島と同様の年代観が与えられると判断されるが、Ⅰ期、Ⅱ期の陶磁器が、それらの生産年代よりも新しい遺物と出土する状況、具体的にはⅠ期のものが13世紀前半、Ⅱ期の生産品が13世紀後半代の在地土器と伴うことが確認され、それらの盛行期と消費年代は必ずしも一致しないことがわかる。博多においてⅡ期までの中国産陶磁器が高比率で残存していることを踏まえると、これらが生産年代よりも幾分遅れて搬入された可能性も想定される。

　以上の検討から、琉球列島における中国産陶磁器の様相は以下のように整理され（図34）、本章における時期設定と先行研究との対応関係および基準となる陶磁器については表21に示すとおりとなる。

　Ⅰ期（11世紀後半～12世紀前半）：この頃の陶磁器は白磁（碗、皿）が主体で、九州産の滑石製石鍋（把手付タイプ、森田1983）、鍋形土器Ⅰ・Ⅱ式、徳之島産のカムィヤキ（金武1986のⅠ類）と共伴することが多い。遺跡は海岸砂丘、石灰岩台地、丘陵地で確認され、代表的な遺跡に喜界島城久遺跡群（澄田・野﨑編2006・2008、澄田ほか2009、野﨑ほか2011・2013a・b、松原ほか2015）、奄美大島赤木名城跡（中山編2003）、奄美大島小湊フワガネク遺跡群（高梨編2003）、徳之島前当り遺跡（新里亮・常編2018）、沖縄本島熱田貝塚（金武・比嘉編1979）、後兼久原遺跡（山城・島袋編2003）、小堀原遺跡（山城・島袋編2012）、銘苅原遺跡（金武編1997）、竹富島大泊浜貝塚（金武・金城編1986）、新里村東遺跡（島袋・金城編1990）などがある。これらの遺跡からは大宰府での白磁碗Ⅱ、Ⅳ、Ⅴ類、白磁皿Ⅱ、Ⅵ類などが出土し、稀に褐釉陶器の壺を伴うことがある（金武・比嘉編1979、金武・金城編1986）。金武によるⅠ期（グスク時代への胎動）に当たり、遺跡における食器組成は在地土器が9割以上を占めることから、博多に代表される九州島を介した物流が想定されている（金武1998c）。奄美諸島では、朝鮮半島産無釉陶器、初期高麗青磁の出土が知られており（新里亮編2010、松原ほか編2015）、琉球列島の中では異質な組成様相を呈する。

　Ⅱ期（12世紀後半～13世紀前半）：白磁に代わり青磁が主体となる時期で、遺跡からは龍泉窯系青磁（碗、皿）のⅠ、Ⅱ類、同安窯系青磁（碗、皿）が出土する。土器B群の第2段階と対応し、カムィヤキ（金武1986のⅠ類）が伴うことが多く、共伴関係は不明瞭ながらもこの時期に位置付けられる褐釉陶器の壺、鉢、水注などが出土する遺跡もある。主な遺跡として徳之島玉城遺跡（馬原・友口編1985）、川嶺辻遺跡（新里亮編2010）、沖縄本島稲福遺跡（當眞編1983）、勝連城跡

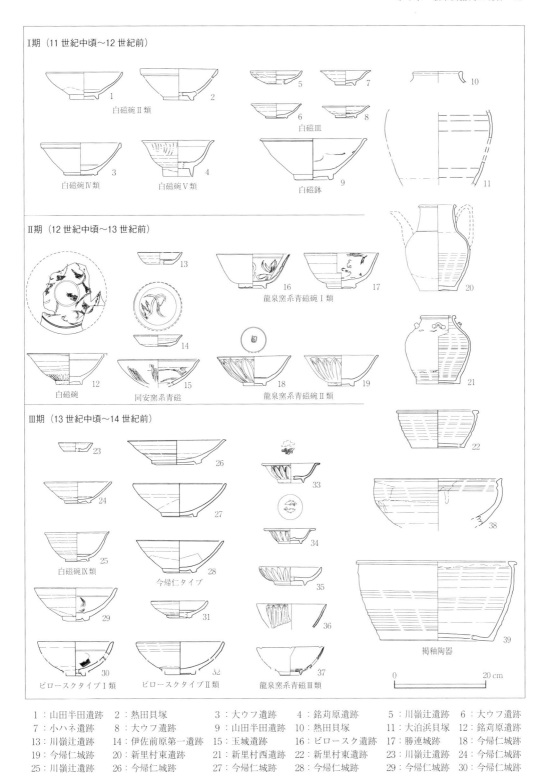

図34 琉球列島出土の中国陶磁器

表21　本章での時期区分と先行研究の対応関係

区分	年代	基準資料	宮崎編 2000	金武 1998c	瀬戸 2010	吉岡・門上 2011
Ⅰ期	11世紀後半～12世紀後半	白磁Ⅳ～Ⅵ類	C期	Ⅰ期	Ⅰ期	Ⅰ期
Ⅱ期	12世紀後半～13世紀前半	白磁Ⅶ類、龍泉Ⅰ、Ⅱ類、同安Ⅰ、Ⅱ類	D、E期	Ⅱ期前半	Ⅱ期	Ⅱ期
Ⅲ期	13世紀後半～14世紀前半	白磁Ⅸ類、龍泉Ⅱ、Ⅲ類、瀬戸Ⅳ類、今帰仁タイプ、ビロースクタイプⅠ、Ⅱ類	F、G期	Ⅱ期後～Ⅲ期前	Ⅲ期	Ⅲ古期、新期

（宮城・中村編 2011）、伊佐前原第一遺跡（當銘編 2001）、石垣島ビロースク遺跡（金武編 1983）などが挙げられる。遺跡は石灰岩台地上に位置し、グスクと呼ばれる遺跡も少なからずある。また、貿易船の存在を予想させる遺跡も発見されており、奄美大島宇検村の倉木崎海底遺跡（林編 1999）や久米島のナカノ浜（宮城ほか 2004）からはこの頃の陶磁器が数多く得られており、福建から琉球列島を経て九州へ至るルートの存在が指摘されている（金沢 2006）。琉球列島では前時期と比して遺跡数、遺物量の飛躍的な増加は認められないが、各諸島において陶磁器が安定的に受容されていた様相が認められる。金武によるⅡ期（グスク時代前夜）の前半に当たるが、各遺跡では前時代と大差なく土器が主体的に出土する傾向にあるという（瀬戸 2010）。

　Ⅲ期（13世紀後半から14世紀前半）：龍泉窯系青磁（碗、皿）のⅡ類、Ⅲ類、白磁（碗、皿）のⅨ類のほか、日本本土では類例が少ないとされる今帰仁タイプ、ビロースクタイプ碗Ⅰ類、Ⅱ類が消費されていた時期に当たる。沖縄本島においては鍋形Ⅴ・Ⅵ式、椀形土器、カムィヤキ（金武 1986のⅡ類）が共伴することが確認されており、新里村西遺跡のように多彩な褐釉陶器を伴うこともある（島袋・金城編 1990）。主な遺跡に喜界島城久遺跡群の大ウフ遺跡（野﨑ほか編 2013a）、奄美大島城遺跡（中山 1997）、徳之島川嶺辻遺跡（新里亮編 2010）、沖縄本島宜野座ヌ古島（田里編 2010）、今帰仁城跡（金武編 1983・1991）、シイナグスク（玉城編 2004）、沖縄本島勝連城跡（宮城・中村編 2011）、屋良グスク（當眞・大城編 1994）、糸数城跡（金城亀編 1991）、石垣島ビロースク遺跡（金武編 1983）、竹富島新里村西遺跡（島袋・金城編 1990）などがある。遺跡は石灰岩台地上に立地し、今帰仁城跡や勝連城跡後など後に大型グスクへと発展する遺跡も認められる。なお、この時期から消費される今帰仁タイプやビロースクタイプのⅠ、Ⅱ類は、先島諸島、沖縄諸島に多く、奄美諸島では僅少であることが指摘されており（宮城・新里 2009）、陶磁器の消費様相に一定の地域差が認められる時期となる可能性が高い。なお、吉岡・門上（2011）や吉岡（2012）によると、古期と新期が設定されており、グスクの出現を含めて時代の大きな画期だと評価されている（瀬戸 2013）。

5. 消費状況の比較検討

（1）琉球列島出土中国産陶磁器の数量把握

　琉球列島における11世紀後半から14世紀前半の中国産陶磁器の概況は以上のようにまとめられるが、ここでは地域別の消費状況を詳しく確認するため、数量の検討を行いたい。

表22 琉球列島における主な貿易陶磁出土遺跡

地域	島名	遺跡名	Ⅰ期	Ⅱ期	Ⅲ期	調査面積	文献
奄美諸島	喜界島	山田中西遺跡	41	3	4	5900 m²	1、2、7
		山田半田遺跡	57	0	4	22700 m²	3、7
		半田口遺跡	54	2	2	23300 m²	6、7
		前畑遺跡	26	2	0	7000 m²	4、7
		小ハネ遺跡	10	0	0	7000 m²	4、7
		大ウフ遺跡	174	50	101	8200 m²	5、7
		半田遺跡	11	0	11	3200 m²	5、7
	奄美大島	城遺跡	*1*	*13*	*16*	944 m²	8
		辺留窪遺跡	*0*	*0*	*3*	100 m²	9
		ウーバルグスク	*2*	*0*	*2*	600 m²	10
		宇宿貝塚	*5*	*10*	*0*	58.5 m²	11
		赤木名グスク	*3*	*0*	*0*	100 m²	12
		小湊フワガネク遺跡	*18*	*0*	*0*	1500 m²	13
	徳之島	玉城遺跡	*3*	*13*	*1*	100 m²	14
		アジマシ遺跡	*4*	*3*	*3*	38 m²	15
		川嶺辻遺跡	71	163	277	2000 m²	17
		前当り遺跡				3000 m²	18
沖縄諸島	沖縄本島	宜野座ヌ古島	0	28	201	12932 m²	19
		今帰仁城跡	0	28	827	2150 m²	20
		シイナグスク	*0*	*5*	*12*	50 m²	21
		勝連城跡	*4*	*89*	*132*	1156 m²	22
		屋良グスク	4	52	76	276 m²	23
		熱田貝塚	*12*	*0*	*0*	500 m²	24
		伊波城跡	6	49	58	83 m²	25
		後兼久原遺跡	82	16	135	6210 m²	26
		小堀原遺跡	78	0	0	7310 m²	27
		伊佐前原第一遺跡	80	187	47	900 m²	28
		銘苅原遺跡	*49*	*35*	*46*	3500 m²	29
		稲福遺跡	10	100	123	1000 m²	30
		糸数城跡	3	313	402	700 m²	31
先島諸島	宮古島	高腰城跡	5	20	67	250 m²	32
		大牧遺跡	1	1	18	752 m²	33
		野城遺跡	0	6	10	120 m²	33
		住屋遺跡	4	9	108	600 m²	34
	石垣島	ビロースク遺跡	13	62	95	700 m²	35
	竹富島	新里村東遺跡	7	0	19	5300 m²	36
		新里村西遺跡	4	1	77		

凡例　▨：最多　太字：集計表による出土点数
　　　▤：次点　斜体：実測図掲載数
　　　□：最少　空欄：点数不明

※文献番号は次頁の一覧に一致する。

表 22 文献

1. 澄田直敏・野崎拓司（編） 2006『城久遺跡群　山田中西遺跡Ⅰ』喜界町埋蔵文化財発掘調査報告書 8　喜界町教育委員会
2. 澄田直敏・野崎拓司（編） 2008『城久遺跡群　山田中西遺跡Ⅱ』喜界町埋蔵文化財発掘調査報告書 9　喜界町教育委員会
3. 澄田直敏・野崎拓司・後藤法宣（編） 2009『城久遺跡群　山田半田遺跡』喜界町埋蔵文化財発掘調査報告書 10　喜界町教育委員会
4. 野崎拓司・澄田直敏・宮城良真（編） 2011『城久遺跡群　前畑遺跡・小ハネ遺跡』喜界町埋蔵文化財発掘調査報告書 11　喜界町教育委員会
5. 野崎拓司・松原信之・澄田直敏（編） 2013a『城久遺跡群　大ウフ遺跡・半田遺跡』喜界町埋蔵文化財発掘調査報告書 12　喜界町教育委員会
6. 野崎拓司・松原信之・澄田直敏（編） 2013b『城久遺跡群　半田口遺跡』喜界町埋蔵文化財発掘調査報告書 13　喜界町教育委員会
7. 松原信之・野崎拓司・澄田直敏・早田晴樹（編） 2015『城久遺跡群―総括報告書―』喜界町埋蔵文化財発掘調査報告書 15　喜界町教育委員会
8. 中山清美（編） 1997『笠利町万屋城』笠利町文化財報告 24　笠利町教育委員会
9. 米倉秀紀（編） 1983『ケジ遺跡・コビロ遺跡・辺留窪遺跡』笠利町文化財報告 6　笠利町教育委員会
10. 中山清美（編） 1999『ウーバルグスク発掘調査報告書』笠利町文化財報告 25　笠利町教育委員会
11. 河口貞徳（編） 1979『宇宿貝塚』鹿児島県笠利町文化祭調査報告書　笠利町教育委員会
12. 中山清美（編） 2003『赤木名グスク遺跡』笠利町文化財報告 26　笠利町教育委員会
13. 高梨　修（編） 2003『小湊フワガネク遺跡群』名瀬市文化財叢書四　名瀬市教育委員会
14. 馬原和広・友口恵子（編） 1985『玉城遺跡』研究室発動報告 19　熊本大学文学部考古学研究室
15. 児玉健一郎・八木澤一郎・伊藤勝徳・橋口亘（編） 1999『ウエアタリ遺跡・アジマシ遺跡・ウシロマタ遺跡』伊仙町埋蔵文化財発掘調査報告書 10　伊仙町教育委員会
16. 新里亮人（編） 2005『カムィヤキ古窯跡群Ⅳ』伊仙町埋蔵文化財発掘調査報告書 12　伊仙町教育委員会
17. 新里亮人（編） 2010『川嶺辻遺跡』伊仙町埋蔵文化財発掘調査報告書 13　伊仙町教育委員会
18. 新里亮人・常未来（編）伊仙町教育委員会　2019『前当り遺跡・カンナテ遺跡』伊仙町埋蔵文化財発掘調査報告書 17　伊仙町教育委員会
19. 田里一寿（編） 2010『宜野座ヌ古島遺跡』宜野座村乃文化財 22　宜野座村教育委員会
20. 金武正紀・宮里末廣（編） 1983『今帰仁城跡発掘調査報告Ⅰ』今帰仁村文化財調査報告 9　今帰仁村教育委員会
21. 玉城　靖（編） 2004『シイナグスク』今帰仁村文化財調査報告 17　今帰仁村教育委員会
22. 宮城伸一・中村毅（編） 2011『勝連城跡』うるま市文化財調査報告書 14　うるま市教育委員会
23. 當眞嗣一・大城慧（編） 1994『屋良グスク』嘉手納町文化財調査報告書 1　嘉手納町教育委員会
24. 金武正紀・比嘉春美（編） 1979『恩納村熱田貝塚発掘調査報告書』沖縄県文化財調査報告書 23　沖縄県教育委員会
25. 上原　静（編） 2003『伊波城跡』石川市文化財調査報告書 5　石川市教育委員会
26. 山城安生・島袋晴美（編） 2003『後兼久原遺跡』北谷町文化財調査報告書 21　北谷町教育委員会
27. 山城安生・島袋晴美（編） 2012『小堀原遺跡』北谷町文化財調査報告書 34　北谷町教育委員会
28. 當銘清乃（編） 2001『伊佐前原第一遺跡』沖縄県立埋蔵文化財センター調査報告書 4　沖縄県立埋蔵文化財センター
29. 金武正紀（編） 1997『銘苅原遺跡』那覇市文化財調査報告書 35　那覇市教育委員会
30. 當眞嗣一（編） 1983『稲福遺跡発掘調査報告書』沖縄県文化財調査報告書 50　沖縄県教育委員会
31. 金城亀信（編） 1991『糸数城跡』玉城村文化財調査報告書 1　玉城村教育委員会
32. 盛本　勲（編） 1989『高腰城跡』城辺町文化財調査報告書 5　城辺町教育委員会
33. 盛本　勲（編） 1987『大牧遺跡・野城遺跡』城辺町文化財調査報告書 2　城辺町教育委員会
34. 砂辺和正（編） 1999『住屋遺跡（Ⅰ）』平良市埋蔵文化財調査報告 4　平良市教育委員会
35. 金武正紀（編） 1983『ビロースク遺跡』石垣市文化財調査報告書 6　石垣市教育委員会
36. 島袋洋・金城亀信（編） 1990『新里村遺跡』沖縄県文化財調査報告書 97　沖縄県教育委員会
37. 金武正紀・金城亀信（編） 1986『下田原遺跡・大泊浜貝塚』沖縄県文化財調査報告書 74　沖縄県教育委員会

先に示した出土遺跡の集計によると、琉球列島は北部九州（福岡県）、西北九州（佐賀県、長崎県）に続いて3番目に位置し、比較的高頻度で中国産陶磁器が検出される地域だといえる。出土陶磁器の破片数が報告されている事例をできる限り集成し、求められた出土陶磁器の数量は表22のとおりとなる。各遺跡における時期別の消費状況を知るため、これに基づいて各期の陶磁器数や割合を求め、地域別、時期別の陶磁器消費状況の推移を明らかにし、陶磁器組成の地域差からこれらの搬入経路について検討したい。

　図35には表22から求められた琉球列島における中国産の白磁と青磁の出土破片数を時期別に集計してその推移を折れ線で表現している。先の検討では、琉球列島においては時期を追うごとに中国産陶磁器出土遺跡数が増加する傾向が確認されたが、それと対応するように中国産陶磁器の出土点数も増えることがわかる。このことからも、琉球列島における中国産陶磁器は、Ⅰ期より積極的な需要が始まり、Ⅱ期で安定的となって、Ⅲ期に飛躍的な増加をみせることがわかる。

　それでは、奄美諸島、沖縄諸島、先島諸島における中国産陶磁器の破片数から時期別の割合を算出し（図36）、各期における地域差について以下に言及していく。

（2）Ⅰ期における消費状況

　Ⅰ期（大宰府C期：11世紀後半〜12世紀前半）は、先に述べた「博多綱首」の活動によって中国産陶磁器が大量に運搬される時期に当たり(3)、琉球列島全域でこの頃の白磁が受容される。中国産陶磁器の集計によると半数以上が奄美諸島で占められるが、それに沖縄諸島が続き、先島諸島では非常に少ない状況が確認される。

　また、長崎産滑石製石鍋、高麗陶器、初期高麗青磁など北部九州に出土事例が多い同時代の遺物は奄美諸島に集中することが知られており、Ⅰ期における陶磁器消費状況からみる物流は九州と地理的に近い奄美諸島で優勢的であった可能性が高く、前時代における初期貿易陶磁器の受容のあり方（宮城2014）とよく似ている。

（3）Ⅱ期における消費状況

　Ⅱ期（大宰府D、E期：12世紀後半〜13世紀中）は、九州島における中国産陶磁器出土遺跡数がピークに達する時期で、青磁を中心とした積極的な消費が認められる時期に当たる。琉球列島もこの動向から外れ

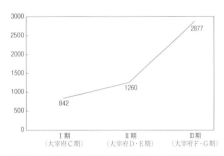

図35　本書での時期区分に沿った琉球列島出土中国産青磁、白磁出土破片数の推移

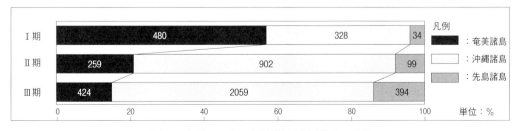

図36　各期における島嶼別陶磁器破片数の内訳

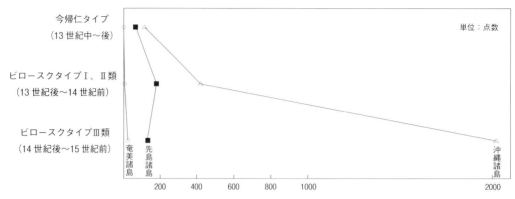

図37 今帰仁タイプ、ビロースクタイプⅠ～Ⅲ類（碗・皿）の島嶼別出土状況

ることはなく、出土遺跡数、出土破片数ともに増加し、中国産陶磁器が安定的に受容されている状況が確認できる。

　沖縄諸島、先島諸島において破片数の著しい増加が認められる一方で、奄美諸島では低調となり、Ⅰ期とは異なり消費の中心が奄美諸島以南に移行する様子も看取されるが、奄美大島における本期の遺跡調査事例が少ないことから、今後出土数の増加も見込まれる。また、Ⅰ期の陶磁器が遅れて搬入される可能性も想定されるため、陶磁器消費量の低下と一概に判断できるものではない。ただし、滑石製石鍋Ⅱ式1、2類の出土量は非常に少なく（第3章）、九州島と関連した食器流通に関しては若干の変化が想定される。

（4）Ⅲ期における消費状況

　Ⅲ期（大宰府F、G期前半：13世紀後半～14世紀前半）は、九州地方における貿易陶磁出土遺跡数の下降期に当たる。博多における貿易陶磁の流入量は、前時期と比べると沈静化の方向へ向かい、需要者主体の貿易へと変化する時期だとされる（田中 2008）。一方、琉球列島では出土遺跡数、破片数が大幅に増加する現象が確認され、Ⅱ期と同様に沖縄諸島、先島諸島における消費量が著しく増加するものの、奄美諸島では低調化する。

　琉球列島において中国産陶磁器の出土量が増加する状況は、今帰仁タイプやビロースクタイプの積極的受容に起因することが指摘されているが（宮城・新里 2009）、これらが先島諸島、沖縄諸島に多く、奄美諸島で少ない状況に注目した田中克子は、福建から八重山諸島、宮古諸島、沖縄諸島へと北上する交易ルートの存在を想定している（田中 2009b）。ただし、図37に示したように、ビロースクタイプⅢ類に代表される三山の朝貢貿易開始以降における中国産陶磁器の出土量には到底およばないことから、これらは外部への輸出を目的とした商品ではなく琉球列島内における消費材であった可能性が高い。

6. 中国産陶磁器の消費状況からみた琉球列島の地域性

（1）地域性が現れる背景

　三山の朝貢貿易開始（14世紀後半代）以前における琉球列島の中国産陶磁消費状況は以上のよ

うにまとめられる。設定した時期区分に沿って琉球列島における中国産陶磁器の消費動向を確認したところ、その量や組成について地域差が認められ、それは陶磁器の搬入経路と深く関係していた可能性が考慮された。特にⅠ期において奄美諸島で顕著な状況が確認される一方、先島諸島で低調であることは、消費状況に南北差が確実に認められ、博多を起点とした北からの陶磁器流通の存在を支持する現象だと解釈される。

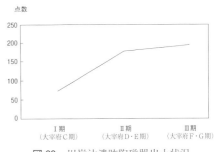

図38　川嶺辻遺跡陶磁器出土状況

　Ⅰ期の陶磁器を主体的に出土する遺跡は西北九州でも確認されている。柴田亮（2015）は大村湾沿岸地域において中国産陶磁器出土数のピークがⅠ期にあり、なおかつ滑石製石鍋も多量に出土する遺跡の存在から、博多と琉球列島間の交易経路中に当該地で滑石製石鍋が積み込まれる経過を指摘している。Ⅰ期の中国産陶磁器が奄美諸島で多く検出されることは、九州島との交易活動が琉球列島の北側で盛んであったことを物語っており、博多、西北九州沿岸部、奄美諸島を結ぶ経路の存在が想定される。

　Ⅱ期は、中国産陶磁器の安定的な消費が確認されるが、九州島における中国産陶磁器の出土数もピークとなるので、九州島との経済関係は引き続き継続していたと考えられる。奄美諸島で出土数の極端な減少がうかがえるが、徳之島川嶺辻遺跡ではⅡ期の中国産陶磁器が増加することから（図38）、奄美大島や喜界島で当該期における遺跡の調査が今後進めば、同様の傾向となることが予想される。沖縄、先島両諸島では3倍近い増加が認められるが、倉木崎海底遺跡やナカノハマ海底遺跡など琉球列島付近を北上する商船の痕跡を積極的に評価するならば、Ⅰ期以上に中国産陶磁器を入手する機会が増えていた可能性も考慮される。

（2）Ⅲ期における特異な状況

　それではⅢ期における今帰仁タイプ、ビロースクタイプⅠ、Ⅱ類の特異な分布状況に注目しながら、この時期における陶磁器の消費様相を詳しく検討してみたい。

　今帰仁タイプ、ビロースクタイプⅠ、Ⅱ類と概ね同時代に位置付けられる大宰府分類白磁Ⅸ類の碗と皿は、博多をはじめとする九州地方で多く（田中 2008）、全国的にも出土する（森田 1982）。これらは琉球列島においても安定的に消費されており、集計表が掲載されている報告書からだけでも約500点が確認できた。図39には、大宰府分類白磁Ⅸ類（碗・皿）と今帰仁タイプ、ビロースクタイプⅠ、Ⅱ類（碗・皿）との出土比率を反映しているが、それぞれの諸島ごとに大きな違いをみることができる。奄美諸島では今帰仁タイプ、ビロースクタイプⅠ、Ⅱ類が少ない代わりに白磁Ⅸ類が多く消費される傾向にある。一方、先島諸島では、これらの出土例が非常に少なく、今帰仁タイプ、ビロースクタイプⅠ、Ⅱ類が9割以上を占める。また、沖縄諸島では、大宰府分類白磁Ⅸ類（碗・皿）が優勢でありながら、今帰仁タイプ、ビロースクタイプⅠ、Ⅱ類ともに安定的に出土し、どちらかというと奄美、先島両諸島の中間的な様相を示す。つまり、Ⅲ期における白磁類の消費状況に注目すると、先島諸島と奄美諸島とでは、沖縄諸島を挟んで対照的な状況を確認することができる。

　続いて、遺跡ごとに消費状況の詳細を確認してみたい。図40には、A軸に今帰仁タイプ、ビ

ロースクタイプⅠ、Ⅱ類（碗、皿）の出土点数、B軸に大宰府分類白磁Ⅸ類（碗・皿）の出土点数を示し、それらの出土状況を散布図として表現している。それによると、奄美諸島（〇で表示）ではB軸側、先島諸島（■で表示）ではA軸側にそれぞれ偏って分布するのに対して、沖縄諸島では、A軸寄り、B軸寄り、その中間付近に分散し、分布範囲が広い。このことは沖縄諸島におけるこの時期の中国産陶磁器組成が多様であることを示し、Ⅲ期に至り、貿易陶磁の消費状況に極端な地域差が現れたと判断することができる。

（3）Ⅲ期における中国産陶磁器の搬入経路

それではⅢ期に明確な地域差が現れた原因を考えてみたい。田中によると、今帰仁タイプ、ビロースクタイプⅠ、Ⅱ類は、福建省から八重山諸島、宮古諸島、沖縄諸島へと北上するルートで運ばれていた蓋然性が高いとされる（田中 2009b）。前述で示したように、これらの多寡が大宰府分類白磁Ⅸ類の消費量と反比例的に対応することに注意すると、Ⅲ期における琉球列島の貿易陶磁入手に2つのルートの存在していた可能性が高いのではないだろうか。つまり、九州島と地理的に近い奄美諸島では、九州島に多い大宰府分類白磁Ⅸ類（碗・皿）が頻繁に運び込まれ、そこから遠い先島諸島では福建省を起点とする今帰仁タイプ、ビロースクタイプⅠ、Ⅱ類の入手機会が多く、さらに、その中間に位置する沖縄諸島は、先島・奄美諸島の双方との経済的連結によって、より多様な消費状況が生み出されたとの想定である。

この点に関してはすでに、木下尚子によって「13世紀後半～14世紀前半における二つの交流圏」として示されているが（図41、木下 2009）、奄美諸島では大宰府分類白磁Ⅸ類が圧倒的多数を占める状況が加えて示されたことからも、この交流圏の存在は蓋然性が高いとみてよいであろう。(6)

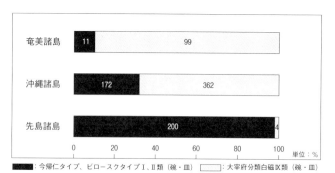

図39　今帰仁タイプ、ビロースクタイプⅠ、Ⅱ類（碗・皿）と大宰府分類白磁Ⅸ類（碗・皿）の出土比率

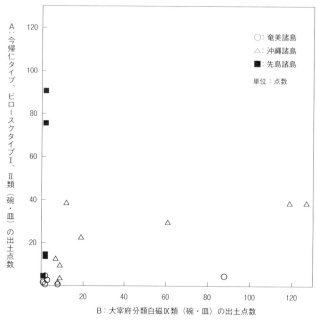

図40　今帰仁タイプ、ビロースクタイプⅠ、Ⅱ類（碗・皿）と大宰府分類白磁Ⅸ類（碗・皿）の出土点数

7. 陶磁器流通の推移からみた琉球列島の経済状況

以上、琉球列島の朝貢貿易開始以前における琉球列島の貿易陶磁を検討した結果、その様相は3期に分けられ、次のようにまとめられる。

Ⅰ期（11世紀中頃〜12世紀前半）：中国産陶磁器の積極的受容期。奄美諸島において消費量が多く、これに沖縄諸島、先島諸島が続く。博多を中心とした九州島との経済関係によってこれらが運搬されていたことが想定される。

Ⅱ期（12世紀中頃〜13世紀中頃）：中国産陶磁器受容の安定期。奄美諸島の様相はいまだ不明瞭だが、出土数の増加は沖縄諸島、先島諸島で顕著であり、運搬経路の何らかの変化によって中国産陶磁器の入手機会が増加したことが予想される。

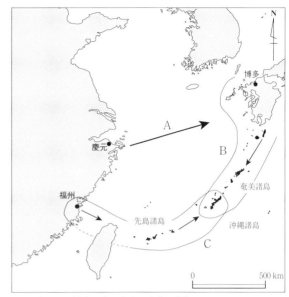

A：慶元から博多に向かう中国陶磁の動き
B：博多を起点にする中国陶磁の流通圏
C：福建を起点にする中国陶磁の流通圏
→：陶磁の移動方向

図41　13世紀後半〜14世紀前半の二つの交流圏

Ⅲ期（13世紀中頃〜14世紀代）：中国産陶磁器受容の変換期。消費状況の地域差が明確になり、搬入ルートの多様化が想定される。博多、福建を起点とする2つの交流圏が成立した可能性が高い。

特にⅢ期における状況は非常に重要で、琉球列島における今帰仁タイプ、ビロースクタイプⅠ類、Ⅱ類、大宰府分類白磁Ⅸ類の消費状況にみる地域差は、これらの搬入経路が異なることを表していると推定された。中国産陶磁器の消費量が時期を追うごとに増加の一途を辿ることは、中国産陶磁器の需要が継続的に増大していく過程と対応するが、運搬経路の多様化がそれと同時に進行していることは、需要の拡大とともに新たな入手ルートを開拓する在地集団の動きを反映しているようにもみえる。この傾向は特に先島諸島において顕著であるが、Ⅲ期の状況を踏まえるならば、琉球列島各地の在地集団が、主導的に舶来供膳具類を入手する交易活動が展開した画期を13世紀中頃に導くことが可能となる。

以上より、琉球列島における食器組成を時期と地域ごとに検討することは当時の経済状況を推し量るのに有効であることは示せたと考えるが、今後、各遺跡における遺構や検出面での組成をさらに明確にし、基準資料の充実を図ることが課題となるであろう。

註
（1）沖縄諸島出土陶磁器の研究史については、新垣力によって詳しくまとめられている（新垣1999）。
（2）亀井は、「沖縄における中国貿易陶磁器の需要は、一部、12世紀中葉から開始されたが、13世紀に入ると、かなり広範囲に広がり、初期のグスク及びそれに関連する集落に及んで」おり、「最初の段階では、宋

商船が有力按司勢力地のいくつかに来航し、交易を行っていたがやがて彼ら按司の中から、宋商人に替って、交易船を福建に遣し、自ら貿易商人的能力を持つ按司集団として成長する」としたが（亀井 1986）、その後、薩南諸島から奄美諸島における貿易陶磁器の集成から、先述した私貿易の姿をより具体化するかたちで「14 世紀中葉以前、厳密には後述するように 13 世紀代以前には、そうした膨大な量の陶磁器を検出できる遺跡は上述したように沖縄諸島に確認できない」として、13 世紀代までの琉球列島における中国産陶磁器は九州本土から薩摩を経由する交易船が往来することによってもたらされた可能性が高いと述べ、従来の考えを修正している（亀井 1993）。しかし、亀井は「あいまいな表現をせざるを得ない」としながらも、「14 世紀前半代には沖縄各地の有力領主の中に中国との交易により、陶磁器を入手している蓋然性はある」と述べ、朝貢貿易の以前の私貿易の存在を想定している。
（3）田中克子（2016）は、博多遺跡群の状況からこの時期を前半（11 世紀第 3 四半期〜12 世紀初頭前後：北宋後晩期）と後半（12 世紀第 1・2 四半期：北宋末〜南宋初期）に分け、前半を広東産と福建産白磁の段階、後半を福建産白磁の単独的段階とする。
（4）森田（1982）による C 群に分類される一群と対応する。
（5）森田（1982）による A 群に分類される一群と対応する。
（6）こうした交流圏の存在を実証するには、先島諸島と沖縄諸島における在地土器の相互搬入を検討する必要がある。今後の課題としたい。

第5章　徳之島における窯業生産の動向

1. 琉球列島最古の窯業生産遺跡

　中国産陶磁器を主とする舶来供膳具の検討から、グスク時代における食器の搬入経路を復元し、九州島および南中国と連結する交易圏の成立過程と在地集団による主導的な交易活動が展開していく経緯について述べたが、こうした交易圏の確立と琉球列島内における陶器生産はどのような関わりをもっていたのだろうか。本章では、徳之島で発見された陶器生産跡の検討から、琉球列島へ窯業技術が導入される背景やその生産動向から推定される当時の経済状況について考えてみたい。

　窯業生産跡は徳之島南部の伊仙町において数多く確認されており、その一部は現在、「徳之島カムィヤキ陶器窯跡」として国史跡に指定されている。本遺跡での生産品は、琉球列島を中心に分布し、南九州、西北九州でも確認される。これらはグスク時代を代表する遺物として古くから知られ、琉球列島における最古の窯業生産品としても意義深い。その歴史的重要性は十分に認識されているが、窯跡の出土資料が膨大であることにより正式に報告された遺物は一部に過ぎず、生産の全貌はまだ明らかとなっていない。本章ではまず既公開資料の型式学的検討をもとに生産動向の時間的推移を整理することから始めていきたい。

　なお、ここで扱う陶器の名称は研究者によって異なり、「類須恵器」（白木原 1973）、「亀焼系土器」（安里 1991a）、「南島須恵器」（大西 1996）、「南島陶質土器」（赤司 1999）等の呼び名があるが、史跡指定名称となっている「カムィヤキ」を用いることにする（池田榮 2005a）。

2. 生産品と生産跡の概要

（1）カムィヤキとは

　沖縄諸島のグスクから灰色の硬質陶器が出土することは、窯跡の発見以前からよく知られていた。これらは「祝部式土器」（多和田 1956）、「須恵器」（国分ほか 1959）、「類須恵器」（白木原 1973）などと呼ばれていたが、「カムィヤキ」という一風変わった名称は、1983年に発見された窯跡の発見地名（鹿児島県大島郡伊仙町阿三字亀焼）の地元発音表記に由来する。

　器は叩きと回転によって成形・調整され、還元焔焼成により硬質に仕上がる。その種類は、壺を主体に、鉢、椀、甕、水注があり、すり鉢が少ないものの、器種構成からは日本の中世須恵器との関係が想定されている（新東・青﨑編 1985a・b）。しかし、焼き仕上がりの色調、器体にめぐらされた波状沈線文、綾杉状の叩き文様などの特徴は、朝鮮半島産の無釉陶器にも類似し（赤司 1999）、中国産陶磁器を写す器種もみられることから、日本、朝鮮半島双方の系譜を受け継いだ「南島の中世須恵器」（吉岡 2002a）とも評価されている。

図42 現存する按司時代土器 (個人蔵)

(2) 窯跡群の発見と調査経緯

A. 窯跡の発見以前

カムィヤキに関する最も古い記述は、徳之島出身の郷土研究者廣瀬祐良が著した『郷土史研究　昭和8年調査徳之島ノ部』にある。廣瀬は、京都帝国大学島田貞彦より亀津村尾母（現徳之島町尾母）出土品の所見を得て、これを按司時代（中世並行期）の土器として紹介している（廣瀬未出版）。鑑定者の島田は本品を、祝部土器の類であるが奈良朝以降の所産で、完全な形状を留めていることから本来は墓に納められていたとした。カムィヤキが副葬品として利用されていたことは、戦前には認識されていたようである。本資料は現在も所有者によって大切に保管されているが（図42）、廣瀬の急逝により本書は未刊行に終わり、一部の関係者を除いて情報が知られることはなかった。

戦後、奄美諸島や沖縄県の分布調査によって、グスクや集落からこれらが普遍的に出土することが明らかとなり（多和田 1956）、九学会連合の調査では律令期の南島経営にその来歴が求められた（国分ほか 1959）。焼き物自体の特徴から沖縄本島で生産されたとする説（友寄 1964）や朝鮮半島からの招来品とする説（三島 1966）が示されたが、その故郷については解決をみず、琉球列島の考古学上の大きな謎としてその産地に関する議論は、しばらくの間継続されることとなった（白木原 1971）。

B. 窯跡の発見

窯跡の発見は突然のことであった。1983年6月16日、改修工事中であった亀焼池周辺を踏査していた四本延宏（当時伊仙町歴史民俗資料館勤務）は、工事区域内に無数の焼き物片が散乱し、焼き物が詰まった灰層や楕円形を呈する焼土遺構が露出している状況を発見した(1)（阿三亀焼支群第Ⅱ地区、新東・青﨑編 1985b、四本 2008）。四本は郷土史に詳しい義憲和（当時伊仙郵便局勤務）とともに再度現地を訪れ、亀焼池の西側50mにある傾斜地の裾部においても灰層を確認した（阿三亀焼支群第Ⅰ地区、新東・青﨑編 1985a）。四本と義は、徳之島の遺跡から焼き歪んだ焼き物や釉着した状態の陶片が採集されることに注目し、日常的に山中の踏査を進めていたようである。

窯跡発見の連絡を受けた鹿児島県文化財課青﨑和憲と笠利町歴史民俗資料館の中山清美らによってこれら遺構が窯跡だと断定され（所属は当時）、その翌年には近隣の調査によって、別の地点でも窯跡が発見された（阿三柳田（南）支群、牛ノ浜・井ノ上編 1986）。カムィヤキの一大産地が所在することが確実になると、1996年度からは生産跡の範囲や規模を明らかにする悉皆調査が進められることとなった。

C. 窯跡の発見以後

平成8年度から16年度における範囲内容確認調査では、阿三、伊仙、検福国有林内の悉皆的な分布調査と磁気探査による遺構確認が進められ、阿三柳田（北）支群、伊仙東柳田支群、伊仙平ソコ支群、検福イヤ川支群、検福ウッタ支群が新たに発見された（青﨑・伊藤編 2001、新里亮編 2005）。灰層に含まれる木炭の樹種同定からは薪としてスダジイが利用されたことも明らかとな

り、炭化物の年代測定や陶器の胎土分析も実施された（三辻 2001・2005、古環境研究所 2005）。

伊仙町教育委員会による調査と同時に、学術機関による調査も進められ（池田榮編 2005）、各支群の採集資料の詳細な報告と、遺跡の学問的価値付けがなされた。

（3）調査の成果

A. 窯跡の分布

こうした調査によって発見された窯跡は、伊仙町中央部（阿三、伊仙、検福集落）のヒラスク山と呼ばれる標高200m前後の丘陵上に集中して分布していることが明らかとなった（図43）。遺跡の大部分は国有林内にあり、一部はそれと隣接する民有地（サトウキビ畑、水田跡地）に広がる。丘陵間の谷底には、湿地帯が形成され、水資源豊富な自然環境が残されている。

窯跡群は、ヒラスク山の頂上から放射状に延びた丘陵を単位に群をなし、これを支群として7つの支群が把握されている。各支群の中でも個々の生産跡は、丘陵両側縁の緩急さまざまな斜地に立地するが、窯が築かれた地形的に連続する一連の傾斜面が地区とされる。地区内には平坦地、凹地が確認され、窯跡や灰原などの遺構はこのような地形の中に並列または重複しながら発見される。このように遺構が密集する箇所が地点とされる。窯跡が点在する丘陵の尾根上には細く延びた里道があり、これらを通じて支群間、地区間の往来が可能である。この点から、それぞれの生産地区、支群は尾根上の里道を通じて各々が連結していた可能性が指摘されている（新里亮編 2010）。

B. 各支群の調査状況

徳之島カムィヤキ陶器窯跡では、これまで、窯跡10基、灰原20枚、掘り込み遺構1基の発掘調査が行われている（表23）。その内訳は、阿三亀焼支群第Ⅰ地区1地点（旧第2支群1～7号窯および付随灰原）、阿三亀焼支群第Ⅱ地区1地点（旧第1支群1～7号窯および付随灰原、楕円形掘り込み遺構、灰原1～5層）、阿三柳田（北）支群第Ⅰ地区1地点（旧第4支群灰原上層、下層、整地土層）、伊仙東柳田支群第Ⅰ地区1地点（旧第5支群4号窯灰原、5号窯および付随灰原）、伊仙東柳田支群第Ⅱ地区1地点（旧第6支群灰原）、伊仙平ソコ支群第Ⅲ地区2地点（第9支群1号窯）、検福ウッタ支群第Ⅰ地区2から4地点（旧第10支群灰原2～4）である。

そのほかの支群では、灰原や遺物散布状況の確認によって生産地点が把握されているのみで、実際の発掘調査は行われていない。なお、工房跡、生産集団の集落跡、出荷地等の関連遺跡はまだ発見されていない。

C. 窯跡の構造

調査が行われた窯跡にはいくつかの共通点が見出される（図44）。窯跡は花崗岩風化土を刳り抜いて築かれた無段式の地下式窖窯で、焚口が極端に窄まったイチジク型の半面形態を呈し、煙道は窯尻に斜行して設けられる。窯体は、焼成部長2.2mから3.4m、焼成部幅1.8mから2.2m程度の規模で、傾斜角度31°から42°の急傾斜した燃焼部をもつ。窯の形態は熊本県錦町下り山窯と類似することが指摘されている（新東・青崎編 1985b）。

煙道には排水溝が設置され（阿三亀焼支群第2地点1号窯、蓋石あり）、焚口に角礫や焼台が埋め込まれる場合もある（阿三亀焼支群第Ⅱ地区1地点1号窯、伊仙東柳田支群第Ⅰ地区1地点5号窯）。完掘された灰原は（阿三亀焼支群第Ⅱ地点1地点3号窯灰原）、全長3m、幅2m程度の規模で、厚さは約50cmを測る。灰原は地山掘削土を間層に挟んで連続的に堆積する場合が多く（阿

表23 各支群の概要

支群名称	地区	所在	遺構等
阿三亀焼支群	第Ⅰ地区	伊仙町阿三字亀田	窯跡、灰原
	第Ⅱ地区	伊仙町阿三字亀焼	窯跡、灰原、楕円形掘り込み遺構
	第Ⅲ地区	伊仙町字阿三亀焼	散布地
阿三柳田(南)支群	第Ⅰ地区	伊仙町阿三字柳田	灰原
阿三柳田(北)支群	第Ⅰ地区	伊仙町阿三字柳田	灰原、散布地
伊仙東柳田支群	第Ⅰ地区	伊仙町伊仙字東柳田	灰原
	第Ⅱ地区	大島郡伊仙町字東柳田	灰原、散布地
伊仙平ソコ支群	第Ⅰ地区	伊仙町字検福平ソコ	灰原
	第Ⅱ地区	伊仙町字検福平ソコ	窯跡、灰原
	第Ⅲ地区	伊仙町字検福平ソコ	灰原
検福イヤ川支群	第Ⅰ地区	伊仙町字検福矢田	散布地
	第Ⅱ地区	伊仙町字検福矢田	灰原
	第Ⅲ地区	伊仙町字検福矢田	散布地
	第Ⅳ地区	伊仙町字検福イヤ川	散布地
検福ウッタ支群	第Ⅰ地区	伊仙町字検福赤田	散布地
	第Ⅱ地区	伊仙町字検福赤田	散布地
	第Ⅲ地区	伊仙町字検福赤田	散布地
	第Ⅳ地区	伊仙町字検福赤田	灰原
	第Ⅴ地区	伊仙町字検福打田	散布地

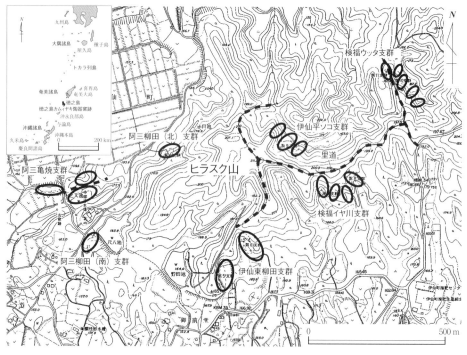

図43 窯跡の分布状況

第5章　徳之島における窯業生産の動向　89

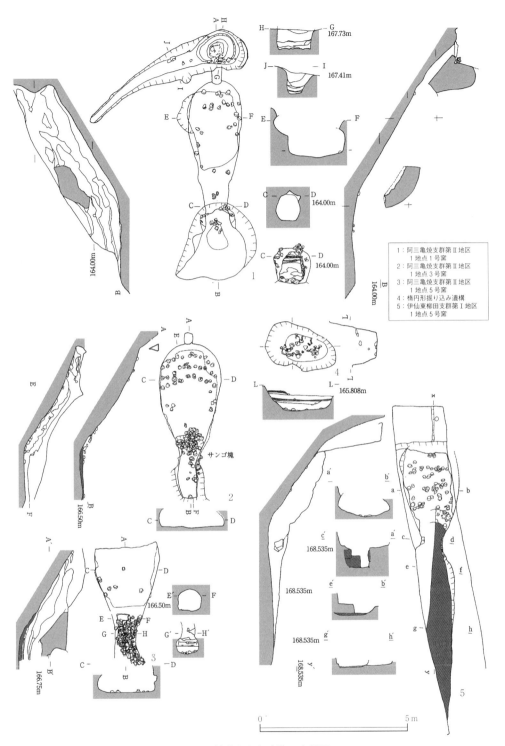

図44　検出された窯跡の実測図

三亀焼支群第2地点灰原2～4層)、窯の構築と同時に古い灰原を整地した可能性が指摘されている（新東・青﨑編 1985b）。

D. 出土遺物の特徴

焼成は還元焔焼成により、硬質な焼き上がりとなる。胎土は鉄分を多く含んだ花崗岩風化土を素材とするが、石灰岩に由来するカルシウムが多いことが特徴とされる（三辻 2005）。生産器種は、壺、甕、鉢（すり鉢を含む）、椀、水注の5種で構成されるが、中でも壺が圧倒的に多い。

器種を問わずに叩打によって成形される。壺甕類は、口縁部まで叩打痕を残し、底部から口縁部まで一貫して叩き締めが行われたことがわかる。調整は、ヘラ状工具による回転調整、ハケ目調整、回転ナデ、ヘラケズリがみられる。独自の波状沈線文によって器体が飾られるものも多い。

3. 先行研究と課題の抽出

(1) これまでの型式学的研究

1983年における産地の確定は（義・四本 1984、中山 2004、四本 2008）、「南島考古学上最大の発見」と報じられ大きな注目を集めたが、発掘調査では、生産跡の実態を知る上で重要な情報が得られた（新東・青﨑編 1985a・b）。伊仙町教育委員会による悉皆調査では複数の生産地点が確認され（青﨑・伊藤 2001、新里亮編 2005、池田榮編 2005）、窯跡が予想以上に広範におよぶことが明らかとなったが、窯跡発見の直後には、沖縄県域における出土品の特徴がまとめられ（金武 1986）、生産遺跡と消費遺跡の対応関係を把握に向けた情報の蓄積が進められた。

これまでの研究は①型式学的検討をもとに琉球史を復元する研究（佐藤伸 1970、安里進 1975・1987・1990b・1991a・2006a、大西 1996）、②技術系譜の検討から交流史を復元する研究（白木原 1975、西谷 1981）、③日本列島窯業生産史上の位置付けを明らかにする研究（荻野 1993、吉岡 1994・2002a・b）に整理できるが、詳細は池田榮史によってまとめられているため（池田榮 2000）、以下では本章に関わりが深い型式学的研究について紹介し、ここでの課題を抽出したい。

カムィヤキの型式学的検討は佐藤伸二、安里進、大西智和、吉岡康暢らによって行われているが、先駆者である佐藤（1970）は壺の施文技法に着目し、以下の分類を提示した。壺は、波状沈線と平行沈線が描かれるもの（A類）と波状沈線のみが描かれるもの（B類）に大別され、波状沈線と平行沈線が一本ずつ描かれるもの（AⅠ式）、波状沈線と平行沈線が螺旋状に描かれるもの（AⅡ式）、螺旋状に描かれるもののうち、波状沈線が平行沈線を切って粗雑に描かれるもの（AⅢ式）に細分される。これら施文技法の違いを時間差の反映として、時期が下るにつれて施文技法が簡略化し、口縁部の叩き締めが弱くなりながら口縁部形態が粗雑化に向かうと結論づけた。消費遺跡での状況からAⅠ式は8世紀代、AⅡ式は12世紀後半代、終末期は13世紀後半から14世紀代と推定された。

これを受けた安里進（1975）は、久米島ヤジャーガマ遺跡出土資料について検討を加え、口縁端部の作りが複雑で口縁が外反し、薄作りのものをⅠ類、口縁端部の作りが簡素で、口縁がやや直立気味となり、器壁が厚いものをⅡ類と分類し、陶磁器との共伴状況からⅠ類からⅡ類への変化を想定する。これと類似した2分案は金武正紀（1986）によっても提示されており、沖縄県域での出土状況からⅠ類がⅡ類に先行することが明らかとされた。消費遺跡においては、全形がうかがえる資

料に恵まれないため、器種構成の把握は難しかったが、口縁部形態の違いが時期差の表れと認識されていたことがうかがえる。

その後、生産跡の発見によって各種器種の存在が明らかとなり、生産跡出土資料の器種分類案が示されることとなった（新東・青﨑編 1985b）。安里進（1991a）は、生産跡から出土した壺類の口縁部形態、頸部の屈曲度、肩部の張り具合を考慮した分類によって、「口縁部にあった突帯が次第に口縁端部に移動して肥厚した口縁部を形成し、次に肥厚しない口縁へと変化するとともに、屈曲度の強い頸部が次第に直立的な形態へと変化していく過程」を重視し、以下の型式を設定した。

Ⅰ式：口縁端部は丸く、その下に突帯が付く。頸部は強く外方に曲がり、肩は撫で肩で、ほとんどが無文。

Ⅱ式：突帯の位置が口縁部に接近し、肥厚した口縁となる（突帯の形状が残り、肥厚部端面下端が突出し、その上面には凹面がある）。頸部の屈曲はまだ強く、波状沈線が施される。

Ⅲ式：突帯の形跡を失った肥厚口縁で肥厚口縁端部は平坦面ないし凸面となる。頸部の屈曲は弱くなり、肩部の張りが強くなりはじめる。

Ⅳ式古：口縁端部の肥厚は失われて単純化する。口縁端部は丸く収まるか平坦で、平坦の場合は内傾、水平、外傾がある。頸部は直立気味に立ち上がり、肩の張りは強い。退化した波状沈線が施されるか、無文となる。叩き締めは弱く厚手となり、内面の粘土継ぎ目が除去されずに残る。

Ⅳ式新：Ⅳ式古に比較して、頸部の屈曲が弱く、口縁端面が外傾しない。

窯跡の地磁気年代と消費遺跡での伴出遺物からⅠ式に11世紀代、Ⅱ式、Ⅲ式に12世紀、Ⅳ式古に13世紀前半、Ⅳ式新に13世紀後半から14世紀前半の年代が与えられた。以上の型式変遷は大西智和による検証がなされた（大西 1996）。

型式分類の提示は壺類に限定されていたが、各器種を総合的に検討し、形式と型式の分類案を始めて提示したのは吉岡康暢であった。吉岡は、形式認定に客観性を担保するため、口径、胴径、底径、器高の値を指数化し、口縁部形態に注目した型式分類と器種構成の変遷を示した（吉岡 2002a）。口縁部の分類は佐藤、安里による分類と概ね対応し、阿三亀焼支群第2地区における窯跡の検出状況を基準に4つ段階が設定されている。

吉岡による形式分類を受けた安里進（2006a）は、口径、頸部径、頸部高、胴部最大径を指数化し、発掘調査報告書で示された器種分類の妥当性を追証するとともに、時期が下るほど器種が多様化し、流通域が奄美諸島から沖縄・先島諸島に移行する傾向を示した。

(2) 検討課題

先行研究に共通するところは、壺の口縁部作りが簡素化するにしたがって、外反した口縁が直口する変遷過程を示し、壺の器形と口縁部形態が型式差を反映すると考えられている点にある。しかし、佐藤（1970）、安里進（1991a）、大西（1996）らの編年は窯業生産の実態把握でなく琉球史の復元に目的を置いているため、検討資料は壺に限られ、器種構成の変遷には言及されなかった。また、吉岡（2002）、安里（2006a）らは形式・型式分類に基づく器種構成の時期的推移を示したが、陶工集団の窯業技術からカムィヤキの生産動向を復元的に検討するには、成形や調整など製作技法上の特徴を加味した分類は欠かせないであろう。この点に留意し、以下では筆者なりの分類に沿った器種構成の変遷を示しつつ生産上の画期を見出し、消費遺跡における食器構成との比較によって

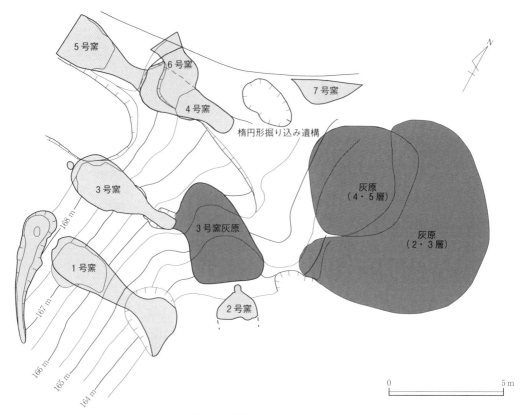

図45　阿三亀焼支群第Ⅱ地区における窯跡の検出状況

生産の特質や歴史性に言及していきたい。

　徳之島カムィヤキ陶器窯跡では焼成途中で崩落した窯は未検出であり、窯詰め時の一括遺物を抽出できる資料状況にはない。阿三亀焼支群Ⅱ地区の調査では7号窯、4号窯、6号窯、5号窯の構築順序が明らかとなっているが（新東・青﨑編 1985b、図45）、目下整理作業が進行中の本支群出土資料を確認すると、異なる窯や灰原から出土した資料同士が接合する例も目立ち、窯の廃絶と新構築の間に灰原そのものが動かされたような状況も見受けられる。つまり、窯が複雑に切り合う箇所においては灰原の2次的な堆積を考慮する必要があり、出土資料を帰属窯に戻す作業は接合関係の検討をまたなければならないことになる。

　一方、調査区東側に堆積した大量の遺物を含む帰属窯不明の灰原（灰原1～5層および灰原2・3混層、灰原4・5混層）は、4層と5層の間、2層と3層の間に間層を挟んで堆積しており、層位の前後関係が比較的掴みやすい。型式変遷の傾向を掴むには、本遺構における各型式の検出状況を検討することが現状での最良の方法と判断され、出土量が最も多い壺の口縁部形態の型式分類をもとに、型式と属性の対応関係から共伴器種を確定し、消費遺跡における在地土器や中国産陶磁器との共伴関係から年代を検討していきたい。

4. 器種分類

カムィヤキの器種は壺、甕、鉢、椀、すり鉢、水注（報告書では急須とされる）があり（新東・青﨑編 1985a）、報告書に示された分類の妥当性は安里（2006）によって検証されている。実測図から口径と器高が明らかなものに、伊仙町歴史民俗資料館における展示・保管資料30点を加え、それらの口径と器高の比を示すと図46のようになる。

これによると、椀・鉢は口径が器高よりも大きい範囲（横軸寄り）、壺・甕は口径よりも器高が高い箇所（縦軸寄り）に分布し、それぞれの器種は特定の箇所に集中することがわかる。口径と器高が明らかなもの（黒塗り）に、口径のみがわかるもの（白抜き）を加えると、甕は口径22 cm以上、器高45 cm以上、壺は口径25 cm以下、器高42 cm以下に点がプロットされる。これを実線で囲んだ範囲は器種の領域となり、口径が復元されれば容量の推定が可能となるが、さらに同器種内でも一定のまとまりが

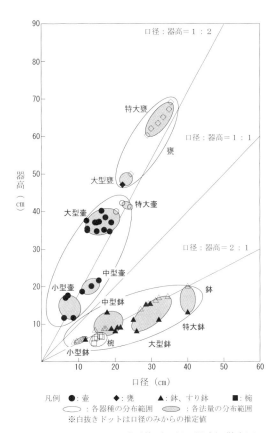

図46　カムィヤキの計測値（口径×器高）散布図

確認されるので、これを法量の差として細分する（網かけ部分）。鉢と椀も同様に分類を行う。

以上の検討から、カムィヤキの器種は壺、甕、鉢（すり鉢も含む）、椀と消費遺跡で出土例がある水注を加えて5器種に分類が可能である。計測結果からうかがえる各器種の特徴は次のとおりとなる。器高が口径の2倍以上の範囲に甕、特大壺、大型壺、2倍以下の領域に中型壺がまとまるが、大型壺と中型壺は口径にあまり差がなく、法量の違いは器高差によって決定付けられる。小型壺は器高が高いもの（器高18 cm程度）と低いもの（器高12 cm程度）の両者があり、形状にさまざまなバリエーションが認められる。椀は口径15 cm前後にまとまり法量は画一的であるが、鉢には特大から小型までがあり、同一法量でも深さに大きな違いが認められる。

5. 壺の型式学的検討

（1）壺の型式分類

以上の検討を踏まえ、カムィヤキの主要器種である壺の型式分類を行いたい（図47）。壺は有文壺、無文壺の二種あり、器形によって外反口縁壺、外傾口縁壺、直立口縁壺、短頸壺に分けられ、これらを法量によって小型（口径10 cm以下、器高18 cm以下）、中型（口径13 cm前後、器高20 cm前後）、大型壺（口径12〜20 cm前後、器高35〜40 cm）、特大壺（口径22.0 cm以上）に細

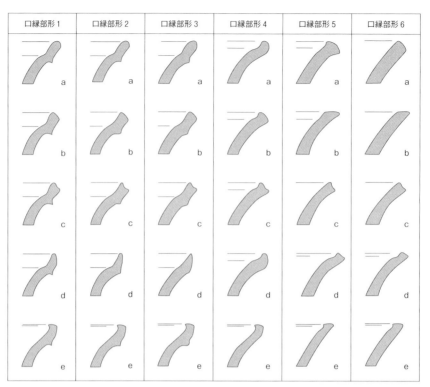

図47 壺口縁部形態分類概念図

分できる。短頸壺は小型にのみある種類で、外反、外傾、直立の類が壺形の大半を占める。さらにこれら3種のうち最も多く生産されているのは中・大型壺である。したがって、型式の設定および量的な検討については、最も出土料が安定している中・大型の外反、外傾、直立口縁壺を対象とした。分類基準は次のとおりである。

　口縁部形1：口縁部下端を回転により下方へ引き下げ、縁帯をめぐらせる。
　口縁部形2：口縁下端の引き下げが弱くなり、やや平坦気味になる。
　口縁部形3：口縁下端の引き下げがさらに弱くなり、丸みを帯びる。
　口縁部形4：縁帯が形骸化し、内面をめぐる凹面の幅が狭くなる。
　口縁部形5：口縁外端が外側に拡張し、断面が三角形状の形態を呈する。
　口縁部形6：口縁端部が外側に拡張せず、口縁部形態が最も単純化する。

　これらの口縁端部は、a：丸みを帯びるもの、b：平坦面を有するもの、c：凹面を有するもの、d：舌状に尖るもの、e：内側に突出するものの5種がある。以上の分類を概念的に示すと図47のとおりとなる。

　また、口縁部の傾き方に注目すると、外反するもの、外傾するもの、直立するものがありこれらを以下の3種に記号化しておく。

　　器形①：外反口縁
　　器形②：外傾口縁
　　器形③：直立口縁

（2）産地における出土状況からみた形態変化

型式学的には口縁部形1から6、またはその逆への変遷が考慮されるが、先行研究によると1から6へと変化する可能性が高い。口縁部の形状と器形の対応関係を確認すると（表24）、口縁部形1から4は器形①と強く結びつき、口縁部形4は器形②とも関連していることがわかる。これに対し、口縁部形5は器形②を中心としながら器形①、③とも緩やかな対応をみせ、口縁部形6は器形②と強く対応しながら、器形③とも相関する状況にある。これによれば口縁部形態の変化と共に口縁が外反する器形から外傾、直立へ変化していく方向性が想定される。

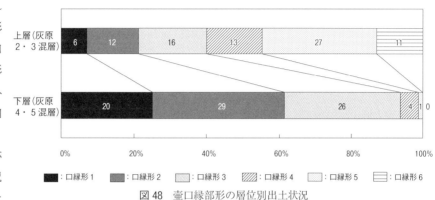

表24　口縁部と口縁形の対応関係

	器形①	器形②	器形③
口縁部1	33		
口縁部2	74		
口縁部3	57		
口縁部4	18	3	
口縁部5	5	27	6
口縁部6		6	2

図48　壺口縁部形の層位別出土状況

それでは生産跡における出土状況を確認してみたい。先述した阿三亀焼支群第2地区の南東側に堆積した灰原各層から出土した中・大型壺を分類ごとに集計し、その出土比率を示すと図47のようになる。報告書によると、灰原2層、3層と灰原4層、5層は末端部において混じり合い、それぞれ混層を形成しているとあるので（新東・青﨑編 1985a）、上下の層が明確に分離できる2層、3層、2・3混層を上層、4層、5層、4・5混層を下層と大きく二分して集計を行った（図48）。図によると下層では口縁部形1から3を、上層では口縁部形4から6をそれぞれの主体とし、上層ほど新しいと想定した形状のものが増加する傾向がうかがえる。生産地における出土状況は口縁部形1から6への変遷過程を支持するようである。

（3）消費地における出土状況からみた形態変化

消費遺跡での出土状況からも形態変化の方向性を確認してみたい。表25には琉球列島各地におけるカムィヤキ大型壺と第2章で検討した土器B群との共伴関係を示した。これによると、口縁部形2、3は鍋形Ⅰ・Ⅱ式（11世紀後半～12世紀前半）、口縁部形2、3、4は鍋形Ⅲ式（12世紀中頃）、口縁部形3、4はビロースク式（12世紀中頃～13世紀前半）、口縁部形3、4、5は鍋形Ⅳ式（13世紀前半）、口縁部形5、6は鍋形Ⅴ・Ⅵ式（13世紀中頃～14世紀代）と共に出土する傾向がうかがえ、古いと想定した形態ほど、古い型式の在地土器に伴う傾向が確認される。このようにみると、産地で確認された口縁部形態の変化は消費地における出土状況とも対応しているとみることができる。

以上の検討から、壺口縁部の形態変化とは、口縁端部に縁取りを加えるものから、口縁上端を外側へ拡張させることによってその縁取りが稜線で表現され、最終的には素口縁となり、これに伴っ

表25 消費地におけるカムィヤキ出土状況

出土遺跡	地区等	層位・遺構等	カムィヤキ壺	共伴する在地土器
熱田貝塚	ハ・ホ地区	Ⅲ層	口縁部形2、3	鍋形Ⅰ・Ⅱ式
屋部前田原貝塚	Ⅱ地区	3号掘立柱建物跡	波状文壺胴部	鍋形Ⅰ・Ⅱ式
後兼久原遺跡	庁舎地区	Ⅴ層	波状文壺胴部	鍋形Ⅱ式
前畑遺跡	調査区内	土壙墓7号	口縁部形2～4	鍋形Ⅲ式
中組遺跡	B調査区	Ⅲ層	口縁部形2～4	鍋形Ⅲ式
後兼久原遺跡	Ⅰ地区	8～12層	口縁部形3	鍋形Ⅲ式
ビロースク遺跡	調査区内	Ⅱ層	口縁部形3、4	ビロースク式
中組遺跡	B調査区	Ⅱ層	口縁部形3～5	鍋形Ⅳ式
今帰仁城跡	主郭	Ⅶ層	口縁部形5、6	鍋形Ⅴ・Ⅵ式
新里村東遺跡	調査区内	Ⅱ層	口縁形1、3、4	鍋形Ⅱ式～Ⅴ式
稲福遺跡	調査区内	Ⅰ～Ⅲ層	口縁部形4～6	鍋形Ⅲ式～Ⅵ式
フェンサ城貝塚	調査区内	Ⅰ・Ⅱ層	口縁部形2、6	鍋形Ⅲ式～Ⅵ式
ヒヤジョー毛遺跡	第3貝塚	Ⅱ層	口縁部形2、3	鍋形Ⅳ式～Ⅵ式
糸数城跡	A地区	Ⅲ～Ⅴ層	口縁部形3、5、6	鍋形Ⅳ式～Ⅵ式

て口縁が外反する器形から外傾、直立化していく経過を辿ることがわかる。この過程は系統的に序列化できる型式変化とみられ、結果としては先行研究で示された壺口縁部作りの簡素化を追認したことになる。

(4)壺の口縁部形と器形の関係

形式分類の検討で用いた復元資料に基づき、壺の口縁部形状の変化と器形の関係についても確認してみたい。図49には口縁部の形状別に最大胴部径と器高の比を散布図として表現しているが、これによって器高に対して胴径が大きいほど胴張型のプロポーションとなり、胴径が小さいほど円筒様の器形を呈することが示される。

口縁部形1から4は器高に対する胴径が大きく、場合によっては器の高さ以上に胴が張るものも認められる。その一方で口縁部形5、6は胴部径が35 cm前後のものと30 cm前後のものと分布領域が分かれ、2極的な様子が確認される。これは口縁部形5、6には最大胴径が器高よりも短くなるものも対応することは、胴部の張りが弱い円筒様器形の製作が始まることを示しており、口縁部形態の変化と共に器形がスリム化していく変化の様子をうかがうことができる。

(5)口縁部形と成形・調整・加飾との対応関係

口縁部を欠く資料が出土した場合、分類が極めて難しくなるため、口縁の各形態と対応するほかの要素についても検討を加えておきたい。成形と関わる痕跡としては内器面と外器面にそれぞれ残る当て具痕と叩打痕が挙げられるが、外器面叩打痕は器面調整時の回転ナデ、または回転ヘラケズリによってその痕跡が消されることが多いので、痕跡が明瞭な内器面当て具と型式との対応関係をみていくことにする。当て具に刻まれた文様は大きく格子目文、平行線文、特殊文に分類でき、これらは文様の刻み方によって図50のように細分できる。

格子目文　a種：碁盤目状格子目文　b種：放射状格子目文
幅広平行線文　a種：単純平行線文　b種：放射状平行線文
　　　　　　　c種：綾杉状平行線文　細平行線文

特殊文　a種：花状文　b種：無文

　口縁部分類と当て具文との対応関係を示すと表26のようになる。口縁部形1から4は格子目文を主とし、一部幅広平行線文があり、口縁部形5、6は細平行線文当がそれぞれ卓越する傾向がうかがえ、特に口縁部形5、6は格子目文当て具とはまったく相関せず、逆に細平行線文当て具と強く結びつくので、口縁部形5、6の生産時には窯道具に刻まれる文様が大きく変化したことがわかる。

　続いて、口縁部分類と外器面調整の対応関係について確認してみたい（表27）。口縁部形1から4までは外器面に叩き痕を残すものが圧倒的に多く、口縁部形5・6は叩き痕をナデ消すものが大半を占める。特に後者のうち叩き痕を残すものでも、痕跡は不明瞭で、器面を平滑に整える強い意識が看取される。このように、口縁部分類と成形・調整技法の対応関係が非常に明瞭であること

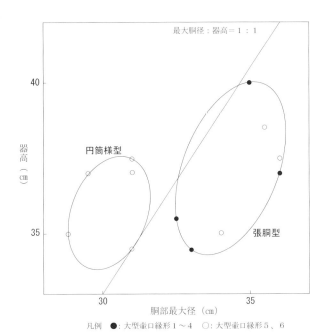

図49　口縁部形と胴部形状の関係

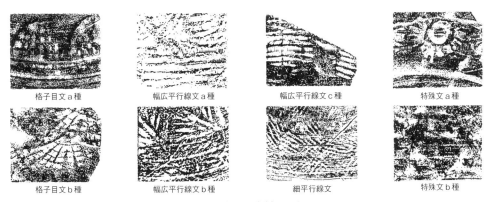

図50　当て具文様の分類

表26 口縁部形と当て具文様の対応関係

	格子目文		幅広平行線文			細平行線文	特殊文当て具	
	a種	b種	a種	b種	c種		a種	b種
Ⅰ式	15		7	3				
Ⅱ式	33	4	3	1			1	
Ⅲ式	38	1	4					
Ⅳ式	24		3	1				1
Ⅴ式			3	3	3	14		
Ⅵ式			2	2		12		2

表27 口縁部形と外器面調整の対応関係

	叩き痕残す	叩き痕ナデ消し
口縁部1	10	1
口縁部2	26	9
口縁部3	21	3
口縁部4	9	1
口縁部5	4	21
口縁部6	1	10

表28 口縁部形と施文の対応関係

	有文壺出土数
口縁部1	3
口縁部2	9
口縁部3	21
口縁部4	15
口縁部5	
口縁部6	

は、口縁部形5の出現以降、カムィヤキの製作技法が大きく変化したことを示している。さらに、口縁部形1から4の叩き痕や当て具痕はそれら文様が重複して確認され、一般に器壁が薄い。徹底した叩きによって器形を薄作りに仕上げ、かつ叩き文様による器面装飾の意図が働いていたことは明らかである。一方、口縁部形5・6の当て具痕はほとんど切り合わずまばらに確認され、器壁は総じて厚く、そのため軟質な焼き仕上がりとなる。これは叩き成形の省力化とみられ、叩き文のナデ消しによる無文化は器の視覚的効果を排除し、機能性を重んじる陶器生産への転換だと判断される。

この点はカムィヤキの代表器種である波状文壺の有無にも表れる。表28には口縁部分類と対応する有文壺の出土数を示しているが、口縁部5・6の壺に施文が行われないことは明白で、有文壺の廃止も用途を重視した生産活動の一環であったとみられる。

6. 壺の製作技法

(1) 観察視点

壺の型式学的特徴について検討したが、製作に関わる痕跡から製作技法の詳細を確認してみたい。対象は窯跡出土の大型壺とし（新東・青﨑編 1985a・b、青﨑・伊藤編 2001）、観察に当たっては、①当て具痕の残存部位、②叩打痕の切り合い、③粘土継ぎ目の位置、④成形痕と調整痕の前後関係の4点に注目する。

壺は口縁部形5の出現以降に器形や製作技法に大きな変化が認められたので、これの以前と以後に分けて検討を行う。観察所見を加えた実測図は図51に示した。

(2) 観察所見

A. 口縁部形1～4（図51a）

当て具痕は底部から口縁部まで残存することから、全体が叩きによって成形されていたことがわかる。またこれらの中には、頸部の屈曲に沿った状態で一単位の当て具痕が確認できる資料も存在する。これは屈曲に沿った当て具を使用しない限り残り得ない特徴であるので、二次的な成形の結

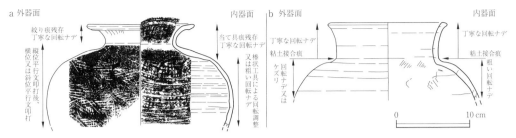

図51　カムィヤキの製作技法

果残されたものと考えられる。

外器面の叩き痕は切り合い関係にあり、縦位平行線の上に斜位または横位平行文が重なる。これは胴部に少なくとも2回の叩打が施されていた証拠で、最初の縦位平行文叩打は粘土接合と器壁叩き締め、次の斜位、横位平行文叩打は胴部の叩き出しと判断した。縦位平行文叩打痕は器壁の屈曲に沿った状態で確認できる。これも器面に密着する特別な叩打具を用いない限り残存し得ない痕跡であるため二次成形を行った結果と想定される。

口頸部は、内器面側からの粘土貼りつけによって成形されており、内外面ともに丁寧な回転ナデが認められ、屈曲した頸部は最終的に回転によって仕上げられたのであろう。その内外面にはハケ目がみられるものもある。内面には回転ナデが認められるが、口頸部が完成している状態では困難であるため、口頸部成形前に内器面調整が行われたと推定できる。

B．口縁部形5・6（図51b）

口縁部、胴部、底部ともに当て痕が残り、全体が叩きによって成形されている。口頸部と胴部に縦位平行文当て具痕、胴部には横位平行文当て具痕が認められる。これは、当て具を持ち替え、文様原体の主軸が変化した結果と考えられ、口頸部、胴部の叩き成形が連続しないことを示唆する。

内面に当て具痕を残すが、外面の叩き痕はナデ消されてほとんど認められない。当て具痕がまばらで器壁も厚いことは、叩き締めが弱かったことを示している。肩部上端面に明瞭な粘土継ぎ目痕を残し、継ぎ目は一定の位置で確認される。胴部の完成後に口縁部が継ぎ足されていたとみられる。伊仙平ソコ支群の出土品に口縁部が外れていた資料を多数認められたこともこれを支持する。

頸部の屈曲は弱く、外傾もしくは直立した口縁となる。外傾または直立化した口縁は、口頸部屈曲成形の省略化によるものと判断できる。内面には回転ナデ調整が認められる。内器面調整は口縁部製作後の段階では作業が困難と思われるため、口縁部成形前に施されたと推定した。

（3）製作工程の復元

以上の所見をもとに、製作工程を復元してみたい。製作痕跡のみからは工程を辿れない箇所もあるため、一部推測を交えて記述する。

A．口縁部形1〜4

①底部粘土板に粘土を積み上げ、叩き（縦位平行文）によって大まかな外形を作る（一次成形）

②胴部叩き出し（斜位、横位平行文叩打）を行う（胴部二次成形）

③内器面側より粘土を継ぎ、口縁部叩き成形（口頸部一時成形）

④胴部内面調整（回転ナデまたは棒状工具による回転調整）

⑤頸部屈曲成形（口頸部二次成形）
⑥外器面調整（ヘラケズリ、回転ナデ）
⑦有文資料は箆描き波状沈線文を施す

B. 口縁部形5・6
①底部粘土板に粘土を積み上げ、叩打によって肩部まで大まかな外形を作る
②胴部内面調整（回転ナデまたは棒状工具による回転調整）
③肩部上端に粘土を継ぎ足し、口頸部を成形する
④胴部外面調整（回転ヘラケズリ、回転ナデ）

　先の検討では、壺の口縁部形態が一系列的に変化し、口縁部形状5・6には外傾口縁、直立口縁、円筒様器形、外器面叩き痕のナデ消し、細平行線当て具痕が強く相関することが判明したが、製作と関わる痕跡の検討でも明らかなように、叩き成形の簡略化によって器壁は厚く、軟質な焼き上がりとなり、外器面成形痕のナデ消しや有文陶器が生産されなくなることは製作工程の効率化によるものと考えられる。

　口縁部形5・6には胴部二次成形と頸部の屈曲成形の省略が認められ、細部の形状や器形の変化は製作工程の簡略化と相関していることは明らかで、壺の型式変化とは陶器生産の量産化や効率化に伴う技術的な変化を反映するとみられる。

　以上により、カムィヤキ壺には、当て具文様の変化、外器面の無文化という視覚的な変化に加え成形の簡略化に伴う焼成の軟質化という技術の転換が認められ、口縁部形態と胴部内外面の特徴に注目すると2つの様式に区分ができそうである。

7. 椀・甕・鉢・水注の分類

（1）分類の留意点

　先ほど示した壺口縁部形の分類や成形・調整技法上の特徴は甕、鉢（すり鉢を含む）、椀の一部にも確認することができる。甕の器形も壺と同様に屈曲したものから外傾、直立したものへと変化することが想定される。

　本節ではこの点に注目しながら生産器種の構成を割り出すため、各器種を器形に応じて細分しておくが、椀については、中国産陶磁器の形態とも関連するので、別途分類を用意しておく。器種と器形の分類は図52に示すとおりである。

（2）椀の分類

　椀には中型（口径15cm前後）と小型（口径10cm前後）があるが、報告書では玉縁碗と丸縁碗の2種に分類され、前者は大宰府分類白磁碗Ⅳ類の模倣品と推定されている（新東・青﨑編1985b）。口縁部の形状や器形の特徴に応じて次のように細分する。

A. 椀Ⅰ類
玉縁口縁をもつもので、体部の厚さや口縁端部の形状によって以下のように細分する（図53）。
A：全体的に薄作りで玉縁は小さく、口縁端部はやや内折する。

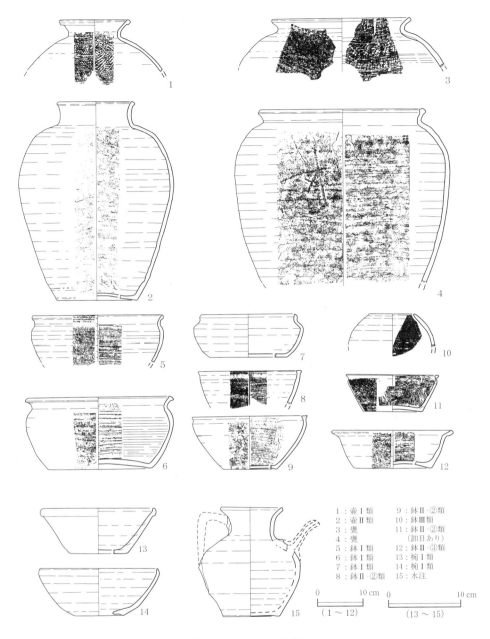

図52 カムィヤキの器種分類

A'-1：Aよりはやや厚手で、口縁下部外面の強い回転ナデによって玉縁は立体的に表現される。
A'-2：口縁下部外面の回転ナデが弱くなり、玉縁は若干小さく表現される。
A'-3：玉縁の形骸化が進み、口縁下端が丸みを帯びるもの。体部は直線的で、口縁端部は上方へ立ち上がる。
A'-4：玉縁がほぼ消失し、丸縁の口縁となる。体部は直線的で、口縁端部はやや内湾した形態を呈する。

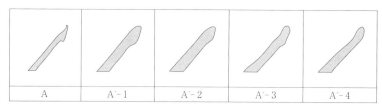

図53　椀Ⅰ類の分類概念図

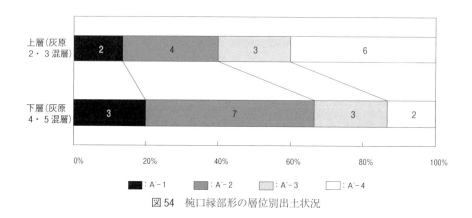

図54　椀口縁部形の層位別出土状況

B．椀Ⅱ類

口縁部に玉縁をもたないもの。

A：口縁端部は丸く、体部が内湾するもの。
B：口縁端部は丸く、体部が直線的器形を呈するもの。
C：口縁端部は丸く、口縁部上方へ立ち上がるもの。

　生産跡での出土状況を図54に示した。A´-1式からA´-4式への変遷は、灰原の層位的検討からも支持できる。
　椀は消費遺跡からの出土例が少なく、共伴関係からの年代決定は困難であるが、椀Ⅰ類Aの薄作りで玉縁が小さい特徴は大宰府B期（10世紀後半～11世紀前半）の白磁碗Ⅸ類との関連性が想定される。椀Ⅰ類A´は大宰府白磁碗Ⅱ・Ⅳ類（11世紀後半～12世紀前半）から派生した系統だとみられ、玉縁口縁白磁碗の流通が終わると、その模倣形態を失い、次第に形態が崩れる過程が想定される。椀Ⅰ類の内器面当て具痕はすべて格子目文が認められるので、壺口縁形1から4と対応し、さらに、A´-3の口縁下端が丸みを帯びる形態は、壺口縁形3の形態と酷似することから、これと同時期のものとみて問題ないであろう。形態と当て具文様の対応関係から壺と碗を関連付けると、壺口縁形1―椀Ⅰ類A、壺口縁形2―椀Ⅰ類A´-1・A´-2、壺口縁形3―椀Ⅰ類A´-3式、壺口縁形4―椀Ⅰ類A´-4、叩き具や器面調整の特徴から椀Ⅱ類の一部は壺口縁形5・6と対応させることができる。

（3）甕、鉢、水注の分類

A．甕

口径によって特大甕（30～35 cm）と大甕（20～25 cm）に分けることができる。口縁部形、器形ともに壺形の分類に準ずる。

B．鉢

小鉢（口径10 cm前後）、中鉢（20～25 cm）、大鉢（30～40 cm）、特大鉢（40 cm以上）がある。器形よって以下のように分類したが、口縁部断面、端部断面形は壺の分類と共通する。なお、すり鉢もわずかに検出されているが、卸目の数が極端に少ないもの、縦横に卸目を入れるものがあり、一般的な中世陶器のすり鉢と様相が異なる。鉢形の部類として扱い、卸目ありと記載して区別する。

鉢Ⅰ類：有頭鉢。体部は丸みを帯び器高が高いものと大部が直線的で器高が低いものがある。カムィヤキ鉢の典型的なものである。

鉢Ⅱ類：無頭鉢。口縁よりも胴部径が広く、肩が張る器形を呈する。口縁が外傾するもの。体部は丸みを帯びるものと、直線的なものがある。中国産褐釉陶器の器形と類似する。口縁部形態によって次のように細分される。

①口縁部が玉縁肥厚
②口縁端部が外側に拡張する
③口折

鉢Ⅲ類：球胴で口縁が内湾するもの。奄美・沖縄諸島における土器B群の鍋形Ⅵ式と類似した器形を呈する。

C．水注の分類

水注は、注口、把手部分の出土がほとんどであり、全形を留める資料は検出されていない。沖縄県国頭郡宜野座村立博物館に漢名ユウアギモー遺跡伝世品が参考となる（図52-15）。注口、把手の部分を欠損するが、注口は肩の部分に付けられ、上方へと立ち上がる長い頸部から胴部中位にかけて把手が貼りつけられている。

なお、これまで長頸壺として報告されていたものは、水注の口縁部となる可能性が高い。口縁部の形状は壺、甕、鉢とは異なり、その祖型は中国産陶磁器や陶器に求められる可能性がある。

8．A群とB群の設定

壺口縁部形5・6を境に製作技法上の諸変化が認められることに注目すると、カムィヤキは器種を問わず以下の2群に大別される。各群と口縁部形の対応関係は表29、生産器種の内訳は表30のとおりとなる。

A群：器壁は薄く、焼成が堅緻である。外器面には綾杉文、平行線文などの叩き痕を明瞭に残し（図55-①）、内器面は格子目状の当て具痕が残るものが非常に多い（図55-②）。格子目当て具痕は、碁盤目状に刻まれるものと蜘蛛の巣状に刻まれるものがある。幅広の平行線文や円文の当て具が用いられたものも少量ある。外器面が波状沈線文によって飾られる資料も多い。器種は、壺、甕、鉢、碗があり、前3者は、口縁部に明瞭な縁取りが加えられ、口縁は大きく外反するものが卓

表29 群と口縁部形の対応関係

口縁形	群	
	A群	B群
1	16	0
2	28	0
3	26	0
4	20	0
5	0	19
6	0	8

※報告書掲載資料に限る。

表30 A群とB群の生産器種

器種	壺	鉢			椀		甕	水注
		Ⅰ類	Ⅱ類	Ⅲ類	Ⅰ類	Ⅱ類		
A群	●	◎			◎	○	○	○
B群	●	◎	○	○		○	◎	○

凡例
● ：多量
◎ ：一定量
○ ：少量

①A群 外器面

②A群 内器面

③B群 外器面

④B群 内器面

図55 カムィヤキA群・B群の諸特徴

表31 各者による型式分類の対応関係

分類基準	分類						文献
文様構成	AⅠ式	AⅡ式	AⅢ式	B式	無文		佐藤1970
口縁部形態	Ⅰ式	Ⅱ式	Ⅲ式	Ⅳ式古	Ⅳ式新		安里1991a
	Ⅰ期		Ⅱ期	Ⅲ期	Ⅳ期		吉岡2002a
	1式	2式	3式	4式	5式	6式	本書
器厚成形調整痕	Ⅰ類				Ⅱ類		安里1975
	Ⅰ群				Ⅱ群		金武1986
	Ⅰ群				Ⅱ群		池田編2005
	A群				B群		本書
新旧関係	古		→		新		

越する。口縁部の縁取りが明瞭な口縁部形態1・2を古層、ややシャープさを欠く口縁部形3・4を新相とする。碗は、玉縁をもつものとそうでないものがある。波状文が施されるものも多く生産される。

B群：器壁は厚く、A群と比して焼成が軟質なもの。外器面の叩き痕は、ナデ、ケズリによって消される（図55-③）。波状文が施された資料はほぼ消滅する。内器面には細線による綾杉文や平行線文の当て具痕（図55-④）が認められる。当て具痕は、A群と比べてまばらになり、叩き締め成形が簡略化される傾向が見受けられ、これに伴って壺は胴の張りが弱い円筒様の器形へと変化する。器種は、壺、甕、鉢、水注、椀があり、椀を除き口縁部が外傾ないし直立する器形となる。口縁部の断面形は、口縁端部が外側に拡張するものと素口縁となるものがあり、前者を古層、後者を新相とする。壺、甕、鉢類は大型品が多い。

このような大別案は消費遺跡出土品を検討した安里（1975）や金武（1986）によってすでに時期差として示されているが、生産跡における出土状況もこれが妥当であることを

支持する。また、同様な案は池田榮史によっても示されており、以下の分類をもとに窯の構築パターンが検討されている（池田榮編 2005）。

Ⅰ群：器種は、椀、壺を中心とし、壺はヘラ状工具によって、口縁部に突起を作り出すことが多く、胴部は外面に叩き、内面に押さえ具の痕を明瞭に残す。壺の頸部から肩部にかけて波状沈線文や横位沈線を施すものがあり、全体的に薄めの器壁をもつ。①口唇上端をやや内湾気味に引き上げ、下端部をヘラ状工具によって突帯状に引き出すもの。②口唇端部にヘラ状工具による沈線を施したもの。③口唇上端を三角形状に作るもので、ロクロ回転を利用したヘラ状工具によって仕上げたもの。

Ⅱ群：鉢、壺を中心とし、これらは口縁部の上端面を平らにした口唇をもち、器壁が全体的に厚い。外面の叩きおよび内面の押さえ痕をヘラ状工具によるロクロ回転を利用したナデによって消し去るものが多く、かなり大型の製品も認められる。①外反口縁の口唇内端を上方に引き上げ気味に仕上げるもの。②口唇外端を上方に引き上げ気味に仕上げるもの。③大きく外反する口縁部の口唇端部をほぼ水平にし、外端を引き出すもの。

先行研究と本章における分類を対応させると表31のとおりとなる。カムィヤキ壺・甕・鉢の口縁部形態の差異は型式差を表し、製作技術もこれと明確に対応しながら変化していく方向性はそれぞれの研究者間で共有された認識だと判断される。

9．A群とB群の先後関係と科学的特性

（1）生産遺跡での出土状況

生産遺跡における出土状況を再度検討し、A群、B群の出現順序について検証したい。先述した阿三亀焼支群第Ⅱ地区から出土した未報告資料も含め口縁を残すすべての資料を対象とした（表32、図56）。

大型壺で検討したとおり、連続的な堆積順序をもつ調査区東側の灰原では、単純層部分である灰原2層から5層においてはそれぞれA群が主体を占めるものの、灰原2層ではB群が2割程度に増加する。混層部分の灰原4・5層混層ではA群が圧倒的に多く出土するのに対し、灰原2・3混層においてはB群が7割以上に急増する。灰原での出土状況は、A群がB群に先行して出現し、灰原の堆積が新しくなるごとにB群が増加していくことを示している。阿三亀焼支群第Ⅱ地区1地点における調査成果からは、A群からB群への変遷が確認でき、A群とB群は出現時期を異にするとみて間違いないであろう。

表32　A群、B群の出土状況（阿三亀焼支群第Ⅱ地区）

種類	遺構名	A群	B群	計	遺構の新旧関係
窯跡	3号窯窯内および灰原	31	25	56	新
	2号窯	2	0	2	↑
	5号窯	0	4	4	
	6号窯	0	5	5	
	4号窯	61	1	62	古
灰原	5、6号窯灰原（灰2層）	25	9	34	新
	4号窯灰原（灰3層）	82	1	83	↑
	7号窯灰原	69	5	74	古
	灰原2層	59	16	75	新
	灰原3層	144	2	146	↑
	灰原4層	128	1	129	
	灰原5層	114	2	116	古
	灰原2・3混層	73	192	265	新
	灰原4・5混層	240	7	247	古
	計	1028	270	1298	

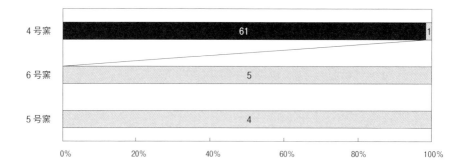
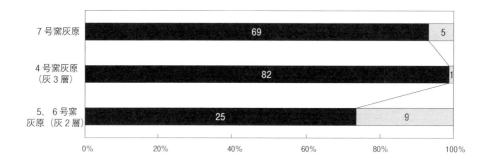
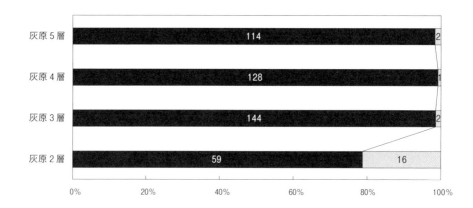
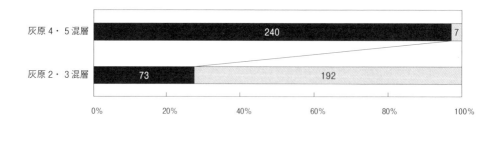

図56　各群の出土状況（阿三亀焼支群第Ⅱ地区）

一方、ほかの支群ではB群が圧倒的に多く検出される箇所がある。伊仙平ソコ支群第Ⅱ地区1地点1号窯灰原では、B群のみが大量に検出された（青﨑・伊藤編 2001、新里亮編 2005）。さらに、悉皆的な分布調査による成果によると（青﨑・伊藤編 2001、池田榮編 2005）、B群が多量に含まれる灰原や遺物散布地も多く確認されており、B群のみが独占的に生産されていた時期が存在することは確実であろう。現段階では、A群とB群が同時に窯詰めされていなかったことを出土状況から立証することは難しいが、両者の製作技法上の大きな違いを重視すると、これらは同時代にはほぼ共存せず、異なる技術体系下において生産された別時代の産物であったと考えられ、B群出現の背景には生産技術を刷新させる歴史的出来事の存在が予見される。

（2）消費遺跡での出土状況

　生産跡での状況は消費遺跡においても確認される。徳之島の川嶺辻遺跡では4枚の水田面（第1～第4遺構面）と生活跡（第5遺構面）が検出されており、報告書には各遺構面における出土遺物の集計表が掲載されている（新里亮編 2010）。カムィヤキについてはA群とB群の内訳が反映されているので、これに基づいてそれぞれの遺構面における両群の出土割合を確認してみたい。図57には各遺構面でのカムィヤキの出土状況を上から古い順に並べているが、堆積順序が新しくなるほどB群が増加していく様子がうかがえ、生産地での検討と同様にカムィヤキのA群が時期的に古く、B群が新しいことは消費遺跡における出土状況からも明らかである。

　大宰府C期（11世紀後半～12世紀前半）、大宰府D期（12世紀後半から13世紀前半）の中国産陶磁器が含まれる第5構面はA群のみが出土しているが、在地土器の90％以上は土器A群であるので、カムィヤキA群は土器A群が製作されていたある段階に出現した可能性が想定される。本遺跡の土器A群は10世紀後半以降の年代が与えられているので（新里亮ほか 2017）、カムィヤキA群は11世紀初頭前後には出現していたとみることが可能となる。

　これに対し、大宰府E期（13世紀前後～前半）、大宰府F期（13世紀中頃～14世紀初頭）の中国産陶磁器が検出されている第4遺構面ではB群が4割程度まで増加しており、それより上位の遺構面ではB群が6割程度を占める。このことからB群の出現期は第3遺構面の堆積期以前であ

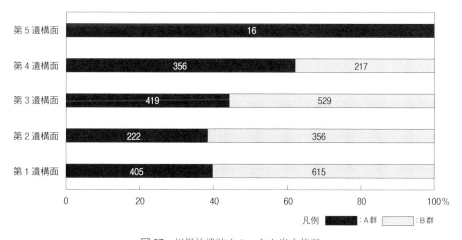

図57　川嶺辻遺跡カムィヤキ出土状況

ることは確実で、その年代を13世紀中頃に見積もることができる。

(3) 理化学的分析による年代測定結果

A群とB群の理化学的年代を確認してみたい。放射性炭素年代、地磁気年代の測定が行われた地点は表33のとおりである。AMS法による放射性炭素年代（古環境研究所 2005）の分析試料は各支群の生産地点ごとにサンプリングを行っているため、遺構個々の年代を確定することは今後の課題となるが、大まかには両群との対応関係が把握できる。

AMS測定法による7点のサンプルから想定される生産年代の最大幅は10世紀末から13世紀中頃となり、（時枝ほか 1985、時枝 2001）による窯跡5基の地磁気年代（12世紀中頃～13世紀前半）とも重なることがわかる。年代測定結果の範囲（2σ：95％確率）とサンプル採取地点周辺から獲得されているカムィヤキのA群とB群を分類別に図示し、暦年代の交点を確認すると（図58）、A群がB群に先行することは明白である。

この測定結果は、消費地において共伴する土器B群や中国産陶磁器の年代よりも若干古く算出される傾向にあるが、安定的な年代を定めるには分析サンプル数がまだまだ不足している。生産年代と廃棄年代の差異を反映しているのかもしれないが、この要因については、分析試料の増加をまって改めて検討することにしたい。

(4) 胎土分析の結果

産地および消費地における出土品の胎土分析は窯跡の発見以来積極的に進められてきたが（三辻 1985・2001・2005）、A群とB群の科学的特性については消費遺跡における出土品の検討によって

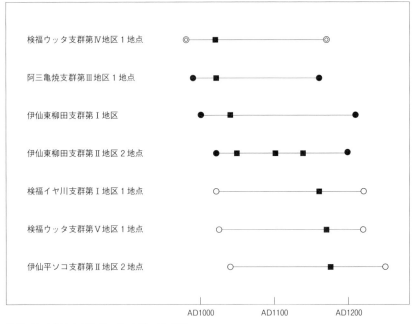

図58 年代測定結果

表33 各生産地点における出土資料一覧

番号	支群名	地区名	地点名	遺構名	付随遺構	分類	理化学的年代	調査内容
1	阿三亀焼	第Ⅰ地区	1地点	1号窯	灰原			灰原確認
				2号窯	灰原	A群		灰原確認
				3号窯	灰原	A群	1140±55 Y. AD(C14)	窯壁確認
				4号窯			12c中～13c前(地磁気)	窯壁確認
				5号窯	灰原	A群	12c中～13c前(地磁気)	窯壁確認
				6号窯	灰原	A群	1210±130 Y. AD(C14)	窯壁確認
				7号窯	灰原			灰原確認
		第Ⅱ地区	1地点	1号窯		B群	1050±45 Y. AD(C14)	全面調査
				2号窯		A群	12c中～13c前(地磁気)	
				3号窯	3号窯灰原	A群、B群	12c中～13c前(地磁気)	
				4号窯	4号窯灰原	A群		
					灰3層			
				5号窯	灰2層上層	A群、B群		
				6号窯	灰2層下層	A群、B群		
				7号窯	7号窯灰原	A群		
				楕円形掘り込み遺構	上層	A群		
					中層	A群		
					下層	A群		
				灰原1層	不明	なし		
				灰原2層	不明	A群、B群		
				灰原3層	不明	A群、B群		
				灰原2・3混層	不明	A群、B群		
				灰原4層	不明	A群		
				灰原5層	不明	A群		
				灰原4・5層混層	不明	A群		
		第Ⅲ地区	1地点	散布地	不明	A群	交点 AD1020(AMS法)	表面採集
			2地点	散布地	不明	A群		
2	阿三柳田(南)	第Ⅰ地区	1地点	灰原		A群		表面採集
3	阿三柳田(北)	第Ⅰ地区	1地点	灰原上層		A群		確認調査
				灰原下層		A群		
				整地土層		A群		
			2地点	散布地		A群		表面採集
4	伊仙東柳田	第Ⅰ地区	1地点	1号窯		A群	交点 AD1040(AMS法)	灰原確認
				2号窯		A群		灰原確認
				3号窯		A群		灰原確認
				4号窯		A群		灰原確認
				5号窯	灰原	A群		確認調査
				6号窯		A群		灰原確認
				7号窯		A群		灰原確認
				8号窯		A群		灰原確認
			2地点	1号窯		A群		灰原確認
				2号窯		A群		灰原確認
				3号窯		A群		灰原確認
		第Ⅱ地区	1地点	灰原		B群		灰原確認
			2地点	灰原		A群、B群	交点 AD1050, 1100, 1140(AMS法)	表面採集
5	伊仙平ソコ	第Ⅰ地区	1地点	灰原		B群		確認調査
		第Ⅱ地区	1地点	1号窯	灰原上層	B群	交点 AD1180(AMS法) AD1220(地磁気)	灰原確認
					灰原中層	B群		
					灰原下層	B群		
			2地点	散布地		B群		表面採集
		第Ⅲ地区	1地点	灰原		B群		灰原確認
6	検福イヤ川	第Ⅰ地区	1地点	散布地		B群	交点 AD1160(AMS法)	表面採集
		第Ⅱ地区	1地点	散布地		B群		表面採集
		第Ⅲ地区	1地点	散布地		B群		表面採集
			2地点	散布地		A群		
		第Ⅳ地区	1地点	散布地		A群		
7	検福ウッタ	第Ⅰ地区	1地点	灰原、散布地		B群		灰原確認 表面採集
		第Ⅱ地区	1地点	灰原、散布地		B群		
		第Ⅲ地区	1地点	灰原、散布地		B群		
		第Ⅳ地区	1地点	灰原、散布地		B群	交点 AD1020(AMS法)	
		第Ⅴ地区	1地点	散布地		B群	交点 AD1170(AMS法)	灰原確認
			2地点	灰原、散布地		B群		表面採集

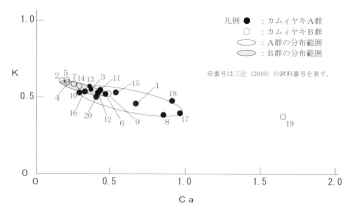

図59　カムィヤキA群とB群の科学的特性（川嶺辻遺跡出土）

知ることができる（三辻 2010）。

　図59には川嶺辻遺跡から出土したカムィヤキのKとCaの含有比を分類別に散布図として表現しているが、A群にはCa含有量が多いものが目立ち、B群はA群よりもKが多く含まれる傾向にある。両者は分布領域を緩やかに分けており、素材となる粘土や混和材が異なる可能性も想定される。B群の出現に裏付けられた生産技術の大きな変化に伴って陶器材料が変化したことも考慮され、産地の地質的特性や混和材の調合具合を反映していることも予想させる。形態や生産技術によって分類可能なA群とB群の大別は、こうした科学的特性の差異とも対応するとみられる。

10. 生産動態

（1）器種構成の変遷

　以上検討してきたように、大型壺の口縁部形態が鉢、甕および椀の一部と類似するので、カムィヤキ壺の型式と各器種の型式との対応関係は把握しやすい。また鉢や水注などにみられる外来食器がモデルとなった製品で、壺や甕の口縁部分類がそのまま適用できない場合であっても、成形・調整に関わる属性に共通の要素が認められるので、A群とB群の大別によって共存関係の把握が可能となる。この点を踏まえながら窯跡や灰原での出土状況を検討すると、徳之島カムィヤキ陶器窯跡における器種構成の時期的変遷は図60のように復元される。

　A群段階では、口縁部の作りが丁寧な口縁部形1、2を古相（伊仙東柳田支群第I地区4号窯灰原、灰原2層、阿三亀焼支群第II地区灰原4層、5層）、作りが甘い口縁部形3、4を新相（阿三亀焼支群灰原2層、3層、伊仙東柳田支群第II地区灰原1層）とし、前者は壺、鉢、椀で構成され、後者にはそれらに甕が加わる組成となる。

　B群段階では口縁が外側に拡張する口縁部形5を古相（伊仙平ソコ支群II地区1地点1号窯）、口縁部形6（検福ウッタ支群第I地区灰原）を新相とする。B群段階には、壺、椀、甕、鉢、すり鉢、盤、水注があり、鉢や小型壺の器形を多様化させる器種増産が認められる。

　器種構成に注目して生産状況を確認すると、A群段階の古相期は壺、鉢、碗の3器種で構成される段階であり、消費遺跡における状況から11世紀初頭前後から12世紀代としておく。新相期にはこれらに甕が加わって4器種構成となり、消費遺跡における状況から13世紀前半代の年代を考

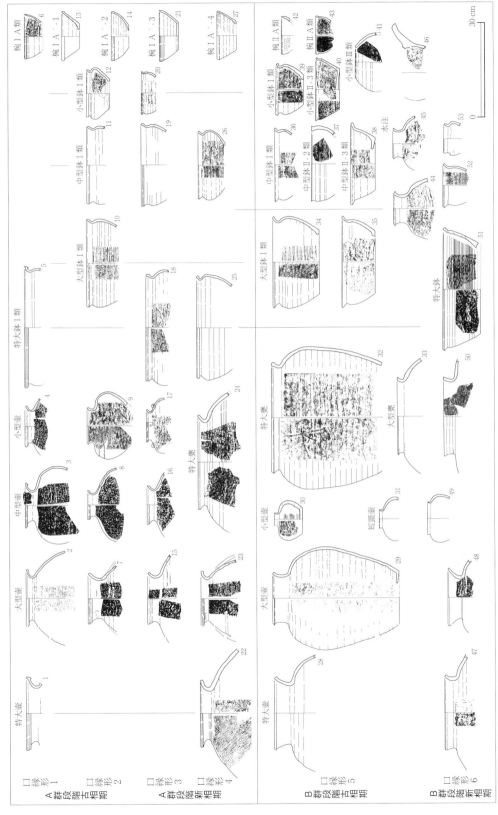

図60 カムィヤキの器種構成の変遷

(図60に対応する番号)
1：伊仙東柳田支群Ⅱ地区4号窯灰原2層　2：阿三亀焼支群Ⅱ地区4号窯灰3層　3：阿三柳田（北）支群採集　4：阿三亀焼支群Ⅱ地区灰原4層　5：阿三柳田（北）支群Ⅰ地区灰原上層　6：伊仙東柳田支群Ⅰ地区5号窯灰原　7：阿三亀焼支群Ⅱ地区灰原4・5混層　8：阿三亀焼支群Ⅱ地区灰原4・5混層　9：阿三柳田（北）支群Ⅰ地区灰原下層　10：阿三亀焼支群Ⅱ地区灰原3層　11：阿三亀焼支群Ⅱ地区灰原4・5混層　12：阿三柳田（北）支群Ⅰ地区灰原下層　13：阿三亀焼支群Ⅱ地区灰原2・3混層　14：阿三亀焼支群Ⅱ地区灰原4層　15：阿三亀焼支群Ⅱ地区灰原4層　16：阿三亀焼支群Ⅱ地区灰原4・5混層　17：阿三亀焼支群Ⅱ地区灰原3層　18：阿三亀焼支群Ⅱ地区採集　19：阿三亀焼支群Ⅱ地区灰原4層　20：阿三亀焼支群Ⅱ地区灰原2・3混層　21：阿三柳田（北）支群Ⅰ地区灰原下層　22：伊仙東柳田支群Ⅱ地区灰原2層　23：阿三亀焼支群Ⅱ地区灰原2層　24：伊仙東柳田支群Ⅰ地区5号窯灰原　25：阿三亀焼支群Ⅱ地区灰原5層　26：阿三亀焼支群Ⅱ地区灰原2・3混層　27：阿三亀焼支群Ⅱ地区灰原3層　28：阿三亀焼支群Ⅱ地区1号窯焚口　29：阿三亀焼支群Ⅱ地区灰原2・3混層　30：阿三亀焼支群Ⅱ地区6号窯　31：阿三亀焼支群Ⅱ地区灰原2・3混層　32：阿三亀焼支群Ⅱ地区灰原2・3混層　33：伊仙平ソコ支群採集　34：阿三亀焼支群Ⅱ地区灰原2・3混層　35：伊仙平ソコ支群採集　36：阿三亀焼支群Ⅱ地区灰原2・3混層　37：伊仙平ソコ支群Ⅱ地区1号窯灰原下中層　38：阿三亀焼支群Ⅱ地区灰原2・3混層　39：阿三亀焼支群Ⅱ地区灰原4・5混層　40：阿三亀焼支群Ⅱ地区灰原2・3混層　41：伊仙平ソコ支群Ⅱ地区1号窯灰原下中層　42：伊仙平ソコ支群Ⅱ地区1号窯灰原下中層　43：伊仙平ソコ支群採集　44：阿三亀焼支群Ⅱ地区灰原2・3混層　45：伊仙平ソコ支群採集　46：伊仙平ソコ支群採集　47：阿三亀焼支群Ⅱ地区4号窯灰3層　48：阿三亀焼支群Ⅱ地区灰原2・3混層　49：伊仙平ソコ支群採集　50：検福ウッタ支群Ⅳ地区灰原1　51：伊仙平ソコ支群Ⅱ地区1号窯灰原下層　52：伊仙平ソコ支群採集　53：伊仙平ソコ支群採集

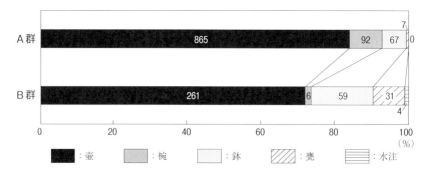

図61　カムィヤキA群・B群の生産器種の割合（阿三亀焼支群Ⅱ地区灰原2・3混層）

えたい。

　B群段階の器種構成は壺、甕、鉢、すり鉢、椀、水注となり、鉢にはさまざまな器形が認められ、生産器種は多様化する。消費遺跡における状況からB群の出現は13世紀中頃で、新相に位置付けられる資料は非常に少ないので14世紀代のどこかでカムィヤキの生産は終了したとみられる。当段階には製作技法上の諸変化も確認されるので生産上の大きな画期を見出すことができる。

（2）各段階における生産器種の割合

　器種構成変遷図をもとに、各段階における生産器種の出土比率を確認してみたい（図61）。これらは報告書掲載資料を分類別にカウントしたものであるため、窯体からの厳密な一括出土を示し得ないが、一定の傾向は読み取ることができる。

　まず、A群、B群ともに壺の割合が最も多く、これがカムィヤキの普遍的な生産器種であることは明白であるが、A群段階の内訳は、壺が8割以上、椀が1割程度、鉢が1割以下、甕が1分未満となり、基本的には壺、椀、鉢の基本3器種によって構成される。甕はほとんどが口縁部形態4であるので、A群段階新相期にはこれらに甕が加わり4器種が生産品目となる。

　B群段階では、壺の微減と椀の激減が確認され、それに伴って鉢と甕が倍増し、水注が新規に出現する。図62には図46で示した器種分類から推計できる法量をA群とB群の別に示しているが、大型の鉢と甕に注目すると、A群よりB群の法量が大きい傾向にあることがわかる。特大型

の鉢と甕もほとんどすべてがB群であることから、大型品の定量生産も本段階における大きな特徴といえるだろう。

（3）生産の特質

以上のことから、カムィヤキ生産の大きな画期をB群段階に求めることができるが、各段階を通して主要器種が壺であることに着目すると、その経営には貯蔵容器の量産に主体がおかれていたことがうかがえ、需要に応じた特定器種の生産が企図されていたのであろう。

琉球列島から出土する舶来貯蔵具には中国産の褐釉陶器があり、器種は壺を主体に、鉢、水注で構成される。壺には大型品と中型品があるが、11世紀末から14、15世紀まで長期間使用されていたとされる（金武1989b）。カムィヤキA群段階新相期からB群段階古相期を中心とする稲福遺跡より数百点出土したとされるので（當眞編 1983）、13世紀頃から増加する器種と考えられる。こう

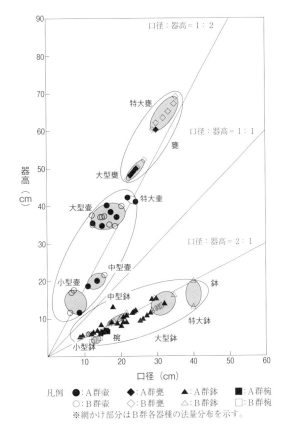

図62　カムィヤキA群とB群の法量比較

した貯蔵具が13世紀以降増加することに注目すると、B群段階における大型品の増産は、舶来貯蔵具の一定流入に対する容量別補完品の製作とみることができる。また、中国産の陶器甕の出土例はほとんど聞かないため、B群段階以降一定量焼成された甕もこれらの不足を補う生産品であった可能性が高い。

椀は中国産陶磁器の模倣品で、中国産陶磁器を彷彿させる鉢や水注もあり（図63）、消費地においては茶入を模したような小型品も見受けられる（図64）。

以上のようにみると、カムィヤキの器種構成の変遷は琉球列島における舶来陶磁器の流入動向と深く関係していることがよくわかる。このことはカムィヤキ生産の特質が中国産陶磁器との分業関係にあったことを示しており、その流入の程度や流入品の種別に応じて競合を避ける意図が働いていたと理解しておきたい。

（4）産地内での生産動向

生産跡の悉皆調査によって各支群の位置が確認されているので（青﨑・伊藤編 2001、池田榮編 2005、新里亮編 2005）、両段階における窯の稼動状況を確認してみたい（図65）。

A群段階には、丘陵の縁辺部に位置する多くの地点で生産が行われているが、その後、B群段階には生産地点が丘陵の頂上部付近にもおよぶ。この点については池田も検討を加えており（池田榮編 2005）、先述した当該期における生産上の転換と生産跡の立地変化は無関係ではなかったと考

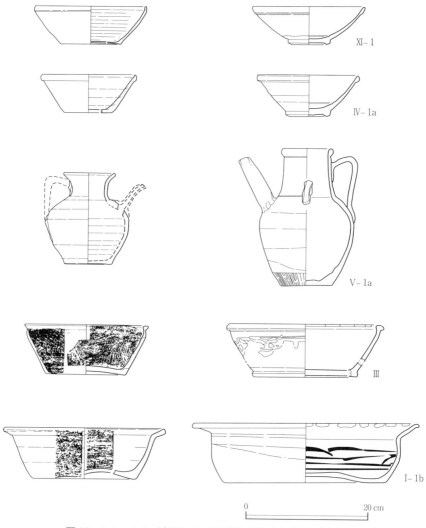

図63 カムィヤキ（左列）と中国産陶磁器（右列）の形態比較
（左列：徳之島カムィヤキ陶器窯跡出土、右列：大宰府史跡出土）

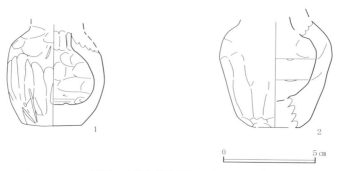

図64 川嶺辻遺跡出土のカムィヤキ壺

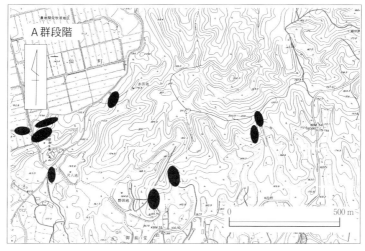

図65 各段階における窯跡の分布状況

えられる。その因果関係については今後検討しなければならないが、生産形態の転換と関わる現象と捉えて大過ないであろう。

カムィヤキに関する型式学的検討の結果、その生産年代を11世紀初頭前後から14世紀前半代に求め、①無文化、②当て具文様の変化、③大型化に伴う焼成の軟質化、④口頸部成形技法の変化、⑤特定器種の容量別器種分業への転換、⑥窯立地の変化、という諸現象が抽出できるので、B群段階（13世紀後半代）に生産上の大きな画期を設定することが可能となる。

編年については先行研究と大枠矛盾はないが、器種構成の変遷からは、カムィヤキ生産の特質を中国産陶磁器との器種分業に見出すことができる。

11. 琉球列島における窯業生産の成立と展開

（1）徳之島カムィヤキ陶器窯跡の成立事情

大宰府B期の白磁碗を模したカムィヤキ椀の存在から、徳之島カムィヤキ陶器窯跡の成立を11

世紀前半代と考えたが、出現期の資料はまだ乏しく、その様相は明らかでない。この頃の陶磁器や滑石製石鍋が奄美諸島に分布する状況から、律令期（特に平安時代後期）における九州島からの断続的な人の来島が想定されたが（第1、3章）、徳之島における窯業生産の開始もこれと無関係ではなかった可能性が見込まれる。

11世紀代は、北部九州において日宋貿易、日麗貿易が行われていた時期にも当たるが、琉球列島は法具、螺鈿細工の素材となったホラガイやヤコウガイなどを豊富に産出する地域で、これらは日本列島、高麗、中国に需要があったとされる[6]（木下 2003）。律令期における南方特産品の交易については文献史学分野の研究成果に詳しいが（山里 1999）、考古資料として検出されるヤコウガイは、カムィヤキ、滑石製石鍋、石鍋模倣土器、滑石混入土器、玉縁口縁白磁碗、鉄製刀子、フイゴ羽口を伴うことが多く、商品として取引されていた可能性が指摘されている（島袋春 2000）。

11世紀代における貝交易の状況に注目すると、琉球列島と日本列島、朝鮮半島、中国大陸との文化的・経済的接点を見出すことができ、日宋貿易と日麗貿易を中心とする東アジアの商業圏内に琉球列島が位置していた可能性が高い。こうした状況から、カムィヤキの出現は律令末期における日本列島と琉球列島の交易関係が契機となっており、なかでも九州島との交易関係が強かった奄美諸島が、その産地として選ばれた可能性をうかがわせる。

グスク時代の琉球列島は、農業を主な生業とした社会であったが、炭化穀類の炭素年代は、奄美諸島で古く（8〜12世紀）、沖縄諸島でやや新しい（10〜12世紀）傾向を示しており、狩猟採集社会から農耕社会への変遷は北から南の順に確認されるという（高宮広・千田 2014）。中世陶器基本三器種（壷、甕、鉢）の大衆化は、平安時代末期以来の二毛作に伴う肥甕、種壷の普及と理解されていることからも（楢崎 1967）、中世前後の陶器は農耕との深い関わりがうかがえる。

九州島との交易が活発であった奄美諸島において、農耕の導入が早く、これとほぼ同時進行的にカムィヤキの生産が開始されることを併せて考えると、徳之島カムィヤキ陶器窯跡の成立は、食料生産技術を帯同する窯業生産技術の移転であったとみられ、日宋貿易・日麗貿易を背景とした南方物産品の調達を企図する特定集団の関与が想定される。

（2）窯業生産の転換と社会の複雑化

B群段階（13世紀中頃〜14世紀代）、カムィヤキは生産上の大きな転換期を迎えた。第4章でも検討したとおり、この時期は中国産陶磁器の交易ルートが多様化した時期に当たることから、カムィヤキ生産の大きな変化を、中国産陶磁器の増加に備えた生産技術の改変と捉えた。

琉球列島の当該期は、石積みを有するグスクの出現（山本正 2000a）や銭貨の増加（小畑 2002）が認められる社会と経済の大きな画期で、琉球国成立に向けての準備期間であったとも評価できる。こうした観点からすると、カムィヤキの生産は、琉球列島内部の社会状況とも密接に関連し、特に、先島諸島を中心とした南からの交易活動がカムィヤキの生産に強い影響を与えたことは、琉球列島における在地勢力の成長と徳之島の陶器生産は無関係でなかったことを示している。

（3）生産の終焉

本章の最後に、カムィヤキ生産の終焉について触れておきたい。

14世紀から16世紀における琉球列島の陶磁器少量は夥しい量に上り、特に大型品の数量が増加

することが明らかとなっている（金武 1998b・c）。

　B群段階（13世紀後半〜14世紀代）、産地においては、貯蔵具の量産化と特定器種の大型化が進んでいたが、14世紀以降、多種の舶来貯蔵具類が大量に持ち込まれることによって、これらに市場を奪われ、ついには廃絶を迎えたのであろう。生産の主軸が、貯蔵具の量産にあったからこそ、舶来貯蔵具の大量流入には対応できず、双方の関係は完全に破綻に向かったとみておきたい。

註
（1）支群名称については新里亮編 2005 を参照した。
（2）これは、現段階において窯体からの一括資料が抽出できていないことに起因する問題である。そのため吉岡は、「厳密な遺物論は後世の補正を要する」ことを明記している（吉岡 2002a）。窯体一括資料による編年作業が不可欠であることは承知しているが、それが期待できない現状にあるので、ここではあえて型式優先の編年作業を行った。
（3）総括報告書の刊行に向け、伊仙町教育委員会は 2016 年度より出土品の接合作業を実施している。
（4）大宰府白磁碗Ⅸ類は喜界島（松原ほか 2015）と徳之島（新里亮編 2010）において少量の出土が確認されている。
（5）ただし、単純層部分である2層、3層と本来同一層であったとされる2・3混層とではA群、B群の出土比率が大きく異なる。各群の出土比率を考慮すると、2・3混層は、2層、3層とは別の堆積層であった可能性が考えられる。
（6）ヤコウガイ交易については、高梨 2005、藤江 2000 などを参考にした。

第6章　陶器流通の特質

1. 分析の方法

　前章では産地出土資料の分析からカムィヤキ生産の特質に言及したが、B群段階における生産上の画期は、その流通とも関係することが予想される。ここでは消費地におけるカムィヤキの出土状況を確認しながら流通状況の推移を検討していく。

　第3、4章における滑石製石鍋と中国産陶磁器の検討では、必要に応じた物資を獲得する在地勢力主導の交易活動が13世紀頃から活発化したことを指摘したが、カムィヤキの消費状況からはどのような社会像がうかがえるのだろうか。本章では、カムィヤキ出土遺跡の集成から生産と消費の対応関係を把握し、消費状況の類型化によって、各諸島の食器構成が何を意味するのかについても考えてみたい。

2. カムィヤキ出土遺跡の集成

（1）カムィヤキ出土遺跡

　琉球列島の南北端約1200kmにもおよぶ広範囲に分布するカムィヤキは、東播窯、常滑窯、珠洲窯に匹敵する広域流通を特徴とする（吉岡 2002a・bなど）。近年では長崎県大村市でその出土が報告され、琉球列島と西北九州をめぐる経済関係も明らかになりつつある。消費地において共伴する滑石製石鍋とカムィヤキは運搬に際しても深い関係にあったのであろう。

　1987年における集成によると、カムィヤキは190箇所の遺跡で確認されていたが（池田榮 1987）、2003年には300件を超えた（池田榮 2003a）。琉球列島全域においても増加の一途を辿っており、九州島での出土例も珍しくはない状況となってきた。ごく最近では大隅諸島での出土も報告され（徳田・石堂編 2009、中園編 2015）、今では琉球列島においてカムィヤキを出土しない島を探すことが難しいといえるだろう。

　2003年3月時点での遺跡数の内訳は、鹿児島本土2、トカラ列島3、奄美諸島90、沖縄本島および周辺離島240、先島諸島57となり、発掘調査件数の多い沖縄県での出土例が大半を占めていた（付表4のカムィヤキ出土遺跡一覧を参照）。その後、奄美諸島、先島諸島での調査例も増加し、奄美大島北部と喜界島に多いとされていた副葬品の完器も各諸島で万遍なく確認されることとなった（鼎 2007、松村ほか編 2008、新里亮 2013、久貝 2013）。

（2）カムィヤキ以外の製品

　ところで、琉球列島においてはカムィヤキではない窯業製品を確認することができる（図66）。

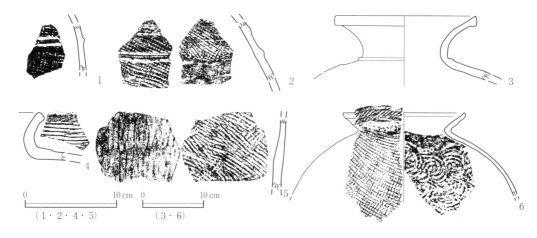

1：徳之島ミンツィキタブク遺跡　2：喜界島向田遺跡　3：沖縄本島糸洲グスク
4：奄美大島万屋城　5：奄美大島宇宿貝塚　6：沖縄本島我謝遺跡

図66　琉球列島出土の陶器類

カムィヤキにはみられない叩打痕、当て具痕および形態的な特徴、観察による識別によってこれらの判別は可能である。細格子目の叩打痕を残し、胴部に三角形の凸帯を貼りつける資料（図66の1～3）は、北部九州でも多く検出されている朝鮮半島産無釉陶器で（赤司 1991・2002）、同心円文の当て具や幅広の横位平行文叩打痕がみられるもの（図66の4～6）は、本土産の須恵器と推定される。

3. カムィヤキの分布状況

カムィヤキは琉球列島を中心に分布することが指摘されてきたが、前章での分類をもとに分布状況の時期的推移について検討していきたい。

段階別に遺跡の所在を地図に示すと以下のような状況が見て取れる（図67）。最も古いと考えられるA群段階古相期の口縁部形1は出土例が僅少で、分布も奄美諸島、沖縄本島および周辺離島に限定される。続く口縁部形2は、トカラ列島悪石島、先島諸島宮古島での出土が確認でき、A群段階新相期の口縁部形3に至ると、その分布範囲は石垣島まで拡大していく。A群段階の終わりとなる口縁部形4も同様に各地で安定的に消費されている。カムィヤキは少なくとも12世紀代には琉球列島全域に拡散したことがわかる。

その後、B群段階には状況が大きく変化する。B群段階古相期の口縁部形5は、トカラ列島以北では非常に少なく同新相期の口縁部形6はさらに希少となり（図67）、安里（2006a）も指摘するとおり奄美諸島における出土例も減少する（図68）。産地のある徳之島ではB群も安定的に多く出土するので、カムィヤキB群は、産地所在地である徳之島を中心に南方向へ拡散することは、そのA群が九州島から先島諸島へと広い範囲に拡散することとはまったく対照的である。

前章において、B群の出現背景を舶来貯蔵具の一定流入に求めたが、当段階において産地での生産転換と分布域の変化が連動的に確認されるので、B群の生産段階においては舶来貯蔵具が安定的に持ち込まれる経済状況が萌芽していた可能性が想定される。そこで次節では、主要な遺跡におけ

第6章 陶器流通の特質

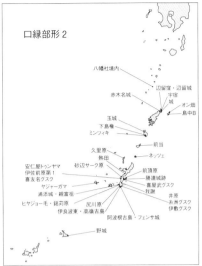

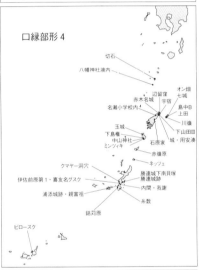

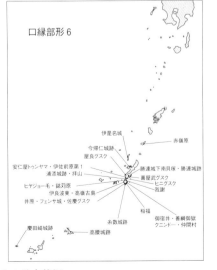

図67 カムィヤキの分布状況

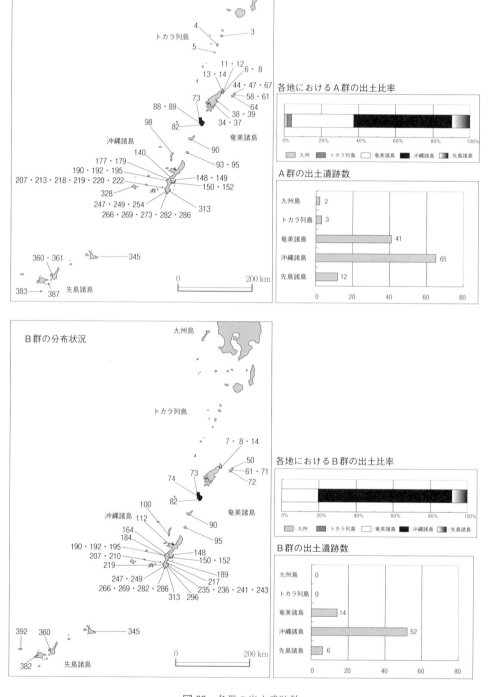

図 68　各群の出土遺跡数

る消費状況を検討し、カムィヤキと同じ用途をもつ中国産陶磁器との競合関係について確認してみたい。

4．消費遺跡におけるカムィヤキの出土状況

（1）消費遺跡における出土器種

　図69から72には琉球列島各地の遺跡出土品を集成しているが、前章での分類に沿ってその内訳を確認してみると、その特徴は次のように整理される。

　各段階ともに壺が圧倒的に多いが、A群段階古相期には壺と椀が主体となる[3]（図69）。同新相期には鉢の出土例が増加し（図70）、B群段階には甕、短頸壺、水注などが加わる（図71、72）。

　消費地における出土状況は、前章で示した段階別の器種構成とも対応するので、徳之島での生産器種は、例外なく商品として消費地に届いていたとみてよく、B群段階に確認された器種構成の多様化は、消費地においても同じ傾向を示す。この点を踏まえた上で、消費遺跡で出土するカムィヤキと中国産陶磁器の器種を比較し、各諸島における消費状況について検討していきたい。

（2）各諸島におけるカムィヤキの消費状況

　表34から36は、カムィヤキと中国産陶磁器[4]の量的関係を器種別に比較するため、各諸島における両者の検出状況を示したものである。表ではカムィヤキと陶磁器の器種組成を並べて記し、両者の器種の組み合わせを表記している。

　まず、各諸島におけるA群段階古相期の器種構成を確認すると、奄美諸島では壺と椀を消費する遺跡が目立ち、喜界島にはこれらに鉢が加わる遺跡も存在する（表34）。これに対し、沖縄・先島諸島ではカムィヤキは壺に限られ椀を出土する遺跡は一部を除きほとんどみられない（表35・36）。このことから、カムィヤキの成立当初は、奄美諸島で多様な器種が消費され、沖縄・先島諸島においては貯蔵具に特化した消費が主流であったことがわかる。奄美諸島においてカムィヤキの椀がほかの地域よりも積極的に消費されているが、これらが中国産陶磁器の白磁碗を模したものが大半を占めることは大いに注目される。第4章で検討したとおり、I期（11世紀中頃～12世紀前半）における中国産陶磁器は、奄美諸島において最も多く消費されていたが、カムィヤキの椀がこうした地域ほど多いことは、13世紀中頃以降の陶磁器を多く出土する沖縄諸島に限って、土製供膳具が製作される状況とよく似ている（第2章）。カムィヤキの椀は、沖縄諸島における土製供膳具と同様、陶磁器の不足を充足する補完財ではなく、使用者の階層を表現する象徴性をもった食器とみることができ、生産量の少なかったカムィヤキ供膳具の一定消費は、当地域における社会の複雑化が食器構成に反映された可能性が考慮される。この点については後の章で詳述したい。

　続くA群段階新相期は、沖縄諸島においても壺、椀、鉢の組み合わせが確認されるようになり、奄美諸島と沖縄諸島において類似した様相が確認される（表34・35）。このことは、食器類を用いる階層表現が両地域に広く浸透していく様子を示しているのかもしれない。先島諸島においては古層期と同様貯蔵具としての消費が主となるようであるが、奄美・沖縄諸島と比してカムィヤキの消費量は非常に少ない（表36）。距離的な問題からこれらの流通があまりおよばなかった可能性も考えられるが、カムィヤキの消費が低調であること自体が先島諸島の普遍的特徴となる。

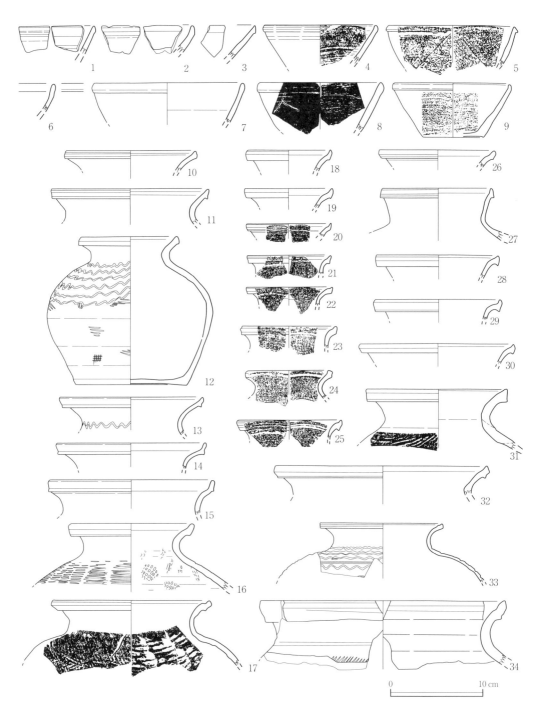

1、2、10、11：奄美大島宇宿貝塚　3：奄美大島城遺跡　4：奄美大島赤木名城跡　5：沖永良部島前当遺跡
6、13、14、15：徳之島ミンツィキタブク遺跡　12：奄美大島川内出土　悪石島八幡社境内
17：喜界島オン畑遺跡　7：沖縄本島前頂原遺跡　8：沖縄本島浦添城跡　9、20〜25：沖縄本島伊佐前原第1遺跡
18、19：沖縄本島平敷屋トゥバル遺跡　26、27：沖縄本島銘苅原遺跡　28〜30：沖縄本島ヒヤジョー毛遺跡
31：沖縄本島熱田貝塚　32：沖縄本島我謝遺跡　33、34：久米島ヤジャーガマ遺跡

図69　消費遺跡出土のカムィヤキ（A群段階古層期）

第 6 章　陶器流通の特質　125

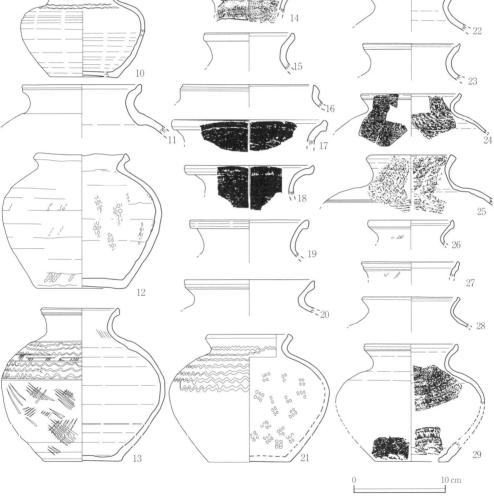

1：奄美大島辺留窪遺跡　2、3、5：徳之島玉城遺跡　4、8、24、25：沖縄本島伊佐前原第1遺跡
6、19、20：沖縄本島我謝遺跡　7、23：沖縄本島糸数城跡　9、26〜29：沖縄本島銘苅原遺跡
10：諏訪瀬島切石遺跡　11、12：悪石島八幡社境内　13：奄美大島阿木名　14：沖縄本島屋良グスク
15、16：石垣島ビロースク遺跡　17：沖縄本島浦添城跡　18：沖縄本島越来城
21：沖縄本島内間遺物散布地　22：沖縄本島稲福遺跡

図70　消費遺跡出土のカムィヤキ（A群段階新層期）

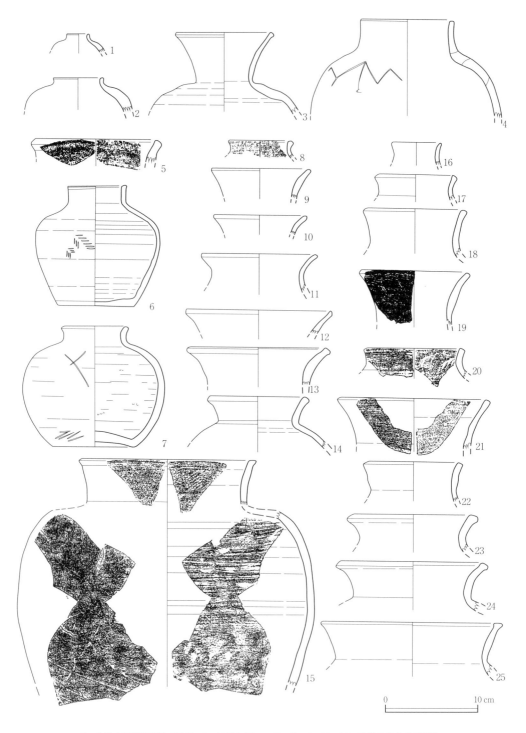

1：沖縄本島勝連城跡南貝塚　2：沖縄本島ヒニグスク　3、14、15：沖縄本島銘苅原遺跡
4、22〜25：沖縄本島稲福遺跡　5：奄美大島城遺跡　6：徳之島西阿木名
7：奄美大島石原氏伝世品　8：沖縄本島伊佐前原第1遺跡　9：与那国島慶田崎遺跡
10、11：沖縄本島勝連城跡　12、13：沖縄本島我謝遺跡　16〜18：宮古島高腰城跡
19：沖縄本島浦添城跡　20、21：沖縄本島屋良グスク

図71　消費遺跡出土のカムィヤキ（B群段階①）

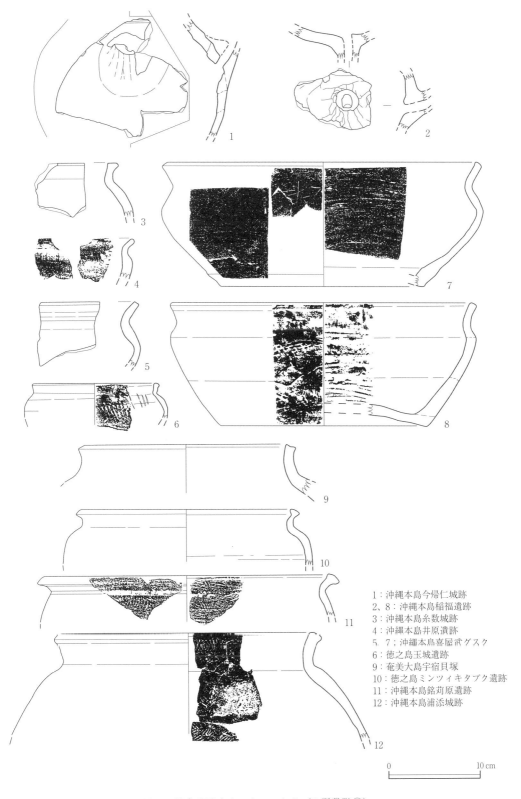

図72 消費遺跡出土のカムィヤキ（B群段階②）

表34 奄美諸島におけるカムィヤキの消費動向

段階			遺跡名	カムィヤキ	陶磁器	壺	碗	鉢	甕	短	水	類型
A群段階	古	喜界島	島中B遺跡	壺	碗	●	○					A
			山田仲西遺跡	壺+椀	碗+皿	●	○					A
			小ハネ遺跡	壺	碗+皿	●	○					A
			大ウフ（A地区Ⅱ層）	壺+椀	碗+皿	●	○					A
			山田半田遺跡	壺+椀+鉢	碗+皿	●	○	●				A
			前畑遺跡	壺+椀+鉢	碗+皿	●	○	●				A
		奄美大島	赤木名グスク	壺+椀	碗	●	○					A
			小湊フワガネク遺跡群	壺+椀	碗	●	○					A
			城遺跡	壺+椀	碗	●	◎					B
			宇宿貝塚	壺+椀	碗	●	◎					B
		徳之島	川嶺辻遺跡（第5遺構面）	壺+椀	碗	●	◎					B
	新	喜界島	半田遺跡（包含層）	壺+椀	碗+皿	●	○					A
			大ウフ遺跡（B地区土坑1号）	壺+鉢	碗	●	○	●				A
		奄美大島	宇宿貝塚	壺	碗	●	○					A
			城遺跡	壺	碗	●	○					A
			万屋グスク	壺	碗	●	○					A
			辺留窪遺跡	壺+椀	なし	●	●					C
		徳之島	中組遺跡（B地区Ⅱ・Ⅲ層）	壺+椀+鉢	碗	●	◎	●				B
			玉城遺跡	壺+椀+鉢	碗	●	◎	●				B
B群段階	古〜新	喜界島	半田遺跡（包含層）		碗+皿+甕	○	○		○			D
		奄美大島	城遺跡	壺	碗	●	○					A
			宇宿貝塚	壺+甕	碗	●	○		●			A
		徳之島	玉城遺跡	壺+鉢	碗	●	○	●				A
			川嶺辻遺跡（第3、4遺構面）	壺+椀+鉢+甕	碗+皿+壺+鉢+水注	●	○	●	●		○	C

短：短頸壺　水：水注
◎：カムィヤキ≒陶磁器　　●：カムィヤキ＞陶磁器　　○：カムィヤキ＜陶磁器

　B群段階の奄美諸島においては徳之島を除いて類例が少なく、喜界島の半田遺跡のようにカムィヤキを出土しない遺跡も現れはじめる（表34）。本段階における分布域の縮小は奄美諸島の北域から認められるようである。徳之島では多様な器種が確認され、産地近隣としてふさわしい消費状況を示すようになる（表34）。沖縄諸島においても同様な状況が確認され（表35）、このことはカムィヤキのB群が産地を中心として南向きに分布することと対応する。

　それでは中国産陶磁器との競合関係の検討に移りたい。カムィヤキと陶磁器がほぼ同数検出されている場合は◎、カムィヤキが陶磁器の数を上回っている場合は●、中国産陶磁器がカムィヤキ以上に検出されている場合を○と記号化し、器種別の量的関係を表34から36の右側に示している[5]。これによりカムィヤキと陶磁器の消費パターンを段階別に確認してみたい。

　器種別にみると、カムィヤキと中国産陶磁器はそれぞれが消費器種を重複させない傾向にあり、それはA群段階で特に顕著であることがわかる。また、器種が重複する場合でも、量比の記号を確認すると、明らかな主従関係が認められる遺跡が多い。このことから、消費遺跡より検出されるカムィヤキと陶磁器は、その役割が明確に分離されていたと判断でき、琉球列島では用途に応じて材質を違える食器組成が一般的であったことがわかる。前章では、カムィヤキ生産の特質を中国産陶磁器との器種分業と捉えたが、この点については消費遺跡の出土傾向からもいえるであろう。

表35 沖縄諸島におけるカムィヤキの消費動向

段階			遺跡名	カムィヤキ	陶磁器	壺	碗	鉢	甕	短	水	類型
A群段階	古	沖縄本島	熱田貝塚	壺	碗	●	○					A
			伊佐前原第一遺跡	壺+椀	碗	●	○					A
			平敷屋トゥバル遺跡	壺	碗	●	○					A
			銘苅原遺跡	壺	碗	●	○					A
			伊良波東遺跡	壺	碗	●	○					A
			ヒヤジョー毛遺跡	壺	碗	●	○					A
			我謝遺跡	壺	碗	●	○					A
	新	沖縄本島	ヒヤジョー毛遺跡	壺	碗	●	○					A
			銘苅原遺跡	壺+鉢	碗+皿	●	○	●				A
			我謝遺跡	壺+鉢	碗	●	○	●				A
			稲福遺跡	壺+椀	碗+皿	●	○					A
			後兼久原遺跡（庁舎地区Ⅴ〜Ⅲ層）	壺+椀+鉢	碗	●	○	●				A
			伊佐前原第一遺跡	壺+椀+鉢	碗+皿	●	○	●				A
			後兼久原遺跡（Ⅰ地区3層）	壺+椀	碗+壺	◎	●					B
			糸数城跡（Ⅳ・Ⅴ層）	壺	碗	○	○					D
B群段階	古〜新	沖縄本島	喜屋武グスク	壺+鉢	碗	●	○	●				A
			今帰仁城跡（主郭第Ⅸ層）	壺+鉢	碗+皿	●	○	●				A
			今帰仁城跡（主郭第Ⅶ層）	壺+甕	碗+皿+壺	●	○		●			A
			シイナグスク	壺	碗+皿	●	○					A
			井原遺跡	壺+鉢	碗+皿+壺	◎	○	●				D
			稲福遺跡	壺+鉢+水	碗+皿+壺	◎	○	●			●	D
			銘苅原遺跡	壺+甕+水	碗+皿+壺+鉢	◎	○	○	●		●	D
			ヒヤジョー毛遺跡	壺+鉢	碗+皿+鉢+壺	◎	○	◎				D
			我謝遺跡	壺	碗+皿+鉢+壺	○	○	○				D
			屋良グスク	壺	碗+皿+壺+鉢	○	○	○				D
			浦添城跡	壺+甕	碗+皿+壺+鉢+甕	○	○	○	◎			D
			糸数城跡（Ⅰ〜Ⅲ層）	壺+鉢	碗+皿+壺+鉢+水	○	○	○			○	D
			今帰仁城跡（志慶真門郭）	壺+水注	碗+皿+壺+鉢	○	○	○			●	D

短：短頸壺　水：水注
◎：カムィヤキ≒陶磁器　●：カムィヤキ＞陶磁器　○：カムィヤキ＜陶磁器

表36 先島諸島におけるカムィヤキの消費動向

段階			遺跡名	カムィヤキ	陶磁器	壺	碗	鉢	甕	短	水	類型
A群段階	古	波照間島	大泊浜貝塚	壺	碗	●	○					A
	新	石垣島	ビロースク遺跡（Ⅱ・Ⅲ層）	壺	碗+壺	●	○					A
		竹富島	新里村東遺跡（Ⅱ層）	壺+椀	碗	●	○				○	A
B群段階	古〜新	宮古島	高腰城跡	壺	壺+碗+皿+鉢	○	○	◎				D
		石垣島	ビロースク遺跡（Ⅰ層）		碗+壺+鉢	○	○	○				D
		竹富島	新里村東遺跡（Ⅰ層）		碗+壺+水注	○	○				○	D
			新里村西遺跡（2・3号屋敷）		碗+壺+鉢	○	○	○				D

短：短頸壺　水：水注
◎：カムィヤキ≒陶磁器　●：カムィヤキ＞陶磁器　○：カムィヤキ＜陶磁器

（3）カムィヤキ消費動向の類型化

それでは、カムィヤキと中国産陶磁器の器種別量比から消費様相を類型化し、各諸島における消費の実態について検討してみたい。カムィヤキと陶磁器の量的関係から、これらの遺跡を以下の4類型に分類した（表34～36の最右欄）。

A類型：器種によってカムィヤキ、陶磁器を使い分ける遺跡（器種別分業型）
B類型：カムィヤキと陶磁器の一部器種が競合して消費される遺跡（器種競合型）
C類型：カムィヤキが優勢的に消費される遺跡（カムィヤキ優勢型）
D類型：陶磁器が優勢的に消費される遺跡（陶磁器優勢型）

A群段階古相期は、各諸島ともにA類型が多いが、奄美諸島においてはカムィヤキ椀の多出により、中国産陶磁器碗と競合するB類型の遺跡も確認され、比較的多様な様相を呈する。続くA群段階新相期においても奄美諸島と先島諸島では古相期の様相が引き継がれながら、沖縄諸島において後兼久原遺跡のような褐釉陶器壺とカムィヤキが競合するB類型や糸数城跡のように中国産陶磁器が優勢となるD類型の遺跡が出現する。中国産の貯蔵具が一定量流入することによってカムィヤキとの置換が始まりつつあったのだろう。

B群段階には、奄美諸島でもD類型の遺跡が出現し、沖縄諸島においてはA類型とD類型に消費状況の二極化が認められる。先島諸島においてはD類型の遺跡のみとなり、中国産陶磁器が食器類の主流となる。このことは先島諸島において中国産の貯蔵具や供膳具が増加することと明確に対応する。

このようにみると、B群段階ではカムィヤキから中国産陶磁器への転換が確実に進行していることがわかるが、傾向としては産地に近い奄美諸島もこの兆候を見せはじめ、先島諸島において特に顕著であると判断される。消費状況からうかがえるカムィヤキと中国産陶磁器の競合関係はB群段階に大きく変化したといえるだろう。沖縄諸島におけるD類型の遺跡は城塞的建造物であるグスクと対応する傾向が強い。B群段階は、城塞と一般集落の食器組成に格差が生じる時期とも捉えられそうである。

（4）消費動向の特徴

以上の検討からカムィヤキ消費動向の特徴は次のように整理される。

徳之島カムィヤキ陶器窯跡で生産されていた器種は、消費遺跡でも例外なく確認される。また、消費遺跡における段階ごとの出土器種も、産地での生産品と同様で、生産地と消費地で検出される器種の対応関係に矛盾はない。

また、消費遺跡における出土器種の検討から、カムィヤキと中国産陶磁器はその機能を明確に分離させていた傾向がみられた。このことから、カムィヤキと中国産陶磁器はそれぞれ器種補完という相関関係をもちながら消費されていたことがわかる。

カムィヤキ出土遺跡の類型化により、島嶼ごとの消費状況は以下のように推移することが明らかとなった。

A群段階古相期：消費器種が多く、遺跡類型が多様な奄美諸島と器種別分業が卓越する沖縄・先島諸島と消費状況に差がみられる。

A群段階新相期：沖縄諸島においても消費器種が増加し、遺跡類型が多様化する。

B群段階：各諸島においてD類型の遺跡が出現し、先島諸島においてこれが卓越する。

カムィヤキの消費動向を諸島別に検討すると、それぞれが個性的であることがわかり、明確な地域性をもちながら推移していく様子をうかがうことができる。この点に留意して、次節では、カムィヤキの消費状況が段階的に変化する背景を探っていきたい。

5. カムィヤキの流通とその特質

（1）流通画期の歴史的背景

カムィヤキはA群段階古相期のうち、11世紀中頃以降、九州南部から先島諸島に至る範囲での分布が確認されるので、この頃に広範囲な流通圏が成立したと考えられる。第3、4章で検討したように、滑石製石鍋や中国産陶磁器が九州島から琉球列島へと運搬されていたことを考慮すると、カムィヤキA群の流通は九州島との経済関係によって流通していた可能性が高いので、これらがA群段階に九州島に到達する状況は理解しやすく、カムィヤキの成立もこれと無関係でなかったことを予想させる。

カムィヤキ消費状況の大きな画期も生産動向と同様B群段階に求められたが、それと対応するように分布域も沖縄本島側へと偏るので、その流通上の画期も当段階に設定することが可能となる。今帰仁タイプやビロースクタイプに代表される福建産粗製白磁の検討からは、13世紀中頃から先島諸島と南中国との経済関係が強まることを指摘したが（第4章）、これに伴う中国産貯蔵具の増加は、カムィヤキの生産と流通に大きな影響を与えたとみられる（第5章）。

B群段階で確認された窯跡での生産転換は、カムィヤキ流通の画期とも確実に相関しており、その経済的要因としては先島諸島における動向が重要であったとみられ、それはカムィヤキの生産や流通に弱からず影響した。このことから、カムィヤキB群は、先島諸島の在地勢力による主導的な交易活動に起因する中国産陶磁器の増加と関連して出現した、生産と流通上の変革を如実に物語る資料であると価値付けておきたい。

（2）カムィヤキの供膳具が生産される意味

カムィヤキの流通が琉球列島の南北縁における舶来食器の流通と深く関係していたことは明らかであるが、最後に琉球列島内部における消費状況から食器構成の意味について考えてみたい。

各段階におけるカムィヤキの分布範囲と消費状況は表37のように整理される。A群段階古相期

表37　琉球列島におけるカムィヤキの消費動向

段階	カムィヤキの器種	陶磁器の器種	分布の範囲	消費状況
A群段階古層期	壺＋椀＋鉢	椀＋皿	南九州〜先島諸島（奄美、沖縄諸島中心）	奄美諸島：多様 沖縄諸島：斉一的 先島諸島：斉一的
A群段階新層期	壺＋椀＋鉢	椀＋皿	南九州〜先島諸島（奄美、沖縄諸島中心）	奄美諸島：多様 沖縄諸島：多様 先島諸島：斉一的
B群段階	壺＋鉢＋甕＋短頸壺、水注	椀＋皿＋壺＋鉢＋甕＋水注	奄美諸島〜先島諸島（沖縄諸島中心）	奄美諸島：多様 沖縄諸島：両極化 先島諸島：陶磁器優勢

（11世紀後半代～12世紀前半代）では奄美諸島では琉球列島内で唯一壺、椀、鉢が消費され、貯蔵具を主に入手する沖縄・先島諸島とは少々異なる状況が認められるので、カムィヤキの供膳具が多いという点に奄美諸島の大きな特徴を見出すことができる。同時期の滑石製石鍋や中国産陶磁器の消費状況からは九州島との交易は奄美諸島で優勢的に進められたことが想定されたが（第3、4章）、最初に紹介した奄美諸島で一般的に確認される本土産須恵器や朝鮮系無釉陶器も、こうした脈絡の中で持ち込まれたものとみられ、琉球列島の中でも奄美諸島は九州島と関わりが最も強い地域であったと評価することができる。奄美諸島は九州島－琉球間における物流の拠点的役割を担っていたのは確実で、各種物資が比較的入手しやすい経済環境にあったことに間違いはないであろう。[6]

　交易の優位性をもちながらも、カムィヤキの供膳具がほかの地域よりも多いことは、カムィヤキの供膳具が陶磁器の不足を補う器物ではなく、奄美諸島において進行していた社会の複雑化が当地域の食器構成に影響していたと解釈することが可能となり、徳之島における窯業生産の開始は、食器類を用いた階層表現文化の成立と関わる歴史的意義ももつ。

　A群段階新相期に至ると、カムィヤキの供膳具が沖縄諸島で増加し、少量ながら先島諸島にもおよぶので、食器を用いる階層表現文化は琉球列島全域に浸透したと判断される。B群段階には産地において椀の生産量が落ち込むものの、消費地での出土が確認されるので、階層表現の象徴的意味は失われないまま、その生産は継続していたと考えておきたい。

註
（1）面将道氏のご教示によると、近年、屋久島でもカムィヤキの出土例が確認されているとのことである。また、近年における消費地出土資料については広岡凌（2016）による検討がある。
（2）高梨修は、喜界島と笠利半島においてカムィヤキ小壺の完器が多いことから、両地域の政治的結束関係を想定している（高梨 2005）。
（3）窯跡では鉢類の生産も確認されているが、その出土量は極めて少ない。
（4）褐釉陶器の分類と編年については瀬戸ほか（2007）が参考となる。
（5）出土片数を明記していない文献については、実測図として掲載された分の数をもとにした。絶対的な量関係とはならないが、掲載された図の数は、調査時の出土点数をある程度反映しているものと考えている。
（6）律令期の奄美諸島について池畑耕一は、奄美諸島に南九州系の土師器、黒色土師器、須恵器、塩焼き土器が検出される事例を挙げ、その特殊性について述べている（池畑 1998）。

第7章　窯業技術の系譜

1. 窯業技術をめぐる諸問題

　琉球列島の11世紀前後は、狩猟・漁撈・採集を生業手段とした先史時代が終わりに近づき、その全域が生産経済の段階へと移行した時期である。その特色は、農業生産・鉄器生産の本格化、窯業生産の開始と交易活動の展開に特徴づけられる。カムィヤキは、中国製白磁、滑石製石鍋、石鍋模倣土器とともに琉球列島各地で使用され、当該地を同一の生活文化圏にまとめ上げることに一役買った、グスク時代を代表する器物であったが、本章では出現当初にこれらが九州島との関係で流通していたことに注目しながら、生産跡が成立した歴史的要因について考えてみたい。

　カムィヤキは、技術的側面により朝鮮半島起源と考えられている一方で、その生産器種からは日本中世須恵器との関連も指摘されている。そのいずれを重視するかは、徳之島カムィヤキ陶器窯跡が、朝鮮半島と日本列島、どちらの地域との関連で成立したのかという大きな問題と直結する。以下では、カムィヤキ、高麗陶器、中世須恵器の製作技術の比較から、これらの相互関係を把握し、徳之島カムィヤキ陶器窯跡の窯業技術的な位置付けを行うことを目的に検討を進める。古代末から中世初期における九州島と琉球列島の交易状況を参照しながら、徳之島で窯業生産が営まれる歴史的背景を探り、琉球列島全域におよぶ生活文化圏がどのような地域との関わりの中で確立したのかを考えてみたい。

2. カムィヤキの技術系譜に関する研究とその争点

　カムィヤキは、還元焔によって焼成され、器表面が青灰色、灰黒色を呈し、断面が小豆色となる特徴がある。また、その器種は壺を中心に、椀、鉢、甕、水注によって構成され、壺の器体が波状沈線文によって飾られる資料が多い。

　型式学的検討については第5章で述べたとおりだが、とりわけ技術系譜をめぐる研究は、以下の研究者らによって行われてきた。白木原和美（1971・1975）は、古墳時代以来の須恵器の系統とは異なるとして、カムィヤキを「類須恵器」と命名し、波状の沈線を多重にめぐらせる施文法、蔵骨器としての使用例からその源流を朝鮮半島に求めた。また、西谷正（1981）は高麗・朝鮮両王朝と琉球の交流関係を物語る資料としてカムィヤキを挙げている。

　その後、1984年における徳之島カムィヤキ陶器窯跡の本格的な発掘調査によって、窯体構造が判明し、熊本県球磨郡錦町の下り山1号、3号窯との類似性が指摘された（新東・青﨑編1985b）。また、下り山窯で出土した玉縁口縁をもつ椀が徳之島カムィヤキ陶器窯跡でも確認されたこともあり、カムィヤキと中世須恵器との関連が初めて取り上げられた。大西智和（1996）も、

窯跡の形態、器種構成を重視し、下り山窯との関係を想定している。

　一方、赤司善彦（1999・2002）は、北部九州で検出される高麗陶器の性格を踏まえた上で、朝鮮半島からの技術的影響を指摘し、池田榮史（2000・2001）も高麗陶器との類似を含め、東アジアを視野に入れた研究の必要性を説いている。窯跡の最初の調査以来20年近く経て、再び朝鮮半島との関係が議論されるに至ったが、これらの研究からは、生産品そのものの類似により朝鮮半島に系譜を求める見解と、窯体構造の共通性から九州南部との関連を指摘する見方が並立している状況がうかがえる。

　こうした中、カムィヤキ、中世須恵器、高麗陶器の三者を詳細に検討し、カムィヤキの成立をめぐる歴史的背景に言及したのは吉岡康暢である（吉岡 2002a）。吉岡は、考古学、文献史学、美術史学の研究成果を駆使し、次に示す重要な指摘を行った。

　①カムィヤキの貯蔵器を主、供膳器を従とする器種構成は、日本型中世陶器窯の範疇に収まるが、大型貯蔵器、すり鉢、広口瓶が欠落し、日本列島における中世窯の規範は希薄である。

　②カムィヤキは高麗系の陶技をベースに中国系器種を取り込み、列島の中世窯の発現に確実に連動しながら琉球向けの器種組成としてアレンジされたことをうかがわせる。カムィヤキは中世初期の国境界における歴史的産物として評価できる。

　③長崎産滑石製石鍋の分布、南九州の窯構造との類似、南西諸島との交易活動拠点となり得る鹿児島県持躰松遺跡の存在により、有明西海域－薩摩半島－トカラ海域を結ぶ地域経済圏が連鎖する交易システムが想定される。特に、徳之島を帰着地とするトカラ海域については南薩の在地領主が配下の海民集団を介して海上交易に関与し、中世的開発を実施した可能性がある。また、先島諸島を包括する物流の形成は、基本的に中国南部を発着地とする宋船の傍流的な南島往来ラインに乗った、按司層の結託による流通と推定される。

　④按司層との連携を図った南薩在地領主主導のもと、カムィヤキ窯が成立したとみられる。11世紀後半代の日麗貿易を背景に、招寄された高麗陶工の指導を受けて、南九州陶工、在地土器工人が編成され南島型の中世陶器が創出されたと想定しておきたい。

　以上の指摘は、カムィヤキを朝鮮半島起源としながらも、日本中世窯業の動向の中で成立した「南島の中世須恵器」と捉え、これまで対立的に考えられていた技術系譜の問題を整合的に理解したところに特徴がある。また、南九州から琉球列島の各島嶼部に至るカムィヤキ大流通の要因を、南薩からトカラ海域に至る地域経済圏と中国南部と日本列島を結ぶ広域流通網の両者に求め、中世的流通を二重構造的に把握する視点を示したことは特筆される。吉岡の論文は、それまで個別に論じられてきたカムィヤキの器種組成、製作技法、窯体構造の総合的な検討が土台となっており、南島側から中世初期の東アジアの社会、経済状況に光を当てた最初の論考である。これによって、カムィヤキの技術系譜と歴史的位置付けに関する研究は大幅に進展し、グスク時代研究の新視点が提示された。氏の研究は、文献史学における中世南島論の展開と密接に関連しており、カムィヤキをめぐる研究は新たな段階へと進んだと評価されている（池田榮 2003a）。

　一方、韓国において高麗時代の陶器窯の発掘調査が進められ、徳之島カムィヤキ陶器窯跡と類似したイチジク形の平面形態をもつ舞將里窯跡が発見された（李ほか編 2000）。この窯跡の確認によって、徳之島カムィヤキ陶器窯跡と下り山窯の窯体構造の類似のみでは、その系統関係が論じら

れない状況となり、また、下り山窯と徳之島カムィヤキ陶器窯跡の製作技術に関連性は認められないとする研究成果も発表され（出合 2003）、両者の関係について改めて整理する必要性が生じてきた。そこで、本章では製作技法と窯体構造の比較検討から、徳之島カムィヤキ陶器窯跡、下り山窯、舞将里窯の窯業技術の相互関係を探っていくことに主眼を置き、カムィヤキがどのような地域との関連の中で成立し、「生産経済時代」（安里進 1990b）、「グスク時代への胎動」（金武 1998c）とも呼ばれる経済的転換がいかなる地域との関わりの中で引き起こされたのかを考えていくことにしたい。

3. 製作技法、窯体構造の比較検討

（１）製作技法の比較検討

　カムィヤキは、日本列島の中世須恵器と比べ、器壁が薄く、その焼き上がりは硬質である。器壁の断面をみると、内外面が青灰色、芯部が赤褐色を呈しており、器体の内外面に格子目の当て具痕と綾杉状の叩打痕を明瞭に残す資料が多く認められる。また、内器面に、凹線調整（新東・青﨑編1985a）、「器面凹条調整技法」（吉岡 2002a）と呼ばれる板状工具を用いた回転調整が施されることが特徴として挙げられる。

　日本中世陶器は製作技術により須恵器系、瓷器系、土師器系に分けられているが（楢崎 1974）、なかでも須恵器系中世陶器に関する総合的な研究は吉岡康暢によって主導されている（吉岡1994）。検討に移る前に、まずは吉岡による中世須恵器の製作技法の研究を確認しておきたい。

　中世須恵器の中で製作技法の明確な差異を示すのは壺、甕であり、その技法は、口頸部から体部まで連続叩打によって成形される「一連叩打技法」を特徴とする。一連叩打技法は、工程によって２種に分けられるが、第１種は、中世期の一大窯業産地である東播磨の魚住窯、神出窯にみられる丸底の製品で、①輪積み（１次成形）、②口頸部成形（口頸２次成形）、③口頸部調整、④体部叩き出し（体部２次成形）、⑤底部叩き出しという工程を辿る。第２種は、下り山窯に代表される平底の類で、基本的に丸底叩き出し工程の省略とされる。なお、徳之島カムィヤキ陶器窯跡、韓国舞将里窯の生産品はすべて平底の器形である。

　西日本における須恵器系中世陶器は兵庫県魚住窯、神出窯を中心とする東播窯、岡山県亀山窯、勝間田窯、香川県十瓶山窯、熊本県樺番城窯、下り山窯、徳之島カムィヤキ陶器窯跡が確認されているが、そのう

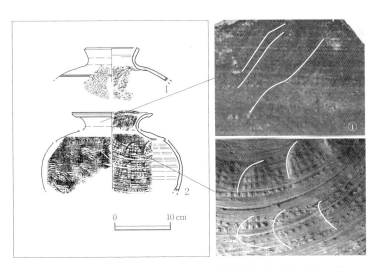

１：伊佐前原第一遺跡　２：徳之島カムィヤキ陶器窯跡（阿三柳田（北）支群）
図73　カムィヤキの製作技法

ち熊本県北部の樺番城窯までは東播系の技術的影響下に置かれているという（吉岡 1994、美濃口 1997）。これまでの中世須恵器研究の成果によると、壺の底部形態の類似から下り山窯、徳之島カムィヤキ陶器窯跡、舞将里窯の関係が深いことがうかがえる。したがって、これらの資料を重点的に検討することによって、製作技法の共通性を探っていくことから始めていきたい。

　まず、カムィヤキの製作技法について再度確認する。カムィヤキは口頸部成形の際、粘土帯が内器面側から巻きつけられており（接合法 A、図 73 左 - 1）、「口頸内継ぎ」（吉岡 2002b）といわれる。また、口頸部に叩打痕を残すことから「擬一連叩打」とされ、中世須恵器生産技術の延長線上に位置付けられている（吉岡 2002a、図 73 左 - 2）。頸部には口頸部屈曲成形の痕跡が確認できる（図 73 右 - ①）。内器面には格子目当て具痕が残り（図 73 右 - ②）、板状工具による回転調整が施される（第 73 図右 - ②）。体部、口頸部は、器体を回しながら打圧を加える「叩き回し」によって形作られている（吉岡 2002a、図 73 右 - ②）。なおカムィヤキ壺の製作工程については第 5 章で述べたとおりである。

　次に、高麗陶器の製作技法についてみてみよう。高麗陶器は、調整が入念に施されるため、製作の痕跡を残していない資料が多いが、大宰府史跡、博多遺跡群出土品の中で、口縁部に叩打痕を留める資料を確認できた（図 74 左 - 5、7）。口頸部の接合方法は、舞将里窯製品では接合法 A がみられる（図 74 左 - 3）。なお、大宰府出土の高麗陶器のように、頸部屈曲点で粘土が接合されるものもあり（接合法 B、図 74 左 - 6）、窯元によって口頸部の接合法が異なる可能性がある。頸部には屈曲成形の際の絞り痕が認められる（図 74 左 - 7）。当て具痕が粘土継ぎ目の上を走る状態で確認できるため（図 74 右 - ①）、叩き回しによって胴部が成形されたのであろう。内器面に格子目当て具痕が確認でき（図 74 右 - ①）、内器面に板状工具による回転調整が施される資料もある（図 74 右 - ②）。

　一方、下り山窯製品は口頸部に叩打痕が認められず、粘土継ぎ足しと回転ナデによって口縁部が成形される（出合 1997、吉岡 2002a）。頸部屈曲点に粘土接合痕を留める資料が多く確認できるため、体部（叩打成形）と口頸部（粘土継ぎ足し成形）の製作方法が異なることは明らかである（図 75 左）。口頸部の成形には、頸部屈曲点上位から粘土が継ぎ足される接合法 C が用いられる（図

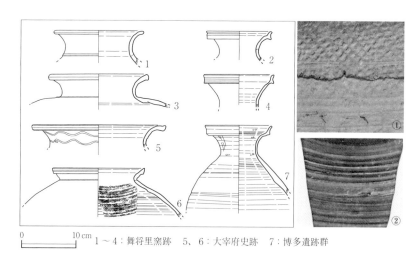

1〜4：舞将里窯跡　5、6：大宰府史跡　7：博多遺跡群

図 74　高麗陶器の製作技法

75右-①)。口縁部に叩打を施さず、口頸部の粘土接合方法が異なる点がカムィヤキとの大きな違いであり、これらに製作技法上の類似点は認められない。内器面には布目当て具痕が残り（図75右-②)、やや荒いナデが施される。当て具痕は、粘土継ぎ目の上を走る状態で確認されることから、叩き回しによって成形されたとみられる。

製作技法の検討結果をまとめると、表38のようになる。カムィヤキ、高麗陶器は焼成、当て具、口頸部成形、口頸部接合方法、内器面調整に類似点がみられ、カムィヤキと下り山窯製品に製作技法上の共通点は認められない。この点は、出合宏光（2003）による指摘に賛同したい。

以上の検討からは、カムィヤキと高麗陶器が最も近似した特徴をもつことがわかるが、両者には相違点もある。高麗陶器には、外器面に磨き調整が施される資料もみられ（赤司 1991)、仕上がりの風合いも丹精でかつ洗練されている印象を受ける。また、波状文の施文位置もカムィヤキとは異なる場合があり、高麗陶器の特徴である胴部張り付け突帯は、カムィヤキにはほとんどみられない。両者の類似点のみを強調はできないが、日本の中世須恵器と比較した場合、焼き上がりの雰囲気と製作技法の両面において類似するのはカムィヤキと高麗陶器であり、両者は技術的に緊密な関係にあると考えられる。

（2）窯体構造の比較検討

次に、窯体構造の検討に移りたい。須恵器系中世陶器のうち、窯跡の調査が行われているのは、

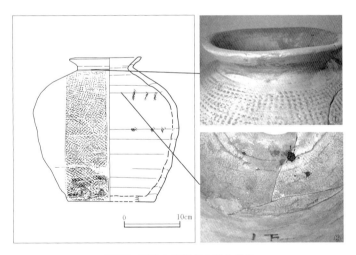

図75　下り山窯製品の製作技法

表38　カムィヤキ、高麗陶器、下り山窯製品の製作技法の比較

	焼成	叩打具	当て具	口縁部叩打	口頸部成形	胴部成形	口頸部接合方法	内器面調整	波状文
カムィヤキ	硬質	綾杉文 平行線文	格子目文 平行線文	有	叩き回し	叩き回し	技法A	板状工具 回転調整	有
高麗陶器	硬質	格子目文	格子目文	有	叩き回し	叩き回し	技法A、B	板状工具 回転調整	有
下り山	軟質	格子目文	布目文 平行線文	無	粘土継ぎ足し	叩き回し	技法C	粗いナデ	無

秋田県大畑窯（飯村 1995）、石川県珠洲窯（宇野・前川編 1993）、兵庫県魚住窯（大村・水口編 1983）、神出窯（池田征編 1998）、香川県十瓶山窯（森・伊藤編 1971）、十瓶山西村窯（沢井・六車編 1980）、岡山県亀山窯（岡田編 1988）、備前不老山窯（河本・葛原編 1972）、熊本県下り山窯（松本編 1980）、徳之島カムィヤキ陶器窯跡（新東・青﨑編 1985a・b、青崎・伊藤編 2001、新里亮編 2005）である。韓国では忠南道舞将里窯の事例を確認した（李ほか編 2000）。窯の構造をみると、東北、北陸、西日本一帯における窯跡は半地下式窖窯、地上式窖窯構造のいずれかを採用するのに対し、下り山窯、徳之島カムィヤキ陶器窯跡、舞将里窯は、すべて地下式窖窯構造である。

また、構造的な差は窯跡の平面形態の違いと対応する。西日本一帯、北陸地方では長胴の葉巻形の平面プランを呈するのに対し、徳之島カムィヤキ陶器窯跡、下り山窯、舞将里窯は焚口が極端に

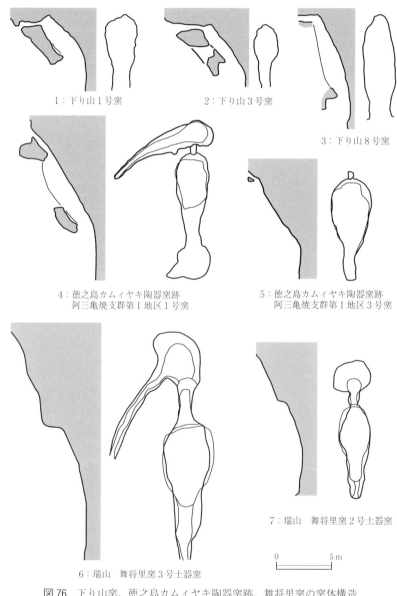

1：下り山1号窯　　　2：下り山3号窯

3：下り山8号窯

4：徳之島カムィヤキ陶器窯跡　　　5：徳之島カムィヤキ陶器窯跡
　阿三亀焼支群第Ⅰ地区1号窯　　　　阿三亀焼支群第Ⅰ地区3号窯

6：瑞山　舞将里窯3号土器窯　　　7：瑞山　舞将里窯2号土器窯

図76　下り山窯、徳之島カムィヤキ陶器窯跡、舞将里窯の窯体構造

窄まるイチジク形となる（図76）。窯体構造の面ではこれら三者の関係が深い。なお、下り山窯は窯尻に向かって垂直に煙道が掘り込まれているが、徳之島カムィヤキ陶器窯跡、舞将里窯は窯尻に斜行して煙道が設置される。また、焼成部の傾斜角度は下り山窯が40°から42°、徳之島カムィヤキ陶器窯跡が31°から42°と急傾斜であるのに対し、舞将里窯は18°から25°と比較的緩やかである。焼成部の構造に若干の差異を認めざるを得ないが、三者はかなり類似しているといえる。

（3）徳之島カムィヤキ陶器窯跡の系譜と下り山古窯との関係

製作技法の上では、カムィヤキ、高麗陶器に共通した特徴が認められ、また、窯体構造は徳之島カムィヤキ陶器窯跡、下り山窯、舞将里窯の親縁性が強い。これまで、徳之島カムィヤキ陶器窯跡の技術的系譜は、窯跡の形態的類似を根拠に下り山窯との関連が述べられてきたが、イチジク形を呈する窯の類例は朝鮮半島にも認められ、下り山窯のみに技術系譜が求められる状況ではない。下り山1期（9世紀から10世紀）とされる第5、8号窯は長卵形の平面形態を呈し、傾斜角度は20°前後である（松本編 1980、図76-3）。垂直に煙道を設置する特徴は古代から引き継いでいるものの、中世に至って窯の形態、傾斜角度を変化させていることは明らかである。下り山窯は、在来の伝統に外部要素が加えられることによって成立した可能性があり、窯体構造において朝鮮半島からの影響を受けたと考えてよいのかもしれない[5]。

以上の検討により、徳之島カムィヤキ陶器窯跡は製作技術、窯体構造の両方において朝鮮半島からの影響を受け、下り山窯は窯構造のみを取り入れたと判断され、朝鮮半島からの技術を全面的に継承した徳之島カムィヤキ陶器窯跡と選択的に受容した下り山窯、という技術伝達の2つのパターンが抽出できる。日本列島では古墳時代以来窯業生産が連綿と続いてきたが、琉球列島はそれが11世紀代に至って初めて確認される地域である。両者の決定的な相違点は、古墳時代以来窯業生産の伝統を有するか否かにあり、徳之島カムィヤキ陶器窯跡と下り山窯とで技術導入のあり方に差がみられるのはこのことに起因するのかもしれない。下り山窯の場合、在地の須恵器生産の伝統に朝鮮半島の技術を一部取り入れ、一方、窯業生産の伝統をもたなかった琉球列島では、南九州地方以上に技術的影響を強く受けた、より朝鮮半島的なカムィヤキが生み出されたのであろう。したがって、徳之島カムィヤキ陶器窯跡が下り山窯からの技術的影響を受けて成立したというよりはむしろ、両窯は大枠、同一の技術母体の上に成立した同系の窯として理解しておきたい。

4．徳之島カムィヤキ陶器窯跡の成立背景

（1）窯業生産の自然環境的条件

朝鮮半島の窯業技術をもとに成立したカムィヤキであったが、それではなぜ徳之島が開窯の地として選ばれたのであろうか。まずは窯業生産が営まれる当時の自然環境に注目して、その蓋然性について考えてみたい。

カムィヤキの生産跡は緩い傾斜をもつ丘陵上（標高160～200ｍ）に位置し、ここから海まで2kmに満たないこうした立地は、海上運搬を見据え、港に近く陶器の搬出に適したなだらかな地形が産地として選ばれたことをうかがわせる。その基盤土壌は花崗岩の風化した真砂土である。花崗岩風化土はカオリン成分を多く含むため陶土に適すると一般的にいわれており、窯業の街である

瀬戸、信楽はその分布地として著名である。聞き取りによると、遺跡付近の土はカマドの材料としてよく用いられたらしく、また、終戦直後には沖縄からの移住者が焼き物を焼いていたという。徳之島カムィヤキ陶器窯跡が製陶に適した良質な粘土に恵まれた地域に位置しているのは間違いないであろう。

　類似した地質環境は琉球列島内で確認できるであろうか。1991年刊行の鹿児島県地質図を参考にすると、徳之島カムィヤキ陶器窯跡は深成岩である花崗岩を基盤とした丘陵上に立地することがわかる（新里亮編 2005）。花崗岩風化土は徳之島の南部と北部で確認されるが、南部は北部と比べて花崗岩の風化が進み、良質な粘土質土壌が形成されているという（大木公彦氏教示）。豊富な花崗岩風化土の存在は、陶器作りの大規模産業化に適した環境的要件となっていたことがわかる。

　花崗岩の基盤は、トカラ列島以南の地域では奄美大島奄美市の笠利と住用、瀬戸内町、徳之島の南部と北部、沖永良部の和泊町、沖縄本島の恩納村、石垣島の川平湾沿岸で確認されているが、徳之島では特に卓越している。窯跡周辺は、花崗岩地帯と石灰岩地帯の接点に当たり、そこには地下水によって浸食された陥没ドリーネが形成されているので、陶土の準備に必要な水資源は豊富にある（成尾 2015）。窯跡出土炭化物の樹種同定では燃料となった薪はオキナワジイであったことが明らかとなっているが（古環境研究所 2005）、これは花崗岩風化土のような酸性質の土壌を好み、燃やせばと強い火力で燃焼し、さらに伐採後の回復力が高いとされる（寺田 2015）。こうした所見を参考にすれば、窯跡周辺には窯業に不可欠な粘土、水、燃料が豊富な自然環境が備わっていることがわかる。

（2）吉岡論点の整理

　ここでの検討は、カムィヤキの性格を、日本列島における中世窯業の開始という動向の中で成立した「南島の中世須恵器」とした吉岡康暢の論説と矛盾するものではない。しかし、先に述べたように筆者は、徳之島カムィヤキ陶器窯跡と下り山窯を同系窯として並列的に理解しているため、窯構造の類似から徳之島カムィヤキ陶器窯跡が南九州勢力の影響下で成立したとする吉岡の指摘について、もう一度考えてみたい。

　ところで、徳之島カムィヤキ陶器窯跡の成立と南九州勢力との関連性を認める吉岡の根拠は、以下の3点にある。
　①徳之島カムィヤキ陶器窯跡と下り山窯の窯体構造が類似すること。
　②滑石製石鍋が薩摩半島西岸から奄美諸島まで列状に分布すること。
　③薩摩南部の万之瀬川流域に立地する持躰松遺跡および近接遺跡においてカムィヤキが発見されていること。さらに、持躰松遺跡では博多、大宰府と近似した高級品を含む中国産陶磁器が比較的多く検出され、集荷地特有の壺甕類をも伴っていること。
　ここでは②と③の考古学的状況を吟味しながら、カムィヤキの成立背景を再び探ることにする。

（3）滑石製石鍋の流通からみた琉球列島と九州島との経済関係

　第3章で検討したとおり、滑石製石鍋Ⅰ式-2が三島や喜界島などの小規模な離島から大量に出土し、沖縄本島や奄美大島においては拠点的な遺跡に偏在する傾向をもつので、これらは南九州からの島伝いに連結するような分布傾向は認められない。こうした状況から中世に盛行した滑石製石

鍋Ⅰ式-2は博多綱首を含む中世商人や在地勢力の関与によって拡散したと想定されたので、これらの広域流通を南九州勢力の活動に限定して求める必要はないと考えられる。

また、第5章で検討したとおり、大宰府B期（10世紀後半～11世紀中頃）の中国産陶磁器を模倣したカムィヤキの椀が製作され、カムィヤキの成立が11世紀初頭前後に遡上する可能性を考慮すると、徳之島カムィヤキ陶器窯跡の成立背景を探るには、律令時代末期における九州島と琉球列島の関係性を重要視しなければならなくなる。この頃に位置付けられる滑石製石鍋Ⅰ式-1は11世紀前半代には奄美諸島へと持ち込まれていたと考えられるが、これらは九州島の官衙遺跡において出土する傾向が強く、公的性格を帯びた人々の生活用具であった可能性が高い。奄美諸島においては大宰府A期（8世紀末～10世紀前半）・同B期（10世紀後半～11世紀前半）の中国産陶磁器も出土するので、これらの搬入時期とカムィヤキの成立時期が重なる蓋然性は十分にあり、これらが琉球列島へと運び込まれる歴史事情と琉球列島における窯業生産の開始は無関係ではないであろう。

（4）持躰松遺跡および薩南地域の評価

続いて、持躰松遺跡とカムィヤキを出土するその近隣遺跡の様相について考えてみよう。鹿児島県金峰町の万之瀬川下流域に位置する木遺跡からは、博多と組成が類似する豊富な中国産陶磁器が出土しており、南薩における宋人居留と宋商人との直接交易の可能性が指摘された（宮下編1998）。さらに、万之瀬川下流域は阿多郡領主であった薩摩平氏阿多氏の本拠地であったことから、領主権力と交易との関連性を追及する研究も行われている（柳原1999）。

ところが、この位置付けに関しては考古学者による批判がある。大庭康時は、博多のような陶磁器一括廃棄遺構、博多綱首を表す「綱」銘墨書陶磁器の大量出土が持躰松遺跡にはみられないことを指摘し、こうした状況が認められない限り、日宋商人の主要な活動拠点にはなり得ないとする（大庭1999）。これによって、博多以外の地域における「住蕃貿易」の可能性を考古学的状況から否定するとともに、亀井明徳が示した「一極ラジアル型」（亀井1986）の貿易構造を支持した。さらに大庭は、重ね焼きの状態を留め、釉着したままの陶磁器が廃棄されていることに注目し、生産地で製品の選別が行われずに出荷され、集散地において製作の最終工程が行われていたことを具体的資料によって裏付けている。陶磁器流通の実態は、陶磁器の組成と数量の検討のみではその解明が困難で、遺跡における出土状況を加味した分析が要求されるが、大庭が示したような、集散地としてふさわしい陶磁器出土状況は博多を除いて発見されていない。考古学的状況から判断すると、一極ラジアル型の構造が、日宋貿易のかたちとして最も妥当性があるように思われる。以上のことから筆者は、亀井、大庭らが描いたように、中世前期における海外貿易は博多において独占的に展開していたと考える立場をとりたい。

（5）徳之島カムィヤキ陶器窯跡成立の技術的、経済的背景

上述の検討によると、把手付石鍋が薩南地域のみから琉球列島に持ち込まれた状況は想定しがたく、また、中国産陶磁器の出土状況からは、薩南を終着地とする日宋貿易の痕跡は認められない。この地が博多の動向から外れた状態で日宋貿易の拠点となった様子はうかがえず、持躰松遺跡は、宋商人が寄航したとしても、日宋貿易の終着地ではなく、薩南地域の拠点遺跡として機能していた

ことが想定される。中世初期における海外貿易は、博多を起点として放射状に展開しており、このような状況から判断すると九州島と琉球列島間の経済関係を考える際には、南九州のみを強調する必要はない。この時期における貿易商品は、集散地として機能した博多から放射状に流通したものであり、琉球列島はその商業圏の南縁に位置付けられるとみられ、中国産白磁などはこうした状況下で琉球列島へと持ち込まれる場合が多く、特に 11 世紀中頃に先島諸島へと到達する食器類の流通は、博多を発着点とする商船の存在が重要であったと考えておきたい。

　それでは、持躰松遺跡を薩南地域の拠点遺跡と評価すれば、万之瀬川流域の遺跡からカムィヤキが検出される理由をどのように理解すればよいのだろうか。吉岡康暢はこの状況に注目し、南九州からトカラ海域を地域経済圏と捉え、薩南の海の武士団と奄美按司層らの結託による経済関係を想定している（吉岡 2002a）。

　カムィヤキ A 群が南九州にも分布することから、薩南地域と奄美諸島を結ぶ地域経済圏の存在は否定できないが、下り山窯が徳之島カムィヤキ陶器窯跡の製作技術に影響を与えていないとみれば、薩南勢力は徳之島カムィヤキ陶器窯跡の経営主体者となり得るだろうか。西北九州のような滑石製石鍋の集散地は南九州では発見されていないが、仮にあったとしても薩南の海の武士団が琉球列島全域におよぶ石鍋流通を掌握していたとは考えられず、薩南勢力はあくまでトカラ海域周辺までの地域的な経済圏を一部担っていたに過ぎないと想定される。逆に、トカラ海域までの流通圏しか持ち得ない南九州の在地領主が、カムィヤキの操業を主導したとは考えにくい。そこで注意すべきは、カムィヤキがはるか宮古海峡を越えた先島諸島に至る地域でも滑石製石鍋、中国産陶磁器とともに検出される点にある。第 3 章でも検討したように、琉球列島における滑石製石鍋の流通には博多綱首を含む中世商人や琉球列島の在地勢力などあらゆる集団による関与を想定したが、これと消費地で共伴するカムィヤキや中国産陶磁器も同じ脈絡の中で拡散したとの理解が可能である。

　このように、広域流通を前提としたカムィヤキの特徴を重視すれば、その成立には南九州の在地勢力ではなく遠隔地の商品を扱う北部九州の集団による関与を想定したほうがよさそうに思える。徳之島カムィヤキ陶器窯跡が成立した 11 世紀代は、日宋商人が積極的に高麗へと進出した日麗貿易が行われていた時期である。これを裏付けるかのように、当該期の高麗陶器（赤司 1991、山本信 2003、主税 2013・2016）、高麗陶磁（降矢 2002）が博多、大宰府で集中的に出土することが知られる。11 世紀後半から増加するとされるが、鴻臚館においては 11 世紀初頭前後の土師器や陶磁器類に共伴する例も報告されている（山崎 1993b）。なお、前章で述べたとおり徳之島、喜界島では高麗陶器が一定量出土することが判明しているが、琉球列島における高麗陶器もこうした地域から持ち込まれた可能性が高い。

　王朝直轄の高麗陶工たちは、日宋商人からの献上品に対する回賜として招致されたとも推察されており、それについては日宋商人の関与が想定されている（吉岡 2002a）。以上のような時代観とカムィヤキが製作技法、窯体構造ともに朝鮮半島のものと類似することを重ねて考慮すると、徳之島カムィヤキ陶器窯跡の成立は、北部九州を窓口とした日宋貿易や日麗貿易の延長線上に位置付けられるのではないだろうか。北部九州に拠点を置く商人を介した高麗陶工は、徳之島に窯業技術を伝え、朝鮮半島的な陶器窯を徳之島に成立させたと考えておきたい。また、下り山窯の窯構造にも朝鮮半島的な要素を見出したが、九州南部における窯業生産の動向も日麗貿易とは無関係ではないのかもしれない。[6]

カムィヤキは、北部九州を窓口とする日宋・日麗貿易を背景に、琉球列島へ移動した陶工と技術の産物であり、日宋貿易に起因する広域流通網、薩南や琉球列島の在地勢力が関与した地域経済圏に支えられた南島の須恵器であると評価できるのではないだろうか。ただし、窯業技術導入の背後に終焉期の鴻臚館が関与していたのか、それとも出現期の博多にあったのかは、現段階では明言できない。今後の課題としたい。

註
（1）按司とは、グスク時代の琉球各地に割拠した有力者のことを指す。
（2）韓国忠清南道瑞山市に位置し、忠清埋蔵文化財研究院によって調査が行われた。調査の結果、高麗期の土器窯が3基、土器廃棄場2基、朝鮮時代の粉青沙器窯2基、白磁窯1基が検出された。窯跡の地磁気調査で得られた年代は、概ね11世紀後半から12世紀前半頃という。2003年11月、資料を実見することができたが、高麗期の陶器は全体的に焼成がよく、胎土は緻密であり、器壁断面をみると、芯部が濃赤褐色、表面は灰色を呈する資料が多い。混和材として、微細な白色鉱物をまばらに含み、一部石英とも思われる輝石を含む資料も存在する。また、緑黒色を呈する自然釉がかかるものが多数確認できた。器種は甕瓶がある。
（3）魚住古窯跡の調査報告書（大村・水口編 1983）において、最初にこの製作工程が指摘された。
（4）飯村均によって窯跡の集成図が作成されている（飯村 2001）。
（5）底部粘土盤に叩打を加える技法が高麗陶器、下り山窯製品に認められる。この技法は下り山窯と高麗陶器の関連を示す可能性があり注目される。
（6）日本中世窯業に高麗的要素を認める見解は、上原真人（1980a・b）、吉岡康暢（1994）によって示されている。なお、高麗陶器に関する近年の文献として主税（2013・2016）がある。

第8章　食器類からみたグスク時代の歴史動向

1. 琉球列島史の特質

　琉球列島では少なくとも5000年以上におよぶ狩猟採集の時代（縄文時代～平安時代並行期、約7000年前～1000年前）が続いた。時代の呼び名は各地でさまざまであるが、奄美・沖縄地域では「貝塚時代」、先島諸島では「先史時代」と呼ばれることが多い。集落や墓の研究からは、長く続いた貝塚時代の間に、社会の複雑化（定住、労働投下、労働分担）が緩やかに進行してきたことが明らかにされている（高宮広・新里 2013）。

　それに続くグスク時代は、農耕と牧畜、窯業と鉄生産に支えられた生産経済の段階（平安時代末～南北朝時代並行期、約1000～600年前）にあったとされる（安里進 1990）。その前半（11世紀中頃～13世紀中頃）には農業生産、陶器生産、鉄生産、商品流通が本格化し、後半（13世紀後半から14世紀代）にはグスクの構築が盛んになって、14世紀後半には沖縄本島の三山（北山、中山、南山）による中国明王朝との朝貢貿易が始まる。琉球国の前提となるより複雑な社会（社会の分業化、階層化、組織化など）が形作られた大きな画期となるのがグスク時代であった。

　長期的で継続性の高い狩猟採集の時代と農耕の普及から一気に王国成立へと駆け抜けるスピードの速さ、この両者のアンバランスさが琉球列島史の大きな特徴だといえる。ここでは前章までの研究成果を総括しながら、当時の社会や経済について考えていくが、琉球列島全域の時代概念を対比的に捉える意図から、奄美・沖縄地域の貝塚時代前・後期（縄文時代～古代並行期）と先島諸島の先史時代をまとめて「先史時代」とし、先史時代と琉球国時代の間を「グスク時代」と呼ぶことにする。さらに、食器類の諸変化に基づいて、グスク時代を前期（11世紀中頃～12世紀前半）、中期（12世紀中頃から13世紀前半代）、後期（13世紀中頃～14世紀代）に区分した。以下、時期区分の根拠と各期の特徴を述べながら、グスク時代の歴史動向をまとめていきたい。

2. 先史時代における3つの文化圏

（1）文化圏の概要

　本題に入る前に琉球列島における先史時代文化の特徴について紹介しておく。

　先史時代の琉球列島には3つの文化圏があったといわれており、土器文化の特徴に基づいて次のように区分されている（国分 1972、図77）。九州島の土器文化と近しい南島北部圏（大隅諸島～悪石島以北のトカラ列島）、独自の文化をもつ南島中部圏（トカラ列島の宝島、小宝島、奄美諸島、沖縄諸島）、台湾やフィリピンとの関係が想定される南島南部圏（宮古諸島、八重山諸島）である。琉球列島を取り巻く九州島、中国大陸沿岸部、台湾島や東南アジアはそれぞれが文化の本拠

地としての役割を担い、これら3つの文化圏の特徴を決定付けた主たる要因を各諸島の地理的位置に求めた点にこの文化区分の特徴がある。

琉球列島は太平洋沿岸地域におけるサンゴ礁の北限域に当たる（目崎 2003）。北部圏には種子島に代表されるような局地的に裾礁が認められる島もあるが、とりわけ中部圏と南部圏には国内有数のサンゴ礁とそれに由来する琉球石灰岩の段丘地形が形成される。

国分による先史時代の文化区分は、トカラ列島全域の調査が進んでいなかった時点での見解であったことから、悪石島以北は南島北部圏にまとめられた。また、宝島が裾礁の北限であることに注目する木下尚子も、この島を北部圏と中部圏の境としている(1)（木下 2012）。一方、先史時代の土器文化に注目した伊藤慎二は、琉球系土器様式の北限がトカラ列島北端の口之島にあることから、トカラ列島と熊毛諸島間の海峡が琉球文化圏とヤマト文化圏の境界であったと考えている（伊藤 2011）。両氏の見解は、生業活動や装身文化に代表される生活文化とサンゴ礁との関係を重視するか、土器そのものの分布状況から文化圏の境界線を設定するかで若干異なるが、いずれにせよ国分が示した文化圏の内容が、以前より高い精度で把握されていることは確かであろう。琉球列島では、共通性をもつ自然環境の中で、内容の異なる個性的な物質文化が展開していたと理解することができる。

（2）各文化圏の諸特徴

それでは、各文化圏における文化的要素の諸特徴について概観してみたい。

南島北部圏とは種子島、屋久島を中心とする大隅諸島と対応する。続日本紀には「多禰」、「夜玖」と記され、方物の献上が記載されるなど記録の上では朝廷との関係が知られる。考古学的には旧石器時代以降連綿と人間の活動痕跡が確認され、先史時代を通して南九州と連動的な土器様式が確認される。縄文時代中期以降は南島中部圏に分布する土器（室川下層式や喜念Ⅰ式など）の搬入が認められているが（上村 1994）、それ以前からの交流が存在していた可能性が高いとされる（伊藤 2011）。

種子島では弥生時代後期後半から古代にかけて、広田遺跡に代表される独自の貝文化をもつ遺跡が確認されている（桑原編 2003）。台地上に集落、海岸砂丘上に墓地が展開し、覆石をもつ埋葬跡や地下式横穴墓などは南九州と類似する埋葬様式だともいわれる（甲元 2003）。副葬された貝製装身具の分析によると、素材貝は南島中部圏から調達されながらも、装身文化の系譜は中国大陸が想定されるなど（木下 2003）、埋葬習俗は複雑な様相を

図77　先史時代琉球列島の3文化圏

呈する。人骨の安定同位体分析では、九州弥生人骨の範疇に入るとされることから、広田人は稲作を行っていたとの指摘もある（金関 2003）。律令期には多禰国が設置されるなど、先史時代以来、日本列島との関連が深く、かつ南島中部圏との文化的交流も活発な地域であった。

南島中部圏について、動物考古学や地理学の研究者は、その文化が海岸砂丘とサンゴ礁環境の成立と深い関係にあったと考えている（樋泉 2014、黒住 2014、菅 2014）。奄美・沖縄地域における貝塚時代遺跡のほとんどが海浜と近い海岸砂丘地に位置することは、これを如実に物語っている（図 78）。貝塚時代前期（約 7000 年～2500 年前、縄文時代前期～弥生時代前期並行期）、サンゴ礁域は主に食糧獲得の場として利用されたが、貝塚時代後期（約 2500 年～1000 年前、弥生時代中期～平安時代後半）には、食糧のみならず、交易品の素材を調達する場としても重要であった。貝塚時代前期と後期の境は、弥生時代の九州島と琉球列島間で展開した『南海産貝交易』（木下 1996a）の成立期と概ね対応する。貝塚時代の奄美・沖縄地域では、砂丘やサンゴ礁環境が成立する約 3500 年前頃に遺跡が海浜へと近づいていく様子がうかがえ（図 79）、サンゴ礁資源の重要度は時代とともに増していったようだ。

南島中部圏では、九州島との交流関係が縄文時代以来、連綿と確認される。土器文化自体は独自性が強いものの、九州以北から土器（曾畑式、船本式、市来式など）そのものが搬入され（堂込 2004）、それらの形態的特徴、視覚的特徴を受け継ぐ土器も散見される。ただし、奄美諸島、沖縄諸島では、類似する土器様式が確認される時期と、地域色が強まる時期が交互に確認されるなど、島嶼域における土器文化の動態はやや複雑な推移をみせる。

こうした様相は、貝塚時代後 1 期（弥生時代中期～古墳時代並行期）以降特に顕著で、奄美諸島では九州島における弥生時代、古墳時代の土器の影響を受けた土器様式（沈線文脚台系土器）が成立する一方、沖縄諸島

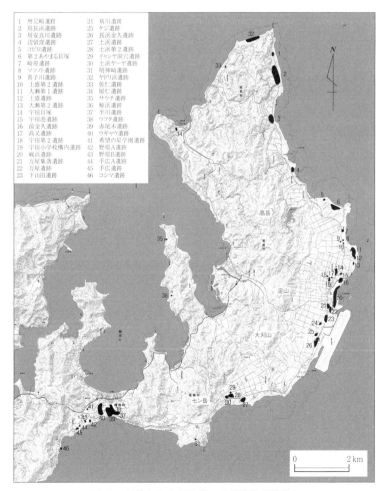

図 78　奄美大島笠利半島の貝塚時代遺跡分布

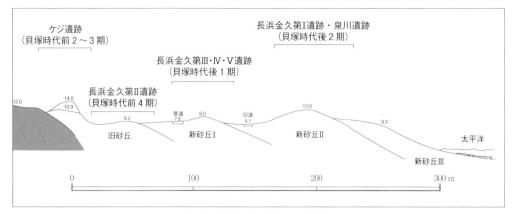

図79　長浜金久遺跡の立地状況

では特有の土器様式（無文尖底系土器）が自律的に展開するという（高梨2004a、新里貴2004a）。当時活発であった南海産貝交易では、沖縄諸島と奄美諸島とで役割が異なり、素材貝の供給地であった沖縄諸島には独自の土器様式が残り、素材貝の運搬仲介者であった奄美諸島では九州島との文化的接触によって九州的な土器が製作されたとも推測されている。貝塚時代後2期の奄美諸島にはヤコウガイ大量出土遺跡や貝匙の製作遺構が確認され（高梨編2016）、これ以降ヤコウガイ交易が盛行するといわれる（高梨2005）。こうした遺跡から発見される中国唐代の開元通宝は、ヤコウガイ交易の代価品として琉球列島へと持ち込まれたとする解釈もある（木下2000）。農耕の痕跡は那崎原遺跡（8～10世紀）など一部の例を除いて不明瞭で、根茎類の栽培が指摘されているものの、明確な証拠に恵まれてはいない。自然遺物の分析によると、一貫した漁撈とイノシシ猟（樋泉2011）、サンゴ礁域に生息する貝類の安定的な採集が示されており（黒住2011）、狩猟採集が主たる生業であったことが明らかとされている。

　このように南島中部圏の人々は、長い歳月をかけてサンゴ礁を積極的かつ有効に活用する手立てを身に付けていったが、奄美諸島では、平安時代の後半に当たる1200年前頃に九州島からの人の往来がとりわけ盛んになる。喜界島や奄美大島の遺跡で須恵器、土師器、越州窯系青磁など奈良・平安時代の特定層が使用した食器類が出土することから、律令期の国家的事業に携わった人々の断続的な行き来を予想する意見もある（中島恒2008）。平安時代の書物には琉球列島で生息するヤコウガイがたびたび登場し（山里1999）、これと対応するように奄美諸島ではヤコウガイが大量に出土する遺跡が出現するので（高梨2005）、サンゴ礁域の特産品が積極的に交易される中で、奄美諸島は九州島と強く結びついていったのであろう。

　南島北部圏と南島中部圏の人々には交流関係があり、時代によって多寡はあるものの九州島からの文化的影響も少なからず認められる。一方、南島南部圏では先史時代を通して南島中部圏とは異なる土器文化が展開し、有土器時代の後に無土器時代を経験するなど、特殊な歴史経緯が確認される。奄美・沖縄諸島の土器系統とは異なる下田原式土器（前4期相当）が製作され、続く無土器期（後1、2期相当）には、シャコガイ製貝斧、スイジガイ製利器、シェルディスクに代表される独特の貝文化が展開した（岸本2004、金武2004）。下田原期、無土器期ともに遺跡からはイノシシやサンゴ礁域の貝類が出土することが多く、狩猟採集経済が継続していたと考えられており、遺構としては集石遺構や建物跡が検出されている。また、開元通宝の出土も確認されており、崎枝赤崎遺

跡例のように一遺跡あたりの出土量が 20 枚以上と多いことが特徴とされる。

（3）グスク時代的生活文化圏の成立

各文化圏の文化的特徴は以上のようにまとめられ、規模の異なる裾礁環境に適した多様な先史文化が展開していた様子がうかがえる。ところが、11、12 世紀頃になると、サンゴ礁に大きく頼る伝統的な暮らしは一変した。

グスク時代（約 1000 年前）に至ると、遺跡の多くは中・高位段丘の縁辺や山頂部に立地するようになり（図 80）、大規模な集落や堀切、土塁、石積みを設けた城郭が出現する（図 81）。遺跡からは鉄製品はもちろんのこと砂鉄を集めた痕跡や鉄を溶かした炉跡も増えて、人々の生活には鉄器が定着した。また、集落の付近では水田や畑が営まれ（図 82）、遺跡からは炭化した穀類（イネ、オオムギ、コムギ、アワ、キビ）が高い確率で見つかるようになる。ウシやウマも出土するので、農耕用の家畜も飼育されていたようだ。グスク、集落、耕地に代表される土地開発が進み、それによってリュウキュウヤマガメが減少するなど（樋泉 2011）、生業の変化は周辺環境にも少なからず影響を与えた。こうした歴史動向に注目した安里進は、後のグスク時代を準備した生産業上の転換期を生産経済時代あるいは原グスク時代と呼んでいる（安里進 1990a）。

新しい食生活の開始とともに、食事に用いる道具の様子も大きく変化した。これまで検討してきたように、南島中部圏、南島南部圏では、共通した土器文化が開花し（本書での土器 B 群）、中国産陶磁器、九州産滑石製石鍋、徳之島産カムィヤキなどの食器類が運び込まれた。これらは、生活用品を各地から取り寄せる本格的な商品流通の時代が訪れたことを示す確かな証拠である。

徳之島で生産されたカムィヤキは、籾圧痕が残る事例があり（白木原 1975）、洞穴での発見例から種籾保存用の貯蔵具

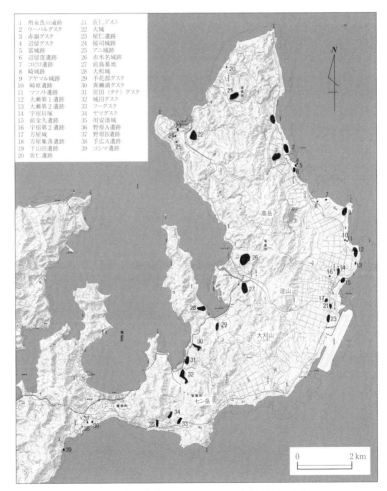

図 80 笠利半島におけるグスク時代遺跡の分布

図81　赤木名城跡地形測量図

とする指摘もある(3)（安里進1998）。カムィヤキが琉球列島における農耕の普及と関わる器物であったことは確かであろう。近年の研究成果によると、奄美諸島は沖縄諸島よりも農耕の導入が古く、10世紀前後にさかのぼる見解も示されているが（高宮広・千田2014）、この頃の沖縄諸島では農耕が主たる生業手段ではなく、その構成要素の一つであったことも指摘されている（甲元2002）。琉球列島全域における農耕の本格化は11世紀後半代以降に下ると考えられ、徳之島における窯業の開始がグスク時代を大きくさかのぼらないことからも両者の密接な関係は十分に想定できる。

農耕が普及する一方で、ヤコウガイ交易（高梨2000・2001、木下2000・2002）やホラガイ交易（木下1996・2002）を目的としたサンゴ礁資源の利用は続いていたようだ。ヤコウガイは京都の貴族社会で使用された儀礼用容器、対宋貿易品である螺鈿工芸品の素材として利用されたという（木下2002）。

日本列島におけるヤコウガイの消費動向をまとめると、8世紀後半から9世紀前半：螺鈿素材として需要の開始、9世紀後半：螺杯が朝廷・貴族の間で流行、10世紀後半：一般の生活に定着、11世紀：工芸素材として需要が定着・増大、12世紀：消費がピークに到達、13世紀：ヤコウガイ交易の衰退、の順を辿り（木下2000・2002）、とりわけ11世紀から12世紀にかけて、ヤコウガイが南の特産品として大量に消費されたという。ホラガイは仏具の素材で、10世紀後半から11世紀の宋、高麗、日本列島でかなりの需要があったとされる（木下1996b）。これらの運搬は主として博多によった商人らに担われていたと考えられている（木下2002）。

食器流通、土器B群の成立、農耕の普及によって南島中部圏と南島南部圏は同一の生活文化圏にまとめられたが、もうひとつ重要なのは新たな文化圏の範囲にある。その大部分は後に成立する琉球国の版図へと組み込まれるが、こうした動向を重視する安里嗣淳は、北琉球圏（奄美・沖縄諸島）と南琉球圏（宮古・八重山諸島）をまとめて琉球圏と定義し、先史時代末期前後における開元通宝、滑石製石鍋に代表される北から南への文化波及が琉球圏形成の性格と方向を決定付けたことを指摘している（安里嗣1991）。ヤコウガイやホラガイの交易からは博多によった商人の関与が予想されているところでもあるが、本来没交渉の関係にあった南島中部圏と南島南部圏が文化的にまとまり、経済的連結性を増した島嶼域が政治的に統合されたことは、琉球史上画期的な出来事だったことだけは確かであろう。

図 82　水田跡の検出状況（前当り遺跡）

　それでは、琉球圏成立の一つの契機となった土器B群の成立、九州産滑石製石鍋・徳之島産カムィヤキ・中国産陶磁器の生産や流通の動向に注目し、グスク時代の時期区分と各期の特質について整理していきたい。

3．グスク時代前期（11世紀中頃～12世紀前半）

（1）滑石製石鍋の広域流通と土器B群の成立

　古代から中世の代表的煮沸具であった滑石製石鍋は、琉球列島においてもかなりの量が消費され、古い型式である把手付タイプ（本書でのⅠ式）は土器B群の祖形ともなった（第2章）。9世紀後半から11世紀中頃のⅠ式1類は、九州島の官衙などから出土するが、一部は奄美諸島にもおよんでいることが確認され、律令期に来島した九州島の特定集団の生活用具として持ち込まれた可能性が考慮された（第3章）。その後Ⅰ式2類は琉球列島全域へと広がりをみせ、奄美・沖縄・先島の各諸島ではこれを模した鍋形土器の製作が一斉に開始した（土器B群第1段階：11世紀後半～12世紀前半、第2章）。

　日本列島規模でみると、滑石製石鍋Ⅰ式2類は九州島に出土例が多い近郊地流通品とされるが、これらは琉球列島の各島々に行きわたった。先史時代では異文化圏にあった先島諸島にもおよぶことから、生産地付近の集散地や博多に集積されたものが中世商人（博多綱首のような遠隔地商人や国内商人）によって持ち込まれ、さらに琉球列島の在地集団によって各島々へ運ばれる経過が想定

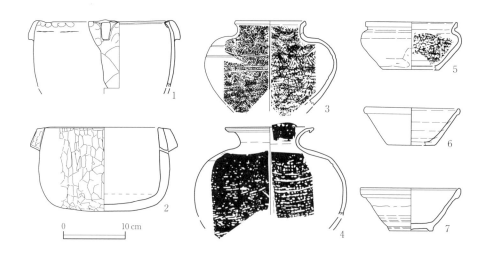

1：土器B群（熱田貝塚）　2：把手付石鍋（海の中道遺跡）　3〜6：カムィヤキ（徳之島カムィヤキ陶器窯跡）
7：大宰府白磁碗Ⅳ類（伊波後原遺跡）

図83　グスク時代前期の食器

される（第3章）。

　日宋貿易の主要品目であった硫黄の産地である三島において発見されていることから、これらが中世商人の生活用具としても持ち込まれていた可能性も見込まれる。琉球列島から出土する滑石製石鍋Ⅰ式2類は、商品や特定集団の生活用具などさまざまな要因によって持ち込まれたとみられ、中世という時代性を反映する活発な人の出入りの確かな物証でもある。

（2）貿易陶磁器の流通

　先史時代終末期の奄美諸島では大宰府A期（8世紀末〜10世紀前半）、同B期（10世紀後半〜11世紀前半）の中国産陶磁器が検出され（第1章）、これらは滑石製石鍋Ⅰ式1類や律令期の須恵器などとともに持ち込まれた可能性が高い。

　中でも琉球列島全域におよぶのは大宰府C期（11世紀中頃〜12世紀前半）に位置付けられる白磁碗（大宰府Ⅱ、Ⅳ、Ⅴ類など）で、各地において安定的な消費が確認できる。これらは先に述べた滑石製石鍋Ⅰ式2類や土器B群、カムィヤキを伴う事例が多く、後述する徳之島カムィヤキ陶器窯跡においても白磁碗Ⅳ類の模倣品が生産されるほど琉球列島内部の生活に定着していた。こうした状況から当該期の中国産陶磁器は、滑石製石鍋とともに九州から琉球列島へとまとめて持ち込まれたとする意見もある（金武 1998c）。

　数量的な検討からは、Ⅰ期（11世紀中頃〜12世紀前半）の奄美諸島において優勢的な消費が確認され、先史時代終末期から続く九州島との密接な経済関係によってこれらが運搬されていたとみられる。13世紀前半以前における琉球列島の中国産陶磁器の出土状況が九州の一般的な遺跡と大差ないことは（森本・田中 2004）、博多において一極ラジアル型（亀井 1997b）の陶磁器貿易が行われていた当時の経済状況を反映しており、当該期の琉球列島は博多を中心とする商圏内にあり、奄美諸島はその窓口として機能していたことが理解される（第4章）。

（3）徳之島カムィヤキ陶器窯跡生製品の広域流通

　徳之島で生産されたカムィヤキは、西北九州、南九州の一部地域と琉球列島全域においてその出土が確認されており、距離にして 1000 km を超える範囲に広がっていたことが明らかとなっている（池田榮 2003a）。

　焚口が窄まる特殊な窯構造は朝鮮半島の陶器窯跡と類似し、製作技法の検討からは、朝鮮半島の無釉陶器との技術的関連性が考えられた（赤司 1998・2008、大庭 2010、第 7 章）。近年、喜界島や徳之島の遺跡からは朝鮮半島産無釉陶器や初期高麗青磁の出土が相次いで報告されており（新里亮編 2010、具志堅編 2010、松原ほか編 2015）、朝鮮半島系文物の流入と窯業技術の導入が同時に進行していたことが判明しつつある。この頃における朝鮮半島産の食器類は北部九州で集中的に出土することが知られ（赤司 1991、山本信 2003、降矢 2002）、その流入は日麗貿易に由来するとも考えられている（赤司 1991）。日麗貿易が北部九州を窓口に展開していた事情を踏まえると、朝鮮半島からの舶来品や窯業技術は北部九州との経済的連結によって琉球列島へともたらされていた可能性が考慮される（第 7 章）。

　九州島でも比較的多く使用されていた玉縁口縁白磁碗（大宰府白磁碗Ⅱ、Ⅳ類）を模した碗が一定量生産されていることは、当時一般化した舶来供膳具の形態的特徴が陶器に転写された結果だといえ（吉岡 2002a）、九州島における中世的食器文化の選択的受容を想起させる。

　型式学的検討では、大型壺の口縁部形の分類に基づいて成形方法や当て具文様の差異を抽出し、A 群と B 群の大別を行った（第 5 章）。器種は壺、椀、鉢、甕、水注からなるが、出現から消滅にいたるまで壺が主要生産品目であったことがうかがえた。

　A 群段階古層期は、大宰府 B 期（10 世紀後半〜11 世紀中頃）の白磁碗を模したものの存在から 11 世紀初頭前後にさかのぼる可能性があるものの、11 世紀中頃以降、カムィヤキは琉球列島全域への流通が確認されるようになる（第 6 章）。当該期の生産器種は壺・椀・鉢で構成され、消費状況からの検討から、中国産陶磁器との器別分業に生産の特質が見出されたが、生産品としては希少な供膳具（椀、鉢）が、当該期の中国産陶磁器を最も多く出土する奄美諸島で消費されていることから、これらには使用者の階層を表現する文化的な意味が備わっていたと解釈することができる（第 6 章）。

　カムィヤキは、西北九州から先島諸島の広範囲に分布するが、薩摩半島沿岸域での出土は南九州と奄美諸島の交流関係の存在を想起させ、窯の操業開始時における経済的な交流範囲が広域的かつ複雑であったことをうかがわせる。先史時代以来、交流関係を継続していた南九州と奄美諸島の地域的実情を踏まえると、こうした状況がグスク時代にも引き継がれていたとみることもできる。

（4）グスク時代前期の特質——琉球圏の形成——

　以上述べてきたような食器類の生産・流通状況に注目し、生活用具として滑石製石鍋、中国産陶磁器、カムィヤキが琉球列島全域で採用され、土器 B 群が出現する 11 世紀中頃から滑石製石鍋と中国産白磁が安定的に持ち込まれる 12 世紀中頃までをグスク時代前期とする。琉球列島が博多を中心とした中世的商業圏に取り込まれることに起因する琉球圏の成立期で、琉球列島と九州島との経済関係が重要な意味をもち、伝統的に九州島との結びつきが強かった奄美諸島において交易の優位性が確認される時期である。

喜界島城久遺跡、奄美大島赤木名城跡、徳之島カムィヤキ陶器窯跡に代表される生産や流通の拠点的遺跡や大規模な城郭が奄美諸島において集中することから、当地域が食器類の生産と広範囲にわたる流通の中心的な役割を果たしていた時代とも言い換えられる。先史時代以上に分業と階層分化が進行したより複雑な社会が形成され、使用者の階層を表現する食器文化の成立期でもあった。

4. グスク時代中期（12世紀中頃〜13世紀前半）

(1) 滑石製石鍋Ⅱ式の流通状況と土器B群の地域的展開

九州島において滑石製石鍋Ⅱ式2類は、11世紀後半頃に出現した鍔付のⅡ式1類と12世紀中頃まで共存する。Ⅱ式1類は九州全域へと広がりをみせ、Ⅱ式2類（13世紀前半）以降、西日本一帯、関東地方、東北地方にかけて広く分布するようになる。これと対照的に琉球列島においては出土量が極端に少なく、喜界島におけるⅡ式2類を最後に以後の型式はみられなくなる（第3章）。

土器B群の第2段階（12世紀中頃〜13世紀前半）は、鍋形が島嶼ごとに独自の型式変化をみせはじめ、奄美諸島においては少量の供膳具、沖縄諸島においては貯蔵具が加わるなど、器種構成に地域性が現れはじめる。滑石製石鍋Ⅱ式1類を模した羽釜形も製作はされるが、形状に対する嗜好性や竈をもたない火処事情からか局地的な製作に留まり、一般化には至らなかった（第2章）。このような状況は九州島との経済関係が弱まったとみるよりも、需要に応じた生活用品を入手する選択的商品獲得の萌芽的段階と捉えられ、在地勢力主導による交易活動の開始が予想された。

(2) 中国産陶磁器とカムィヤキの流通動向

中国産陶磁器は九州島と同様に青磁が主体となり、各諸島において安定的な消費が認められるが、とりわけ沖縄・先島諸島の消費量が大きく増加する（第4章）。奄美大島宇検村周辺海域で発見された倉木崎海底遺跡からは大宰府D、E期（12世紀後半〜13世紀中頃）の青磁や陶器類が大量に引き上げられており、本地点は、中国の沿岸から博多へと向かっていた商船が海難に遭遇した

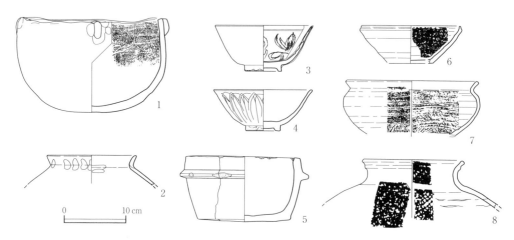

1、2：土器B群（1：銘苅原遺跡、2：稲福遺跡） 3、4：中国産陶磁器（3：ビロースク遺跡、4：今帰仁城跡）
5：滑石製石鍋Ⅱ式（志戸桶） 6〜8：カムィヤキ（徳之島カムィヤキ陶器窯跡）

図84 グスク時代中期の食器

海域であった可能性が指摘されている（林編 1999）。こうした遺跡は、中国沿岸域と博多を往来する交易船が琉球列島付近を通過していた可能性を示すもので、日宋貿易のサブルートであったとみる意見もある。

　これらに加え琉球列島各地で発見される碇石の考古学的年代が定まるならば（崎原 2013 など）、船舶の往来時期を決定付ける確かな物証となり得るだろう。中国産陶磁器の増加はこうした事情と無関係ではないのかもしれないが、やはり九州島と類似した陶磁器組成は、北からの搬入経路が依然として重要であった状況をうかがわせる。

　徳之島カムィヤキ陶器窯跡では A 群段階新相期（12 世紀中頃〜13 世紀前半）を迎え、壺、椀、鉢に加えて甕が生産されるようになる（第 5 章）。沖縄・先島諸島においても供膳具の消費が目立つようになり、食器類を用いた階層表現文化が次第に浸透していった経過をみることができる。

（3）グスク時代中期の特質——在地勢力の伸長——

　滑石製石鍋の流通が終息に向かい、土器 B 群における石鍋模倣の伝統が形骸化していく 12 世紀中頃から 13 世紀中頃までの間をグスク時代中期としておく。中国産陶磁器の消費状況からは、九州島との経済関係がグスク時代前期から継続していたと判断されるものの、滑石製石鍋の消費が極端に少なくなることは、在地勢力主導による経済活動の活発化を想定させ、この点にグスク時代中期の特質を認めることができる。

　カムィヤキ供膳具も少量ながら各地で消費されるようになり、主体的な交易活動の展開とともに、食器類を用いる階層表現文化が琉球列島各地に浸透したことがうかがえる。地域の有力者が各島々に数多く割拠したグスク時代の基礎は本期に整えられたとみておきたい。

5. グスク時代後期（13 世紀中頃〜14 世紀）

（1）沖縄諸島にみられる土器 B 群の特異性

　鍋形土器の型式変化は各諸島で独自性を増し、滑石製石鍋を模倣する伝統は完全に途絶え、土器への滑石の混入も行われなくなる。滑石製石鍋の象徴的意義が喪失し、煮沸具としての機能への特化が進んだ。各諸島において器種構成に地域性が認められるようになり、沖縄諸島においては煮沸具・貯蔵具・供膳具が出揃うが、奄美・先島両諸島では供膳具を欠き、沖縄諸島との懸隔が甚だしい。

　沖縄諸島における中国産陶磁器供膳具の消費量は琉球列島内で最も多かったが、大規模グスクに発展する遺跡から土器 B 群の椀が多く出土する状況から、土製供膳具にも階層を表現する文化的意味を見出すことができる。社会の複雑化は各地で着実に進行していたとみられるが、それが相対的に重層性を増した沖縄諸島では、精製陶磁器—粗製陶磁器—カムィヤキ—在地土器という食器類の階層化が完成したと解釈しておきたい（第 3 章）。

（2）福建省産粗製陶磁器の流入——ビロースクタイプと今帰仁タイプ——

　九州島では中国産陶磁器出土遺跡数が減少傾向をみせ、国内流通の効率化が達成される一方、琉球列島では出土遺跡が増加をみせ、需要の拡大が確認された（第 4 章）。消費状況の検討によると

奄美諸島は九州島と類似した陶磁器組成をもつので、それまでと変わらず九州島との経済関係は、奄美諸島を通じて維持されていたとみられる。

これと対照的なのが先島諸島の陶磁器組成で、今帰仁タイプ、ビロースクタイプと呼ばれる福建産粗製陶磁器が多く消費されながら、逆に九州島や奄美諸島で一般的な大宰府F期の白磁IX類の碗・皿が少ない特異な状況が認められた（第4章）。

今帰仁タイプやビロースクタイプI・II類は概ね13世紀中頃から14世紀中頃に位置付けられ、生産地の調査によって、これらは福建省の閩江流域で生産されたことが判明している（木下編 2009）。これらは博多遺跡群においても希少な種類であることから、南に位置する先島諸島を通じて琉球列島へと運ばれたもので、先島諸島と南中国を結ぶ新たな経済状況の萌芽を示す文化遺物であったと評価できる。なお、先島諸島においてはこれらに中国産の褐釉陶器類が伴い、壺・甕の貯蔵具に加え、鉢・水注などの供膳具が多くなることも特徴といえよう。

（3）カムィヤキ生産と流通の転換

グスク時代後期は、カムィヤキB群段階（13世紀後半～14世紀代）と対応する。器種構成の検討では、大型製品の増加、鉢類の多様化が認められ、さらに椀の生産が縮小されるなど、産地では生産上の諸変化が認められる（第6章）。また、これらは奄美諸島以北へはあまり広がらず、沖縄諸島を中心にする生産地より南側へとその分布範囲を移す傾向にあり、A群の生産段階とは状況が明らかに異なる。カムィヤキ生産と流通の画期となる時期は明確に一致しているが、消費状況の検討によれば（第6章4節）、陶磁器が優勢的に消費されるD類型の遺跡が増加しており、中国産陶磁器の流入動向がカムィヤキの生産と流通に強く影響したのは間違いない。

このことと対応する歴史的現象が、先に示した先島諸島と南中国間における新たな経済関係の成立である。先島諸島においてはカムィヤキB群がほとんど消費されず、先に述べたような中国産褐釉陶器貯蔵具への置換がいち早く達成される（第6章）。福建産粗製陶磁器や褐釉陶器にみる先島諸島と南中国との経済的連結を重視すれば先島諸島を通じて流入する中国産陶磁器類の供給量増加に伴い、徳之島では生産器種の転換と大型品の量産に備えた製作技術の改変がなされたという解釈が成り立つ。中国産陶磁器の碗・皿・壺・鉢・水注の流入と相前後するように徳之島カムィヤキ陶器窯跡では、鉢や甕など特定器種の大型化が始まり、生産技術が大きく転換するからである。先島諸島で成立した新たな経済状況は琉球列島における陶器生産にも少なからず影響を与えていたことは確実であり、東中国海海域における物流のあり方に大きな変化が生じていた可能性は非常に高いと考えられる。

（4）グスク時代後期の特質――流通構造の変化と重層的階層社会の成立――

グスク時代後期には、先島諸島と南中国沿岸地域との新たな経済関係が成立し、これによって流入する中国産陶磁器が在地の陶器と競合を始める流通構造上の大きな変化が確認される。徳之島におけるカムィヤキの生産状況の変化は、こうした状況と密接に関係しているので、カムィヤキB群の出現した13世紀中頃から生産が終焉を迎えた14世紀代をグスク時代後期としておきたい。

供膳具の構成からは、沖縄諸島における有力者の階層の重層化が予想され、大型グスクが出現するなど（安里進 1990）、グスク時代中期以上複雑な社会段階に達していたことは明らかである。本

第8章 食器類からみたグスク時代の歴史動向　157

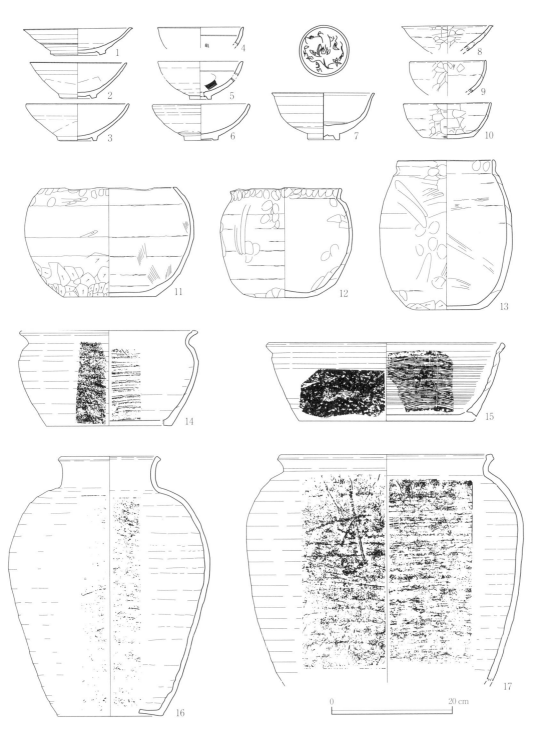

1：今帰仁タイプ白磁碗Ⅰ類（今帰仁城跡）　2：今帰仁タイプ白磁碗Ⅱ類（今帰仁城跡）
3：今帰仁タイプ白磁碗Ⅲ類（今帰仁城跡）　4、5：ビロースクタイプ白磁碗Ⅰ類（4：今帰仁城跡、5：ビロースク遺跡）
6　ビロースクタイプ白磁碗Ⅱ類（今帰仁城跡）　7：ビロースクタイプ白磁碗Ⅲ類（住屋遺跡）
8〜13：土器B群（糸数城跡）　14〜17：カムィヤキ（徳之島カムィヤキ陶器窯跡）

図85　グスク時代後期の食器

表39 グスク時代の時代区分と食器類の諸画期

世紀	時代	時代区分	カムィヤキ	滑石製石鍋	在地土器	中国産陶磁器
11c 初	貝塚時代	後2期	A群段階古相期①	Ⅰ期	土器A群 土師器甕系在地土器	大宰府B期
11c 中	グスク時代	前期	A群段階古相期②	Ⅱ期	土器B群第1段階	Ⅰ期
12c 中		中期	A群段階新相期	Ⅲ期	土器B群第2段階	Ⅱ期
13c 中		後期	B群段階古～新相期		土器B群第3段階	Ⅲ期
14c 中		三山時代				
1429年	琉球王国時代					

期の特質はこの点にあり、琉球国成立前夜における重層的な階層社会が成立した点において本期の特質を見出すことができる。

註
（1）こうした自然環境に注目した木下尚子は、裾礁に根差す生業に依拠した生活文化を「裾礁型文化」と定義し、先の3文化圏との対応関係を次のように整理している（木下 2012）。
　　南島北部圏：未発達の裾礁であるエプロン礁はみられるが、裾礁型文化は成立していない。
　　南島中部圏：裾礁型文化が発達する。
　　南島南部圏：南島中部圏の裾礁型文化とは内容を異にする裾礁型文化が独自に展開する。
（2）これらは南島北部圏においても確認されている。
（3）器内に種子が残存したままの出土例はないが、洞穴での出土例としてはヤジャーガマ洞穴遺跡、エーガ洞穴遺跡（安里進 1975）、金武鍾乳洞遺跡（金武町教育委員会 1990）、クマヤー洞穴遺跡（中村愿 1994）、波平洞穴、山川垣内権現洞穴遺跡（宮城栄・高宮 1983）、鳳雛洞（新里貴編 2014）などがある。ただし、祭祀用具として利用された可能性もある。

終章　琉球国成立前夜の社会動態

1. グスク時代の琉球列島と東アジア

　本書では、グスク時代における食器類（在地土器、九州産滑石製石鍋、中国産陶磁器、徳之島産カムィヤキ）の検討によって、琉球列島と九州島の間に通時的な経済的連結を確認し、特にグスク時代後期（13世紀中頃～14世紀代）、琉球列島と中国沿岸部との関係が追加されることによって新たな経済環境が醸成されたことを明らかにしてきた。

　成立期におけるカムィヤキ貯蔵具の製作技法が、朝鮮半島の無釉陶器と類似し、供膳具には博多へ大量に流入した中国産白磁碗の転写が認められることから、琉球列島の陶器生産が同時期に展開していた日宋貿易、日麗貿易の延長線上に位置付けられる可能性を想定した。日宋貿易の品目にある「螺頭」はヤコウガイだとも推定されており（山里 1999）、記録のとおりヤコウガイが琉球列島側から搬出されていたのであれば、日宋貿易や日麗貿易を通して北部九州と琉球列島が経済的に連結していた蓋然性はさらに高まることとなる。日宋貿易の重要品目として近年注目されている硫黄（山内 2009）についても同様であろう。

　中国産陶磁器の検討からは、グスク時代を通して九州島との経済関係が継続していたことが確認されたが、それにもかかわらず、全国的に広域流通した鍔付石鍋がほとんど流行しなかったことは、必要に応じた商品を適切に入手する琉球列島側の選択的受容の結果とみられ、グスク時代中期には在地勢力主導による交易活動が展開していたことが想定される。グスク時代後期には、土器B群が地域的な展開をみせ、カムィヤキB群が産地の徳之島から沖縄諸島周辺で多く消費された状況が看取された。また、徳之島産カムィヤキの型式学的検討で確認したように、先島諸島と南中国沿岸域との新たな経済関係の構築によって、当該陶器の生産が大きく転換したことは、琉球列島内の窯業生産が東中国海域における物流動向と深く関係していたことを端的に示している。さらに、沖縄諸島においてカムィヤキB群が多く消費されたことは、城塞的建造物であるグスクの出現と一定の相関関係をもった現象とも理解し得るので、沖縄諸島は社会の階層化が進行するとともに食器類の一大消費地としての性格をよりいっそう強めていった様子がうかがえる。

　奇しくも、グスク時代後期は蒙古襲来によって東中国海域の情勢が不安定となった時期とも対応する。文献史学の研究によれば、博多綱首に関する記録がこの頃から姿を消すことは、日本商人の台頭、鎌倉幕府の貿易制限と独占化、元による市舶司の停止、貿易制限策、蒙古襲来による海域情勢の悪化など国内外の諸事情によって、その経済活動が衰退したことに起因するといわれる（林文 1994・1998）。こうした状況は、当該期における東中国海域の物資流通と無関係だったとは考えがたいため、東アジア海域の情勢変化は、琉球列島における在地勢力の自立性を一段と促した可能性がある。こうした周辺事情の変化とも結びついて、有力者による交易活動は加速的に活発化して

①グスク時代前期（11世紀中頃～12世紀前半）

②グスク時代中期（12世紀中～13世紀前半）

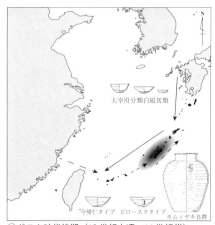
③グスク時代後期（13世紀中頃～14世紀代）

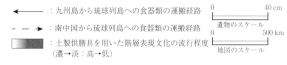

図86　食器類からみたグスク時代の経済状況と階層表現文化の流行程度

いったのではないだろうか。グスク時代の歴史的展開がそうした経済推移と整合していたことだけは確かであろう。

琉球列島における食器生産と流通を東中国海海域の経済情勢と対比的に検討してみると、グスク時代の始まりは、博多における日宋貿易、日麗貿易と関係し、グスク時代後期の南中国沿岸域との連結によって新たな展開を迎えることが推測された。今後、日宋貿易、日麗貿易の痕跡を示す考古学的資料の蓄積や、蒙古襲来による東中国海域の情勢変化を考古学的に突き止めていくことも課題となろう。近年では水中考古学的手法を用いた琉球列島近海域の調査も積極的に進められており、その進展も期待される。

2. グスク時代琉球列島における島嶼間経済の展開と社会の複雑化

琉球列島では、日宋貿易と日麗貿易を背景とした九州島との経済的連結が確認されるので、商品流通の一般化は当該地域と関連して達成されたとみて間違いはない。地理的に九州島と近い奄美諸島が、九州島と琉球列島をつなぐ食器生産や流通の拠点としての役割を果たしていたことは、最古の窯業生産遺跡である徳之島カムィヤキ陶器窯跡、中世山城に系譜をもつ赤木名城跡（中山編 2003）、本土系の豊富な食器類が出土する大規模集落跡の城久遺跡群（松原ほか編 2015）などの稀有な遺跡が当地域において集中的に分布することからも裏付けられる。これら遺跡はいずれも11世紀前後から隆盛し、社会分業や階層社会化の進展を証する拠点性の高い遺跡であるが、奄美諸島におけるこうした特異性の発現は、律令期（なかでも10世紀前後）にさかのぼる九州島からの集団の断続的な来島

に端を発し、社会の複雑化の先駆的な進行は、九州島との歴史的な交流関係に起因するものとみられる。当該期における奄美諸島の供膳具が中国産陶磁器とカムィヤキによって構成されることは、食器の器質によって使用者の階層を表現する生活文化がいち早く花開いた結果で、当時の社会動静が食器類の構成に影響を与えていたことを示す考古学的な現象として理解されるものである。これは同時に、琉球列島においては、活発な交易活動と社会の複雑化が不可分な関係にあったことの表れとみることもできる。

　一方、先島諸島では、13世紀中頃を境に南中国との新たな経済関係が生まれ、当該地域は福建産粗製白磁に代表される文化遺物の北上に重要な役割を果たしていた。交易ルートの多様化によって、琉球列島における中国産陶磁器の消費量は前代以上に増加し、カムィヤキは量産化を企図した生産上の画期を迎えた。沖縄諸島における中国産陶磁器の消費状況からは、これらが先島諸島と奄美諸島の両方向から持ち込まれる様子が確認され、島嶼間の密な交易関係がうかがえる。沖縄諸島の在地勢力が、消費拡大の対応に迫られていたとすれば、九州島との経済関係を有する奄美諸島と南中国と連結する先島諸島との地域間関係を維持することは重要な課題であったことが予想されよう。大型グスクの構築に象徴される沖縄諸島における重層的な階層社会への兆しはこうした状況下に萌芽したとみられ、琉球国成立前夜のより複雑な社会は、島嶼間の双方向的な経済関係が強化される過程の中で成立した可能性が高く、島嶼間経済の維持に努める在地勢力の活発な交易活動にその要因の一つを求めてもよいのかもしれない。

　図86は、本書で明らかにしてきた食器類の生産・流通動向と供膳具を用いた階層表現文化の流行程度を、グスク時代の時期区分に沿ってまとめたものである。グスク時代前期における奄美諸島のように、交易の優位性をもち、社会の階層化が相対的に進行していた地域において、供膳具による階層表現文化が隆盛する現象面に注目すれば、グスク時代後期の沖縄諸島で限定的に認められる供膳具の組み合わせ（陶磁器－カムィヤキ－土器）は、当該地域の階層分化が他地域以上に進行していたことの表れとみることもできる。先島諸島と南中国を結ぶ交易ルートの多様化は、島嶼間の経済的連結性をより一層強化し、それに伴う階層の重層化が食器の構成に影響を与えた結果、グスク時代後期における沖縄諸島特有の供膳具構成が成立したと解釈しておきたい。

3. グスク時代研究の展望と課題

　琉球列島のグスク時代が複雑な社会段階に達していたことは明らかであるが、本書では、食器類に使用者の階層を表現する文化的・象徴的意味を見出し、当時の社会状況に即した陶製・土製供膳具が製作されていた理由について新たな解釈を提示した。近年、建物の占有面積に基づいた階層分化の進展が論じられているが（中島恒2010、甲元2015）、今後、城塞、建物、墓など各種遺構における食器類の出土状況や構成を精緻に分析することによって、より鮮やかなグスク時代史の叙述が展望できるであろう。

　ただし、琉球列島における社会の階層化に関して、その有無の記載に留まらず、その質について言及する場合、各階層に帰属する食器類の構成比を明らかにする必要がある。図87は、グスク時代後期の沖縄諸島における供膳具出土量の理想形と実態形を概念図的に表したものであるが、その実態形が陶磁器の量が土器やカムィヤキを凌駕する砂時計状の外形を呈することに注目したい（図

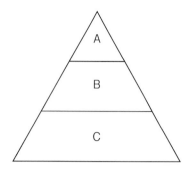

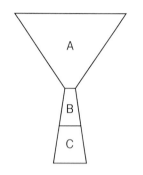

A：陶磁器　B：カムィヤキ　C：土器

図87　階層化の理想形（上）とグスク時代における食器構成の実態形（下）

87-下）。仮に、上位階層者による流通の掌握と下位階層者への分配に一定の管理がおよんでいるとすれば、図87-上のように希少な精製陶磁器を頂点として、粗製陶磁器、カムィヤキ、土器の順に出土量が多くなる正三角形状のグラフ形を呈するはずであろう。しかしながら厳格な階層構造を表す理想形とは程遠い図87-下のような供膳具の出土状況によれば、グスク時代後期までにおける食器類を用いた階層表現は、制度として施行されていたというよりむしろ、例えばグスク内で執り行われた饗宴のような、限定的な場における身分の表象手段であって、生活文化上の習俗を超えるものではなかったとみるのが妥当ではないだろうか。

　もちろんグスクに居するものと一般集落民との間には、富の所有に不平等が生じていたことは確かであろうが、供膳具による階層表現が文化レベルの域を超えていないことを重視すると、三山時代以前に割拠していた各有力者は、自由な交易活動によって、社会的階層にはさほど規定されない程度の器物の所有が可能であったと解され、この点においてグスク時代の社会的な特質を見出しておきたい。交易品の一元的な管理と分配がなされる、より高度に複雑化した社会の成立は、グスク時代終末期にあたる三山時代、続く琉球国の時代をまたなければならないと推察されるが、琉球列島の階層社会論をさらに一歩前進させるためには、琉球国成立後における供膳具類の構成比を明らかにし、階層化した食器類として理想的な正三角形を描くかどうかについて実証する必要がある。近年、三山時代、琉球王国時代における陶磁器類の検討や港湾遺跡の調査・研究が目覚ましく進展しており（柴田圭 2015、瀬戸 2017）、今後の動向が注目される。

　琉球列島のグスク時代とは、北側に位置する日本列島との経済的な関係性によって始まったことは確かであるが、その後の展開を知るには東中国海をめぐる海域事情や琉球列島社会の成熟過程にも十分に目を配ることがまた重要である。このことは吉岡康暢・門上秀叡による大著においてすでに指摘されており（吉岡・門上 2011）、琉球列島史研究はまさしく新たなる局面を迎えている。本書での検討はそのわずかな一部に過ぎないが、琉球列島の北縁と南縁におけるダイナミックな経済動向と琉球列島内部の社会動静に焦点を当てることによって、グスク時代研究の新視点を提示したと考える。引き続き精進していきたい。

付　表

分析の対象とした食器類出土遺跡の一覧

　本付表は、下記文献に掲載された滑石製石鍋、中国産陶磁器、カムィヤキの出土遺跡の地名表を再掲したものである。掲載にあたっては、本書の内容に準じて一部改変を加えたものもある。付表は原則として県別（琉球列島地域に関しては島別）に北から順に示した。各付表の初出は以下の通りである。

- 付表1：新里亮人　2002「滑石製石鍋の基礎的研究」木下尚子（編）『先史琉球の生業と交易―奄美・沖縄の発掘調査から―』平成11～13年度科学研究費補助金基盤研究（B）（2）研究成果報告書　熊本大学文学部　163-190頁
- 付表2：新里亮人　2009「九州・琉球列島出土の中国陶磁一覧」木下尚子（編）『13～14世紀の琉球と福建』平成17～20年度科学研究費補助金基盤研究（A）（2）研究成果報告書　熊本大学文学部　付録CD
- 付表3：宮城弘樹・新里亮人　2009「琉球列島における出土状況」木下尚子（編）『13～14世紀の琉球と福建』平成17～20年度科学研究費補助金基盤研究（A）（2）研究成果報告書　熊本大学文学部　73-92頁
- 付表4：新里亮人　2003「徳之島カムィヤキ古窯産製品の流通とその特質」『先史学・考古学論究Ⅳ』龍田考古会　384-410頁

以下、簡潔に各付表について説明を記す。

付表1　九州島・琉球列島における滑石製石鍋出土遺跡一覧

　2001年度までに刊行された文献より、九州島・琉球列島における滑石製石鍋の出土遺跡を集成し、遺跡名、遺跡所在地、形態、文献名を一覧にしたものである。作成にあたっては、既存の一覧表（下川1974・1984、三島・島津1983、栗林1994）を参考とし、遺跡所在地は、市町村合併以前の名称を記載している。

　2001年以降の出土遺跡や研究動向については石塚（2006・2007・2008・2009）に詳しい。

付表2　九州島・琉球列島における中国産陶磁器出土遺跡一覧

　2005年度までに刊行された文献より、九州島・琉球列島における中国産陶磁器（11～14世紀）の出土遺跡を集成したものである。

　表では、中国産陶磁器の有無を、検出遺構および包含層別に○で示し、大宰府における時期区分による所属時期を反映した（森田・横田1978、宮崎編2000）。大宰府における時期区分は以下の通りである。

　　大宰府C期：11世紀後半～12世紀前半
　　大宰府D期：12世紀中頃～12世紀後半
　　大宰府E期：13世紀初頭～13世紀前半
　　大宰府F期：13世紀中頃～14世紀初頭
　　大宰府G期：14世紀初頭～15世紀前半

　遺跡所在地は、市町村合併以前の名称を記載し、博多遺跡群と大宰府史跡については遺跡名、所在、文献のみを記載した。今帰仁タイプ碗、ビロースクタイプ碗Ⅰ類、Ⅱ類など大宰府の分類に該当しないものは備考欄に記している。

付表3　琉球列島における福建産粗製白磁出土遺跡一覧

　付表3は、2008年までに刊行された文献より、琉球列島における今帰仁タイプ碗・皿、ビロースクタイプ碗・皿（Ⅰ～Ⅲ類）の出土遺跡を集成し、各遺跡における口縁、底部の出土点数を一覧にしたものである。表は奄美諸島（付表3-1）、沖縄諸島（付表3-2）・宮古諸島（付表3-3）、八重山諸島（付表3-4）に分けて作成し、各表の末欄に遺跡数と出土破片数を諸島別の小計、付表3-5にこれらの総計を示している。

　遺跡所在地は、市町村合併後の名称を記載している。

付表4　カムィヤキ出土遺跡一覧

　付表4は、2002年度までに刊行された文献より九州島・琉球列島におけるカムィヤキ出土遺跡を集成し、各遺跡における出土品を本書における分類（A群、B群）に即して一覧にしたものである。遺跡所在地は、市町村合併前の名称を用いている。カムィヤキ以外の製品と判断したものについては、備考欄に本土産および朝鮮産と記載した。

　なお、2003年以降増加している九州島と大隅諸島における出土事例は以下の文献で確認できる。

・抜水茂樹・富山孝一（編）　2007『持躰松遺跡』鹿児島県立埋蔵文化財センター発掘調査報告書120　鹿児島県立埋蔵文化財センター
・上田　耕（編）　2009『馬場田遺跡』南九州市埋蔵文化財発掘調査報告書3　南九州市教育委員会
・徳田有希乃・石堂和博（編）　2009『植松遺跡・一ノ坪遺跡・高田遺跡・真所汐入B遺跡・有鹿野遺跡・下鹿野遺跡・日ノ丸遺跡』南種子町埋蔵文化財発掘調査報告書16　南種子町教育委員会
・冨田逸郎・関明恵・平美典・福薗美由紀・抜水茂樹・市村哲二（編）　2010『栫城跡』鹿児島県立埋蔵文化財センター発掘調査報告書159　鹿児島県立埋蔵文化財センター
・小林晋也・日高勝博・上床真（編）　2011『渡畑遺跡2』鹿児島県立埋蔵文化財センター発掘調査報告書159　鹿児島県立埋蔵文化財センター
・青﨑和憲・永濵功治・羽嶋敦洋・吉本輝幸（編）　2011『虎居城跡』鹿児島県立埋蔵文化財センター発掘調査報告書162　鹿児島県立埋蔵文化財センター
・関　明恵（編）　2012『芝原遺跡3』鹿児島県立埋蔵文化財センター発掘調査報告書170　鹿児島県立埋蔵文化財センター
・中園　聡（編）　2015『黒島平家城跡・大里遺跡ほか』三島村埋蔵文化財調査報告書1　三島村教育委員会

　文献の収集にあたっては、森本朝子、宮城弘樹、熊本大学文学部考古学研究室、伊仙町歴史民俗資料館の協力を得た。記して感謝申し上げたい。

付表1 九州島・琉球列島における滑石製石鍋出土遺跡一覧

福岡県

番号	遺跡名	所在	形態	文献
1	長野A遺跡	北九州市小倉南区長野	鍔2	32
2	大積前田遺跡	北九州市門司区大字大積651-1	鍔1	49
3	中畑遺跡	北九州市門司区大字畑197	鍔2	28
4	中畑遺跡 第2次調査	北九州市門司区大字畑	鍔1	31
5	中畑遺跡 第3地点	北九州市門司区大字畑	鍔1、口縁部1	41
6	愛宕遺跡	北九州市小倉北区菜園場	把手1、鍔4	30
7	小倉城跡	北九州市小倉北区城内	鍔5	48
8	中島遺跡	北九州市小倉南区蒲生4丁目	鍔4、転用品1、底部2	46
9	寺田遺跡	北九州市小倉南区貫	鍔1、底部1	33
10	上貫遺跡	北九州市小倉南区貫1700	鍔1	53
11	新道寺・天疫神社前遺跡	北九州市小倉南区新道寺	鍔1、底部2	27
12	上清水遺跡Ⅰ区	北九州市小倉南区大字横代字坂本	鍔3	36
13	上清水遺跡Ⅱ区	北九州市小倉南区大字横代字上清水	鍔1	37
14	井上遺跡1区	北九州市小倉南区大字沼字井上	鍔1、底部1	42
15	徳力遺跡第4地点	北九州市小倉南区大字徳力・守描恒	底部	34
16	徳力遺跡第5地点	北九州市小倉南区大字徳力	口縁部1、底部1、胴部2	39
17	徳力遺跡第6地点	北九州市小倉南区大字徳力	把手1、底部1	38
18	徳力遺跡第11地点	北九州市小倉南区大字徳力	把手1	39
19	徳力遺跡第14地点	北九州市小倉南区大字徳力	底部1	39
20	祇園町遺跡	北九州市小倉南区長尾4丁目	鍔1、口縁1	43
21	長野D遺跡	北九州市小倉南区長野	鍔1	26
22	潤崎遺跡	北九州市小倉南区東貫2丁目	鍔3	40
23	北方遺跡	北九州市小倉南区北方	鍔1	30
24	鬼ヶ原遺跡	北九州市八幡東区天神町5番	胴部1	45
25	中尾遺跡	北九州市八幡西区下上津役1丁目	把手2、口縁1、底部1	35
26	香月遺跡	北九州市八幡西区香月	底部1	24
27	中ノ坊遺跡	北九州市八幡西区香月		104
28	白岩遺跡	北九州市八幡西区香月	鍔3、口縁1、底部2、転用品2	25
29	聖福寺遺跡	北九州市八幡西区香月		104
30	光照寺遺跡	北九州市八幡西区香月西	口縁部片	52
31	八反田遺跡 第1次調査	北九州市八幡西区永犬丸	鍔1	47
32	八反田遺跡 第2次調査	北九州市八幡西区永犬丸	底部片1	50
33	金丸遺跡	北九州市八幡西区大字野面字金丸・中ノ森	鍔1、口縁1	51
34	穴生古屋敷遺跡	北九州市八幡西区丁目20-24	把手1、鍔1	44
35	聖塚遺跡	北九州市八幡西区本城		104
36	力丸貝塚	北九州市八幡西区本城		104
37	蛭子谷遺跡	北九州市八幡西区本城		104
38	行正遺跡	北九州市八幡西区楠橋上方一丁目	鍔2	54
39	水巻町内	遠賀郡水巻町	破片	82
40	大坪遺跡	遠賀郡岡垣町山田		104
41	浅木横穴墓出土地	遠賀郡遠賀町浅木		104
42	中屋敷遺跡	鞍手郡鞍手町中屋敷		104
43	村前遺跡	中間市		104
44	中間小学校前出土地	中間市屋島中間小学校前		104
45	砂山遺跡	中間市垣生土取外		104
46	遠園遺跡	中間市若宮町遠園	鍔2、底部1	132
47	岩瀬遺跡	中間市岩瀬		104
48	宮林遺跡	中間市宮林		104
49	村山田出土地	宗像市村山田		104
50	冨地原森遺跡	宗像市大字冨地原字森1113-1	口縁部2	288
51	野坂ホテ田遺跡	宗像市大字野坂字ホテ田	鍔1、胴部1	287
52	久原瀧ヶ下遺跡	宗像市大字久原	鍔1	289
53	津丸五郎丸遺跡	宗像郡福間町津丸五郎丸		104

番号	遺跡名	所在	形態	文献
54	在自鬼塚裏遺跡	宗像市津屋崎町大字在自1189	把手1	123
55	生家釘ヶ原遺跡	宗像郡津屋崎町大字生家1788	把手2、鍔1、底部2	124
56	豊前国府　宮ノ下地区	築上郡豊津町字宮ノ下	鍔1、口縁2	125
57	上別府園田遺跡	筑上郡築城町大字上別府字園田	鍔3、口縁2、底部4	165
58	越路六郎遺跡	筑上郡椎田町大字越路字六郎	把手1、鍔1、転用品7	168
59	大村出土地	筑上郡太平村大字大村字久保	把手1	295
60	上唐原了清遺跡　第1次調査	筑上郡太平村大字大村字上唐原	底部2	163
61	上唐原了清遺跡　第3次調査	筑上郡太平村大字大村字上唐原	鍔1	167
62	百留居屋敷遺跡	筑上郡太平村大字大村字百留字居屋敷	把手1、鍔1	164
63	楡生出土地	筑上郡吉富町楡生	把手1	295
64	如法寺遺跡	豊前市山内	鍔2	284
65	自在丸遺跡	犀川町大字上高屋	鍔6、口縁2、底部2	102
66	明星寺南地区遺跡	飯塚市大字明星寺字屋敷	鍔3、口縁1、底部1	4
67	明星寺遺跡	飯塚市大字明星寺字北屋敷1454	鍔1	3
68	スダレ遺跡	嘉穂郡穂波町椿		104
69	榎町遺跡	嘉穂郡嘉穂町大字大隈字榎町	鍔1、底部1	21
70	アミダ遺跡	嘉穂郡嘉穂町大字馬見字大力字アミダ	鍔1	22
71	馬見本村東遺跡	嘉穂郡嘉穂町大字馬見字本村	鍔1、転用品1	23
72	八木山出土地	嘉穂郡八木山		104
73	塚元遺跡	粕屋郡篠栗町大字津波黒、高田	把手7、口縁2、底部6	148
74	天神面遺跡	粕屋郡久山町大字久原字天神面	鍔1	128
75	大隈栄松遺跡	粕屋郡粕屋町	口縁部2	19
76	阿恵古屋敷遺跡	粕屋郡粕屋町大字阿恵字古屋敷294-1	把手1	20
77	戸原麦尾遺跡　Ⅰ区	粕屋郡粕屋町戸原麦尾	把手2、鍔5、口縁2、底部1	198
78	戸原麦尾遺跡　Ⅱ～Ⅳ区	粕屋郡粕屋町戸原麦尾	鍔9	199
79	川原田、供田遺跡	粕屋郡宇美町大字井野字供田	鍔1	6
80	鹿部山遺跡	古賀市鹿部山	鍔1	126
81	田島A遺跡	福岡市城南区田島1丁目	把手2、鍔5	191
82	京ノ隈遺跡	福岡市城南区田島	転用品1	113
83	清末遺跡　第2次調査	福岡市早良区東入部	把手1、鍔（ミニチュア）1、底部1	220
84	清末遺跡　第3次調査	福岡市早良区東入部	把手2、鍔1	222
85	岩本遺跡　第2次調査	福岡市早良区東入部1929	胴部1	221
86	安通遺跡郡	福岡市早良区東入部1966	鍔2、底部1	221
87	四箇舟石遺跡　第2次調査	福岡市早良区東入部	把手1	220
88	脇山A遺跡	福岡市早良区大字脇山	把手1、鍔1、底部1	189
89	谷口遺跡	福岡市早良区大字脇山字谷口	把手2、鍔1、転用品1	188
90	峯遺跡　第1次調査	福岡市早良区大字西1251-1	鍔1	192
91	峯遺跡　第2次調査	福岡市早良区大字西地内	鍔1	193
92	田村遺跡　第3次調査	福岡市早良区大字田村	口縁2	200
93	田村遺跡　第7次調査	福岡市早良区大字田村	把手2、鍔1、口縁1、底部1	201
94	田村遺跡　第5次調査	福岡市早良区大字田村	把手3、鍔2、転用品5	202
95	田村遺跡　第5次調査	福岡市早良区大字田村	転用品1	203
96	田村遺跡　第12次調査	福岡市早良区大字田村	鍔4	204
97	田村遺跡　第14次調査	福岡市早良区大字田村	把手1	205
98	藤崎遺跡　第28次調査	福岡市早良区高取2丁目	鍔1、口縁1	296
99	藤崎遺跡　第28次調査	福岡市早良区藤崎1丁目	把手1、鍔1	296
100	有田・小田部遺跡　第19次調査	福岡市早良区有田1丁目24-4	口縁3、胴部2、底部1、転用品1	268
101	有田・小田部遺跡　第40次調査	福岡市早良区有田1丁目26-2	把手1、底部2	268
102	有田・小田部遺跡　第44次調査	福岡市早良区有田2丁目14-9	底部1	269
103	有田・小田部遺跡　第56次調査	福岡市早良区有田1丁目28-3、4	鍔1	270
104	有田・小田部遺跡　第68次調査	福岡市早良区有田2丁目17-42	鍔1	279
105	有田・小田部遺跡　第71次調査	福岡市早良区有田1丁目22-4・7	把手1、底部1	273
106	有田・小田部遺跡　第72次調査	福岡市早良区有田1丁目26-3	把手3、鍔2、口縁2、底部2、転用品3	273
107	有田・小田部遺跡　第74次調査	福岡市早良区有田2丁目7-80	鍔1	281
108	有田・小田部遺跡　第83次調査	福岡市早良区有田1丁目127-3	把手1、鍔1	271

付表1　九州島・琉球列島における滑石製石鍋出土遺跡一覧　*167*

番号	遺跡名	所在	形態	文献
109	有田・小田部遺跡　第87次調査	福岡市早良区有田2丁目12-6	鍔1	271
110	有田・小田部遺跡　第108次調査	福岡市早良区有田1丁目30	鍔1	272
111	有田・小田部遺跡　第113次調査	福岡市早良区有田1丁目28-9	鍔1	274
112	有田・小田部遺跡　第140次調査	福岡市早良区有田1丁目29-10	底部1	276
113	有田・小田部遺跡　第176次調査	福岡市早良区有田1丁目6-1	口縁1	280
114	有田・小田部遺跡　第188次調査	福岡市早良区有田2丁目7-80	破片	283
115	有田・小田部遺跡　第23次調査	福岡市早良区有田	把手4、鍔3、口縁5、底部1、転用品2	267
116	有田・小田部遺跡　第24次調査	福岡市早良区有田2丁目10-7	破片	267
117	有田・小田部遺跡　第32次調査	福岡市早良区有田1丁目29-9	底部片	268
118	有田・小田部遺跡　第4次調査	福岡市早良区小田部2丁目139	把手1、鍔1、底部2、転用品2	280
119	有田・小田部遺跡　第35次調査	福岡市早良区小田部5丁目150	把手1、底部1	273
120	有田・小田部遺跡　第46次調査	福岡市早良区小田部5丁目143-1	鍔1、転用品	269
121	有田・小田部遺跡　第59次調査	福岡市早良区小田部3丁目117	鍔1	271
122	有田・小田部遺跡　第64次調査	福岡市早良区小田部5丁目151-153	鍔1、底部1	272
123	有田・小田部遺跡　第86次調査	福岡市早良区小田部5丁目143-3	鍔2	270
124	有田・小田部遺跡　第114次調査	福岡市早良区小田部5丁目52-1	口縁1	275
125	有田・小田部遺跡　第125次調査	福岡市早良区小田部5丁目172	把手1、鍔1	276
126	有田・小田部遺跡　第142次調査	福岡市早良区小田部5丁目72	底部2	278
127	有田・小田部遺跡　第175次調査	福岡市早良区小田部5丁目160～164	把手1	282
128	有田・小田部遺跡　第30次調査	福岡市早良区小田部3丁目288	底部、転用品	269
129	有田・小田部遺跡　第61次調査	福岡市早良区南庄1丁目185、186	鍔2	277
130	下山門乙女田遺跡	福岡市西区下山門字女田473	鍔1	179
131	太田遺跡	福岡市西区飯盛	底部1	182
132	牟多田遺跡	福岡市西区野方牟多田	破片	171
133	野方久保遺跡	福岡市西区大字野方字久保	鍔1	190
134	十郎川遺跡	福岡市西区石丸		105
135	湯納遺跡	福岡市西区拾六町湯納	鍔2	131
136	徳永遺跡	福岡市西区大字徳永字引	把手1	183
137	周船寺出土地	福岡市西区周船寺		104
138	今山遺跡	福岡市西区横浜1、2丁目	鍔3	183
139	今津出土地	福岡市西区今津		104
140	福岡城肥前掘り遺跡　第3次調査	福岡市中央区天神1丁目6-8	鍔1	187
141	板付遺跡	福岡市博多区板付	把手2、鍔2、底部3、転用品2	263
142	板付周辺遺跡　F-5a区	福岡市博多区板付2丁目12-15	鍔1	266
143	五十川髙木遺跡	福岡市博多区	鍔3、転用品2	172
144	立花寺遺跡　第1次調査	福岡市博多区大字立下寺字松尾谷96-1	把手2、鍔1	185
145	久保園遺跡	福岡市博多区東平尾	鍔2	176
146	諸岡遺跡	福岡市博多区諸岡	把手1、口縁1、底部1、転用品2	264
147	諸岡遺跡　Ⅰ区	福岡市博多区諸岡	底部1	265
148	諸岡遺跡　J区	福岡市博多区諸岡	把手1	265
149	諸岡遺跡　K区	福岡市博多区諸岡	把手1	265
150	堅柏遺跡　第3次調査	福岡市博多区吉塚1丁目1-4	底部1	186
151	吉塚遺跡	福岡市博多区堅粕4、5丁目	転用品1	181
152	那珂遺跡群　第19次調査	福岡市博多区竹下5丁目5	把手1	213
153	那珂遺跡群　第22次調査	福岡市博多区竹下5丁目420	破片	212
154	那珂遺跡群　第53次調査	福岡市博多区竹下5丁目	鍔1	218
155	那珂遺跡群　第64次調査	福岡市博多区竹下3丁目1-1	転用品1	219
156	那珂遺跡群　第7次調査	福岡市博多区那珂3丁目128	転用品1	211
157	那珂遺跡群　第34次調査	福岡市博多区那珂1丁目824	鍔3、底部3	214
158	那珂遺跡群　第37次調査	福岡市博多区那珂6丁目314	把手1	215
159	那珂遺跡群　第40次調査	福岡市博多区那珂2丁目5	口縁1	216
160	那珂遺跡群　第48次調査	福岡市博多区那珂6丁目290	把手1、鍔1	217
161	比恵遺跡	福岡市博多区比恵		104
162	博多遺跡　祇園町工区E・F・G区	福岡市博多区祇園町工区	鍔2	223
163	博多遺跡　祇園町工区4号出入り口	福岡市博多区祇園町工区	鍔3	224

番号	遺跡名	所在	形態	文献
164	博多駅築港線遺跡　第1次調査	福岡市博多区上呉服町	破片	206
165	博多駅築港線遺跡　第2次調査	福岡市博多区上呉服町1	鍔3、底部2	207
166	博多駅築港線遺跡　第3次調査	福岡市博多区上呉服町1	把手1、鍔1	208
167	博多駅築港線遺跡　第4次調査	福岡市博多区上呉服町	把手1、鍔2、底部1、転用品1	209
168	博多駅築港線遺跡　第5次調査	福岡市博多区上呉服町	破片	210
169	博多遺跡　第104次調査	福岡市博多区呉服町124	把手1、転用品1	261
170	博多遺跡　第109次調査	福岡市博多区博多駅前1丁目155-2	鍔2	262
171	博多遺跡　第24次調査	福岡市博多区冷泉町1-1	鍔1	300
172	博多遺跡　第25次調査	福岡市博多区祇園町1-1	把手1	225
173	博多遺跡　第28次調査	福岡市博多区祇園1	破片	226
174	博多遺跡　第30次調査	福岡市博多区御供所36～39	破片	228
175	博多遺跡　第31次調査	福岡市博多区御供所65・66	破片	229
176	博多遺跡　第33次調査	福岡市博多区祇園町8	破片	230
177	博多遺跡　第35次調査	福岡市博多区呉服町56	転用品	231
178	博多遺跡　第36次調査	福岡市博多区祇園町42-7	破片	232
179	博多遺跡　第37次調査	福岡市博多区博多駅前1丁目129	把手2、鍔1、口縁1、転用品1	235
180	博多遺跡　第39次調査	福岡市博多区店屋町2～5、33-1・2・6	鍔1	233
181	博多遺跡　第40次調査	福岡市博多区呉服町251	鍔1	234
182	博多遺跡　第42次調査	福岡市博多区網場町8-25	鍔1、底部1	236
183	博多遺跡　第45次調査	福岡市博多区祇園町4-50	把手1、鍔4	237
184	博多遺跡　第48次調査	福岡市博多区御供所町40	鍔7、転用品14	239
185	博多遺跡　第50次調査	福岡市博多区祇園町317、318	鍔1	238
186	博多遺跡　第55次調査	福岡市博多区奈良屋町61-1	鍔3	243
187	博多遺跡　第59次調査	福岡市博多区祇園町187-226	把手1	244
188	博多遺跡　第60次調査	福岡市博多区網場町115	転用品27、破片	241
189	博多遺跡　第62次調査	福岡市博多区御供所224	把手2、鍔5、底部1、転用品1	251
190	博多遺跡　第63次調査	福岡市博多区冷泉9	鍔1、転用品5	242
191	博多遺跡　第64次調査	福岡市博多区博多駅前1-101	鍔23、口縁1、底部3、転用品2	250
192	博多遺跡　第65次調査	福岡市博多区祇園町161-1	把手1、鍔1、転用品4	245
193	博多遺跡　第66次調査	福岡市博多区御供所129-1	把手1、鍔4	246
194	博多遺跡　第67次調査	福岡市博多区冷泉町1-6	鍔1	240
195	博多遺跡　第70次調査	福岡市博多区冷泉町388	鍔1	248
196	博多遺跡　第71次調査	福岡市博多区御供所町235-1	把手2、鍔2、底部3、口縁1	254
197	博多遺跡　第76次調査	福岡市博多区上呉服町596	鍔7	247
198	博多遺跡　第77次調査	福岡市博多区店屋町156	口縁部1	249
199	博多遺跡　第79次調査	福岡市博多区冷泉町46	鍔2、底部1、転用品1	252
200	博多遺跡　第80次調査	福岡市博多区冷泉町314-1	把手1、底部1	253
201	博多遺跡　第85次調査	福岡市博多区上呉服町37	鍔1	255
202	博多遺跡　第89次調査	福岡市博多区下川端町	鍔1	257
203	博多遺跡　第91次調査	福岡市博多区下川端町134	鍔1	256
204	博多遺跡　第97次調査	福岡市博多区冷泉町300-1、2	鍔1、転用品1	258
205	博多遺跡　第98次調査	福岡市博多区呉服町2-22	鍔1、転用品1	260
206	博多遺跡　第99次調査	福岡市博多区祇園町2-1、59	鍔1、口縁1、底部1	260
207	海の中道遺跡　第1次調査	福岡市東区海の中道	把手5、鍔1、転用品9	175
208	海の中道遺跡　第4次調査	福岡市東区海の中道字シオヤ	把手4、底部1、転用品11	2
209	香椎A遺跡	福岡市東区香椎2078、2080、2081	転用品1	194
210	香椎A遺跡　第3次調査	福岡市東区香椎3丁目	把手1	195
211	多々良込田遺跡	福岡市東区多の津	転用品2	177
212	多々良遺跡	福岡市東区多々良	把手1、鍔3、底部1、転用品6	170
213	蒲田遺跡	福岡市東区蒲田	把手3、鍔12、底部9、転用品4	173
214	蒲田部木原遺跡	福岡市東区蒲田の木部	鍔2	18
215	志賀島江尻遺跡	福岡市東区志賀島	把手1	5
216	和白遺跡	福岡市東区和白	把手1、鍔1	169
217	箱崎遺跡　第1次調査	福岡市東区箱崎1丁目	鍔4、転用品3	145
218	箱崎遺跡　第3次調査	福岡市東区箱崎1丁目2731-1、4	鍔3、転用品2	184
219	箱崎遺跡　第8次調査	福岡市東区箱崎1丁目2459-1	転用品	196

番号	遺跡名	所在	形態	文献
220	箱崎遺跡　第11次調査	福岡市東区箱崎3丁目	鍔2	197
221	三宅廃寺	福岡市南区三宅コクフ	口縁部1	174
222	柏原遺跡群　K遺跡	福岡市南区柏原字ゴソ外	鍔1	178
223	志登支石墓群	前原市支登	胴部片	285
224	三雲遺跡	前原市堺	把手1、口縁1	141
225	御床松原遺跡	糸島郡志摩町新町貝原・天神原	破片	103
226	竹戸遺跡	糸島郡二丈町吉井	破片	138
227	広田遺跡	糸島郡二丈町吉井広田	鍔1、転用品1	139
228	石崎曲り田遺跡	糸島郡二丈町石崎	把手1、口縁3、底部2	142
229	赤岸遺跡	糸島郡二丈町福井	底部1	140
230	門田遺跡	春日市上白水	鍔2	300
231	向谷北遺跡	春日市		104
232	推定西福寺	太宰府市大字安養寺812-4	破片	56
233	大宰府条坊跡左郭八条九坊	太宰府市太宰府月見山	鍔1	57
234	大宰府史跡第38次調査	太宰府市大宰府観世音寺字学業	破片	58
235	大宰府史跡第45次調査	太宰府市大宰府観世音寺字今道	把手（ミニチュア）1	59
236	大宰府史跡第47次調査	太宰府市太宰府御所ノ内41-1	破片	60
237	大宰府条坊跡	太宰府市大宰府字月見山	転用品	61
238	大宰府史跡第57次調査	太宰府市大宰府観世音寺今光寺	破片	62
239	大宰府史跡第65-2次調査	太宰府市大宰府観世音寺蔵司489	口縁1	63
240	大宰府史跡第70次調査	太宰府市大宰府観世音寺字山ノ井	転用品5	64
241	大宰府史跡第74次調査	太宰府市大宰府観世音寺字学業	転用品3	65
242	大宰府史跡第78次調査	太宰府市大宰府観世音寺安養寺813-2	鍔2	66
243	大宰府史跡第99次調査	太宰府市大宰府観世音寺字月山550	転用品2	67
244	大宰府史跡第102次調査	太宰府市大字坂本字辻	鍔2、転用品4	68
245	大宰府史跡第103次調査	太宰府市大宰府観世音寺字今道69-2	転用品1	69
246	大宰府史跡第97次調査	太宰府市大宰府観世音寺今光寺991-1	転用品1	70
247	大宰府史跡第109・111次調査	太宰府市大宰府観世音寺字堂廻	鍔18、転用品1	71
248	大宰府史跡第117次調査	太宰府市大宰府観世音寺今道59	把手4、鍔5、底部1、転用品11	72
249	大宰府史跡第119次調査	太宰府市大宰府観世音寺今道54-1、2	把手2、鍔5、転用品14	73
250	大宰府史跡第120次調査	太宰府市大宰府観世音寺山ノ井893-3	把手1、鍔1	74
251	大宰府史跡第121次調査	太宰府市大宰府観世音寺字今道48-3	鍔2、転用品2	75
252	大宰府史跡第122次調査	太宰府市大宰府観世音寺	転用品1	76
253	大宰府史跡第130次調査	太宰府市大宰府観世音寺182-64、182	鍔2、転用品4	77
254	大宰府史跡第144次調査	太宰府市大宰府観世音寺字山の井862-1	鍔2	78
255	大宰府史跡第154次調査	太宰府市大宰府観世音寺字堂廻175-1	鍔3	79
256	大宰府史跡第163次調査	太宰府市大宰府観世音寺5丁目192-1	鍔4、転用品3	80
257	大宰府史跡第175次調査	太宰府市大宰府観世音寺355-5	鍔1	81
258	大宰府条坊跡左郭十坊	太宰府市太宰府榎寺		104
259	大宰府条坊跡左郭五条二坊	太宰府市大宰府観世音寺日吉257	破片	104
260	大宰府条坊跡左郭五条四坊	太宰府市大宰府観世音寺土井ノ内14-2-3		104
261	大宰府条坊跡左郭五条六坊	太宰府市大宰府観世音寺露切		104
262	大宰府条坊跡左郭五条八坊	太宰府市大宰府観世音寺露切		104
263	観世音寺	太宰府市大宰府観世音寺露切、今道、山ノ井		104
264	君畑遺跡	太宰府市君畑		104
265	筑前国分寺跡	太宰府市国分寺川添683		104
266	五条琳泉庵	太宰府市五条琳泉庵		104
267	筑後工業裏山出地	太宰府市筑後工業裏山		104
268	大宰府条坊跡左郭八条七・八坊	太宰府市大宰府月見山	破片	104
269	大宰府条坊跡右郭六条八坊	太宰府市太宰府通古賀半田		104
270	大宰府条坊跡右郭十三条二坊	太宰府市大宰府通古賀鶴畑		104
271	宝満山	太宰府市南谷中堂、内山御供屋谷		104
272	大宰府条坊跡右郭十条六坊	太宰府市太宰府西・後		104
273	大宰府条坊跡右郭八条二坊	太宰府市太宰府丸石		104
274	大宰府条坊跡　第81次調査	太宰府市通古賀	口縁部1、転用品1	107
275	大宰府条坊跡　第89次調査	太宰府市通古賀1061-1・4	破片	107

番号	遺跡名	所在	形態	文献
276	大宰府条坊跡　第44次調査	太宰府市通古賀字鶴畑1087	破片	107
277	大宰府条坊跡　第87次調査	太宰府市通古賀2丁目249-3	把手1、底部片1	108
278	大宰府条坊跡　第106次調査	太宰府市通古賀2丁目248-1	破片	108
279	大宰府条坊跡　第118次調査	太宰府市通古賀2丁目248-1	破片	108
280	大宰府条坊跡　第141次調査	太宰府市通古賀3丁目236	破片	108
281	筑前国分寺跡　第9次調査	太宰府市国分寺608-1	破片	109
282	筑前国分寺跡　第10次調査	太宰府市国分寺字堀田728-3・4・5	破片	109
283	筑前国分寺跡　第13次調査	太宰府市国分寺字川添621	破片	109
284	筑前国分寺跡　第14次調査	太宰府市国分寺字堀田	鍔1	109
285	辻遺跡	太宰府市国分寺4丁目5・7・9	底部1	110
286	大宰府条坊跡　第43次調査	太宰府市大宰府2578-1	転用品5	111
287	大宰府条坊跡　第93次調査	太宰府市大宰府2567-2	把手1、鍔4、口縁8、底部3　胴部1、転用品6	111
288	大宰府条坊跡　第59次調査	太宰府市太宰府大字通古賀、大宰府	鍔1	111
289	大宰府条坊跡　第64次調査	太宰府市南287	把手1、口縁1、転用品10	111
290	御笠川南条坊	太宰府市太宰府平野・泉水	転用品2	135
291	浦ノ田B遺跡	太宰府市石坂4丁目939-2	口縁1	154
292	大楠地区南北大溝	太宰府市大楠328、331、335-1	把手	270
293	岡田地区遺跡Ⅰ区	筑紫野市大字岡田425-2	把手1、鍔1	121
294	岡田地区遺跡Ⅱ区	筑紫野市大字岡田425-2	底部1	122
295	常松遺跡	筑紫野市大字常松302-2	鍔1	120
296	丸隈遺跡	筑紫野市大字山家2906-1	鍔1	118
297	大宰府条坊跡　127次調査	筑紫野市大字杉塚394-7	把手1、鍔1、底部1、転用品1	150
298	西小田地区遺跡	筑紫野市大字西小田	把手3、鍔4、口縁3、底部6、転用品5	117
299	脇田遺跡	筑紫野市大字塔原983-1	把手1（ミニチュア）	119
300	今光遺跡	那珂川市今光宗石	転用品	137
301	観音山12号墳	那珂川市中原井手ノ原・深原		104
302	筑後国府跡　19次調査	久留米市合川町126-1	転用品1	84
303	西屋敷遺跡	久留米市合川町西屋敷		104
304	北遺跡	久留米市合川町北1045		104
305	大谷古墳群	久留米市高良内町字大谷	把手1	100
306	宝満川底	久留米市小森野町宝満川底	把手1	104
307	木塚遺跡	久留米市善通寺木塚本村内畑		104
308	大善寺遺跡　第7次調査	久留米市大善寺町宮本	鍔1	98
309	道蔵遺跡　第4次調査	久留米市大善寺町中津	鍔2、底部2、転用品2	93
310	御供田遺跡　第1次調査	久留米市大善寺町中津	口縁3	97
311	津福西小路遺跡	久留米市津福本町字西小路		92
312	東櫛原今寺　第6次調査	久留米市東櫛原町字今寺	鍔1	99
313	ヘボノ木遺跡　第41次調査	久留米市東合川町水洗341-2	鍔1	89
314	ヘボノ木遺跡　第56次調査	久留米市東合川3丁目	把手（ミニチュア）1	298
315	ヘボノ木遺跡　第62次調査	久留米市東合川3丁目	口縁1、底部1	96
316	神代遺跡　第15次調査	久留米市御井旗崎1丁目	鍔1	91
317	高良山大祝邸遺跡	久留米市御井大祝邸	鍔5、転用品9	133
318	横道遺跡	久留米市御井町1498-1	把手3、口縁1、胴部1	88
319	横道遺跡　第8・9次調査	久留米市御井朝妻1丁目	把手1	101
320	朝妻出土地	久留米市御井町朝妻		104
321	筑後国府跡　第133-1次調査	久留米市朝妻町1415-5	口縁2	94
322	高良山神籠石	久留米市御井町高良山		104
323	岩井川遺跡	久留米市御井町字岩井川	口縁部、底部片	90
324	吹上遺跡	久留米市御井町字吹上1338-1	把手1	87
325	宗崎遺跡	久留米市御井町宗崎山ノ下、土居ノ内	鍔1	129
326	神道遺跡	久留米市御井町神道	破片	86
327	筑後川底	久留米市宮の陣町筑後川底	把手1	104
328	城崎遺跡　第2次調査	久留米市安武町安武本字屋敷	鍔1	95
329	野口遺跡	久留米市山川町2801	破片	85

番号	遺跡名	所在	形態	文献
330	茶臼山、東光遺跡	久留米市山川町茶臼山、東光寺	把手1、鍔3、底部2、転用品8	104
331	ベキ遺跡	三潴郡三潴町大字早津崎字ベキ	底部1	226
332	観音丸遺跡	三潴郡大木町筏溝字観音丸	鍔2	143
333	高江原口遺跡	筑後市高江	把手1	149
334	高江遺跡	筑後市大字高江	鍔2	114
335	久富斗代遺跡	筑後市大字久富	鍔2	155
336	若菜湖ノ江遺跡	筑後市大字若菜1030	底部2	115
337	鶴田東大坪遺跡　第1次調査	筑後市大字鶴田字東大坪	鍔1	116
338	下林西田遺跡	大川市大字下林字西田317	底部2	160
339	酒見貝塚	大川市大字酒見字馬場北他	鍔1、転用品1	7
340	切杭遺跡	朝倉郡夜須町大字松延字切杭529	転用品1	291
341	砥上上林遺跡	朝倉郡夜須町大字砥上字上林107-1	把手1、鍔9	151
342	砥上上林遺跡	朝倉郡夜須町大字砥上字上林108	鍔4、胴部1	290
343	天園遺跡	朝倉郡杷木町大字古賀字天園	転用品2	157
344	志波桑ノ本遺跡	朝倉郡杷木町大字志波字桑ノ本	転用品1	156
345	江栗遺跡	朝倉郡杷木町大字志波字江栗	把手2	158
346	穂坂天神原遺跡	朝倉郡杷木町大字穂坂字天神原	把手1	127
347	長島遺跡	朝倉郡朝倉町上須川		104
348	西法寺遺跡	朝倉郡朝倉町大字大庭字西法寺	転用品2	159
349	狐塚南遺跡	朝倉郡朝倉町大字入地狐塚、字治部ノ上	鍔1、転用品1	152
350	才田遺跡	朝倉郡朝倉町大字入地字才田167・169	把手4、鍔4、口縁2、底部3	161
351	治部ノ上遺跡	朝倉郡朝倉町大字入地字治部ノ上2645	鍔3、胴部1	153
352	東才田遺跡	朝倉郡朝倉町大字入地字東才田106・108	把手1、鍔1、口縁1、底部1	162
353	狐塚古墳	朝倉郡朝倉町入地		104
354	塚堂遺跡	浮羽郡吉井町大字宮田徳丸	底部1	147
355	大井出土地	浮羽郡田主丸石垣大井	鍔1	82
356	石垣出土地	浮羽郡田主丸町石垣	破片	82
357	二田出土地	浮羽郡田主丸町益生田二田	鍔1	82
358	西屋敷出土地	浮羽郡田主丸町森部西屋敷	破片	82
359	船越高原A遺跡	浮羽郡田主丸町大字船越字高原	底部片	166
360	大野原遺跡	浮羽郡浮羽町山北	破片	82
361	山北賀茂神社出土地	浮羽郡浮羽町山北賀茂町	鍔	82
362	荷原出土地	甘木市荷原		104
363	柿原野田遺跡　B地区	甘木市柿原字野田	把手1、底部4	17
364	柿原野田遺跡　D地区	甘木市大字柿原字野田	口縁1	17
365	高頭出土地	甘木市金川町桑原高頭	鍔1	1
366	三沢権道2遺跡	小郡市三沢	鍔1	14
367	西島遺跡	小郡市三沢字栗崎、横951、後田	把手1、鍔1、口縁2、底部1	10
368	三沢権道遺跡	小郡市三沢字権道18-1	鍔1	9
369	大保西小路遺跡	小郡市大保字西小路	鍔1	11
370	正尻遺跡	小郡市小郡才町		104
371	小郡正尻遺跡	小郡市小郡字正尻	底部1	13
372	大板井遺跡	小郡市大板井字内古川、宇藤町	把手1、底部1	15
373	福堂山の上2遺跡	小郡市福堂字山の上	鍔3、口縁1、底部1	12
374	西裏田遺跡	三井郡大刀洗町大字本郷字西裏田	鍔6、底部1	112
375	本郷流川遺跡	三井郡大刀洗町大字本郷	鍔4	298
376	仁王丸遺跡	三井郡北野町大字仁王丸字天神屋敷	鍔1	55
377	室岡山ノ上遺跡	八女市室岡	破片	292
378	前田遺跡	八女市大字宮野字清徳329-1		294
379	松本遺跡　第2次調査	八女市大字国武字松本	鍔2	293
380	年の神遺跡	大牟田市四箇年の神		16
381	羽山遺跡	大牟田市大字草木字羽山	鍔1	8
382	女山神籠石	山門郡瀬高町		104
383	上庄遺跡	山門郡瀬高町上庄	破片	16
384	金栗遺跡	山門郡瀬高町大字下庄字金栗	把手3、鍔3、口縁2	146
385	金栗遺跡	山門郡瀬高町金栗	破片	16

番号	遺跡名	所在	形態	文献
386	大江北遺跡	山門郡瀬高町大字大江、大字小川	把手4、鍔4、底部1	144
387	藤尾遺跡	山門郡瀬高町藤尾	破片	16
388	鉾田遺跡	山門郡瀬高町鉾田	破片	16
389	びわぞの遺跡	山門郡大和町びわぞの	破片	16
390	平木遺跡	山門郡大和町平木	破片	16
391	垂見遺跡	山門郡大和町平木	破片	16
392	鷹尾中島遺跡	山門郡大和町鷹尾中島	破片	16

佐賀県

番号	遺跡名	所在	形態	文献
1	長ノ原遺跡	鳥栖市永吉町長ノ原		54
2	古賀遺跡	鳥栖市古賀町稲塚		54
3	一の坪地区遺跡	鳥栖市山浦町	鍔1	66
4	綾部出土地	三養基郡中原町綾部		54
5	香田遺跡	三養基郡中原町袞原香田		54
6	天建寺土井内遺跡	三養基郡三根町大字天建寺	鍔1、転用品1	70
7	直代遺跡	三養基郡三根町東津寄人	把手1	17
8	下中牧出土地	神埼郡神埼町下中牧		54
9	野遺跡	神埼郡神埼町大字竹	把手1	20
10	馬郡遺跡	神埼郡神埼町大字鶴字馬郡	鍔1	22
11	尾崎土生遺跡	神埼郡神埼町大字尾崎字土生・花手	把手1	12
12	尾崎利田遺跡	神埼郡神埼町尾崎西分	把手1、鍔2、転用品2	15
13	下六丁遺跡	神埼郡神埼町大字横武字灰巻	鍔2	22
14	野田出土地	神埼郡神埼町野田		54
15	詫田遺跡	神埼郡千代田町詫田		54
16	崎村遺跡	神埼郡千代田町渡瀬五本松2326	把手2、口縁1、転用品1	62
17	藤ノ木西分遺跡	神埼郡千代田町大字下板	口縁1	65
18	崎村三本黒木遺跡	神埼郡千代田町崎村三本黒木	鍔1、転用品1	62
19	柴尾遺跡	神埼郡千代田町大字用作字五本松	破片	78
20	黒井遺跡	神埼郡千代田町大字黒井	把手1	64
21	姉遺跡	神埼郡千代田町大字姉	鍔1	63
22	下石動遺跡	神埼郡東脊振村大字石動字二・三・四本松	鍔1	18
23	西石動遺跡	神埼郡東脊振村西石動村	鍔7、口縁3、底部4、転用品3	23
24	霊仙寺跡	神埼郡東脊振村松隈九瀬谷	把手2、鍔1、底部1	68
25	小川内出土地	神埼郡東脊振村小川内		54
26	宿野遺跡	佐賀市久保泉町大字川久保字御供田	鍔1	29
27	御手水遺跡	佐賀市久保泉町大字川久保字御手水	口縁1	38
28	川久保松原遺跡	佐賀市久保泉町大字川久保字松原	鍔1	33
29	泉遺跡	佐賀市久保泉町大字下和泉字三本栗	鍔1	27
30	本村遺跡	佐賀市久保泉町大字下和泉字二本松	把手2、鍔8、底部1	24
31	村徳永遺跡 J地区	佐賀市久保泉町大字上和泉字徳永	把手1、鍔1	28
32	村徳永遺跡 13〜16区	佐賀市久保泉町大字上和泉字徳永	把手1、口縁1	49
33	徳永遺跡 4〜6区	佐賀市久保泉町大字上和泉字徳永	把手1、鍔3	74
34	大門石製釜出土地	佐賀市金立町金立大門		54
35	黒土原出土地	佐賀市金立町黒土原		54
36	東千布遺跡	佐賀市金立町大字千布	鍔3	40
37	西千布遺跡	佐賀市金立町大字千布字西千布	把手1、鍔1	41
38	友貞遺跡	佐賀市金立町大字千布字友貞	鍔1	36
39	牟田寄遺跡 9A区	佐賀市兵庫町大字瓦町	鍔2、口縁2	43
40	牟田寄遺跡 15〜17区	佐賀市兵庫町大字瓦町	鍔2、口縁2、底部2	44
41	牟田寄遺跡 E地区	佐賀市兵庫町大字瓦町字牟田寄	把手1、転用品1	31
42	牟田寄遺跡 10〜14区	佐賀市兵庫町大字瓦町字牟田寄	把手1、鍔3、底部1	47
43	コマガリ遺跡	佐賀市兵庫町大字藤木	鍔1	45
44	ウー屋敷遺跡	佐賀市兵庫町大字藤木	鍔1	46
45	妙常寺北遺跡	佐賀市兵庫町大字渕字下渕	鍔2、底部1	42
46	下村遺跡	佐賀市兵庫町大字渕字香田	把手1、底部片1	39

付表1　九州島・琉球列島における滑石製石鍋出土遺跡一覧

番号	遺跡名	所在	形態	文献
47	坪の上遺跡	佐賀市高木瀬町大字長瀬坪の上	把手1	48
48	東高木遺跡	佐賀市高木瀬東3丁目	鍔3、口縁1	35
49	観音遺跡	佐賀市北川町副町大字光法	鍔2、底部1	30
50	益田遺跡	佐賀市鍋島町大蛎久町字中村	鍔1、口縁1	32
51	大西屋敷遺跡1区	佐賀市鍋島町大字八戸溝	鍔2、口縁2	34
52	大西屋敷遺跡2区	佐賀市鍋島町大字八戸溝	鍔1	37
53	森田遺跡　1区	佐賀市鍋島町大字森田	鍔2	73
54	森田遺跡　2～6区	佐賀市鍋島町大字森田	鍔1	50
55	増田遺跡　6区	佐賀市鍋島町大字蛎久	鍔1、底部1	51
56	柴尾橋下流遺跡	佐賀市蓮池町古賀四本松	把手2、口縁2、転用品1	26
57	徳富権現堂遺跡	佐賀郡諸富町徳富	破片	19
58	小杭村中遺跡	佐賀郡諸富町大字山領字小杭分二本松	把手1、鍔1	22
59	肥前国分寺跡	佐賀郡大和町久池井	鍔1	71
60	久池井一本杉遺跡	佐賀郡大和町久池井		54
61	西山遺跡	佐賀郡大和町		54
62	後藤館跡	佐賀郡久保田町大字徳万字中村屋敷	鍔4	13
63	小路遺跡	小城郡芦刈町小路俗称珍ノ山	鍔1、底部1	77
64	柿樋瀬遺跡	小城郡牛津町大字柿樋瀬	鍔1	4
65	戊遺跡	小城郡三日月町	鍔1、口縁1、底部1、転用品3	14
66	織島西分C遺跡	小城郡三日月町織島字西分	把手2、鍔1	69
67	古宮下遺跡	杵島郡山内町三間坂古宮下		54
68	白石中学校南方遺跡	杵島郡白石町戸遠ノ江		54
69	中原遺跡	東松浦郡相知町伊岐佐		19
70	座主遺跡	東松浦郡北波多村山彦座主	把手1、鍔2、転用品1	16
71	大園出土地	東松浦郡玄海町大園		54
72	松尾田古墳群	東松浦郡呼子町大字殿ノ浦字マツヲダ1804	鍔1	72
73	瀬戸木場出土地	東松浦郡厳木町瀬戸木場		54
74	馬川谷口遺跡　1・2区	東松浦郡七山村	鍔1	67
75	徳蔵谷遺跡	唐津市佐志	鍔2	9
76	佐志中道遺跡	唐津市佐志	鍔5、転用品6	10
77	佐志中道遺跡　B地区	唐津市佐志	転用品1	11
78	見借遺跡	唐津市見借	把手3、鍔2、底部2	6
79	七ツ釜出土地	唐津市七ツ釜		54
80	神田中村遺跡	唐津市神田字赤川1895-2	把手1、胴部1	7
81	西浦遺跡	唐津市神田倉瀬戸		54
82	久里双水古墳	唐津市双水字サコ	把手1	8
83	双水迫遺跡	唐津市双水迫		54
84	半田新田遺跡	唐津市半田字新田	鍔1	76
85	藤川内出土地	伊万里市松浦町藤川内		54
86	天神粥出土地	伊万里市東山代町天神粥		21
87	天神粥遺跡	伊万里市東山代町浦川内寺字寺田	鍔1	1
88	西尾遺跡C地点	伊万里市二里町大里字西尾	鍔1	3
89	西尾遺跡A地点	伊万里市二里町大里字西尾	鍔4、底部2	2
90	中尾遺跡	西松浦郡西有田町大木中尾		54
91	工江遺跡	武雄市橘町大字永島字北十野	把手2、鍔1、口縁1	58
92	市場遺跡	武雄市橘町大字永島字北上野	把手2	59
93	下貝原遺跡	武雄市橘町大字永島字北上野	鍔2	57
94	みやこ遺跡	武雄市橘町大字大日字郷ノ木	鍔1	55
95	みやこ遺跡　B・C区	武雄市橘町大字大日字郷ノ木	把手5、鍔3	25
96	小野原遺跡　A区	武雄市橘町大字大日字小ノ原	鍔1	25
97	茂手遺跡	武雄市橘町大字大日字片白	把手2、鍔5	56
98	潮見遺跡	武雄市橘町潮見		54
99	板橋遺跡	武雄市橘町二叉	破片	75
100	納手遺跡	武雄市橘町納手		54
101	庄ノ前遺跡	武雄市橘町片白		19
102	茂手遺跡	武雄市橘町茂手		54

番号	遺跡名	所在	形態	文献
103	小楠遺跡	武雄市武雄町大字富岡字古賀	鍔1	61
104	南永野遺跡	武雄市東川登町大字永野字神皆木	鍔1	59
105	天神裏遺跡	武雄市東川登町大字永野字天神裏	鍔1	60
106	吉浦遺跡	藤津郡塩田町	鍔4	52
107	大黒町遺跡	藤津郡塩田町大字五町田字大黒町	把手1、鍔1	53
108	横沢橋道傍出土地	鹿島市北鹿島町中村横沢橋		54
109	片山経塚	鹿島市嘉島町若殿分片山		54
110	不動遺跡	鹿島市大字山浦字不動	把手2、鍔1	5
111	行成出土地	鹿島市納富分行成		54
112	大殿分遺跡	鹿島市能古見山浦大殿分		54
113	儀助平洞穴	鹿島市音成丁1127		54
114	皆木古墳群	多久市東多久町古賀一区		54
115	宝蔵寺遺跡	多久市東多久町別府宝蔵寺5126		54
116	中小路遺跡	多久市南多久町中小路		54
117	茶園原遺跡	多久市多久町下鶴		54
118	撰分遺跡	多久市多久町撰分		54
119	隈遺跡	多久市多久町納所裏納所		54

長崎県

番号	遺跡名	所在	形態	文献
1	館遺跡	壱岐郡芦辺町国分本村触		11
2	定光寺遺跡	壱岐郡芦辺町湯岳今坂触		11
3	名切遺跡	壱岐郡郷ノ浦町	把手1、口縁1	18
4	手長男神社遺跡	壱岐郡郷ノ浦町柳田触		11
5	カラカミ遺跡	壱岐郡勝本町立石仲触カラカミ		11
6	前神田遺跡	壱岐郡勝本町新庄西触前神田		11
7	筒城浜遺跡	壱岐郡石田町筒城仲触筒城浜		11
8	小茂田遺跡	下県郡厳原町小茂田		11
9	久根田舎遺跡	下県郡厳原町久根田舎		11
10	馬乗石遺跡	下県郡厳原町豆酘	口縁部片	30
11	一本木遺跡	福江市下大津町一本木		11
12	仏坂遺跡	福江市下大津町一本木仏坂		11
13	外輪遺跡	福江市下大津町外輪		11
14	橘遺跡	福江市上大津町五社神社		11
15	蓮寺遺跡	福江市本山町蓮寺		11
16	宇久山本遺跡	北松浦郡宇久町平郷	鍔1、転用品5	1
17	泊邸内遺跡	北松浦郡宇久町平郷		15
18	舜谷寺貝塚	北松浦郡宇久町平郷	破片	15
19	山本遺跡	北松浦郡宇久町平郷山本		11
20	西泊遺跡	北松浦郡宇久町本飯良郷		11
21	宮ノ首貝塚	北松浦郡宇久町本飯良郷		11
22	藤田遺跡	北松浦郡宇久町本飯良郷		11
23	飯良遺跡	北松浦郡宇久町本飯良郷		11
24	殿寺遺跡	北松浦郡小値賀町前方郷相津		11
25	膳所城遺跡	北松浦郡小値賀町中村郷		11
26	新田神社遺跡	北松浦郡小値賀町中村郷城越		11
27	笛吹遺跡	北松浦郡小値賀町笛吹郷		11
28	浜津遺跡	北松浦郡小値賀町浜津郷		11
29	錦津美神社遺跡	北松浦郡小値賀町浜津郷後目		11
30	野崎遺跡	北松浦郡小値賀町野崎郷		11
31	福井洞穴遺跡	北松浦郡吉井町		11
32	直谷洞穴遺跡	北松浦郡吉井町		11
33	櫛田神社遺跡	北松浦郡吉井町梶木場		11
34	熊頭遺跡	北松浦郡吉井町熊頭		11
35	盲目ヶ原出土地	北松浦郡佐々町盲目ヶ原		11
36	里城跡	北松浦郡田平町		11

番号	遺跡名	所在	形態	文献
37	里田原遺跡	北松浦郡田平町		11
38	池田下遺跡	松浦市御厨町池田下		11
39	桜偕田遺跡	松浦市志佐町白浜免桜偕田	把手2、鍔2、口縁5、底部1、転用品26	20
40	大島出土地	平戸市大島町		11
41	度島出土地	平戸市度島		11
42	山頭遺跡	平戸市大久保町山頭		11
43	鏡川出土地	平戸市鏡川町		11
44	牟田原遺跡	平戸市赤松町		11
45	津吉遺跡	平戸市津吉町		11
46	西中山遺跡	平戸市西中山町3-2		11
47	岡崎第2遺跡	平戸市中山町		11
48	志々伎遺跡	平戸市志々伎町志々伎浦		11
49	野子出土地	平戸市野子町		11
50	里見遺跡	佐世保市楠ノ木町字里見		11
51	塩釜遺跡	佐世保市針尾中町		11
52	三島山遺跡	佐世保市広田町三島		11
53	本舟遺跡	佐世保市伊勢川町本舟		11
54	三日月島遺跡	佐世保市江上町		11
55	東明中学校祠遺跡	佐世保市江上町		11
56	支所裏遺跡	佐世保市江上町支所裏		11
57	三ツ峯塚遺跡	佐世保市南風崎町		11
58	犬神屋敷遺跡	佐世保市南風崎町大神		11
59	宇都宮遺跡	佐世保市萩坂町		11
60	蓮輪館遺跡	佐世保市萩坂町		11
61	てほ神古墳	佐世保市萩坂町城		11
62	大刀洗遺跡	佐世保市指方町		11
63	貴舟神社遺跡	佐世保市指方町		11
64	十文野遺跡	佐世保市十文野町		11
65	高筈遺跡	佐世保市中里町		11
66	中里遺跡	佐世保市中里町		11
67	殿平遺跡	佐世保市竹辺町		11
68	竹辺遺跡	佐世保市竹辺町		11
69	三丸遺跡	佐世保市下本山町		11
70	佐世保工業グラウンド	佐世保市松原町		11
71	龍神洞穴遺跡	佐世保市福石町羅漢		11
72	川迎貝塚	佐世保市相浦町川迎		11
73	岳ノ田遺跡	佐世保市小船町		11
74	角仏遺跡	佐世保市小船町		11
75	牟田張遺跡	佐世保市上小川内町牟田張		11
76	木ノ宮遺跡	佐世保市木ノ宮町		11
77	五反田遺跡	東彼杵郡川棚町上組郷徳島	鍔1	13
78	岡遺跡	東彼杵郡東彼杵町蔵本郷字岡	把手5、鍔12、口縁6、底部1、転用品3	34
79	畠出A遺跡	東彼杵郡東彼杵町八反出郷中の坪	破片	25
80	野中遺跡	東彼杵郡東彼杵町瀬戸郷字久保谷	鍔1	24
81	小薗遺跡	東彼杵郡東彼杵町瀬戸郷字小薗	鍔14、口縁3、底部1	26
82	外園遺跡	東彼杵郡東彼杵町千綿宿郷	把手1、鍔1	25
83	赤城出土地	東彼杵郡東彼杵町千綿宿郷赤城		11
84	里郷出土地	東彼杵郡東彼杵町里郷		11
85	白井川遺跡	東彼杵郡東彼杵町藤本郷字白井川	把手1、鍔8、口縁3、底部3、転用品10	35
86	寿古遺跡	大村市寿古町	把手3、鍔1、口縁3、底部2 転用品8	7
87	皆同古墳	大村市皆同郷		11
88	黒丸遺跡 昭和53年度	大村市黒丸町	鍔2、転用品1	3
89	黒丸遺跡 平成2年度	大村市黒丸町587番地1-352	鍔3	29

番号	遺跡名	所在	形態	文献
90	富の原遺跡　平成4年度	大村市富ノ原2丁目	把手1	9
91	富の遺跡群　平成8年度	大村市富ノ原2丁目	鍔4、口縁1	6
92	野田A遺跡	大村市鬼橋町	把手1、口縁2	25
93	ヤツギ遺跡	大村市竹松郷		11
94	坂口館跡	大村市荒瀬町	鍔1	5
95	坂口館跡　1区	大村市荒瀬町	鍔3	26
96	嶽ノ下B遺跡	大村市池田郷嶽ノ下	鍔1	19
97	大村館墓地	大村市乾馬場町	鍔3	6
98	宝生寺跡	大村市乾馬場町	鍔2	4
99	如法寺地区遺跡	大村市如法寺	把手1、鍔1	8
100	白魚遺跡	南松浦郡若松町白魚		11
101	牛込A・B遺跡	諫早市貝津町	口縁1、転用品3	14
102	中南遺跡	島原市安徳丁安中中南	把手1	37
103	矢上城跡	長崎市田中町1862	口縁部片	32
104	松崎郷遺跡	長崎市三重町松崎郷		11
105	深堀貝塚	長崎市深堀町5丁目	把手2、鍔2、口縁1	31
106	深堀遺跡	長崎市深堀町中屋敷	鍔1	37
107	普同寺下貝塚	北高来郡飯盛町		2
108	開遺跡	北高来郡飯盛町開名	鍔2	16
109	伊古遺跡	南高来郡瑞穂町伊古		11
110	筏遺跡	南高来郡国見町神代東里筏	破片	27
111	大屋敷遺跡	南高来郡小浜町山畑		11
112	尾崎遺跡	南高来郡西有家町尾崎		11
113	今福遺跡A地点	南高来郡北有馬町今福名今福	口縁1	17
114	今福遺跡B地区	南高来郡北有馬町今福名	鍔2、転用品1	21
115	今福遺跡C地区	南高来郡北有馬町今福名	鍔2	22
116	市吉丁出土地	南高来郡南有馬町市吉丁	鍔1	33
117	松尾遺跡	南高来郡有明町松崎名字松尾甲2046-1	把手1、鍔3	23
118	中田遺跡	南高来郡有明町大三東	把手1	36
119	ケイマンゴー遺跡	西彼杵郡西海町横瀬郷ケイマンゴー2078	鍔2、底部1	12
120	大平出土地	西彼杵郡西海町七釜郷大平		11
121	白崎貝塚	西彼杵郡西彼町白崎郷白崎		11
122	膝行神貝塚	西彼杵郡西彼町白崎郷膝行神		11
123	田原遺跡	西彼杵郡多良見町伊木力田原		11
124	伊木力遺跡	西彼杵郡多良見町船津郷	把手2、鍔9、口縁1、底部2、転用品7	28
125	小田貝塚	西彼杵郡大瀬戸町雪浦上郷小田		11
126	重盛塚出土地	西彼杵郡大瀬戸町雪浦小松郷		11
127	寺島遺跡	西彼杵郡大島町1206		11

熊本県

番号	遺跡名	所在	形態	文献
1	古城谷遺跡	荒尾市平山薬師ノ上	破片	14
2	下井手・前田遺跡	荒尾市井手前田		31
3	苔谷遺跡	荒尾市樺字小葉山2743	鍔1	2
4	斧磨遺跡	荒尾市樺小岱	鍔1、転用品1	1、2
5	狐谷遺跡	荒尾市金山字狐谷2107、2108	胴部2	2
6	大藤遺跡	荒尾市金山字大藤2025、2026	把手1	2
7	田中城跡	玉名郡三加和町大字和仁字古城	鍔1	30
8	若園貝塚	玉名郡菊水町江田	破片	11
9	竈門寺原遺跡	玉名郡菊水町大字竈門字寺原	口縁部片	24
10	堀崎貝塚	玉名郡長洲町高浜	破片	31
11	城迫間横穴	玉名市溝上城迫間	破片	31
12	伊野出土地	菊池郡旭志村伊野	破片	31
13	七尾野遺跡	菊池郡大津町御願所七尾野	破片	31
14	瀬田裏遺跡	菊池郡大津町大字瀬田裏字萩の平	口縁1、底部1	5

番号	遺跡名	所在	形態	文献
15	泗水町内	菊池郡泗水町	破片	31
16	稗田出土地	菊池市稗田	破片	31
17	茂田井出土地	鹿本郡鹿北町多久茂田井		31
18	慈恩寺経塚古墳	鹿本郡植木町大字米塚字井川平1070	破片	3
19	乙姫出土地	阿蘇郡阿蘇町乙姫	破片	31
20	西原村内	阿蘇郡西原村	破片	31
21	祇園遺跡	阿蘇郡白水村大字一関字祇園	把手2、鍔3	23
22	宮ノ西出土地	阿蘇郡波野村小園	破片	27
23	赤水遺跡	熊本市北部町和泉赤水	破片	31
24	陣内上ノ園遺跡	熊本市龍田町陣内1169		25
25	神園山瓦窯跡	熊本市長峰町		31
26	黒髪町遺跡	熊本市黒髪2丁目21-51		25
27	鳥井原遺跡	熊本市熊本市錦ヶ丘1-1		25
28	健軍神社周辺遺跡 第5次調査	熊本市健軍2丁目255		25
29	ミョウゲンジ屋敷下遺跡	熊本市健軍3丁目1	鍔1	25
30	下村遺跡	熊本市健軍町下村	破片	31
31	上ノ原遺跡	熊本市健軍本町45		25
32	神水遺跡	熊本市水前寺江津湖一帯	口縁1	21
33	上ノ門遺跡	熊本市湖東3丁目7-10		25
34	古城横穴	熊本市古城町		31
35	戸坂遺跡	熊本市戸坂	破片	31
36	二本木遺跡第4次調査	熊本市春日2丁目9-12		25
37	二本木遺跡第2次調査	熊本市二本木1丁目21-1		25
38	二本木遺跡第3次調査	熊本市二本木2丁目8-1		25
39	二本木遺跡第5次調査	熊本市二本木2丁目28-1		25
40	二本木遺跡第6次調査	熊本市二本木2丁目12-14		25
41	二本木遺跡第8次調査	熊本市二本木1丁目8		25
42	二本木遺跡第11次調査	熊本市二本木2丁目70-1		25
43	上高橋高田遺跡第1次調査	熊本市上高橋町121-1		25
44	上高橋高田遺跡第2次調査	熊本市上高橋町121-1		25
45	高橋南貝塚	熊本市高橋町	鍔5、転用品2	10
46	井芹川・坪井川合流地点	熊本市高橋町	破片	31
47	小島上町出土地	熊本市小島上町	破片	31
48	御幸木部古屋敷遺跡	熊本市御幸木部町	鍔1	25
49	古閑遺跡	上益城郡益城町古閑	破片	19
50	櫛島遺跡	上益城郡益城町櫛島	破片	7
51	常楽寺遺跡	上益城郡益城町飯田山	破片	31
52	久保遺跡	上益城郡御船町久保		7
53	北猪見遺跡	上益城郡矢部町大矢野原	把手1	28
54	浜ノ館址	上益城郡矢部町浜町	把手2	8
55	赤見前田遺跡	下益城郡城南町赤見	破片	20
56	塚原遺跡	下益城郡城南町塚原	破片	31
57	中小野遺跡	下益城郡小川町中小野	破片	15
58	年の神遺跡	下益城郡小川町北小野	破片	31
59	曲野遺跡	下益城郡松橋町曲野	破片	31
60	太田尾遺跡	宇土郡三角町太田尾		26
61	椿原遺跡	宇土市椿原町		26
62	西岡台遺跡	宇土市西岡台		4
63	境目西原遺跡	宇土市境目西原		26
64	立神遺跡	八代郡宮原町立神		26
65	境遺跡	八代市岡町小路	鍔1	17
66	平原野中遺跡	八代市岡町中	鍔1	18
67	興善寺遺跡	八代市興善寺町		26
68	川田遺跡	八代市川田	破片	13
69	井上町遺跡	八代市井上町		26
70	日置町遺跡	八代市日置町大田郷小学校校庭		26

番号	遺跡名	所在	形態	文献
71	竹原町遺跡	八代市竹原町		26
72	稲村遺跡	八代市中片町稲村2027-2		26
73	地領遺跡	八代市古麓町地領春光寺		26
74	田の川内貝塚	八代市日奈久新田田川内		26
75	浜崎遺跡	本渡市浜崎町、本渡町本戸馬場	把手1、鍔6、口縁5、底部3、転用品3	29
76	頼景館址	球磨郡多良木町黒肥地	鍔3	9
77	蓮花寺址	球磨郡多良木町黒肥地	鍔4	9
78	市房隠出土地	球磨郡免田町吉井	破片	31
79	吉井出土地	球磨郡免田町吉井	破片	6
80	免田町吉井区出土地	球磨郡免田町吉井区	鍔1	32
81	蔵城遺跡	球磨郡錦町木上	鍔3	22
82	沖松遺跡	球磨郡須恵村字沖松	把手1、鍔1	33

大分県

番号	遺跡名	所在	形態	文献
1	陽弓遺跡	東国東郡国東町大字横手字陽弓	鍔2、口縁2	7
2	原遺跡	東国東郡国東町大字張原字餅田	口縁1	13
3	城遺跡	宇佐市宮熊城		15
4	法鏡寺廃寺跡	宇佐市法鏡寺		15
5	御播遺跡	宇佐市御播磨	鍔1	2
6	藤田遺跡	宇佐市南宇佐藤田		15
7	佐知遺跡	下毛郡三光村佐知	口縁1	6
8	後迫遺跡	日田市大字三和字原地	鍔	9
9	臼杵石仏群地域遺跡	臼杵市深田		15
10	清太郎遺跡	臼杵市大字望月字紺屋窪	把手1	10
11	下郡遺跡群 D区	大分市下郡	把手1、鍔1	3、4
12	古国府遺跡	大分市古国府岩屋寺・石明		15
13	瀬戸遺跡	玖珠郡玖珠町大字帆足字瀬戸	鍔	8
14	石田遺跡	直入郡久住町大字仏原字石田・宮田	転用品1	11
15	仏原第Ⅲ遺跡	直入郡久住町大字仏原字法堂	破片	12
16	汐月遺跡	佐伯市長良汐月	鍔1	14
17	露無・表遺跡	大野郡犬飼町山田	鍔1	1
18	惣田遺跡	大野郡三重町管生惣田		15
19	下赤嶺遺跡	大野郡三重町大字赤嶺	鍔1	5

宮崎県

番号	遺跡名	所在	形態	文献
1	沓袋遺跡	児湯郡川南町永田沓袋		10
2	児湯郡内	児湯郡		10
3	穂北城跡	西都市大字穂北字谷ノ前	口縁部片	6
4	妙見遺跡	えびの市大字東川北字妙見	鍔	7
5	昌明寺遺跡	えびの市大字昌明寺字油田	転用品	1
6	本庄高校遺跡	東諸県郡国富町下本庄		10
7	天神河内第1遺跡	宮崎郡田野町字天神河内	鍔	8
8	正坂原遺跡	都城市志比田町4495	転用品	3
9	取添遺跡	都城市都原町506	破片	2
10	爪生野遺跡	宮崎市爪生野		10
11	車坂城西ノ城跡	宮崎市熊野	鍔、底部片	5
12	堂地東遺跡	宮崎市熊野字堂地	破片	4
13	大塚遺跡	南那珂郡北郷町	鍔	9
14	大島畠田遺跡	都城市金田町畠田	把手1	11
15	八児遺跡	東諸県郡高岡町大字下倉長	把手1	12

鹿児島県

番号	遺跡名	所在	形態	文献
1	放光寺遺跡	出水郡高尾野町放光寺	鍔	4

付表1 九州島・琉球列島における滑石製石鍋出土遺跡一覧

番号	遺跡名	所在	形態	文献
2	荘貝塚	出水市荘	鍔1	1
3	尾崎A遺跡	出水市中央町		32
4	老神遺跡	出水市武本字老神	破片	32
5	沖田岩戸遺跡	出水市下鯖渕町	破片	16
6	淵辺古墓	大口市淵辺	破片	32
7	渕切遺跡	大口市針持渕切	破片	32
8	馬場A遺跡	大口市平出水馬場		32
9	北山遺跡	阿久根市山下字北山	転用品	42
10	薩摩国府跡	川内市御領下町	把手1	3
11	薩摩国分寺跡	川内市国分寺町大都及び下台	把手3、鍔6	3、35
12	成岡遺跡	川内市中福良町	鍔1、底部3	11
13	成岡遺跡	川内市中福良町成岡	把手1、鍔7、口縁3、底部2、転用品20	9
14	西ノ平遺跡	川内市中福良町西ノ平	鍔、底部片	9
15	麦之浦貝塚	川内市陽成町後迫	鍔	32
16	田子山遺跡	伊佐郡菱刈町下手田子山	破片	32
17	年の宮遺跡	伊佐郡菱刈町南浦字年ノの宮	鍔	32
18	小瀬戸遺跡	姶良郡姶良町小瀬戸	破片	7
19	萩原遺跡	姶良郡姶良町平松	口縁部片	32
20	中尾田遺跡	姶良郡横川町中野中尾田	鍔	5
21	干迫遺跡	姶良郡加治木町日木山	破片	32
22	山崎B遺跡	姶良郡栗野町木場	破片	6
23	木場A遺跡	姶良郡栗野町木場外掘		32
24	肥遺跡	姶良郡栗野町木場字肥	破片	12
25	菩提遺跡	姶良郡隼人町見次1214	鍔	37
26	小田松木薗遺跡	姶良郡隼人町小田字松木薗		32
27	上城詰城跡	日置郡市来町大里	鍔	2
28	針原遺跡	日置郡市来町川上字針原	鍔1	15
29	川上(市来)貝塚	日置郡市来町川上仲組	把手1、底部片	32
30	前畑遺跡	日置郡東市来町伊作田		32
31	黒川洞穴	日置郡吹上町永吉砂走	鍔	32
32	黒川西洞穴	日置郡吹上町坊野柱野		33
33	持躰松遺跡	日置郡金峰町宮崎字持躰松	鍔2、底部1、転用品1	30
34	白糸原遺跡	日置郡金峰町宮崎白糸原	破片	32
35	牟礼ヶ城跡	日置郡金峰町池辺向江	破片	28
36	小中原遺跡	日置郡金峰町尾下1650	鍔1、転用品1	29
37	高橋貝塚	日置郡金峯町高橋	破片	32
38	志布志高校遺跡	曽於郡志布志町	破片	32
39	横瀬古墳	曽於郡大崎町横瀬字山村	転用品	32
40	榎崎A遺跡	鹿屋市郷ノ原町榎崎	転用品	32
41	杉本寺遺跡	加世田市向江杉本寺		32
42	川床遺跡	加世田市川畑益山万之瀬川川床	鍔	32
43	上加世田遺跡	加世田市川畑上加世田	把手1、胴部1	24、32
44	中原田遺跡	枕崎市東鹿籠字中原田		32
45	城山山頂遺跡	国分市上小川新城		32
46	本俯内(舞鶴城跡)遺跡	国分市中央		42
47	鹿児島大学郡元団地 F-3・4区	鹿児島市郡元	鍔、底部片	17
48	鹿児島大学郡元団地 H-11・12区	鹿児島市郡元	鍔	19
49	鹿児島大学農学研究科校舎建設地内	鹿児島市郡元	鍔、底部片	18
50	大原・宮薗遺跡	薩摩郡下甑村手打		33
51	屋根添遺跡	薩摩郡東郷町南瀬屋根添	底部片	32
52	水流遺跡	薩摩郡樋脇町倉野	転用品	39
53	下原C遺跡	薩摩郡樋脇町塔之原鍋原	破片	32
54	城ヶ崎遺跡	揖宿郡頴娃町御領ヶ崎	鍔、口縁部片	32
55	仏ヶ峯出土地	西之表市住吉仏ヶ峯	把手1	43
56	大園遺跡	熊毛郡中種子町納官坂元大園		32

番号	遺跡名	所在	形態	文献
57	輪ノ尾遺跡	熊毛郡中種子町田島字輪ノ尾		32
58	中野遺跡	熊毛郡上屋久町口永良部島西ノ浦	破片	32
59	下新道遺跡	熊毛郡上屋久町口永良部島西ノ浦	破片	32
60	小寺屋敷遺跡	熊毛郡上屋久町小寺屋敷		32
61	小山遺跡	鹿児島郡吉田町小山	鍔3、底部1	8
62	谷ノ口遺跡	鹿児島郡吉田町本城谷ノ口	把手1	8
63	長瀬海岸遺跡	鹿児島郡三島村竹島	破片	32
64	中原ユキゲサ宅地内遺跡	鹿児島郡三島村竹島	破片	32
65	日高フキ宅地内遺跡	鹿児島郡三島村竹島向井	破片	32
66	浜道遺跡	鹿児島郡三島村竹島浜道		33
67	芥切ユキ宅地内遺跡	鹿児島郡三島村硫黄島下村	破片	32
68	へき地集会所遺跡	鹿児島郡三島村黒島片泊	破片	32
69	イバドンの墓遺跡	鹿児島郡三島村黒島片泊	破片	32
70	岩瀬国吉宅地内遺跡	鹿児島郡三島村黒島片泊	破片	32
71	浜向遺跡	鹿児島郡三島村大里浜向		32、33
72	大里小・中学校校門前遺跡	鹿児島郡三島村黒島大里	破片	32
73	大木遺跡	鹿児島郡十島村大木	破片	32
74	タチバナ遺跡	鹿児島郡十島村中之島七ツ山	鍔1	40
75	宇宿貝塚	大島郡笠利町宇宿	転用品、滑石混入土器	22、23
76	ケジⅢ遺跡	大島郡笠利町大字万屋字ケジ	破片	20
77	下山田Ⅲ遺跡	大島郡笠利町万屋字下山田	把手1、転用品	21
78	城遺跡	大島郡笠利町万屋字城	滑石混入土器、破片	20
79	朝仁貝塚	名瀬市朝仁	破片	32
80	手広遺跡	大島郡竜郷町赤尾木字手広	破片	32
81	嘉徳集落遺跡	大島郡瀬戸内町嘉徳	破片	32
82	七城遺跡	大島郡喜界町志戸桶七城	破片	32
83	川峰グスク	大島郡喜界町志戸桶川峰	破片	32
84	坂元遺跡	大島郡喜界町志戸樋字坂元	破片	13
85	当地遺跡	大島郡喜界町志戸樋字当地	鍔1	13
86	志戸樋遺跡	大島郡喜界町志戸樋七城	鍔1	34
87	巻畑B、C遺跡	大島郡喜界町小野津字巻畑	破片	25
88	大城久遺跡	大島郡喜界町伊砂	破片	31
89	長嶺地区遺物散布地	大島郡喜界町大字長嶺	把手1	31
90	永嶺遺跡	大島郡喜界町長嶺		13
91	提り遺跡	大島郡喜界町塩道提り	口縁1	26
92	川掘遺跡	大島郡喜界町中熊字川掘	破片	31
93	向田遺跡	大島郡喜界町島中	把手1	26
94	アギ遺跡	大島郡喜界町	破片	20
95	玉城遺跡	大島郡天城町大字天城字真瀬名	滑石混入土器	41
96	広田遺跡	熊毛郡南種子島町平山字広田	鍔1	43

沖縄県

番号	遺跡名	所在	形態	文献
1	安波貝塚	国頭郡国頭村字安波	滑石混入土器	27
2	フガヤ遺跡	名護市字羽地	滑石混入土器	36
3	名護貝塚	名護市名護大兼久原	滑石混入土器	6
4	熱田貝塚	国頭郡恩納村大字安富祖小字熱田	把手1	13、14
5	平敷屋古島遺跡	中頭郡勝連町字平敷屋128-3	滑石混入土器	20
6	平敷屋トゥバル遺跡	中頭郡勝連町字平敷屋1833	把手1	18
7	浜グスク	中頭郡勝連町浜384-1	滑石混入土器	21
8	嘉手納貝塚東遺跡	中頭郡嘉手納町字嘉手納西原	破片	21
9	屋良グスク	中頭郡嘉手納町字屋良後原	滑石混入土器	23
10	砂辺サーク原遺跡	中頭郡北谷町字砂辺小字加志原	把手1、鍔、転用品	10
11	後兼久原遺跡	中頭郡北谷町字桑江	把手1	33
12	玉代勢原遺跡	中頭郡北谷町玉代勢原43・44番地	滑石混入土器	32
13	安仁屋トゥンヤマ遺跡	宜野湾市キャンプ瑞慶覧内	滑石混入土器、底部片	15

番号	遺跡名	所在	形態	文献
14	伊佐上原遺跡群A地点	宜野湾市伊佐小字伊佐	破片	24
15	喜友名山川原第6遺跡	宜野湾市喜友名小字山川原	転用品	25
16	喜友名グスク	宜野湾市喜友名	破片	19
17	真志喜大川原第一遺跡	宜野湾市真志喜小字大川原	破片	25
18	真志喜富盛原第2遺跡	宜野湾市真志喜小字富盛原	破片	44
19	真志喜蔵当原遺跡	宜野湾市真志喜小字蔵当原	破片	44
20	真志喜森川原遺跡	宜野湾市真志喜小字森川原	滑石混入土器、破片	45
21	我謝遺跡	中頭郡西原町字我謝	滑石混入土器、底部片	39
22	浦添城跡第1次調査	浦添市字仲間城原	滑石混入土器	3
23	真久原遺跡	浦添市字伊祖小字真久原	滑石混入土器	7
24	ヒヤジョー毛遺跡	那覇市大字銘苅小字銘苅原	滑石混入土器、破片	37
25	銘苅原遺跡	那覇市大字銘苅小字銘苅原	滑石混入土器、把手1	38
26	伊良波東遺跡	島尻郡豊見城村字伊良波	転用品、滑石混入土器	34
27	高嶺古島遺跡	島尻郡豊見城村字高嶺	滑石混入土器、破片	35
28	津嘉山クボー遺跡	島尻郡南風原町字津嘉山	滑石混入土器	40
29	稲福遺跡群	島尻郡大里字大城稲福原	滑石混入土器	5、42
30	佐敷グスク	島尻郡佐敷町	底部片、滑石混入土器	28
31	佐敷下代原遺跡	島尻郡佐敷町大字佐敷小字下代原	把手1	29
32	糸数城跡	島尻郡玉城村糸数小字竹之口原155-29	破片	30
33	多々名グスク	島尻郡具志頭村字玻名城小字眼崎原	転用品	26
34	ヤジャーガマ洞穴遺跡	島尻郡具志川村字北原	破片	1
35	阿波根古島遺跡	糸満市字阿波根小字前原	滑石混入土器	12
36	井原遺跡	糸満市字井原小字伊礼原	滑石混入土器	8
37	大里伊田慶名原遺跡	糸満市字大里	滑石混入土器、破片	2
38	箕島遺跡	宮古郡城辺町字仲原	転用品	11
39	住屋遺跡	平良市字西里186	破片、滑石混入土器	41
40	東新里村遺跡	八重山郡竹富村	滑石混入土器	16、43
41	カイジ村遺跡	八重山郡竹富町字竹富小字皆治原	滑石混入土器	17
42	大泊浜貝塚	八重山郡竹富町大字波照間小字下田原	把手1	9

【付表1 文献】

福岡県

1　福岡県立朝倉高等学校史学部　1969『埋もれていた朝倉文化』
2　朝日新聞社西部本社・海の中道遺跡発掘調査実行委員会　1993『海の中道Ⅱ』
3　飯塚市教育委員会　1991『明星寺遺跡』飯塚市文化財調査報告書15
4　飯塚市教育委員会　1997『明星寺南地区遺跡群Ⅳ』飯塚市文化財調査報告書23
5　福岡市金印遺跡調査団　1975『志賀島』
6　宇佐美町教育委員会　1990『川原田・供田遺跡群Ⅱ』宇佐美町文化財調査報告書3
7　大川市教育委員会　1994『酒見貝塚』大川市文化財調査報告書2
8　大牟田市教育委員会　1992『羽山遺跡』大牟田市文化財調査報告41
9　小郡市教育委員会　1993『三沢権堂遺跡』小郡市文化財調査報告書82
10　小郡市教育委員会　1994『三国地区遺跡群3』小郡市文化財調査報告書87
11　小郡市教育委員会　1995『大保西小路遺跡』小郡市文化財調査報告書99
12　小郡市教育委員会　1995『福童山ノ上遺跡2・小郡小尻遺跡2』小郡市文化財調査報告書100
13　小郡市教育委員会　1995『小郡小尻遺跡3』小郡市文化財調査報告書107
14　小郡市教育委員会　1998『三沢権道遺跡2』小郡市文化財調査報告書125
15　小郡市教育委員会　1998『大板井遺跡Ⅻ』小郡市文化財調査報告書127
16　鏡山猛　1972「庄園村落の遺構―筑後瀬高下庄の場合」『九州考古学論攷』
17　柿原野田遺跡調査団　1976『柿原野田遺跡』
18　粕屋町教育委員会　1985『蒲田部木原遺跡』粕屋町文化財調査報告書2
19　粕屋町教育委員会　1994『大隈栄松遺跡』粕屋町文化財調査報告書7
20　粕屋町教育委員会　1995『阿恵古屋敷遺跡』粕屋町文化財調査報告書9
21　嘉穂町教育委員会　1985『榎町・勘高・巻原遺跡』嘉穂町文化財調査報告書5
22　嘉穂町教育委員会　1989『アミダ遺跡』嘉穂町文化財調査報告書10
23　嘉穂町教育委員会　1990『嘉穂地区遺跡群Ⅷ』嘉穂町文化財調査報告書11

24	北九州市教育委員会	1979	『香月遺跡』	北九州市文化財調査報告 30
25	北九州市教育文化事業団埋蔵文化財調査室	1980	『白岩遺跡』	北九州市埋蔵文化財調査報告書 3
26	北九州市教育文化事業団埋蔵文化財調査室	1980	『長野 D 遺跡』	北九州市埋蔵文化財調査報告書 5
27	北九州市教育文化事業団埋蔵文化財調査室	1982	『新道寺・天疫神社前遺跡』	北九州市埋蔵文化財調査報告書 11
28	北九州市教育文化事業団埋蔵文化財調査室	1986	『中畑遺跡・中畑南遺跡』	北九州市埋蔵文化財調査報告書 45
29	北九州市教育文化事業団埋蔵文化財調査室	1986	『愛宕遺跡Ⅱ』	北九州市埋蔵文化財調査報告書 46
30	北九州市教育文化事業団埋蔵文化財調査室	1986	『北方遺跡』	北九州市埋蔵文化財調査報告書 46
31	北九州市教育文化事業団埋蔵文化財調査室	1993	『中畑南遺跡・中畑遺跡（2 次調査）』	北九州市文化財調査報告書 52
32	北九州市教育文化事業団埋蔵文化財調査室	1987	『長野 A 遺跡 2』	北九州市埋蔵文化財調査報告書 54
33	北九州市教育文化事業団埋蔵文化財調査室	1988	『寺田遺跡』	北九州市埋蔵文化財調査報告書 70
34	北九州市教育文化事業団埋蔵文化財調査室	1989	『徳力土地区画整理事業関係調査報告 2』	北九州市埋蔵文化財調査報告書 78
35	北九州市教育文化事業団埋蔵文化財調査室	1998	『中尾遺跡』	北九州市文化財報告書 79
36	北九州市教育文化事業団埋蔵文化財調査室	1990	『上清水遺跡Ⅰ区』	北九州市埋蔵文化財調査報告書 9
37	北九州市教育文化事業団埋蔵文化財調査室	1991	『上清水遺跡Ⅱ区』	北九州市埋蔵文化財調査報告書 100
38	北九州市教育文化事業団埋蔵文化財調査室	1991	『徳力遺跡第 6 地点』	北九州市埋蔵文化財調査報告書 111
39	北九州市教育文化事業団埋蔵文化財調査室	1992	『徳力遺跡（下）』	北九州市埋蔵文化財調査報告書 113
40	北九州市教育文化事業団埋蔵文化財調査室	1994	『潤崎遺跡 3（第 3 地点）』	北九州市埋蔵文化財調査報告書 152
41	北九州市教育文化事業団埋蔵文化財調査室	1994	『中畑遺跡 第 3 地点』	北九州市埋蔵文化財調査報告書 155
42	北九州市教育文化事業団埋蔵文化財調査室	1995	『井上遺跡 1 区』	北九州市埋蔵文化財調査報告書 162
43	北九州市教育文化事業団埋蔵文化財調査室	1995	『祇園町遺跡 2 第 3 地点』	北九州市埋蔵文化財調査報告書 168
44	北九州市教育文化事業団埋蔵文化財調査室	1995	『穴生古屋敷遺跡』	北九州市埋蔵文化財調査報告書 175
45	北九州市教育文化事業団埋蔵文化財調査室	1995	『鬼ヶ原遺跡』	北九州市埋蔵文化財調査報告書 177
46	北九州市教育文化事業団埋蔵文化財調査室	1995	『中島遺跡』	北九州市埋蔵文化財調査報告書 178
47	北九州市教育文化事業団埋蔵文化財調査室	1996	『園田遺跡・八反田遺跡』	北九州市埋蔵文化財調査報告書 183
48	北九州市教育文化事業団埋蔵文化財調査室	1997	『小倉城跡』	北九州市埋蔵文化財調査報告書 196
49	北九州市教育文化事業団埋蔵文化財調査室	1997	『大積前田遺跡』	北九州市埋蔵文化財調査報告書 201
50	北九州市教育文化事業団埋蔵文化財調査室	1997	『永犬丸遺跡群 1』	北九州市埋蔵文化財調査報告書 206
51	北九州市教育文化事業団埋蔵文化財調査室	1998	『金丸遺跡 2』	北九州市埋蔵文化財調査報告書 210
52	北九州市教育文化事業団埋蔵文化財調査室	1999	『光照寺遺跡 1』	北九州市埋蔵文化財調査報告書 233
53	北九州市教育文化事業団埋蔵文化財調査室	2000	『上貫遺跡』	北九州市埋蔵文化財調査報告書 247
54	北九州市教育文化事業団埋蔵文化財調査室	2000	『行正遺跡』	北九州市埋蔵文化財調査報告書 254
55	北野町教育委員会	1998	『仁王丸遺跡』	北野町文化財調査報告書 10
56	九州歴史資料館	1973	『第 21 次調査』	大宰府史跡―昭和 47 年度発掘調査概報
57	九州歴史資料館	1975	『第 33 次調査』	大宰府史跡―昭和 49 年度発掘調査概報
58	九州歴史資料館	1977	『第 38 次調査』	大宰府史跡―昭和 51 年度発掘調査概報
59	九州歴史資料館	1978	『第 45 次調査』	大宰府史跡―昭和 52 年度発掘調査概報
60	九州歴史資料館	1978	『第 47 次調査』	大宰府史跡―昭和 52 年度発掘調査概報
61	九州歴史資料館	1979	『条坊の調査』	大宰府史跡―昭和 53 年度発掘調査概報
62	九州歴史資料館	1980	『第 57 次調査』	大宰府史跡―昭和 53 年度発掘調査概報
63	九州歴史資料館	1980	『第 65-2 次調査』	大宰府史跡―昭和 54 年度発掘調査概報
64	九州歴史資料館	1982	『第 70 次調査』	大宰府史跡―昭和 56 年度発掘調査概報
65	九州歴史資料館	1982	『第 71 次調査』	大宰府史跡―昭和 56 年度発掘調査概報
66	九州歴史資料館	1983	『第 78 次調査』	大宰府史跡―昭和 57 年度発掘調査概報
67	九州歴史資料館	1987	『第 99 次調査』	大宰府史跡―昭和 61 年度発掘調査概報
68	九州歴史資料館	1987	『第 102 次調査』	大宰府史跡―昭和 61 年度発掘調査概報
69	九州歴史資料館	1987	『第 103 次調査』	大宰府史跡―昭和 61 年度発掘調査概報
70	九州歴史資料館	1988	『第 97 次調査』	大宰府史跡―昭和 62 年度発掘調査概報
71	九州歴史資料館	1989	『第 109、111 次調査』	大宰府史跡―昭和 63 年度発掘調査概報
72	九州歴史資料館	1990	『第 117 次調査』	大宰府史跡―平成元年度発掘調査報告概報
73	九州歴史資料館	1990	『第 119 次調査』	大宰府史跡―平成元年度発掘調査報告概報
74	九州歴史資料館	1990	『第 120 次調査』	大宰府史跡―平成元年度発掘調査報告概報
75	九州歴史資料館	1990	『第 121 次調査』	大宰府史跡―平成 2 年度発掘調査報告概報
76	九州歴史資料館	1990	『第 122 次調査』	大宰府史跡―平成 2 年度発掘調査報告概報
77	九州歴史資料館	1990	『第 130 次調査』	大宰府史跡―平成 4 年度発掘調査報告概報
78	九州歴史資料館	1990	『第 144 次調査』	大宰府史跡―平成 4 年度発掘調査報告概報
79	九州歴史資料館	1990	『第 154 次調査』	大宰府史跡―平成 6 年度発掘調査報告概報

80	九州歴史資料館	1990	『第163次調査』大宰府史跡―平成7年度発掘調査報告概報
81	九州歴史資料館	1990	『第175次調査』大宰府史跡―平成8年度発掘調査報告概報
82	九州歴史資料館	1982	『田中幸夫氏寄贈品目録』
83	久留米市教育委員会	1974	『茶臼山・東光寺遺跡』久留米市文化財調査報告書9
84	久留米市教育委員会	1976	『筑後国府跡』久留米市埋蔵文化財調査報告書20
85	久留米市教育委員会	1981	『久留米東バイパス関係埋蔵文化財調査報告』久留米市文化財調査報告書28
86	久留米市教育委員会	1983	『東部土地区画整理事業関係埋蔵文化財調査報告書2』久留米市文化財調査報告書36
87	久留米市教育委員会	1986	『久留米市埋蔵文化財集報（I）新婦遺跡・吹上遺跡』久留米市文化財調査報告書47
88	久留米市教育委員会	1987	『横道遺跡（I）―歴史時代編―』久留米市文化財調査報告書49
89	久留米市教育委員会	1991	『東部地区埋蔵文化財調査報告書第10集』久留米市文化財調査報告書66
90	久留米市教育委員会	1994	『東部地区埋蔵文化財調査報告書第13集』久留米市文化財調査報告書88
91	久留米市教育委員会	1994	『神道遺跡第15次調査』久留米市文化財調査報告書91
92	久留米市教育委員会	1984	『津福西小路遺跡』久留米市文化財調査報告書95
93	久留米市教育委員会	1996	『大善寺北部地区遺跡群V』久留米市文化財調査報告書112
94	久留米市教育委員会	1996	『筑後国府跡　平成7年度発掘調査概報』久留米市文化財調査報告書113
95	久留米市教育委員会	1996	『城崎遺跡―第2次調査―』久留米市文化財調査報告書118
96	久留米市教育委員会	1996	『ヘボノ木遺跡―62次調査―』久留米市文化財調査報告書121
97	久留米市教育委員会	1997	『大善寺北部地区遺跡群VI』久留米市文化財調査報告書129
98	久留米市教育委員会	1998	『大善寺遺跡II』久留米市文化財調査報告書137
99	久留米市教育委員会	1998	『久留米市内遺跡群』久留米市文化財調査報告書140
100	久留米市教育委員会	2000	『大谷古墳群』久留米市埋蔵文化財調査報告書166
101	久留米市教育委員会	2001	『横道遺跡II』久留米市埋蔵文化財調査報告書173
102	犀川町教育委員会	1992	『城井遺跡群』犀川町文化財調査報告書3
103	志摩町教育委員会	1983	『御床松原遺跡』志摩町文化財調査報告書3
104	下川達彌	1984	「滑石製石鍋出土地名表（九州・沖縄）」『九州文化史研究所紀要』29　九州大学九州文化史研究施設
105	住宅・都市整備公団	1982	『十郎川（1）―福岡市早良平野石丸・古川遺跡』
106	太宰府市教育委員会	1981	『筑前国分尼寺・陣ノ尾遺跡（左郭八条七坊の調査）』大宰府の文化財4
107	太宰府市教育委員会	1995	『大宰府条坊跡VII』太宰府市の文化財28
108	太宰府市教育委員会	1996	『大宰府条坊跡IX』太宰府市の文化財30
109	太宰府市教育委員会	1997	『筑前国分寺跡I』太宰府市の文化財32
110	太宰府市教育委員会	1997	『辻遺跡』太宰府市の文化財33
111	太宰府市教育委員会	1998	『大宰府条坊跡X』太宰府市の文化財37
112	大刀洗町教育委員会	1993	『大刀洗町内遺跡群』大刀洗町文化財調査報告書3
113	段谷地所開発株式会社	1976	『京ノ隈遺跡』
114	筑後市教育委員会	1991	『高江遺跡』筑後市文化財調査報告書7
115	筑後市教育委員会	1995	『筑後北部第二地区遺跡群』筑後市文化財調査報告書16
116	筑後市教育委員会	2000	『筑後東部地区遺跡群III』筑後市文化財調査報告書25
117	筑紫野市教育委員会	1985	『西小田地区遺跡』筑紫野市文化財調査報告書11
118	筑紫野市教育委員会	1987	『丸隈遺跡』筑紫野市文化財調査報告書16
119	筑紫野市教育委員会	1994	『脇田遺跡III』筑紫野市文化財調査報告書43
120	筑紫野市教育委員会	1997	『常松遺跡』筑紫野市文化財調査報告書55
121	筑紫野市教育委員会	1998	『岡田地区遺跡群II―I区の調査―』筑紫野市文化財調査報告書56
122	筑紫野市教育委員会	1998	『岡田地区遺跡群III―II区の調査―』筑紫野市文化財調査報告書56
123	津屋崎町教育委員会	1995	『在自遺跡群II』津屋崎町文化財調査報告書10
124	津屋崎町教育委員会	1998	『生家釘ヶ裏遺跡』津屋崎町文化財調査報告書14
125	豊津町教育委員会		『豊前国府　昭和61年度発掘調査概報』豊津町文化財調査報告書5
126	日本住宅公団・九州大学考古学研究室	1973	『鹿部山遺跡』
127	杷木町教育委員会	1995	『穂坂天神原遺跡』杷木町文化財調査報告書2
128	久山町教育委員会	1999	『天神面遺跡』久山町文化財調査報告4
129	福岡県教育委員会	1970	『宗崎遺跡』九州縦貫自動車道関係埋蔵文化財調査報告1
130	福岡県教育委員会	1970	『湯納遺跡』今宿バイパス関係埋蔵文化財調査報告書1
131	福岡県教育委員会	1976	『湯納遺跡』今宿バイパス関係埋蔵文化財調査報告書4
132	福岡県教育委員会	1977	『遠園』九州縦貫自動車道関係埋蔵文化財調査報告書16
133	福岡県教育委員会	1977	『高良山大祝邸の発掘調査』九州縦貫自動車道関係埋蔵文化財調査報告書15
134	福岡県教育委員会	1977	『宗崎遺跡の発掘調査』九州縦貫自動車道関係埋蔵文化財調査報告書15
135	福岡県教育委員会	1978	『福岡南バイパス関係埋蔵文化財調査報告48―筑紫郡大宰府町所在御笠川南条坊遺跡』
136	福岡県教育委員会	1979	『中屋敷遺跡』九州縦貫自動車道埋蔵文化財調査報告書24

137	福岡県教育委員会	1980	『今光・地余遺跡』
138	福岡県教育委員会	1980	『竹戸遺跡』二丈・浜玉道路関係埋蔵文化財調査報告書Ⅰ
139	福岡県教育委員会	1982	『広田遺跡』二丈・浜玉道路関係埋蔵文化財調査報告書Ⅱ
140	福岡県教育委員会	1982	『赤岸遺跡』今宿バイパス関係埋蔵文化財調査報告書 7
141	福岡県教育委員会	1983	『三雲遺跡』福岡県文化財調査報告 65
142	福岡県教育委員会	1983	『石崎曲り田遺跡』今宿バイパス関係埋蔵文化財調査報告書 8
143	福岡県教育委員会	1985	『観音丸遺跡』福岡県文化財調査報告 71
144	福岡県教育委員会	1987	『大江北遺跡』福岡県文化財調査報告 76
145	福岡県教育委員会	1987	『箱崎遺跡』福岡県文化財調査報告 79
146	福岡県教育委員会	1988	『金栗遺跡』福岡県文化財調査報告 82
147	福岡県教育委員会	1988	『塚堂遺跡』一般国道 210 号線浮羽バイパス関係埋蔵文化財調査報告書 5
148	福岡県教育委員会	1990	『塚元遺跡』福岡東バイパス関係埋蔵文化財調査報告書
149	福岡県教育委員会	1993	『高江原口遺跡』福岡県文化財調査報告書 109
150	福岡県教育委員会	1993	『大宰府条坊跡 127 次調査』福岡県文化財調査報告書 107
151	福岡県教育委員会	1993	『砥上上林遺跡Ⅰ』福岡県文化財調査報告書 103
152	福岡県教育委員会	1994	『狐塚南遺跡』九州横断自動車道関係埋蔵文化財調査報告書 28
153	福岡県教育委員会	1994	『治部ノ上遺跡』九州横断自動車道関係埋蔵文化財調査報告書 32
154	福岡県教育委員会	1996	『蒲ノ田Ａ・Ｂ遺跡』福岡県文化財調査報告書 126
155	福岡県教育委員会	1996	『久富斗代遺跡』福岡県文化財調査報告書 124
156	福岡県教育委員会	1996	『志波桑ノ本遺跡』九州横断自動車道関係埋蔵文化財調査報告書 45
157	福岡県教育委員会	1996	『天園遺跡』九州横断自動車道関係埋蔵文化財調査報告書 42
158	福岡県教育委員会	1997	『江栗遺跡』九州横断自動車道関係埋蔵文化財調査報告書 45
159	福岡県教育委員会	1997	『西法寺遺跡』九州横断自動車道関係埋蔵文化財調査報告書 47
160	福岡県教育委員会	1998	『下林西田遺跡』福岡県文化財調査報告書 132
161	福岡県教育委員会	1998	『才田遺跡』九州横断自動車道関係埋蔵文化財調査報告書 48
162	福岡県教育委員会	1998	『東才田遺跡』九州横断自動車道関係埋蔵文化財調査報告書 48
163	福岡県教育委員会	1999	『上唐原了生遺跡Ⅰ』一級河川山国川築堤関係埋蔵文化財調査報告書 4
164	福岡県教育委員会	1999	『百留居屋敷遺跡』一級河川山国川築堤関係埋蔵文化財調査報告書 3
165	福岡県教育委員会	2000	『上別府沖代遺跡・上別府園田遺跡』福岡県文化財調査報告書 152
166	福岡県養育委員会	2000	『船越高原Ａ遺跡Ⅰ』浮羽バイパス関係埋蔵文化財調査報告書 13
167	福岡県教育委員会	2001	『上唐原了生遺跡Ⅲ』一級河川山国川築堤関係埋蔵文化財調査報告書 6
168	福岡県教育委員会	2001	『越路六郎遺跡・越路貴船遺跡』福岡県文化財調査報告書 161
169	福岡市教育委員会	1971	『和白遺跡群』福岡市埋蔵文化財調査報告書 18
170	福岡市教育委員会	1972	『多々良遺跡』福岡市埋蔵文化財調査報告書 20
171	福岡市教育委員会	1974	『牟多田遺跡』福岡市埋蔵文化財調査報告書 27
172	福岡市教育委員会	1975	『山陽新幹線埋蔵文化財調査報告書（五十川高木遺跡)』福岡市埋蔵文化財調査報告書 32
173	福岡市教育委員会	1975	『蒲田遺跡』福岡市埋蔵文化財調査報告書 33
174	福岡市教育委員会	1979	『三宅廃寺発掘調査報告書』福岡市埋蔵文化財調査報告書 50
175	福岡市教育委員会	1982	『海の中道遺跡』福岡市埋蔵文化財調査報告書 87
176	福岡市教育委員会	1983	『席田遺跡群久保園遺跡』福岡市埋蔵文化財調査報告書 91
177	福岡市教育委員会	1985	『多々良込田遺跡Ⅲ』福岡市埋蔵文化財調査報告書 121
178	福岡市教育委員会	1987	『柏原遺跡群Ⅲ』福岡市埋蔵文化財調査報告書 157
179	福岡市教育委員会	1987	『下山田乙女田遺跡』福岡市埋蔵文化財調査報告書 170
180	福岡市教育委員会	1998	『今山遺跡』福岡市埋蔵文化財調査報告書 584
181	福岡市教育委員会	1989	『吉塚 1』福岡市埋蔵文化財調査報告書 202
182	福岡市教育委員会	1991	『太田遺跡Ⅰ』福岡市埋蔵文化財調査報告書 239
183	福岡市教育委員会	1991	『徳永遺跡』福岡市埋蔵文化財調査報告書 242
184	福岡市教育委員会	1991	『箱崎遺跡 2』福岡市埋蔵文化財調査報告書 262
185	福岡市教育委員会	1902	『立花寺 1』福岡市埋蔵文化財調査報告書 272
186	福岡市教育委員会	1992	『堅粕 1』福岡市埋蔵文化財調査報告書 274
187	福岡市教育委員会	1992	『福岡嬢肥前掘第 3 次調査報告』福岡市埋蔵文化財調査報告書 293
188	福岡市教育委員会	1992	『谷口遺跡』福岡市埋蔵文化財調査報告書 311
189	福岡市教育委員会	1992	『脇山Ⅲ』福岡市埋蔵文化財調査報告書 311
190	福岡市教育委員会	1983	『野方久保遺跡Ⅱ』福岡市埋蔵文化財調査報告書 348
191	福岡市教育委員会	2000	『田島小松浦遺跡・田島Ａ遺跡』福岡市埋蔵文化財調査報告書 647
192	福岡市教育委員会	1989	『峯遺跡』福岡市埋蔵文化財調査報告書 197
193	福岡市教育委員会	1999	『峯遺跡 2』福岡市埋蔵文化財調査報告書 618

194	福岡市教育委員会	1993	『香椎A』福岡市埋蔵文化財調査報告書 317
195	福岡市教育委員会	2000	『香椎A遺跡2』福岡市埋蔵文化財調査報告書 622
196	福岡市教育委員会	1999	『箱崎7』福岡市埋蔵文化財調査報告書 591
197	福岡市教育委員会	1999	『箱崎8』福岡市埋蔵文化財調査報告書 592
198	福岡市教育委員会	1989	『戸原麦尾遺跡Ⅱ』福岡市埋蔵文化財調査報告書 201
199	福岡市教育委員会	1990	『戸原麦尾遺跡Ⅲ』福岡市埋蔵文化財調査報告書 217
200	福岡市教育委員会	1987	『田村遺跡Ⅲ』福岡市埋蔵文化財調査報告書 167
201	福岡市教育委員会	1987	『田村遺跡Ⅳ』福岡市埋蔵文化財調査報告書 168
202	福岡市教育委員会	1988	『田村遺跡Ⅴ』福岡市埋蔵文化財調査報告書 192
203	福岡市教育委員会	1989	『田村遺跡Ⅵ』福岡市埋蔵文化財調査報告書 200
204	福岡市教育委員会	1994	『田村遺跡Ⅹ』福岡市埋蔵文化財調査報告書 385
205	福岡市教育委員会	1995	『田村遺跡ⅩⅠ』福岡市埋蔵文化財調査報告書 423
206	福岡市教育委員会	1988	『都市計画道路博多駅築港線関係埋蔵文化財調査報告書Ⅰ』福岡市埋蔵文化財調査報告書 183
207	福岡市教育委員会	1988	『都市計画道路博多駅築港線関係埋蔵文化財調査報告書Ⅱ』福岡市埋蔵文化財調査報告書 184
208	福岡市教育委員会	1989	『都市計画道路博多駅築港線関係埋蔵文化財調査報告書Ⅲ』福岡市埋蔵文化財調査報告書 204
209	福岡市教育委員会	1989	『都市計画道路博多駅築港線関係埋蔵文化財調査報告書Ⅳ』福岡市埋蔵文化財調査報告書 205
210	福岡市教育委員会	1991	『都市計画道路博多駅築港線関係埋蔵文化財調査報告書Ⅴ』福岡市埋蔵文化財調査報告書 221
211	福岡市教育委員会	1987	『那珂遺跡』福岡市埋蔵文化財調査報告書 162
212	福岡市教育委員会	1991	『那珂3』福岡市埋蔵文化財調査報告書 253
213	福岡市教育委員会	1993	『那珂7』福岡市埋蔵文化財調査報告書 323
214	福岡市教育委員会	1994	『那珂10』福岡市埋蔵文化財調査報告書 365
215	福岡市教育委員会	1994	『那珂11』福岡市埋蔵文化財調査報告書 366
216	福岡市教育委員会	1994	『那珂12』福岡市埋蔵文化財調査報告書 367
217	福岡市教育委員会	1996	『那珂16』福岡市埋蔵文化財調査報告書 455
218	福岡市教育委員会	1997	『那珂19』福岡市埋蔵文化財調査報告書 525
219	福岡市教育委員会	2000	『那珂24』福岡市埋蔵文化財調査報告書 638
220	福岡市教育委員会	1992	『入部Ⅲ』福岡市埋蔵文化財調査報告書 310
221	福岡市教育委員会	1993	『入部Ⅳ』福岡市埋蔵文化財調査報告書 343
222	福岡市教育委員会	1995	『入部Ⅴ』福岡市埋蔵文化財調査報告書 424
223	福岡市教育委員会	1987	『博多―高速鉄道調査 (3) ―』福岡市埋蔵文化財調査報告書 156
224	福岡市教育委員会	1988	『博多―高速鉄道調査 (4) ―』福岡市埋蔵文化財調査報告書 193
225	福岡市教育委員会	1985	『博多Ⅵ』福岡市埋蔵文化財調査報告書 120
226	福岡市教育委員会	1987	『博多Ⅶ』福岡市埋蔵文化財調査報告書 147
227	福岡市教育委員会	1987	『博多Ⅷ』福岡市埋蔵文化財調査報告書 148
228	福岡市教育委員会	1987	『博多Ⅸ』福岡市埋蔵文化財調査報告書 149
229	福岡市教育委員会	1985	『博多Ⅹ』福岡市埋蔵文化財調査報告書 120
230	福岡市教育委員会	1985	『博多11』福岡市埋蔵文化財調査報告書 120
231	福岡市教育委員会	1985	『博多12』福岡市埋蔵文化財調査報告書 120
232	福岡市教育委員会	1985	『博多13』福岡市埋蔵文化財調査報告書 120
233	福岡市教育委員会	1990	『博多14』福岡市埋蔵文化財調査報告書 229
234	福岡市教育委員会	1990	『博多15』福岡市埋蔵文化財調査報告書 230
235	福岡市教育委員会	1991	『博多16』福岡市埋蔵文化財調査報告書 244
236	福岡市教育委員会	1991	『博多17』福岡市埋蔵文化財調査報告書 245
237	福岡市教育委員会	1991	『博多20』福岡市埋蔵文化財調査報告書 248
238	福岡市教育委員会	1991	『博多21』福岡市埋蔵文化財調査報告書 249
239	福岡市教育委員会	1992	『博多27』福岡市埋蔵文化財調査報告書 282
240	福岡市教育委員会	1992	『博多29』福岡市埋蔵文化財調査報告書 284
241	福岡市教育委員会	1992	『博多30』福岡市埋蔵文化財調査報告書 285
242	福岡市教育委員会	1992	『博多31』福岡市埋蔵文化財調査報告書 286
243	福岡市教育委員会	1993	『博多35』福岡市埋蔵文化財調査報告書 327
244	福岡市教育委員会	1993	『博多36』福岡市埋蔵文化財調査報告書 328
245	福岡市教育委員会	1993	『博多37』福岡市埋蔵文化財調査報告書 329
246	福岡市教育委員会	1993	『博多38』福岡市埋蔵文化財調査報告書 330
247	福岡市教育委員会	1993	『博多40』福岡市埋蔵文化財調査報告書 332
248	福岡市教育委員会	1994	『博多41』福岡市埋蔵文化財調査報告書 370
249	福岡市教育委員会	1995	『博多45』福岡市埋蔵文化財調査報告書 394
250	福岡市教育委員会	1995	『博多47』福岡市埋蔵文化財調査報告書 396

251 福岡市教育委員会 1995 『博多48』福岡市埋蔵文化財調査報告書 397
252 福岡市教育委員会 1996 『博多50』福岡市埋蔵文化財調査報告書 447
253 福岡市教育委員会 1996 『博多51』福岡市埋蔵文化財調査報告書 448
254 福岡市教育委員会 1996 『博多53』福岡市埋蔵文化財調査報告書 450
255 福岡市教育委員会 1997 『博多57』福岡市埋蔵文化財調査報告書 552
256 福岡市教育委員会 1997 『博多59』福岡市埋蔵文化財調査報告書 532
257 福岡市教育委員会 1998 『博多61』福岡市埋蔵文化財調査報告書 556
258 福岡市教育委員会 1998 『博多63』福岡市埋蔵文化財調査報告書 558
259 福岡市教育委員会 1998 『博多64』福岡市埋蔵文化財調査報告書 559
260 福岡市教育委員会 1998 『博多65』福岡市埋蔵文化財調査報告書 560
261 福岡市教育委員会 1999 『博多67』福岡市埋蔵文化財調査報告書 594
262 福岡市教育委員会 2000 『博多71』福岡市埋蔵文化財調査報告書 629
263 福岡市教育委員会 1976 『板付』福岡市埋蔵文化財調査報告書 35
264 福岡市教育委員会 1975 『板付周辺遺跡調査報告書2』福岡市埋蔵文化財調査報告書 31
265 福岡市教育委員会 1981 『板付周辺遺跡調査報告書7』福岡市埋蔵文化財調査報告書 65
266 福岡市教育委員会 1997 『板付周辺遺跡調査報告書18』福岡市埋蔵文化財調査報告書 539
267 福岡市教育委員会 1980 『有田・小田部1』福岡市埋蔵文化財調査報告書 58
268 福岡市教育委員会 1983 『有田・小田部4』福岡市埋蔵文化財調査報告書 96
269 福岡市教育委員会 1984 『有田・小田部5』福岡市埋蔵文化財調査報告書 110
270 福岡市教育委員会 1985 『有田・小田部6』福岡市埋蔵文化財調査報告書 113
271 福岡市教育委員会 1986 『有田・小田部7』福岡市埋蔵文化財調査報告書 139
272 福岡市教育委員会 1987 『有田・小田部8』福岡市埋蔵文化財調査報告書 155
273 福岡市教育委員会 1988 『有田・小田部9』福岡市埋蔵文化財調査報告書 173
274 福岡市教育委員会 1990 『有田・小田部11』福岡市埋蔵文化財調査報告書 234
275 福岡市教育委員会 1992 『有田・小田部16』福岡市埋蔵文化財調査報告書 308
276 福岡市教育委員会 1993 『有田・小田部18』福岡市埋蔵文化財調査報告書 340
277 福岡市教育委員会 1994 『有田・小田部19』福岡市埋蔵文化財調査報告書 377
278 福岡市教育委員会 1994 『有田・小田部20』福岡市埋蔵文化財調査報告書 378
279 福岡市教育委員会 1995 『有田・小田部22』福岡市埋蔵文化財調査報告書 427
280 福岡市教育委員会 1996 『有田・小田部23』福岡市埋蔵文化財調査報告書 470
281 福岡市教育委員会 1996 『有田・小田部24』福岡市埋蔵文化財調査報告書 471
282 福岡市教育委員会 1997 『有田・小田部28』福岡市埋蔵文化財調査報告書 513
283 福岡市教育委員会 1999 『有田・小田部32』福岡市埋蔵文化財調査報告書 608
284 豊前市教育委員会 1983 『如法寺』豊前市文化財調査報告書 4
285 文化財保護委員会 1956 『志登支石墓群』埋蔵文化財発掘調査報告書 4
286 三瀦町教育委員会 1989 『ベキ遺跡』三瀦町文化財調査報告書 1
287 宗像市教育委員会 1987 『埋蔵文化財調査報告書—1986年度—』宗像市文化財発掘調査報告書 12
288 宗像市教育委員会 1995 『冨地原森』宗像市文化財発掘調査報告書 40
289 宗像市教育委員会 2000 『久原瀧ヶ下』宗像市文化財発掘調査報告書 48
290 夜須町教育委員会 1993 『夜須地区遺跡群XV 砥上上林遺跡』夜須町文化財調査報告書 27
291 夜須町教育委員会 1997 『夜須地区遺跡群XXI 切杭遺跡』夜須町文化財調査報告書 36
292 八女市教育委員会 1982 『室岡山ノ上遺跡』八女市文化財調査報告書 8
293 八女市教育委員会 1995 『松本遺跡（第2次調査）』八女市文化財調査報告書 37
294 八女市教育委員会 1995 『前田遺跡』八女市文化財調査報告書 40
295 吉富町教育委員会 1983 『岡為造氏収集考古資料集成』
296 福岡市教育委員会 1999 『藤崎遺跡』福岡市文化財調査報告書 607
297 久留米市教育委員会 1996 『ヘボノ木遺跡』久留米市文化財調査報告書 115
298 福岡県教育委員会 2001 『本郷流川遺跡』福岡県文化財調査報告書 165
299 福岡県教育委員会 1978 『山陽新幹線関係埋蔵文化財発掘調査報告』9

佐賀県
1 伊万里市教育委員会 1985 『天神粥遺跡・浦川内東方遺跡・鈴桶遺跡』伊万里市文化財調査報告書 17
2 伊万里市教育委員会 1988 『西尾遺跡—A地点—』伊万里市文化財調査報告書 23
3 伊万里市教育委員会 1989 『西尾遺跡—C地点—』伊万里市文化財調査報告書 29
4 牛津町教育委員　 1992 『柿樋瀬遺跡Ⅰ・丸石塚遺跡Ⅰ』牛津町文化財調査報告書 2
5 鹿島市教育委員会 1990 『不動遺跡（C地区）』鹿島市文化財調査報告書 6
6 唐津市教育委員会 1986 『見借遺跡群』唐津市文化財調査報告書 16

7	唐津市教育委員会	1992	『神田中村遺跡』唐津市文化財調査報告書 49
8	唐津市教育委員会	1993	『久里双水古墳群確認調査概要報告』唐津市文化財調査報告書 53
9	唐津市教育委員会	1994	『徳蔵谷遺跡』唐津市文化財調査報告書 57
10	唐津市教育委員会	1997	『佐志中道遺跡』唐津志文化財調査報告書 78
11	唐津市教育委員会	1998	『唐津市遺跡確認調査（14）』唐津市文化財調査報告書 81
12	神崎町教育委員会	1999	『尾崎土生遺跡』神崎町文化財調査報告書 65
13	久保田町教育委員会	1998	『後藤館跡』久保田町文化財調査報告書第 3 集
14	佐賀県教育委員会	1976	『戊遺跡』佐賀県文化財調査報告書 36
15	佐賀県教育委員会	1980	『尾崎利田遺跡』佐賀県文化財調査報告書 55
16	佐賀県教育委員会	1981	『押川遺跡・座主遺跡・前田原遺跡』佐賀県文化財調査報告書 60
17	佐賀県教育委員会	1983	『直代遺跡―三養基郡三根町―』佐賀県文化財調査報告書 67
18	佐賀県教育委員会	1985	『下石動遺跡』九州横断自動車動関係埋蔵文化財調査報告書（6）
19	佐賀県教育委員会	1985	『佐賀県農業基盤整備事業に係る文化財調査報告書3』佐賀県文化財調査報告書 79
20	佐賀県教育委員会	1985	『筑後川下流用水事業に係る文化財調査報告書1』佐賀県文化財調査報告書 80
21	佐賀県教育委員会	1986	『佐賀県農業基盤整備事業に係る文化財調査報告書4』佐賀県文化財調査報告書 83
22	佐賀県教育委員会	1989	『筑後川下流用水事業に係る文化財調査報告書2』佐賀県文化財調査報告書 93
23	佐賀県教育委員会	1990	『西石動遺跡』九州横断自動車動関係埋蔵文化財調査報告書（12）
24	佐賀県教育委員会	1991	『本村遺跡』佐賀県文化財調査報告書 102
25	佐賀県教育委員会	1994	『東福寺遺跡』九州横断自動車動関係埋蔵文化財調査報告書（17） 佐賀県文化財調査報告書 121
26	佐賀市教育委員会	1982	『柴尾橋下流遺跡』佐賀市埋蔵文化財調査報告書 14
27	佐賀市教育委員会	1985	『泉遺跡』佐賀市文化財調査報告書 16
28	佐賀市教育委員会	1991	『村徳永遺跡―J地区の調査―』佐賀市文化財調査報告書 34
29	佐賀市教育委員会	1993	『宿野遺跡』佐賀市文化財調査報告書 44
30	佐賀市教育委員会	1993	『観音遺跡』佐賀市文化財調査報告書 46
31	佐賀市教育委員会	1993	『牟田寄遺跡』佐賀市文化財調査報告書 49
32	佐賀市教育委員会	1994	『増田遺跡群Ⅱ―増田遺跡3区・津留遺跡1区―』佐賀市文化財調査報告書 50
33	佐賀市教育委員会	1994	『御手水遺跡・琵琶原遺跡・川久保松原遺跡・川久保遺跡』佐賀市文化財調査報告書 55
34	佐賀市教育委員会	1994	『大西屋敷遺跡Ⅰ―1区の調査―』佐賀市文化財調査報告書 56
35	佐賀市教育委員会	1995	『東高木遺跡Ⅱ―4区の調査―』佐賀市文化財調査報告書 57
36	佐賀市教育委員会	1995	『友貞遺跡―7区の調査―』佐賀市文化財調査報告書 60
37	佐賀市教育委員会	1995	『西屋敷遺跡Ⅱ―2区の調査―』佐賀市文化財調査報告書 62
38	佐賀市教育委員会	1995	『御手水遺跡Ⅱ 2区の調査』佐賀市文化財調査報告書 64
39	佐賀市教育委員会	1996	『下村遺跡―1・2区の調査―』佐賀市文化財調査報告書 74
40	佐賀市教育委員会	1997	『東千布遺跡Ⅲ 3区の調査』佐賀市文化財調査報告書 78
41	佐賀市教育委員会	1997	『西千布遺跡―2～7区―』佐賀市文化財調査報告書 80
42	佐賀市教育委員会	1997	『妙常寺北遺跡（1・2区）、妙常寺南遺跡（1区）』佐賀市文化財調査報告書 82
43	佐賀市教育委員会	1997	『牟田寄遺跡Ⅳ 9A区の調査』佐賀市文化財調査報告書 83
44	佐賀市教育委員会	1998	『牟田寄遺跡Ⅵ―15・16・17区の調査―』佐賀市文化財調査報告書 89
45	佐賀市教育委員会	1998	『コマガリ遺跡』佐賀市文化財調査報告書 94
46	佐賀市教育委員会	1999	『ウー屋敷遺跡』佐賀市文化財調査報告書 101
47	佐賀市教育委員会	1999	『牟田寄遺跡Ⅶ』佐賀市文化財調査報告書 102
48	佐賀市教育委員会	1999	『坪の上遺跡Ⅱ』佐賀市文化財調査報告書 105
49	佐賀市教育委員会	2000	『村徳永遺跡』佐賀市文化財調査報告書 109
50	佐賀市教育委員会	2000	『森田遺跡Ⅱ』佐賀市文化財調査報告書 110
51	佐賀市教育委員会	2000	『増田遺跡群Ⅳ』佐賀市文化財調査報告書 111
52	塩田町教育委員会	1991	『吉浦遺跡発掘調査報告書』塩田町文化財調査報告書 5
53	塩田町教育委員会	1994	『大黒町遺跡発掘調査報告書』塩田町文化財調査報告書 10
54	下川達彌	1984	「滑石製石鍋出土地名表（九州・沖縄）」『九州文化史研究所紀要』29　九州大学九州文化史研究施設
55	武雄市教育委員会	1986	『みやこ遺跡』六角川河川改修工事に伴う埋蔵文化財調査報告書（上巻）　武雄市文化財調査報告書 15
56	武雄市教育委員会	1986	『茂手遺跡』六角川河川改修工事に伴う埋蔵文化財調査報告書（下巻）　武雄市文化財調査報告書 15
57	武雄市教育委員会	1988	『下貝原遺跡』武雄市文化財調査報告書 18
58	武雄市教育委員会	1989	『甕屋遺跡・玉江遺跡・小野遺跡』武雄市文化財調査報告書 20
59	武雄市教育委員会	1990	『南永野遺跡・市場遺跡・吉祥寺遺跡』武雄市文化財調査報告書 22
60	武雄市教育委員会	1990	『天神裏遺跡』武雄市文化財調査報告書 23
61	武雄市教育委員会	1991	『小楠遺跡・梶原遺跡』武雄市文化財調査報告書 26

62　千代田町教育委員会　1981『崎村遺跡』千代田町文化財調査報告書1
63　千代田町教育委員会　1985『姉遺跡』　千代田町文化財調査報告書3
64　千代田町教育委員会　1987『黒井遺跡』千代田町文化財調査報告書6
65　千代田町教育委員会　1989『藤ノ木西分遺跡Ⅰ・直鳥四本松遺跡』千代田町文化財調査報告書9
66　鳥栖市教育委員会　1985『鳥栖市団体営圃場整備事業関係埋蔵文化財調査報告書』鳥栖市文化財調査報告24
67　七山村教育委員会　2001『馬川谷口遺跡1区・2区』七山村文化財調査報告書2
68　東脊振村教育委員会　1980『霊仙寺遺跡』東脊振村文化財調査報告4
69　三日月町教育委員会　1984『織島西分遺跡群Ⅱ』三日月町文化財調査報告書4
70　三根町教育委員会　1985『天建寺土井内遺跡』三根町文化財調査報告書2
71　大和町教育委員会　1976『肥前国分寺跡』大和町文化財調査報告書1
72　呼子町教育委員会　1988『松尾田古墳群』呼子町文化財調査報告書4
73　佐賀市教育委員会　1999『江頭遺跡・森田遺跡』佐賀市文化財調査報告書100
74　佐賀市教育委員会　2000『徳永遺跡4・5・6区』佐賀市文化財調査報告書118
75　佐賀県教育委員会　1983『佐賀県農業基盤整備事業に関わる文化財調査報告書1』佐賀県文化財調査報告69
76　唐津市教育委員会　2001『半田新田遺跡』唐津市文化財調査報告書100
77　芦刈町教育委員会　1980『小路遺跡』芦刈町文化財調査報告書
78　千代田町教育委員会　1988『柴尾遺跡Ⅰ・川崎遺跡』千代田町文化財調査報告書7

長崎県

1　宇久町教育委員会　1997『宇久山本遺跡』宇久町文化財調査報告書3
2　大瀬戸町教育委員会　1980『大瀬戸町石鍋製作所遺跡』大瀬戸町文化財調査報告書1
3　大村市黒丸遺跡調査会　1980『黒丸遺跡』
4　大村市教育委員会　1997『黒丸遺跡ほか発掘調査概略　Vol.1　1994〜1997』大村市文化財調査報告20
5　大村市教育委員会　1998『坂口館跡』大村市文化財調査報告22
6　大村市教育委員会　1998『富の原遺跡・大村館墓地・下荒瀬山下墓地』大村市文化財調査報告21
7　大村市文化財保護協会　1992『寿古遺跡』
8　大村市文化財保護協会　1992『如法寺地区遺跡』
9　大村市文化財保護協会　1995『富の原遺跡』
10　下川達彌　1974「滑石製石鍋考」『長崎県立美術博物館研究紀要』2
11　下川達彌　1984「滑石製石鍋出土地名表（九州・沖縄）」『九州文化史研究所紀要』29　九州大学九州文化史研究施設
12　長崎県教育委員会　1980『ケイマンゴー遺跡』長崎県埋蔵文化財調査報告書52
13　長崎県教育委員会　1981『五反田遺跡』長崎県埋蔵文化財調査集報Ⅳ　長崎県文化財調査報告書55
14　長崎県教育委員会　1982『九州横断自動車道建設に伴う埋蔵文化財緊急発掘調査報告書Ⅱ』長崎県埋蔵文化財調査報告書56
15　長崎県教育委員会　1983『宇久松原遺跡』長崎県埋蔵文化財調査集報Ⅵ　長崎県文化財調査報告書66
16　長崎県教育委員会　1982『開遺跡』長崎県埋蔵文化財調査集報Ⅴ　長崎県文化財調査報告書57
17　長崎県教育委員会　1984『今福遺跡Ⅰ』長崎県文化財調査報告書68
18　長崎県教育委員会　1985『名切遺跡』長崎県文化財調査報告書71
19　長崎県教育委員会　1985『九州横断自動車道建設に伴う埋蔵文化財緊急発掘調査報告書Ⅴ』長崎県埋蔵文化財調査報告書72
20　長崎県教育委員会・松浦市教育委員会　1985『楼楷田遺跡』長崎県文化財調査報告書76
21　長崎県教育委員会　1985『今福遺跡Ⅱ』長崎県文化財調査報告書77
22　長崎県教育委員会　1986『今福遺跡Ⅲ』長崎県文化財調査報告書84
23　長崎県教育委員会　1988『長崎県埋蔵文化財調査集報Ⅺ』長崎県文化財調査報告書91
24　長崎県教育委員会　1989『九州横断自動車道建設に伴う埋蔵文化財緊急発掘調査報告書Ⅵ』長崎県埋蔵文化財調査報告書93
25　長崎県教育委員会　1990『九州横断自動車道建設に伴う埋蔵文化財緊急発掘調査報告書Ⅶ』長崎県埋蔵文化財調査報告書98
26　長崎県教育委員会　1991『九州横断自動車道建設に伴う埋蔵文化財緊急発掘調査報告書Ⅷ』長崎県埋蔵文化財調査報告書99
27　長崎県教育委員会　1994『県内重要遺跡範囲確認調査Ⅱ』長崎県文化財調査報告書114
28　長崎県教育委員会　1996『伊木力遺跡Ⅰ』長崎県文化財調査報告書126
29　長崎県教育委員会　1996『黒丸遺跡Ⅰ』長崎県文化財調査報告書127
30　長崎県教育委員会　『馬乗石遺跡』長崎県文化財調査報告書149
31　長崎市教育委員会　1987『深掘貝塚発掘調査報告書』
32　長崎市埋蔵文化財調査協議会　1999『矢上城跡』
33　浜口叶・吉田正隆　『石錐の副葬名ある石棺』1962『九州考古学』14

34　東彼杵町教育委員会　1988『岡遺跡』東彼杵町文化財調査報告書2
35　東彼杵町教育委員会　1989『白井川遺跡』東彼杵町文化財調査報告書3
36　百人委員会　1977『中田遺跡』百人委員会埋蔵文化財報告8
37　長崎県教育委員会　1998『原始・古代の長崎県　資料編Ⅱ』

熊本県
1　荒尾市教育委員会　1992『荒尾市の文化財（Ⅰ）』荒尾市文化財調査報告書6
2　荒尾市教育委員会・九州リゾート株式会社　1992『金山・樺製鉄遺跡群調査報告書』荒尾市文化財調査報告書7
3　植木町教育委員会　1995『慈恩寺経塚古墳Ⅱ』植木町文化財調査報告書4
4　宇土市教育委員会　1977『宇土城跡（西岡第）』宇土市埋蔵文化財調査報告書1
5　大津町教育委員会瀬田裏遺跡調査団・株式会社阿蘇大津ゴルフ場　1991『瀬田裏遺跡調査報告Ⅰ』大津町文化財調査報告
6　乙益重隆　『湖州鏡―肥後古鏡聚英―』1983『肥後考古』3　肥後考古学会
7　熊本県教育委員会　1975『久保遺跡』熊本県文化財調査報告書18
8　熊本県教育委員会　1977『浜乃館』熊本県文化財調査報告書21
9　熊本県教育委員会　1977『蓮華寺跡・相良頼景館跡』熊本県文化財調査報告書22
10　熊本県教育委員会　1978『菊池川流域文化財調査報告書』熊本県文化財調査報告書28
11　熊本県教育委員会　1978『菊池川流域文化財調査報告書』熊本県文化財調査報告書31
12　熊本県教育委員会　1979『製鉄遺跡基本調査報告書』熊本県文化財調査報告書36
13　熊本県教育委員会　1980『車塚古墳・川田京坪遺跡・川田小筑遺跡・塩塚古墳』熊本県文化財調査報告書46
14　熊本県教育委員会　1986『生産遺跡基本調査報告書Ⅰ―製塩遺跡・製鉄遺跡・石器製作所―』熊本県文化財調査報告38
15　熊本県教育委員会　1980『中小野・矢ノ下・目抜・アサケン』熊本県文化財調査報告書39
16　熊本県教育委員会　1980『平原瓦窯址』熊本県文化財調査報告書40
17　熊本県教育委員会　1980『境古墳群・境遺跡』熊本県文化財調査報告書42
18　熊本県教育委員会　1980『半原・野中遺跡』熊本県文化財調査報告書43
19　熊本県教育委員会　1980『古閑・小保山・天城』熊本県文化財調査報告書47
20　熊本県教育委員会　1981『赤見前田遺跡』熊本県文化財調査報告書53
21　熊本県教育委員会　1986『神水遺跡Ⅱ』熊本県文化財調査報告82
22　熊本県教育委員会　1999『蔵城遺跡』熊本県文化財調査報告書172
23　熊本県教育委員会　2000『祇園遺跡』熊本県文化財調査報告188
24　熊本県教育委員会　2000『竈門寺原遺跡』熊本県文化財調査報告190
25　新熊本市史編纂委員会　1997『新熊本市史』熊本市
26　下川達彌　1984「滑石製石鍋出土地名表（九州・沖縄）」『九州文化史研究所紀要』29　九州大学九州文化史研究施設
27　西原村教育委員会　1982『西原村の史跡と文化財―遺跡出土品―』
28　福田正文・坂田和弘・島津義昭　1983「大矢野原の石鍋」『肥後考古』4　肥後考古学会
29　本渡市教育委員会　1993『浜崎遺跡』本渡市文化財調査報告書6
30　三加和町教育委員会　1997『田中城跡』三加和町文化財調査報告　11・12
31　三島格・島津義昭　1983「肥後石鍋出土地一覧」『肥後考古』4　肥後考古学会
32　免田町教育委員会　1997『免田町の文化財』
33　熊本県教育委員会　1996『沖松遺跡』熊本県文化財調査報告書154

大分県
1　犬飼町教育委員会　1990『犬飼地区遺跡発掘調査概報Ⅲ』
2　宇佐市教育委員会　1985『駅館川流域遺跡群発掘調査概報　御播遺跡（Ⅱ）・高森遺跡（Ⅱ）』
3　大分市教育委員会　1991『下郡遺跡群』大分市下郡地区土地区画整理事業に伴う発掘調査概報（2）
4　大分市教育委員会　1992『下郡遺跡群』大分市下郡地区土地区画整理事業に伴う発掘調査概報（3）
5　大分県教育委員会　1985『大分県内遺跡詳細分布調査概報4』
6　大分県教育委員会　1989『佐知遺跡』大分県文化財調査報告書81
7　大分県教育委員会　1996『横手遺跡群発掘調査報告書』大分県文化財調査報告書93
8　大分県教育委員会　2000『瀬戸墳墓群・瀬戸遺跡・帆足城跡』九州横断自動車道関係埋蔵文化財調査報告書17
9　大分県教育委員会　2001『後迫遺跡』九州横断自動車道関係埋蔵文化財調査報告書18
10　大分県教育委員会　2001『清太郎遺跡遺跡』東九州自動車道関係埋蔵文化財調査報告書2
11　久住町教育委員会　1996『市第Ⅰ遺跡・石田遺跡』県営担い手育成基盤整備事業都野東部地区に伴う発掘調査報告書Ⅰ
12　久住町教育委員会　1997『市第Ⅰ・Ⅱ遺跡・仏原Ⅰ・Ⅱ・Ⅲ遺跡』県営担い手育成基盤整備事業都野東部地区に伴う発掘調査報告書Ⅱ
13　国東町教育委員会　1998『県営圃場整備国東川南地区関係発掘調査報告書』国東町文化財調査報告書17
14　佐伯市教育委員会　1990『汐月遺跡』佐伯市文化財調査報告書
15　下川達彌　1974「滑石製石鍋考」『長崎県立美術博物館研究紀要』2

宮崎県
1 えびの市教育委員会　2001『昌明寺遺跡』えびの市埋蔵文化財調査報告書30
2 都城市教育委員会　1991『取添遺跡』都城市文化財調査報告書15
3 都城市教育委員会　1993『正坂原遺跡』都城市文化財調査報告書25
4 宮崎県教育委員会　1988『蒲田・入料・堂地西・平畑・堂地東・熊野原遺跡』宮崎学園都市遺跡発掘調査報告書2
5 宮崎県教育委員会　1988『車坂城西野城跡』宮崎学園都市遺跡発掘調査報告書4
6 宮崎県教育委員会　1992『穂北城跡』
7 宮崎県教育委員会　1994『妙見遺跡・平原遺跡・野久首遺跡』埋蔵文化財調査報告書2
8 宮崎県教育委員会　1994『天神河内第1遺跡』
9 宮崎県教育委員会　1994『大塚遺跡』
10　下川達彌　1974「滑石製石鍋考」『長崎県立美術博物館研究紀要』2

鹿児島県
1 出水市教育委員会　1979『荘貝塚』出水市文化財調査報告書1
2 市来町教育委員会　2000『上城詰城跡』市来町埋蔵文化財発掘調査報告書7
3 鹿児島県教育委員会　1975『薩摩国府跡・国分寺跡』
4 鹿児島県教育委員会　1976『放光寺遺跡』鹿児島県埋蔵文化財発掘調査報告書2
5 鹿児島県教育委員会　1981『中尾田遺跡』鹿児島県埋蔵文化財発掘調査報告書15
6 鹿児島県教育委員会　1982『山崎B遺跡』鹿児島県埋蔵文化財発掘調査報告書18
7 鹿児島県教育委員会　1982『小瀬戸遺跡・建馬場遺跡・松木田遺跡』鹿児島県埋蔵文化財発掘調査報告書19
8 鹿児島県教育委員会　1983『小山遺跡・谷ノ口遺跡・宮後遺跡・上城城址』鹿児島県埋蔵文化財発掘調査報告書20
9 鹿児島県教育委員会　1983『成岡遺跡・西ノ平遺跡・上ノ原遺跡』鹿児島県埋蔵文化財発掘調査報告書28
10 鹿児島県教育委員会　1984『大隅地区埋蔵文化財分布調査報告書—昭和58年度—』鹿児島県埋蔵文化財発掘調査報告書29
11 鹿児島県教育委員会　1987『成岡遺跡Ⅱ』鹿児島県埋蔵文化財発掘調査報告書35
12 鹿児島県教育委員会　1986『国分・隼人テクノポリス建設地区埋蔵文化財分布調査報告書』鹿児島県埋蔵文化財発掘調査報告書37
13 鹿児島県教育委員会　1991『奄美地区埋蔵文化財分布調査報告書Ⅲ』鹿児島県埋蔵文化財発掘調査報告書56
14 鹿児島県教育委員会　1993『北薩・伊佐地区埋蔵文化財分布調査報告書』鹿児島県埋蔵文化財発掘調査報告書65
15 鹿児島県立埋蔵文化財センター　1994『針原遺跡（伝川上氏墓跡）』鹿児島県立埋蔵文化財センター発掘調査報告書8
16 鹿児島県立埋蔵文化財センター　2000『沖田岩戸遺跡』鹿児島県立埋蔵文化財センター発掘調査報告書26
17 鹿児島大学埋蔵文化財調査室　1990『鹿児島大学埋蔵文化財調査室年報Ⅴ』
18 鹿児島大学埋蔵文化財調査室　1991『鹿児島大学埋蔵文化財調査室年報Ⅵ』
19 鹿児島大学埋蔵文化財調査室　1992『鹿児島大学埋蔵文化財調査室年報Ⅶ』
20 笠利町教育委員会　1986『城遺跡・下山田遺跡・ケジⅢ遺跡』笠利町文化財調査報告書8
21 笠利町教育委員会　1988『下山田Ⅲ遺跡（東地区）』笠利町文化財調査報告書9
22 鹿児島県笠利町教育委員会　1979『宇宿貝塚』鹿児島県笠利町文化財調査報告書
23 笠利町立歴史民俗資料館　1996『宇宿貝塚発掘写真集』2
24 加世田市教育委員会　『上加世田遺跡1』加世田市埋蔵文化財調査報告書3
25 喜界町教育委員会　1993『オン畑遺跡・巻畑B遺跡・巻畑C遺跡・池ノ底散布地』喜界町埋蔵文化財調査報告書5
26 喜界町教育委員会　1994『向田遺跡』喜界町埋蔵文化財調査報告書6
27 喜界町教育委員会　1996『提り遺跡・後田遺跡・水口遺跡・竿ク遺跡』喜界町埋蔵文化財調査報告書7
28 金峰町教育委員会　1993『牟礼ヶ城跡』金峰町埋蔵文化財発掘調査報告書4
29 金峰町教育委員会　1995『小中原遺跡』金峰町埋蔵文化財発掘調査報告書6
30 金峰町教育委員会　1998『持躰松遺跡』金峰町埋蔵文化財発掘調査報告書9
31 熊本大学文学部考古学研究室　1986『ハンタ遺跡　付喜界島遺跡分布調査』研究室活動報告21
32 栗林文夫　1994『滑石製石鍋出土遺跡地名表—鹿児島県—』『大河』5　大河同人会
33 下川達彌「滑石製石鍋出土地名表（九州・沖縄）」『九州文化史研究所紀要』29　九州大学九州文化史研究施設
34 佐藤伸二「南島の須恵器」　1970『東洋文化』48・49合併
35 川内市教育委員会　1985『国指定史跡薩摩国分寺跡』
36 龍郷町教育委員会・奄美考古学会　1984『手広遺跡』
37 隼人町教育委員会　1998『菩提遺跡』
38 菱刈町教育委員会　1991『寺山遺跡・年ノ宮遺跡』菱刈町埋蔵文化財調査報告書6
39 樋脇町教育委員会　1994『水流遺跡』樋脇町埋蔵文化財調査報告書1
40 村上恭通「トカラ出土の陶質土器と石鍋」1988『奄美考古』創刊号　奄美考古学研究会
41 熊本大学文学部考古学研究室　1985『玉城遺跡』研究室活動報告19
42 阿久根市教育委員会　1997『鳥越古墳群・大蔵庵遺跡・北山遺跡』阿久根市埋蔵文化財調査報告書3

43　木下尚子氏ご教示

沖縄県
1　安里進　1975「グシク時代開始期の若干の問題について」『沖縄県立博物館紀要』1　沖縄県立博物館
2　糸満市教育委員会　1983『大里伊田慶名原遺跡』糸満市文化財調査報告書 4
3　浦添市教育委員会　1985『浦添城跡発掘調査報告書』浦添市文化財調査報告書 9
4　沖縄県教育委員会　1977『沖縄の遺跡分布』沖縄県文化財調査報告 10
5　沖縄県教育委員会　1983『稲福遺跡発掘調査報告書（上御願地区）』沖縄県文化財調査報告書 50
6　沖縄県教育委員会　1985『名護貝塚』沖縄県文化財調査報告書 63
7　沖縄県教育委員会　1985『牧港貝塚・真久原貝塚』沖縄県文化財調査報告書 65
8　沖縄県教育委員会　1986『伊原遺跡』沖縄県文化財調査報告書 73
9　沖縄県教育委員会　1986『下田原・大泊浜貝塚』沖縄県文化財調査報告書 74
10　沖縄県教育委員会　1987『北谷町砂辺サーク原遺跡』沖縄県文化財調査報告書 81
11　沖縄県教育委員会　1990『グスク分布調査報告書（Ⅱ）』沖縄県文化財調査報告書 94
12　沖縄県教育委員会　1990『阿波根古島遺跡』沖縄県文化財調査報告書 96
13　沖縄県教育委員会　1978『恩納村熱田貝塚発掘ニュース』
14　沖縄県教育委員会　1982『掘り出された沖縄の歴史』
15　沖縄県教育委員会　1992『安仁屋トゥンヤマ遺跡』沖縄県文化財調査報告書 105
16　沖縄県教育委員会　1994『グスク分布調査報告書（Ⅲ）―八重山諸島―』沖縄県文化財調査報告書 113
17　沖縄県教育委員会　1884『カイジ浜貝塚』沖縄県文化財調査報告書 115
18　沖縄県教育委員会　『平敷屋トウバル遺跡』1996『沖縄県文化財調査報告書』125
19　沖縄県教育委員会　1999『喜友名貝塚・喜友名グスク』沖縄県文化財調査報告書 134
20　勝連町教育委員会　『平敷屋古島遺跡発掘調査報告書』勝連町の文化財 13
21　勝連町教育委員会　1993『勝連町の遺跡』勝連町の文化財 17
22　嘉手納町教育委員会　1995『嘉手納町の遺跡―詳細分布調査―』嘉手納町の文化財 2
23　嘉手納町教育委員会　1994『屋良グスク』嘉手納町文化財調査報告書 1
24　宜野湾市教育委員会　1982『宜野湾市の文化財』宜野湾市文化財調査報告書 10
25　宜野湾市教育委員会　1989『土に埋もれた宜野湾』
26　具志頭村教育委員会　1986『具志頭村の遺跡』具志頭村文化財調査報告書 3
27　国頭村教育委員会　1987『国頭村の遺跡』国頭村文化財調査報告書 2
28　佐敷村教育委員会　1980『佐敷グスク』
29　佐敷町教育委員会　2001『佐敷下代原遺跡』佐敷町文化財調査報告書 3
30　玉城村教育委員会　1993『糸数城跡』玉城村文化財調査報告書 1
31　北谷町教育委員会　1994『北谷町の遺跡―詳細分布調査報告書―』北谷町文化財調査報告書 14
32　北谷町教育委員会　1993『玉代勢原遺跡』北谷町文化財調査報告書 13
33　北谷町教育委員会　1996『後兼久原遺跡展』
34　豊見城村教育委員会　1987『伊良波東遺跡』豊見城村文化財調査報告書 2
35　豊見城村教育委員会　1990『高嶺古島遺跡』豊見城村文化財調査報告書 4
36　名護市教育委員会　1982『名護市の遺跡（2）』名護市文化財調査報告書 4
37　那覇市教育委員会　1994『ヒヤジョー毛遺跡』那覇市文化財調査報告書 26
38　那覇市教育委員会　1997『銘苅原遺跡』那覇市文化財調査報告書 35
39　西原町教育委員会　1983『我謝遺跡』西原町文化財調査報告書 4
40　南風原町教育委員会　1993『南風原町の遺跡』南風原町文化財調査報告書 1
41　平良市教育委員会　1992『住屋遺跡』平良市文化財調査報告書 2
42　琉球大学考古学研究会　1971『稲福村落第1次調査報告書』
43　金武正紀　1994「土器→無土器→土器―八重山考古学編年思案―」『南島考古』14　沖縄考古学会
44　宜野湾市教育委員会　1998『都市計画街路大謝名・真志喜線建設工事関係埋蔵文化財緊急発掘調査概報』宜野湾市文化財調査報告書 27
45　宜野湾市教育委員会　1998『真志喜森川原遺跡』宜野湾市文化財調査報告書 18

付表2　九州島・琉球列島における中国産陶磁器出土遺跡一覧

※白＝白磁、陶＝陶器、龍＝龍泉窯青磁、同＝同安窯青磁、墨陶＝墨書陶磁器、とする。

福岡県

番号	遺跡名	所在	出土状況	C期 白	C期 陶	D期 白	D期 龍	D期 同	D期 陶	E期 白	E期 龍	E期 陶	F期 白	F期 龍	F期 陶	G期 龍	G期 陶	備考	文献
1	伊川遺跡	北九州市門司区大字伊川	2号溝			○		○											239
			Ⅲ層	○		○	○	○		○									
			Ⅳ層	○		○	○	○	○	○									
			Ⅴ層			○	○	○											
2	中畑遺跡	北九州市門司区大字畑	第2層	○		○	○			○									256
			第3層	○						○									
3	中畑遺跡	北九州市門司区字大畑								○									293
4	小倉城跡	北九州市小倉北区城内			○	○	○	○		○			○	○		○		集計表	262
5	小倉城下屋敷遺跡	北九州市小倉北区城内	祭祀土坑			○		○											272
6	小倉城跡第3地点	北九州市小倉北区大門	4-2層							○									273
			4-1層	○		○				○									
			2層							○									
7	小倉城跡御花畠跡	北九州市小倉北区城内	素掘り大溝	○				○		○									296
			暗紫色粘土							○									
			暗茶紫色粘土							○									
8	愛宕遺跡	北九州市小倉北区菜園場	1号祭祀遺構							○								完形品	242
			柱穴			○													
			42号土坑			○													
			43号土坑							○									
			51号土坑1層	○						○									
			54号土坑				○												
			57号土坑	○															
			暗灰色粘質土	○						○									
			茶褐色粘質土	○															
9	愛宕遺跡	北九州市小倉北区菜園場	褐色粘質土層	○		○		○											247
10	今村清川町遺跡	北九州市小倉北区今町	4層	○										○					298
			3層	○															
11	長野・早田遺跡第2地点	北九州市小倉南区長野本町	Ⅰ区包含層	○		○								○					
			Ⅱ区包含層				○			○									
			Ⅲ区包含層							○	○								
12	祇園町遺跡第3地点	北九州市小倉南区長尾	包含層上層															合子	261
			包含層下層	○															
13	中島遺跡	北九州市小倉南区蒲生	E-1掘り方	○						○									259
			E-2			○	○			○									
			D-3				○			○									
			D-14	○															
			M-1	○						○			○			○			
			包含層																
14	高野遺跡	北九州市小倉南区高野	1号土坑					○										完形品	263
			1号溝					○											
			1・2層	○				○											
			3層	○		○		○											
15	高津尾遺跡	北九州市小倉南区高津尾	5区黒褐色弱粘土	○															294
			7区黒褐色粘土	○															
			表土	○						○									
16	長野D遺跡	北九州市小倉南区大字長野	柱穴	○										○					234
			暗灰色砂質土層			○				○									

付表 2　九州島・琉球列島における中国産陶磁器出土遺跡一覧

番号	遺跡名	所在	出土状況	C期 白	C期 陶	D期 白	D期 龍	D期 同	D期 陶	E期 白	E期 龍	E期 陶	F期 白	F期 龍	F期 陶	G期 龍	G期 陶	備考	文献
17	新道寺・天疫神社前遺跡	北九州市小倉南区大字新道寺	第1号土坑							○									235
			第2号土坑				○			○									
			第3号土坑							○									
			第1・2号溝状遺構							○			○	○					
			柱穴							○									
18	長行遺跡	北九州市小倉南区大字長行	37号土坑	○															236
			溝1				○												
			B区包含層	○		○	○	○		○									
19	砥石山遺跡	北九州市小倉南区下城野	表土層	○			○												237
			1号溝2層	○														合子	
			1号溝1層	○															
20	勝円遺跡C地点	北九州市小倉南区大字曽根	A区			○													240
			B区	○						○									
			E区	○			○			○									
			F区	○						○									
			G区	○			○			○									
21	北方遺跡	北九州市小倉南区北方	8号地下式横穴							○									243
22	潤崎遺跡	北九州市小倉南区大字貫	床土	○		○		○	○	○									244
			包含層	○						○								合子	
23	長野A遺跡	北九州市小倉南区長野	3号溝													○			245
			Ⅱ区	○						○									
			Ⅴ区4号土坑													○			
			Ⅴ区2層	○		○							○			○			
			Ⅵ区層位不明								○								
			Ⅵ区北Ⅰb層							○									
			Ⅲ区4号土坑				○												246
			Ⅲ区1号井戸	○		○				○									
			Ⅲ区1号土坑墓			○												完形品	
24	高津尾遺跡	北九州市小倉南区高津尾	12区M-1	○															248
			19区P-1					○										墨陶	
25	上清水遺跡Ⅰ区	北九州小倉南区大字横代字坂本	包含層	○						○									249
26	徳力遺跡	北九州市小倉南区大字徳力	3号溝	○															250
			5地点柱穴	○															251
			5地点暗灰色砂含粘土	○															
			5地点黒褐色粘土	○															
			5地点暗灰色粘土	○															
			5地点3区谷部	○															
			11地点1号土坑	○															
27	金山遺跡Ⅱ区	北九州市小倉南区大字横代東町	1層上層	○		○				○									252
28	長野・早田遺跡第1地点	北九州市小倉南区長野本町	包含層	○		○	○			○									253
29	長野・早田遺跡第3地点	北九州市小倉南区長野本町	Ⅰ区粗砂層	○			○			○									254
30	井上遺跡Ⅰ区	北九州市小倉南区大字沼	30号土坑							○									257
			42号土坑							○									
			1号溝状遺構							○									
			柱穴				○			○			○						

番号	遺跡名	所在	出土状況	C期		D期				E期			F期			G期		備考	文献
				白	陶	白	龍	同	陶	白	龍	陶	白	龍	陶	龍	陶		
31	潤崎遺跡	北九州市小倉南区大字貫字潤崎	包含層	○		○	○	○			○		○			○			268
32	上貫遺跡1区	北九州市小倉南区大字貫	A区Ⅱ・Ⅲ層	○				○	○										270
			A区Ⅳ層	○			○		○										
			B区包含層	○					○		○		○						
33	上貫遺跡2区	北九州市小倉南区大字貫	12号土坑								○								271
			1層	○		○		○		○	○								
			Ⅰ区-2a層	○															
			Ⅱ区-2a層			○													
			Ⅱ区-2b層					○											
34	上貫遺跡3区	北九州市小倉南区大字貫	Ⅱ区2層	○		○													274
			Ⅱ区3層	○		○													
35	上貫遺跡4区	北九州市小倉南区大字貫	包含層	○		○				○									278
36	上貫(C)遺跡	北九州市小倉南区大字貫	包含層	○		○	○		○	○			○	○					285
			14号土坑							○									
37	志井雀木遺跡	北九州市小倉南区大字志井	表土			○				○									287
38	寺町遺跡	北九州市小倉南区蒲生	1号経路			○	○												288
			2号経路				○												
39	御座遺跡	北九州市小倉南区中貫本町	1区上層			○	○			○									276
40	下石田遺跡	北九州市小倉南区石田	2区2層							○									277
			谷地包含層2a層							○								合子	
			谷地包含層2b層							○									
			谷地包含層3層	○															
41	蒲生寺中遺跡1	北九州市小倉南区蒲生	3区6号溝							○									280
			3区礫群							○									
			3区Ⅲ層				○	○		○				○					
			Ⅲ区4層	○				○											
			4区9号土坑							○								完形品	
			4区10号土坑			○	○											完形品	
			4区上段3層													○			
			4区下段3層						○	○									
42	横代堂ノ前遺跡	北九州市小倉南区大字横代	2区包含層	○				○								○			283
			3区包含層	○		○													
			4区包含層	○		○		○	○							○			
43	勝円B遺跡	北九州市小倉南区大字曽根	Ⅰ～Ⅲ・Ⅴ区	○		○		○											292
44	祇園町遺跡第2地点	北九州市小倉南区長尾	柱穴	○															295
			暗褐色包含層							○									
45	上葛原遺跡第2地点	北九州市小倉南区葛原	ST06	○															299
46	本城南遺跡	北九州市八幡西区本城	B地点	○		○	○	○		○									238
			C地点				○	○											
			D地点			○		○											
			G地点	○												○			
47	白岩西遺跡	北九州市八幡西区白岩町	Ⅷ群16号土坑墓							○								完形品	241
48	穴生古屋敷遺跡	北九州市八幡西区穴生	4層	○		○				○			○						258
49	紅梅(A)遺跡	北九州市八幡西区紅梅	1F12グリッドH13							○									232
			1号土坑						○									完形品	
			5号土坑	○					○										

付表2 九州島・琉球列島における中国産陶磁器出土遺跡一覧

番号	遺跡名	所在	出土状況	C期 白	C期 陶	D期 白	D期 龍	D期 同	D期 陶	E期 白	E期 龍	E期 陶	F期 白	F期 龍	F期 陶	G期 龍	G期 陶	備考	文献
49	紅梅(A)遺跡	北九州市八幡西区紅梅	10号土坑																232
			包含層			○													
50	白岩遺跡	北九州市八幡西区大字香月	包含層	○		○			○	○	○								233
51	園田遺跡	北九州市八幡西区大字永犬丸	Ⅱ区	○			○			○									260
			Ⅲ区	○		○													
52	八反田遺跡	北九州市八幡西区大字永犬丸	Ⅲ区4トレンチ			○				○			○						260
			Ⅲ区2トレンチ										○	○					
53	金山遺跡	北九州市八幡西区大字野面	D1				○											完形品	264
			D3							○									
			M3	○						○									
			D8	○		○													
			D14	○															
			包含層																
54	八反田遺跡	北九州市八幡西区大字永犬丸	Ⅲ区包含層				○			○	○								265
			Ⅳ区包含層上層			○	○							○					
			Ⅳ区包含層中層	○															
55	中伏遺跡3次調査	北九州市八幡西区大字永犬丸	Ⅰ区包含層	○		○				○	○								265
			Ⅱ区包含層							○									
			Ⅲ区包含層							○									
56	金山遺跡	北九州市八幡西区大字野面字金丸																	266
57	金山遺跡	北九州市八幡西区大字野面字金丸	南側調査区包含層	○		○	○			○									267
58	八反田遺跡	北九州市八幡西区大字永犬丸	Ⅴ区			○				○			○						269
59	行正遺跡	北九州市八幡西区楠橋上方	D3覆土上層			○													275
			D121層	○															
			J36-P14							○									
			F28-P21			○													
			E28-P22	○		○													
			黒褐色包含層	○		○													
			包含層上層	○															
			D6						○	○								完形品	
			K62付近包含層			○				○									
			7区包含層	○															
60	金丸遺跡	北九州市八幡西区大字野面字金丸	1号土坑			○												完形品	279
61	黒崎遺跡	北九州市八幡西区黒埼	包含層	○		○			○	○	○								282
62	紅梅(A)遺跡	北九州市八幡西区紅梅	3号土壙							○									284
			8号土壙													○			
			包含層	○		○	○		○	○									
63	金丸遺跡	北九州市八幡西区野面	B区柱穴群				○												286
			B区集石遺構	○		○								○					
			C区3号土壙	○															
64	辻田遺跡	北九州市八幡西区大字馬場	表土			○				○			○						289
65	中ノ坊遺跡	北九州市八幡西区大字香月	Ⅱ溝状遺構	○		○				○									290
			黒褐色土層			○	○												
			表土層・礫層	○		○	○			○									
66	力丸遺跡	北九州市八幡西区本城	第1地点			○	○	○											291
			第3地点				○												

番号	遺跡名	所在	出土状況	C期 白	C期 陶	D期 白	D期 龍	D期 同	D期 陶	E期 白	E期 龍	E期 陶	F期 白	F期 龍	F期 陶	G期 龍	G期 陶	備考	文献
67	中尾遺跡	北九州市八幡西区下上津役	黒茶色粘土	○															297
			灰色粘土	○															
			茶色粘土											○					
			暗褐色粘土	○			○												
			黒褐色粘土	○															
			黒茶色粘土	○					○										
68	中村遺跡	北九州市若松区東二島	5号土坑							○									281
			8号土坑			○	○			○			○						
			14号土坑													○			
			16号土坑	○				○		○									
			18号土坑						○	○									
			溝状遺構							○									
			柱穴	○				○		○									
			包含層	○						○			○			○			
69	浜田遺跡	北九州市若松区小竹	旧河川	○						○									255
70	内屋敷遺跡	行橋市大字津積	A地区1号溝	○															228
			B地区1号土坑墓	○															
71	徳永法師ヶ坪遺跡	行橋市大字徳永	8号土坑			○	○			○								合子	229
72	徳政宮ノ上遺跡	京都郡豊津町大字徳政	1号溝											○					47
			1号土坑						○										
73	豊前国府	京都郡豊津町大字惣社	SD020			○	○												378
			SD025							○									
74	豊前国府	京都郡豊津町古門	SD081	○															379
75	北原遺跡	京都郡豊津町大字国分	方形溝状遺構			○													380
76	豊前国府	京都郡豊津町荒堀	荒堀地区	○															377
77	山口南古墳群	京都郡苅田町大字山口	石室入り口埋土			○													435
78	谷遺跡	京都郡苅田町白川字谷	A区表採							○									436
			B区表採	○															
79	富久遺跡	京都郡苅田町富久	1号土坑墓			○												完形品	437
80	南原西門田遺跡	京都郡苅田町大字南原	土坑3			○													49
			土坑7			○													
			土坑8	○															
			土坑15	○															
			井戸											○					
			166ピット							○									
			169ピット											○					
			341ピット										○	○					
81	市屋敷遺跡	京都郡犀川町大字木井馬場	1号木棺墓			○													320
			井戸4			○													
			竪穴状遺構											○					
			土坑45							○				○					
			ピット							○			○						
82	下木井遺跡	京都郡犀川町大字木井馬場	包含層			○				○					○			墨陶	321
83	上屋敷遺跡	京都郡犀川町大字木井馬場	4号墓			○													
84	丸松E遺跡	築上郡築城町丸松	SK1			○													371

付表2 九州島・琉球列島における中国産陶磁器出土遺跡一覧

番号	遺跡名	所在	出土状況	C期		D期				E期			F期			G期		備考	文献
				白	陶	白	龍	同	陶	白	龍	陶	白	龍	陶	龍	陶		
85	立岩遺跡	築上郡築城町大字本	土坑墓			○		○											372
86	小山田・スルメ田遺跡	築上郡築城町大字小山田	28号土壙	○				○		○			○	○					373
			34号土壙							○									
			35号土壙					○		○									
			7号溝			○													
			10号溝							○									
			25号溝	○		○		○	○	○									
			2号土壙墓					○											
			3号土壙墓									○							
			1号集石遺構	○		○		○		○									
			ピット							○			○						
87	上別府園田遺跡	築上郡築城町大字上別府字園田	1号溝	○		○	○	○										合子	46
			北東礫群	○		○													
			茶褐色土層	○		○	○			○									
			黒色土層	○		○													
88	南田遺跡	築上郡新吉富村大字安雲	20号土坑			○												合子	376
89	上唐原了清遺跡	築上郡大平村大字上唐原字了清	9号土坑	○															32
			1号廃棄土坑	○															
			2号廃棄土坑	○															
			1号井戸						○										
			4号溝	○															
			包含層	○										○					
90	上唐原了清遺跡	築上郡大平村大字上唐原字了清	31号土坑	○						○									33
			33号土坑	○															
			35号土坑							○									
			40号土坑	○															
			43号土坑	○															
			46号土坑	○						○									
			53号土坑	○															
			13号溝						○										
			25号溝	○															
			26号溝	○															
			28号溝	○															
			大溝	○		○			○	○								合子	
			包含層	○															
91	土佐井ミソンデ遺跡	築上郡大平村土佐井	I区	○		○													323
92	陣山屋敷遺跡	田川郡香春町大字鏡山	1号集石遺構			○													45
			2号集石遺構							○			○						
			1号墓							○									
93	松ヶ迫遺跡	田川郡糸田町松ヶ迫	18号土坑			○	○												408
94	羅生維漢山遺跡	中間市人子垣生字羅漢	採集							○								完形品	434
			23トレンチ							○								完形品	
95	大坪遺跡	遠賀郡岡垣町大字山田	柱穴内	○		○												合子	416
			井戸状遺構	○		○													
			溝状遺構																
96	金屋遺跡	遠賀郡芦屋町中ノ浜	1トレンチ			○	○			○			○						402
97	旧芦屋小学校遺跡	遠賀郡芦屋町幸町				○	○												403
98	上二貝塚	遠賀郡水巻町二西	21号土坑							○									395
			16号土坑											○					
			p-70							○									

番号	遺跡名	所在	出土状況	C期 白	C期 陶	D期 白	D期 龍	D期 同	D期 陶	E期 白	E期 龍	E期 陶	F期 白	F期 龍	F期 陶	G期 龍	G期 陶	備考	文献
99	先ノ野遺跡	遠賀郡遠賀町大字尾崎字先ノ野	8号土坑							○									427
			包含層							○								合子	
			表採				○												
100	遠園遺跡	鞍手郡若宮町大字山口字遠園	包含層	○			○	○											9
			6号土坑	○	○		○	○										集計表	
101	茶臼山城跡	鞍手郡若宮町大字山口	包含層	○			○	○		○									9
102	小原遺跡	鞍手郡若宮町小原	包含層			○													6
103	黒丸丸尾城跡	鞍手郡若宮町黒丸丸尾	グリッド			○			○										231
			1E				○												
104	竹原遺跡	鞍手郡若宮町竹原	塚ノ元2土坑墓				○	○											230
			塚ノ元地区	○			○	○											
			ハスワ地区					○											
			中小路地区	○															
105	古門遺跡	鞍手郡鞍手町大字古門	包含層			○		○										合子	316
106	向山住居群	鞍手郡鞍手町大字新北字向山	包含層	○															7
107	中屋敷遺跡	鞍手郡鞍手町大字中山字中屋敷	第I地点1号土坑				○												12
			第I地点2号土坑				○												
			第I地点7号土坑				○												
			第I地点1号土坑墓							○									
			第I地点包含層	○	○		○	○		○	○		○					合子	
			第II地4号土坑墓							○									
			第II地点7号土坑							○									
			第II地点8号土坑					○											
			第II地点1号土坑墓				○							○					
			第II地点1号土坑墓	○															
			包含層	○			○	○		○				○				合子	
108	上頓野宮ノ前遺跡	直方市大字上頓野	大溝					○											388
			大溝I層			○	○			○								墨陶	
			大溝III層					○											
109	植木平遺跡	直方市植木	I区整地中	○		○													389
			I区表土	○			○	○											
			I区表採							○									
110	野坂ホテ田遺跡	宗像市大字野坂	第1号掘立柱建物							○			○						396
			1号溝状遺構				○	○		○									
			小竪穴				○	○											
			包含層	○				○											
111	冨地原梅木遺跡	宗像市大字冨地原	7号墳	○			○			○									397
112	冨地原森遺跡	宗像市大字冨地原	SK58	○															398
			SD13				○			○	○								
			SD15								○								
			SD34				○												
113	久原瀧ヶ下遺跡	宗像市久原	SK6	○															399
			S20				○			○									

付表2　九州島・琉球列島における中国産陶磁器出土遺跡一覧

番号	遺跡名	所在	出土状況	C期		D期			E期			F期			G期		備考	文献
				白	陶	白	龍	同	陶	白	龍	陶	白	龍	陶	龍	陶		
113	久原瀧ヶ下遺跡	宗像市久原	SK14				○	○											399
			SK08				○												
			SK22				○												
			SB04	○															
			SD06	○			○												
114	徳重本村遺跡	宗像市徳重	2号集積	○			○			○			○						400
115	久原遺跡	宗像市久原	大溝	○			○	○		○	○								401
116	生家釘ヶ裏遺跡	宗像郡津屋崎町大字行家	A区包含層		○														375
			B区包含層							○									
			SK126	○						○									
			C区包含層	○						○									
117	陣ノ内遺跡	嘉穂郡筑穂町大字阿恵	SD-1			○	○												374
			SX-2							○			○						
			SK-3							○			○					合子	
			SE-9上層							○									
			SX-18							○									
			SK-34		○					○									
			SX-39	○	○		○			○									
			SX-43							○									
			SD-05							○									
			SK-07										○						
			SX-69				○							○					
			SP320																
			不明							○									
118	箱掛遺跡	嘉穂郡穂波町大字箱掛	土坑			○	○	○	○	○						○			392
119	馬見本村遺跡	嘉穂郡嘉穂町大字馬見字本村	32号土坑				○		○										433
120	明星寺遺跡	飯塚市大字明星寺字北屋敷	8号墓				○	○		○									406
			10号墓		○														
			13号墓	○															
121	屋敷遺跡	飯塚市大字明星寺字屋敷	1号井戸				○												407
			1号溝				○												
			3号土坑			○													
			5号土坑						○										
			7号土坑				○												
			10号土坑				○												
			2号溝				○												
			包含層						○	○									
			表土		○														
			75号ピット															合子	
122	極田・杉ノ木遺跡	古賀市庄極田	SD11	○			○			○			○						318
			SD12	○						○									
123	鹿部田淵遺跡	古賀市鹿部	南トレンチ	○			○	○											319
124	下山田遺跡群	粕屋郡久山町大字山田	10号井戸	○														合子	391
125	天神面遺跡	粕屋郡久山町大字久原	1号土坑			○													390
			7号土坑		○														
			1号溝	○					○										
			一括	○															
126	戸原麦尾遺跡	粕屋郡粕屋町戸原麦尾	柱穴	○			○			○								集計表	92
			SE01	○															
			SE06	○															
			SE21				○	○											
			SX34							○									
			SX64			○													

番号	遺跡名	所在	出土状況	C期 白	C期 陶	D期 白	D期 龍	D期 同	D期 陶	E期 白	E期 龍	E期 陶	F期 白	F期 龍	F期 陶	G期 龍	G期 陶	備考	文献
126	戸原麦尾遺跡	粕屋郡粕屋町戸原麦尾	SX75										○					集計表	92
			SX2403	○		○		○		○									
			SK05							○									
			SK07	○															
			SK08			○													
			SK31				○												
			SK36											○					
127	戸原麦尾遺跡	粕屋郡粕屋町戸原麦尾	第Ⅱ区柱穴			○	○											合子、墨陶	96
			第Ⅱ区SD11			○	○	○					○						
			第Ⅱ区SD22			○	○	○					○						
			第Ⅱ区井戸SE05			○													
			第Ⅱ区井戸SE07					○											
			第Ⅱ区井戸SE15			○	○												
			第Ⅱ区竪穴遺構SX23			○													
			第Ⅱ区竪穴遺構SX26			○	○	○											
			第Ⅱ区包含層	○		○		○	○	○									
128	大隈栄松遺跡	糟屋郡粕屋町大隈	第2号土坑			○													429
			第2号溝							○									
			その他	○															
129	阿恵古屋敷遺跡	糟屋郡粕屋町字阿恵字古屋敷	ピット			○													430
130	花ヶ浦古墳	糟屋郡粕屋町大字仲原	土坑墓							○									431
131	戸原御堂の原遺跡	糟屋郡粕屋町大字戸原字御堂の原	p-78	○															432
132	塚元遺跡	粕屋郡篠栗町大字津波黒、高田	塚元1号墳周溝	○															31
			2号土坑墓	○				○											
			1号溝	○															
			2号溝	○															
133	高木遺跡	粕屋郡古賀町新原	14号土坑			○				○									317
134	松ヶ上遺跡	粕屋郡志免町大字吉原字松ヶ上	2号土坑墓			○													322
			5号土坑墓							○									
			15号土坑	○		○							○						
			33号土坑	○															
			37号土坑	○		○		○		○			○					合子	
			39号土坑			○													
			40号土坑										○						
			41号土坑	○						○									
			45号土坑	○															
			65号土坑			○	○			○								合子	
			1号環濠			○				○									
			2号環濠			○				○									
			3号環濠							○									
135	福岡城址	福岡市中央区城内	堀外壁石積	○															60
136	福岡城肥前堀	福岡市中央区天神	堀底部ヘドロ層	○		○							○						123
			黒色・茶褐色土層	○				○											
137	箱崎遺跡	福岡市東区箱崎1丁目	3号井戸	○														墨陶	38
			4号井戸	○															

付表2　九州島・琉球列島における中国産陶磁器出土遺跡一覧

番号	遺跡名	所在	出土状況	C期		D期				E期			F期			G期		備考	文献
				白	陶	白	龍	同	陶	白	龍	陶	白	龍	陶	龍	陶		
137	箱崎遺跡	福岡市東区箱崎1丁目	9号井戸										○					墨陶	38
			10号井戸	○									○						
			12号井戸	○															
			13号井戸										○						
			18号井戸										○						
			20号井戸	○										○	○				
			21号井戸												○				
			22号井戸												○				
			1号土坑	○															
			2号土坑					○											
			5号土坑	○															
			13号土坑										○						
			15号土坑										○						
			溝状遺構																
			1号溝																
			2号溝																
			3号溝																
			4号溝																
			整地層																
138	箱崎遺跡 3次調査	福岡市東区箱崎	SE09			○							○						110
			SE22							○									
			SK12	○															
			SK13	○															
			SK30	○															
			SK36									○	○						
			包含層			○													
			確認面			○		○											
139	箱崎遺跡 5次調査	福岡市東区箱崎	SE005	○		○							○						114
			SE240			○													
			SX045					○											
			SX056					○											
			SX318			○		○											
140	箱崎遺跡 6次調査	福岡市東区箱崎	土坑34			○		○											159
			井戸107	○			○	○	○										
			井戸120	○		○	○	○	○										
			その他の遺構			○		○					○						
141	箱崎遺跡 8次調査	福岡市東区箱崎	SX64					○											188
			SE10					○		○									
			SE41										○						
142	箱崎遺跡 9次調査	福岡市東区箱崎	SE-01	○		○													177
			SE-07	○	○														
			SE-08	○															
			SE-09			○		○											
			SE-10					○	○										
			SE-12					○											
			SK-28	○															
			SK-39			○							○						
			SK-64	○															
			その他の遺構	○				○											
143	箱崎遺跡 10次調査	福岡市東区箱崎	溝			○				○									178
			SE73							○									
			SE77	○						○									
			SE107					○		○									
			SE108					○											
			SE109			○		○											

番号	遺跡名	所在	出土状況	C期		D期				E期			F期			G期		備考	文献
				白	陶	白	龍	同	陶	白	龍	陶	白	龍	陶	龍	陶		
143	箱崎遺跡 10次調査	福岡市東区箱崎	SE239					○												178
			SE260					○												
			SE205					○												
			SK01					○												
			SK02			○	○	○												
			SK05					○												
			SK08			○		○												
			SK09					○												
			SK18				○													
			SK20							○										
			SK87			○														
			SX200			○			○											
			包含層	○		○							○							
			その他	○					○											
144	箱崎遺跡 11次調査	福岡市東区箱崎	SE002					○		○								墨陶	189
			SE004				○	○		○			○	○						
			SE027				○													
			SE033			○		○		○										
			SE037					○		○			○							
			SK017							○	○									
			SK028					○		○										
			SK029							○	○		○	○						
			SK030					○												
			SK036					○		○										
145	箱崎遺跡 14次調査	福岡市東区箱崎	SK05															墨陶	199
146	箱崎遺跡 16次調査	福岡市東区箱崎	SE02							○									220
			SE03	○												○				
			SK01							○			○	○						
			SK03	○		○														
147	箱崎遺跡 18次調査	福岡市東区馬出																	210
148	箱崎遺跡 20次調査	福岡市東区箱崎																	300
149	箱崎遺跡 23次調査	福岡市東区箱崎	SE26	○		○												墨陶	221
			SD12	○		○														
			SK15			○														
			SK16			○	○													
			SK21	○		○														
			SK23	○		○														
			SK27			○														
			SK28						○											
			SK204			○														
			SK30	○																
			SE006										○							
			SE351			○		○												
			SE363				○	○		○										
			SE152	○		○		○												
			SE451																	
			SE452					○							○					
			SE455	○					○											
			SE460			○				○			○							
			SK002							○										
			SK005							○										
			SK090	○					○											
			SK352							○										

付表2　九州島・琉球列島における中国産陶磁器出土遺跡一覧

番号	遺跡名	所在	出土状況	C期 白	C期 陶	D期 白	D期 龍	D期 同	D期 陶	E期 白	E期 龍	E期 陶	F期 白	F期 龍	F期 陶	G期 龍	G期 陶	備考	文献
149	箱崎遺跡23次調査	福岡市東区箱崎	SK355						○	○	○								221
			SK356								○		○						
			SK386						○	○	○								
			SK151						○	○									
			SK156	○		○				○									
			SK158	○						○									
			SK159	○															
			SK162						○	○									
			SK549	○															
			SX153			○												完形品	
			SX154	○		○												完形品	
			SX165	○		○												完形品	
			SX456					○										完形品	
			ピット					○	○										
150	箱崎遺跡24次調査	福岡市東区箱崎																	301
151	蒲田遺跡	福岡市東区大字蒲田	D地区集石遺構	○		○	○			○			○						52
			D地区Ⅰ号溝																
			D地区Ⅱ号溝																
			D地区Ⅲ号溝																
152	蒲田部木原遺跡	福岡市東区大字蒲田	3号土坑			○													428
			4号土坑	○															
153	蒲田部木原遺跡6次調査	福岡市東区蒲田	SK001 土坑墓							○									192
154	香椎A遺跡	福岡市東区香椎	196号柱穴				○	○											126
			9号土坑					○		○	○								
			6号土坑				○												
			1号流路下層							○									
			1号流路上層				○												
			3号流路							○									
155	香椎A遺跡3次調査	福岡市東区香椎	SK037	○															197
			SP067			○													
156	香椎B遺跡	福岡市東区香椎	上層黒色土層	○		○	○	○		○			○						196
			褐色〜灰色土層	○		○													
			灰褐色土層	○		○	○												
			灰色〜暗灰色	○															
			黒色泥炭土層	○															
			下層黒色土層	○		○		○											
			里城調査区包含層			○	○						○						
			SD101	○		○													
			SD103	○															
			SD222							○									
			SD221					○										墨陶	
			SD300			○													
			SD251	○															
			SD257	○															
			SD301																
			SD316			○	○												
			SD318 上層				○												
			SD318 中層			○													
			SD318 下層																
			SD320 上〜中層	○		○													
			SD320 下層	○	○														
			SD321				○												

番号	遺跡名	所在	出土状況	C期		D期				E期			F期			G期		備考	文献
				白	陶	白	龍	同	陶	白	龍	陶	白	龍	陶	龍	陶		
156	香椎B遺跡	福岡市東区香椎	SD323			○	○											墨陶	196
			SD322			○	○												
			SD343	○		○		○					○						
			SD364	○					○										
			SD365	○		○													
			SD397										○						
			SD707	○															
			SD730	○															
			SD486中層			○													
			SD486下層	○		○			○										
			SD486最下層	○															
			SD710	○															
			SD727	○		○		○											
			SD730	○		○			○										
			SD740	○															
			SD750						○										
			SD751							○									
			堀形	○				○											
			井筒内中層	○			○		○										
			SE752					○											
			SG122	○		○													
			SG488	○		○		○											
			SK420	○															
			SK456	○															
			SK476			○													
			SK708				○		○										
			SK719			○	○												
			SK493	○															
			SX716										○						
			SX717	○		○													
157	湯納遺跡	福岡市西区拾六町	包含層	○			○						○						23
158	岩本遺跡3次調査	福岡市西区大字東入部	第1面	○		○													134
159	岩本遺跡2次調査	福岡市西区大字東入部	Ⅰ区SK0021	○		○													135
			Ⅰ区SD0022	○															
			Ⅱ区SD0381							○									
			Ⅱ区SD0382	○															
			Ⅲ区 ピット	○															
			Ⅲ区SK0613							○									
			Ⅲ区SD0610			○													
160	今山遺跡7次調査	福岡市西区横浜	包含層			○		○											187
161	浦江谷遺跡1次調査	福岡市西区金武	SR024			○	○											完形品	194
			SR133			○													
			SK135	○															
			SR180			○													
			SR002			○	○		○										
			SK197	○	○														
			SR154	○															
			SR159	○		○													
			SR168			○													
			SR161							○									
			SR026										○	○					
			SR034										○						

番号	遺跡名	所在	出土状況	C期		D期				E期			F期			G期		備考	文献
				白	陶	白	龍	同	陶	白	龍	陶	白	龍	陶	龍	陶		
161	浦江谷遺跡1次調査	福岡市西区金武	SR035							○			○						194
			SR100							○									
			SR106				○												
			SR108										○						
			SR110							○									
			SR129				○			○									
			SR151				○	○		○									
			SR150				○												
			SR165				○												
			SR163				○												
			SR164				○	○											
162	桑原遺跡1次調査	福岡市西区字桑原	I区包含層	○		○	○												153
			I区SP	○		○	○	○											
			III区SP	○			○												
			III区包含層	○		○													
163	大原D遺跡	福岡市西区大原	7区溝	○		○	○			○									161
			11区製鉄遺構	○		○		○	○	○									
			12区溝				○	○		○									
164	諸岡遺跡	福岡市博多区板付	33号竪穴	○															50
165	諸岡I区	福岡市博多区諸岡	包含層	○		○													53
			I区各遺構	○			○						○						
	諸岡J区		SD1	○		○													
			SD2	○		○													
			SD3			○													
			SE2	○															
	諸岡K区		SE1上層	○															
166	那珂深ヲサ遺跡	福岡市博多区那珂大字深ヲサ				○													55
167	久保園遺跡	福岡市博多区東平尾	1号土坑墓	○														完形品	58
			2号土坑墓				○	○										完形品	
			遺構	○			○	○											
168	那珂君休遺跡	福岡市博多区那珂	III層水田址I			○							○						63
			SD15溝										○						
169	麦野下古賀遺跡	福岡市博多区麦野	1号井戸	○						○									64
			p18			○													
			p13	○															
170	諸岡館址	福岡市博多区諸岡	SA001							○									65
			SB054							○									
171	博多遺跡築港線1次調査	福岡市博多区上呉服町																集計表	86
172	博多博多駅築港関係調査	福岡市博多区上呉服町																	87
173	博多遺跡祇園工区調査	福岡市博多区祇園																	90
174	博多遺跡博多駅築港関係調査	福岡市博多区上呉服町																	93
175	博多遺跡博多駅築港関係調査	福岡市博多区上呉服町																集計表	94
176	博多遺跡博多駅築港関係調査	福岡市博多区上呉服町																集計表	97
177	博多遺跡	福岡市博多区冷泉町474-9																	54

番号	遺跡名	所在	出土状況	C期		D期				E期			F期			G期		備考	文献
				白	陶	白	龍	同	陶	白	龍	陶	白	龍	陶	龍	陶		
178	博多遺跡	福岡市博多区冷泉町7-1																	57
179	博多遺跡	福岡市博多区祇園																	62
180	博多遺跡	福岡市博多店屋地区																	71
181	博多遺跡	福岡市博多区祇園																墨陶	79
182	博多遺跡1次調査	福岡市博多区御供所																	175
183	博多遺跡群第3次調査	福岡市博多区祇園																	165
184	博多遺跡4次調査	福岡市博多区冷泉町																	175
185	博多遺跡6次調査	福岡市博多区冷泉町																	72
186	博多遺跡8次調査	福岡市博多区御供所																	175
187	博多遺跡17・20次調査	福岡市博多区駅前1丁目	699号土坑	○															175
			703号土坑	○															
			357号土坑							○	○								
			342号土坑								○	○							
188	博多遺跡24次調査	福岡市博多区冷泉町	SE03 井戸址	○														墨陶	68
			SE04 井戸址			○				○									
			SE05 井戸址	○															
			SK15 土坑	○															
			SK01 土坑																
			SK02 土坑	○		○													
			SK06 土坑	○															
			SK07 土坑	○															
			SK03 土坑	○															
			SK10 土坑	○		○													
			SK04 土坑	○		○													
			SK13 土坑			○													
189	博多遺跡25次調査	福岡市博多区																	70
190	博多遺跡28次調査	福岡市博多区祇園																墨陶	75
191	博多遺跡30次調査	福岡市博多区祇園	SD100			○												墨陶	76
			SK71																
192	博多遺跡31次調査	福岡市博多区御供所																墨陶	77
193	博多遺跡33次調査	福岡市博多区祇園																	82
194	博多遺跡35次調査	福岡市博多区祇園																	83
195	博多遺跡36次調査	福岡市博多区祇園																	98
196	博多遺跡37次調査	福岡市博多区博多駅前																	102
197	博多遺跡38次調査	福岡市博多区店屋町																墨陶	116
198	博多遺跡39次調査	福岡市博多区店屋町																	99
199	博多遺跡40次調査	福岡市博多区呉服町																	100
200	博多遺跡42次調査	福岡市博多区網場町																	103

番号	遺跡名	所在	出土状況	C期 白	C期 陶	D期 白	D期 龍	D期 同	D期 陶	E期 白	E期 龍	E期 陶	F期 白	F期 龍	F期 陶	G期 龍	G期 陶	備考	文献
201	博多遺跡 43次調査	福岡市博多区店屋町																	104
202	博多遺跡 44次調査	福岡市博多区冷泉町																	105
203	博多遺跡 45次調査	福岡市博多区祇園																	106
204	博多遺跡 46次調査	福岡市博多区古門戸町																	117
205	博多遺跡 48次調査	福岡市博多区御供所町																	118
206	博多遺跡 50次調査	福岡市博多区祇園																	107
207	博多遺跡 56次調査	福岡市博多区店屋町																	127
208	博多遺跡 58次調査	福岡市博多区網場町																	108
209	博多遺跡 59次調査	福岡市博多区祇園町																	128
210	博多遺跡 60次調査	福岡市博多区網場町																	120
211	博多遺跡 61次調査	福岡市博多区店屋町																	109
212	博多遺跡 62次調査	福岡市博多区御供所町																	149
213	博多遺跡 63次調査	博多区冷泉町																	121
214	博多遺跡 65次調査	福岡市博多区祇園町																	129
215	博多遺跡 64次調査	福岡市博多区博多駅前																	147
216	博多遺跡 66次調査	福岡市博多区御供所町																	130
217	博多遺跡 67次調査	福岡市博多区冷泉町																	119
218	博多遺跡 68次調査	福岡市博多区古門戸町																	122
219	博多遺跡 70次調査	福岡市博多区冷泉町																	140
220	博多遺跡 74次調査	福岡市博多区上呉服町																	146
221	博多遺跡 76次調査	福岡市博多区上呉服町																	131
222	博多遺跡 77次調査	福岡市博多区店屋町																	145
223	博多遺跡 81次調査	福岡市博多区冷泉町																	148
224	博多遺跡 84次調査	福岡市博多区上呉服町																	167
225	博多遺跡 85次調査	福岡市博多区上呉服町																	168
226	博多遺跡 79次調査	福岡市博多区冷泉町																	154
227	博多遺跡 80次調査	福岡市博多区冷泉町																	155
228	博多遺跡 71次調査	福岡市博多区御供所町																	156
229	博多遺跡 83次調査	福岡市博多区奈良屋町																	163
230	博多遺跡 86次調査	福岡市博多区祇園町																	171

番号	遺跡名	所在	出土状況	C期 白	C期 陶	D期 白	D期 龍	D期 同	D期 陶	E期 白	E期 龍	E期 陶	F期 白	F期 龍	F期 陶	G期 龍	G期 陶	備考	文献
231	博多遺跡 90次調査	福岡市博多区冷泉町																	181
232	博多遺跡 91次調査	福岡市博多区古門戸町																	173
233	博多遺跡 94次調査	福岡市博多区御供所																	190
234	博多遺跡 95次調査	福岡市博多区店屋町																	303
235	博多遺跡 97次調査	福岡市博多区冷泉町																	182
236	博多遺跡 98次調査	福岡市博多区中呉服町																	183
237	博多遺跡 99次調査	福岡市博多区祇園町																	184
238	博多遺跡 100次調査	福岡市博多駅南																	
239	博多遺跡 100次調査	福岡市博多区中呉服町																	224
240	博多遺跡 102次調査	福岡市博多区上呉服町																	223
241	博多遺跡 103次調査	福岡市博多区冷泉町																	200
242	博多遺跡 104次調査	福岡市博多区上呉服町																	191
243	博多遺跡 105次調査	福岡市博多区冷泉町																	201
244	博多遺跡 107次調査	福岡市博多区上呉服町																	223
245	博多遺跡 109次調査	福岡市博多区博多駅前																	202
246	博多遺跡 110次調査	福岡市博多区店屋町																	203
247	博多遺跡 112次調査	福岡市博多区博多駅前																	204
248	博多遺跡 115次調査	福岡市博多区店屋町																	225
249	博多遺跡 116次調査	福岡市博多区奈良屋町																	213
250	博多遺跡 117次調査	福岡市博多区冷泉町																	212
251	博多遺跡 118次調査	福岡市博多区冷泉町																	211
252	博多遺跡 119次調査	福岡市博多区中呉服町																	213
253	博多遺跡 120次調査	福岡市博多区上呉服町																	223
254	博多遺跡 123次調査	福岡市博多区須崎町																	214
255	博多遺跡 125次調査	福岡市博多区天屋町	SE16	○															304
256	博多遺跡 127次調査	福岡市博多区冷泉町																	226
257	博多遺跡 129次調査	福岡市博多区古門戸町																	305
258	博多遺跡 130次調査	福岡市博多区御供所町																	306
259	博多遺跡 133次調査	福岡市博多区祇園町																	307
260	博多遺跡 136次調査	福岡市博多区博多駅南	SE01	○				○											308

付表2 九州島・琉球列島における中国産陶磁器出土遺跡一覧　209

番号	遺跡名	所在	出土状況	C期 白	C期 陶	D期 白	D期 龍	D期 同	D期 陶	E期 白	E期 龍	E期 陶	F期 白	F期 龍	F期 陶	G期 龍	G期 陶	備考	文献
261	博多湾海底	福岡市博多区博多湾				○			○	○									137
262	立花寺	福岡市博多区大字立花寺字松尾谷	溝4							○									113
263	那珂遺跡 32次調査	福岡市博多区那珂	SE0004	○															138
			周溝	○															
264	那珂遺跡 40次調査	福岡市博多区那珂	SD28	○															139
265	那珂遺跡 44次調査	福岡市博多区那珂	SX03 土坑墓			○			○									完形品	150
266	那珂遺跡 48次調査	福岡市博多区那珂	SD-01	○	○				○										157
			SD-02	○					○										
			SE-07	○					○										
			SE-08	○															
			SE-17																
267	那珂遺跡 49次調査	福岡市博多区那珂	SK-02													○			
			SK-03			○													
268	那珂遺跡 72次調査	福岡市博多区那珂	SC01	○	○														215
269	那珂遺跡 73次調査	福岡市博多区那珂	SE01	○						○			○					ビロースク？	227
			SK16							○									
			SX01	○				○		○	○								
270	席田青木遺跡 2次調査	福岡市博多区青木	SK-01 土坑墓							○								完形品	151
			SK-02 土坑墓						○										
271	下月隈天神杜遺跡2次調査	福岡市博多区下月隈	SD01										○						158
272	清末遺跡4次調査	福岡市早良区東入部	SK014										○						164
			SD008					○	○										
			SD011	○				○											
			SD012	○					○										
273	立花寺B遺跡	福岡市博多区上月隈	175-L区 遺構検出面、包含層							○									169
			A-Ⅰ区SD333	○															
			A-Ⅰ区SD250				○												
			A-Ⅰ区SD306			○													
			A-Ⅰ区SK328			○										○			
			A-Ⅰ区SK421			○													
			A-Ⅰ区SK511			○													
			A-Ⅱ区SK528	○															
			A区包含層、遺構検出面			○	○		○										
			B区SD879	○					○				○						
			B区SE1277	○															
			B区SK1075					○											
			B区SK1134			○													
			B区遺構検出面			○			○										
			C区SK1295													○			
			C区SK1345									○							
274	橋本榎田遺跡	福岡市西区橋本	SM04	○								○							174
			包含層	○						○			○						
275	吉塚遺跡4次調査	福岡市博多区堅粕	10号井戸	○															179
			21号土坑	○		○													
276	吉塚遺跡5次調査	福岡市博多区堅粕	包含層			○													180

番号	遺跡名	所在	出土状況	C期 白	C期 陶	D期 白	D期 龍	D期 同	D期 陶	E期 白	E期 龍	E期 陶	F期 白	F期 龍	F期 陶	G期 龍	G期 陶	備考	文献
277	下月隈C遺跡	福岡市博多区上月隈	土坑45							○									185
			土坑51							○									
			土坑52										○						
			土坑59		○														
278	吉塚祝町遺跡1次調査	福岡市博多区吉塚	104号	○															198
			001号遺構	○						○									
			016号遺構	○															
			004号遺構							○			○						
279	上月隈遺跡2次調査	福岡市博多区大字上月隈	SD030			○													205
			ピット	○															
280	麦野C遺跡5次調査	福岡市博多区麦野	SX001			○		○	○	○									206
			SX101					○										完形品	
			SD004			○													
			SD005	○															
281	東入部遺跡7次調査	福岡市早良区入部	44区土坑			○		○											166
			44区溝				○	○											
			45区掘立柱建物				○		○										
			45区溝	○		○							○						
			46区掘立柱建物	○															
			46区溝			○			○										
			50区			○													
282	有田・小田部遺跡3次調査	福岡市早良区有田	遺構面	○		○				○									78
			土坑墓	○															
283	有田・小田部遺跡19次調査	福岡市早良区有田	2号溝	○		○										○			59
284	有田・小田部遺跡32次調査	福岡市早良区有田	井戸跡	○		○	○	○		○									
			1号溝	○															
285	有田・小田部遺40次調査	福岡市早良区有田	1号溝	○															
			2号溝	○															
286	有田・小田部遺跡55次調査	福岡市早良区有田	1号溝	○						○									66
287	有田・小田部遺跡56次調査	福岡市早良区有田	1号土坑	○															67
288	有田・小田部遺跡86次調査	福岡市早良区小田部	4号溝							○									67
289	有田・小田部遺跡59次調査	福岡市早良区小田部	P138							○									74
290	有田・小田部遺跡64次調査	福岡市早良区有田	1号溝	○															78
			2号溝	○				○											
291	有田・小田部遺跡71次調査	福岡市早良区有田	2号井戸	○															85
			1号溝	○															
			2号溝	○															
292	有田・小田部遺跡72次調査	福岡市早良区有田	1号土坑	○															85
293	有田・小田部遺跡80次調査	福岡市早良区小田部	SX01土坑墓							○									176
			SX02土坑墓							○									
294	有田・小田部遺跡82次調査	福岡市早良区小田部	2号土坑	○															74
			4号土坑	○															
			2号溝				○						○						

付表 2　九州島・琉球列島における中国産陶磁器出土遺跡一覧

番号	遺跡名	所在	出土状況	C期 白	C期 陶	D期 白	D期 龍	D期 同	D期 陶	E期 白	E期 龍	E期 陶	F期 白	F期 龍	F期 陶	G期 龍	G期 陶	備考	文献
295	有田・小田部遺跡101次調査	福岡市早良区有田	2号土坑墓				○											完形品	74
296	有田・小田部遺跡125次調査	福岡市早良区小田部	SD02	○						○									133
297	有田・小田部遺跡157次調査	福岡市早良区小田部	SD1	○															111
298	有田・小田部遺跡156次調査	福岡市早良区有田	SD05	○						○									
299	有田・小田部遺跡168次調査	福岡市早良区有田	SD01	○		○		○		○									218
300	有田・小田部遺跡178次調査	福岡市早良区小田部	SD-01			○		○											160
			SD-02			○													
301	有田・小田部遺跡181次調査	福岡市早良区有田	SK014			○				○									186
			SK015			○	○	○											
302	田村遺跡	福岡市早良区田村	SA03	○															61
			SB01							○									
			SB04	○						○									
			SC 竪穴住居跡			○													
			SK25 土坑墓	○															
			SK49 土坑墓	○									○						
			SD22 溝	○						○									
			包含層	○									○						
303	田村遺跡	福岡市早良区田村	ピット			○	○		○	○								今帰仁？	89
			井戸				○									○			
			土坑				○												
			SD100下層	○		○	○	○											
			SD100	○		○	○	○					○						
304	田村遺跡第12地点	福岡市早良区大字田村	I区SD01	○		○	○	○		○	○								84
305	田村遺跡8次調査	福岡市早良区田	SD01			○	○	○		○								墨陶	142
306	田村遺跡10次調査	福岡市早良区田村	I区	○															170
			II区	○															
			III区	○															
307	田村遺跡11次調査	福岡市早良区田	SD001上層	○		○		○											142
			SD001下層	○		○													
308	田村遺跡12次調査	福岡市早良区田	SD101	○		○							○						143
309	藤崎遺跡7次調査	福岡市早良区藤崎	包含層				○												73
310	藤崎遺跡20次調査	福岡市早良区高取	SE02				○												132
311	藤崎遺跡28次調査	福岡市早良区高取	SP11			○													193
			SP45			○													
			SE01			○	○	○											
			SD01					○											
			包含層	○			○	○		○									
312	藤崎遺跡29次調査	福岡市早良区高取	SE01	○		○	○												193
			SD10	○			○												
313	長嶺遺跡	福岡市早良区東入部	SD02	○				○	○										88
314	峰遺跡	福岡市早良区大字西	SK03							○									91
			SK14			○													

番号	遺跡名	所在	出土状況	C期 白	C期 陶	D期 白	D期 龍	D期 同	D期 陶	E期 白	E期 龍	E期 陶	F期 白	F期 龍	F期 陶	G期 龍	G期 陶	備考	文献
314	峰遺跡	福岡市早良区大字西	SK16							○									91
			Pit27										○						
			Pit68							○									
315	峰遺跡2次調査	福岡市早良区西	SB084							○									195
			SB088							○									
			SP125										○						
			SP198										○						
			SP281							○									
			SP268						○										
			SD						○	○			○			○			
			SK005					○											
			SK008											○					
			SK009							○									
			SK010							○			○						
			SK012						○	○	○		○						
			SK014							○			○						
			SK060							○									
			SK065							○									
			SK013							○									
316	原遺跡	福岡市早良区原	SE01				○			○									95
			SE02	○															
			SE03							○									
			溝	○															
317	脇山遺跡1次調査	福岡市早良区脇山	1号土坑			○													101
			包含層	○															
318	脇山遺跡2次調査	福岡市早良区脇山	包含層							○									101
319	脇山A遺跡	福岡市早良区脇山	SX03土坑墓							○									112
			SX09					○											
			SD02					○		○									
			P5	○															
320	脇山A遺跡4次調査	福岡市早良区脇山	墳墓SX03			○													125
			竪穴状土坑SX08			○													
			竪穴状土坑SX09	○		○		○					○						
			土坑墓SX03			○													
			河川跡SD01	○		○	○	○											
			河川跡SD02			○	○												
			河川跡SD03	○		○													
321	脇山A遺跡6次調査	福岡市早良区大字脇山	SK205							○			○						136
			SK209			○	○												
			SK211	○															
			SX212					○											
322	脇山A遺跡7次調査	福岡市早良区脇山	SK004							○									144
			SD099							○									
			ピット										○						
333	四箇船石遺跡2次調査	福岡市早良区重留	SE0002			○													124
334	清末遺跡2次調査	福岡市早良区重留	SE0008			○													124
			SD0060			○	○	○		○			○						
			SE0115	○		○													
			SE0274			○	○												
			SK0284													○			
			SK0308										○						
			SK0341			○													

番号	遺跡名	所在	出土状況	C期		D期				E期			F期			G期		備考	文献
				白	陶	白	龍	同	陶	白	龍	陶	白	龍	陶	龍	陶		
334	清末遺跡2次調査	福岡市早良区重留	SK0950			○		○											124
			SD0108・0109					○	○	○			○						
335	清末遺跡3次調査	福岡市早良区東入部	0051溝	○				○	○	○									152
			0405ピット							○									
			0411ピット							○									
336	東入部遺跡2次調査	福岡市早良区東入部	SK1213	○															219
337	東入部遺跡3次調査	福岡市早良区東入部	41区土坑墓							○									162
338	東入部遺跡5次調査	福岡市早良区東入部	35ピット			○													141
339	内野遺跡3次調査	福岡市早良区内田	SD03					○											209
			SK06			○													
			A区包含層	○		○				○									
			B区包含層			○													
340	田島小松浦遺跡1次調査	福岡市城南区田島	柱穴						○										208
			SK01					○											
			SK02					○											
			SK08					○											
			SK12					○											
			SK07					○											
			SK16					○											
			SK21					○											
			SK22			○		○											
			SK23					○											
			SK73					○		○									
			SK79							○									
			SK85					○											
			SD82					○	○										
341	樋井川A遺跡	福岡市城南区樋井川	SC37	○															217
			SK88	○		○													
			SK83	○		○													
			SK89			○													
			SD84			○													
			SD375			○													
			SD336							○									
			SR247			○												完形品	
342	柏原K遺跡	福岡市南区柏原	包含層	○						○								集計表	80
			SD02							○									
			SD04							○			○	○					
			SD05							○									
			SD07												○	○			
			SE1							○									
			SK01							○									
343	五十川高木遺跡	福岡市南区大字五十川高木	包含層	○		○		○		○	○		○		○			台子	51
			2号住居跡																
			3号住居跡			○		○											
			ピット					○		○	○								
			井戸																
344	五十川野間遺跡	福岡市南区五十川字野間	包含層	○				○					○						56
345	野田目遺跡	福岡市南区野田目				○													81
346	野多目A遺跡4次調査	福岡市南区野多目	SB-143					○											172
			SD-30	○		○				○									
347	警弥郷遺跡	福岡市南区弥永	SD103	○									○						115

番号	遺跡名	所在	出土状況	C期 白	C期 陶	D期 白	D期 龍	D期 同	D期 陶	E期 白	E期 龍	E期 陶	F期 白	F期 龍	F期 陶	G期 龍	G期 陶	備考	文献
348	日佐遺跡	福岡市南区日佐	5号土坑							○			○						207
			SD03	○															
349	日佐遺跡2次調査	福岡市南区日佐	SK002			○		○											216
			SK07	○															
			SD04	○		○													
350	日佐遺跡3次調査	福岡市南区日佐																	302
351	三雲遺跡	前原市大字三雲	3号土坑墓				○												35
			ピット				○												
352	東真方遺跡	前原市大字東	木棺墓			○												完形品	393
			包含層			○				○									
353	飯原門口遺跡	前原市飯原字門口	10号土坑							○									394
354	石崎曲り田遺跡	糸島郡二丈町大字石崎字曲り田	包含層	○															24
355	竹戸遺跡	糸島郡二丈町吉井字竹戸	SD3号溝	○		○			○				○						30
356	木船の森遺跡	糸島郡二丈町大字深江字木船	SD06			○	○	○											385
357	木船・三本松遺跡	糸島郡二丈町大字深江字紫添	ST01 木棺墓	○														完形品	386
			SD01	○		○													
358	井出ノ原遺跡	筑紫郡那珂川町中原	包含層											○					5
359	小柳遺跡	筑紫郡那珂川町大字山田	6号土坑			○													41
			8号土坑			○													
			3号溝			○				○									
360	山田西遺跡	筑紫郡那珂川町大字山田	10号住居	○															381
			1号木棺墓			○													
361	中原・ヒナタ遺跡	筑紫郡那珂川町中原	包含層	○		○				○									382
362	仲遺跡	筑紫郡那珂川町大字仲	SD1			○													383
363	内田遺跡	筑紫郡那珂川町大字片縄	SD01	○		○												合子	384
364	門田遺跡	春日市大字上白水字門田	1・4・6号住居跡			○							○					集計表	1
			方形竪穴遺構			○	○												
			包含層	○		○	○			○									
365	柏田遺跡	春日市大字上白水字柏田	包含層	○			○			○	○			○				集計表	2
366	門田遺跡谷地区	春日市大字上白水字門田	包含層	○		○													3
367	辻田遺跡	春日市大字上白水字辻田	I区土坑1	○															4
			I区土坑4	○															
			II区包含層	○		○													
368	石勺遺跡	大野城市曙町	2号土坑			○	○												409
369	塚口遺跡	大野城市御笠川	SP07		○													完形品	410
370	浦ノ田A・B遺跡	太宰府市石坂4丁目	4号溝							○									44
			7号溝				○												
			包含層	○						○									
371	御笠川南条坊遺跡	太宰府市大宰府字平野、泉水	不明	○	○	○	○			○	○								22
372	御笠川南条坊遺跡	太宰府市大宰府字平野、泉水	SD202溝			○	○											墨陶	25
			包含層	○	○	○	○		○	○	○	○	○	○	○	○	○		
373	水城跡13次調査	太宰府市大字国分字衣掛	灰色砂層	○		○													325
374	大宰府条坊跡43次調査	太宰府市大宰府																	331

付表2 九州島・琉球列島における中国産陶磁器出土遺跡一覧　215

番号	遺跡名	所在	出土状況	C期		D期				E期			F期			G期		備考	文献
				白	陶	白	龍	同	陶	白	龍	陶	白	龍	陶	龍	陶		
375	大宰府条坊跡 44次調査	太宰府市五条																	326
376	大宰府条坊跡 47次調査	太宰府市大宰府																	336
377	大宰府条坊跡 50次調査	太宰府市大宰府																	334
378	大宰府条坊跡 51次調査	太宰府市観世音寺																	340
379	大宰府条坊跡 55次調査	太宰府市観世音寺																	
380	大宰府条坊跡 59次調査	太宰府市大宰府																	331
381	大宰府条坊跡 64次調査	太宰府市大宰府																	331
382	大宰府条坊跡 65次調査	太宰府市五条																	326
383	大宰府条坊跡 68次調査	太宰府市大宰府																	331
384	大宰府条坊跡 73次調査	太宰府市大宰府																	331
385	大宰府条坊跡 76次調査	太宰府市大宰府																	331
386	大宰府条坊跡 81次調査	太宰府市五条																	326
387	大宰府条坊跡 87次調査	太宰府市五条																	328
388	大宰府条坊跡 89次調査	太宰府市五条																	326
389	大宰府条坊跡 91次調査	太宰府市大宰府																	331
390	大宰府条坊跡 93次調査	太宰府市大宰府																	331
391	大宰府条坊跡 94次調査	太宰府市大宰府																	331
392	大宰府条坊跡 98次調査	太宰府市五条																	328
393	大宰府条坊跡 106次調査	太宰府市五条																	328
394	大宰府条坊跡 111次調査	太宰府市大宰府																	335
395	大宰府条坊跡 117次調査	太宰府市大宰府																	331
396	大宰府条坊跡 118次調査	太宰府市五条																	328
397	大宰府条坊跡 121次調査	太宰府市大宰府																	331
398	大宰府条坊跡 133次調査	太宰府市五条																	327
399	大宰府条坊跡 138次調査	太宰府市五条																	324
400	大宰府条坊跡 141次調査	太宰府市五条																	328
401	大宰府条坊跡 142次調査	太宰府市大宰府																	331
402	大宰府条坊跡 156次調査	太宰府市五条																	
403	大宰府条坊跡 157次調査	太宰府市五条																	342
404	大宰府条坊跡 158次調査	太宰府市五条																	

番号	遺跡名	所在	出土状況	C期 白	C期 陶	D期 白	D期 龍	D期 同	D期 陶	E期 白	E期 龍	E期 陶	F期 白	F期 龍	F期 陶	G期 龍	G期 陶	備考	文献
405	大宰府条坊跡 197次調査	太宰府市大宰府																	335
406	大宰府条坊跡 199次調査	太宰府市観世音寺																	341
407	大宰府条坊跡 204次調査	太宰府市大宰府																	335
408	大宰府条坊跡 208次調査	太宰府市大宰府																	335
409	大宰府条坊跡 212次調査	太宰府市朱雀																集計表	339
410	大宰府条坊跡 213次調査	太宰府市大宰府																	335
411	筑前国分寺	太宰府市国分																	329
412	宝満山遺跡 11次調査	太宰府市大字内山																集計表	338
413	宝満山遺跡 16次調査	太宰府市大字北谷	SX015													○			330
			SX020			○		○											
			SK023	○		○													
			SK024			○													
			黄灰土	○															
414	宝満山遺跡 18次調査	太宰府市大字北谷								○									
415	宝満山遺跡 21次調査	太宰府市大字内山																集計表	338
416	辻遺跡2次調査	太宰府市国分	SE010										○						332
			SX009	○															
			茶褐色土									○			○		○		
417	馬場遺跡4次調査	太宰府市石坂	4ST005				○											完形品	333
			4SD035						○										
			4SX013				○												
			4SX040							○			○					完形品	
			4SX060							○									
			1段目堆積土							○									
			3段目堆積土				○					○				○			
418	原遺跡8次調査	太宰府市																	337
419	原遺跡11次調査	太宰府市																	337
420	矢倉遺跡	筑紫野市大字筑紫	1号土坑墓			○													366
421	西小田地区遺跡	筑紫野市大字西小田	SE1	○	○													墨陶	367
			SE2	○		○	○												
			SE3	○		○													
			SE4	○		○	○												
			SD1	○		○													
			SD2					○											
			SM1			○													
			SM2							○									
			SM8	○		○	○	○											
			SH1			○	○	○		○			○	○					
			ピット										○						
422	丸隈遺跡	筑紫野市大字山家	ピット							○									368
			I層							○									
423	常松遺跡	筑紫野市大字常松	SK-3	○														陶器（耳壺）	369
424	岡田地区遺跡 I区	筑紫野市岡田	SD5	○		○													370
			SK28								○							合子	

付表2 九州島・琉球列島における中国産陶磁器出土遺跡一覧

番号	遺跡名	所在	出土状況	C期		D期			E期			F期			G期		備考	文献
				白	陶	白	龍	同	陶	白	龍	陶	白	龍	陶	龍	陶		
424	岡田地区遺跡Ⅰ区	筑紫野市岡田	ST3	○						○									370
425	以来尺遺跡	筑紫野市大字筑紫字以来尺	1号堀	○						○									21
			2号堀	○															
			1018号溝			○													
			1019号溝			○													
			P5092					○											
			包含層	○			○	○		○									
426	剣塚遺跡群	筑紫野市剣塚	採集	○						○									10
427	小郡堂の前遺跡	小郡市小郡字堂の前	大溝			○													417
428	津古・唐前遺跡	小郡市津古	方形周溝墓							○									418
			2号溝状遺構			○													
429	大板井遺跡Ⅸ	小郡市大板井字原口	1号土坑墓			○													419
430	小郡野口遺跡	小郡市小郡	11号土坑													○			420
			16号土坑							○									
			18号土坑							○									
			2号井戸							○									
431	西島遺跡3区	小郡市三沢字栗崎	1号土坑				○												421
			3号土坑			○													
			4号土坑			○													
			13号土坑			○													
432	福童山の上遺跡	小郡市福童字山の上	1号溝							○			○						422
			2号溝			○				○									
			3号溝							○									
			4号溝							○			○						
			1号大溝	○		○													
433	三沢古賀遺跡2区	小郡市三沢	2号土坑		○														423
434	三沢古賀遺跡3	小郡市三沢	1号地下式坑													○			424
			3号地下式土坑							○									
435	福童山の上遺跡4	小郡市小郡	SD-16							○									425
			SD-31							○									
436	大保龍頭遺跡	小郡市大保字龍頭・力武																	426
437	小郡正尻遺跡	小郡市大字小郡正尻	A地区大溝1							○									13
438	西森田遺跡	三井郡大刀洗町大字本郷	2号井戸	○															357
			1号溝	○		○	○			○									
			3号溝			○	○			○									
			5号溝			○													
439	西森田遺跡Ⅳ地点	三井郡大刀洗町大字本郷	1号井戸	○			○	○											358
			2号井戸	○															
			5号井戸	○															
			6号井戸	○															
			8号井戸	○	○														
			18号土坑	○															
			27号土坑	○															
			28号土坑	○															
440	春園遺跡	三井郡大刀洗町大字山隈字春園	9号溝					○											14
441	古賀ノ上遺跡	三井郡北野町大字八重亀	3号溝							○									438
442	陣屋堂出遺跡	三井郡北野町大字陣屋	遺構検出時			○	○												439

番号	遺跡名	所在	出土状況	C期 白	C期 陶	D期 白	D期 龍	D期 同	D期 陶	E期 白	E期 龍	E期 陶	F期 白	F期 龍	F期 陶	G期 龍	G期 陶	備考	文献
443	茶屋屋敷遺跡	三井郡北野町大字中	SE01	○															440
444	仁王丸遺跡	三井郡北野町大字仁王丸	SD01			○	○			○									441
445	大城小学校校庭遺跡	三井郡北野町大字大城	SD002	○		○													442
			遺構検出時	○		○													
446	筑後国分寺	久留米市国分町	不明							○									34
447	高良山大宮司邸遺跡	久留米市御井町加輪	試掘調査包含層	○						○									8
			2次調査出土地点不明	○			○						○					完形品	8
448	宗崎遺跡	久留米市御井町山ノ下		○						○									8
449	祇園山古墳	久留米市御井町字高良山	散布地	○						○			○					点数記載	11
			土坑墓			○													
450	七曲山古墳	久留米市山川町大字城字七曲	1号土坑	○															11
451	二子塚遺跡	久留米市荒木町	2トレンチ	○		○													443
452	茶臼山遺跡	久留米市山川町	V区	○		○	○	○	○	○	○		○						444
			VI区	○						○	○								
453	東光寺遺跡	久留米市山川町	I区	○		○			○	○									444
			II区	○		○				○									
			IV区			○	○			○	○					○			
			IV区土坑H15				○			○			○						
454	野口遺跡	久留米市山川町																	445
455	西屋敷遺跡	久留米市合川町字西屋敷	溝状遺構	○		○													446
456	ヘボノ木遺跡	久留米市東合川町	SK1270			○				○									447
			SD232			○				○								墨陶	
			SE313							○	○								
457	筑後国府跡67次調査	久留米市合川町	SX3066			○												完形品	448
458	横道遺跡	久留米市御井町	SB301	○															449
			SD201			○	○												
			SD461			○	○												
			SK312	○															
			SK412	○		○													
			SK424	○															
			SK426	○															
			SK426	○															
			包含層			○				○									
459	汐入遺跡	久留米市安武町	表採			○				○									450
460	古賀前遺跡B地点	久留米市上津町字古賀ノ前	SD9上層							○				○					451
			SE30							○									
			SK31							○									
461	岩井川遺跡	久留米市東合川字正津	SB12			○													452
			SB36			○				○									
			SD4						○										
			SD5	○															
			SK30	○		○													
			SX29	○		○													
462	神道遺跡15次調査	久留米市御井旗崎	SE359							○									453
463	御供田遺跡2次調査	久留米市大善寺町中津	SE2	○		○	○	○											454

付表2　九州島・琉球列島における中国産陶磁器出土遺跡一覧

番号	遺跡名	所在	出土状況	C期		D期				E期			F期			G期		備考	文献
				白	陶	白	龍	同	陶	白	龍	陶	白	龍	陶	龍	陶		
464	津福西小路遺跡	久留米市津福本町字西小路	SD01	○		○							○						455
			SD2	○		○	○			○			○						
			SE7	○			○												
			ピット	○			○												
			包含層				○											完形品	
465	二本木遺跡10次調査	久留米市御井町二本木	SK120	○															456
			包含層	○															
466	白口西屋敷遺跡	久留米市荒木町白口字西屋敷	SK30	○			○												457
467	西小路遺跡	久留米市東合川町字西小路	SK31			○													458
468	道蔵遺跡4次調査																		459
469	道蔵遺跡6次調査																		
470	ヘボノ木遺跡56次調査	久留米市東合川町	SX2522	○														完形品	460
471	ヘボノ木遺跡62次調査	久留米市東合川町	SK230			○													461
			ピット	○															
			包含層	○															
472	筑後国府143次調査	久留米市合河町	SX4633			○													462
473	筑後国府139次調査	久留米市合河町	SE4659			○													
474	大園遺跡1次調査	久留米市中町字大園	SD300	○															463
			SK180					○											
475	筑後国府跡159次調査	久留米市合川町	SX5	○															464
476	筑後国府跡169次調査	久留米市合川町	SD50	○															465
			SD35	○									○						
			溝	○															
477	安養寺境内遺跡1次調査	久留米市御井町字麓																	466
478	正福寺遺跡6次調査	久留米市国分町	土坑							○									467
479	碇遺跡2次調査	久留米市安武町住吉字上碇	SE30	○		○	○	○										墨陶	468
480	柿原野田遺跡	甘木市大字柿原野田	B地区	○			○												404
			D地区										○						
481	真奈板遺跡	甘木市大字矢野竹	119土坑															合子	42
			掘立柱建物8号ピット89				○												
			掘立柱建物9号ピット13				○												
			掘立柱建物15号ピット31			○													
			掘立柱建物17号ピット66				○												
			掘立柱建物17号ピット66			○													
			掘立柱建物17号ピット73			○													
			1号土坑			○													
			5号土坑			○							○						
			6号土坑		○														
			17号土坑		○														
			32号土坑			○													
			35号土坑			○													

番号	遺跡名	所在	出土状況	C期 白	C期 陶	D期 白	D期 龍	D期 同	D期 陶	E期 白	E期 龍	E期 陶	F期 白	F期 龍	F期 陶	G期 龍	G期 陶	備考	文献
481	真奈板遺跡	甘木市大字矢野竹	38号土坑			○													42
			39号土坑			○													
			40号土坑										○						
			46号土坑						○										
			48号土坑			○			○										
			49号土坑			○													
			54号土坑						○										
			57号土坑						○										
			88号土坑			○	○		○										
			92号土坑						○										
			95号土坑																
			97号土坑																
			99号土坑																
			102号土坑																
			104号土坑																
			116号土坑																
			122号土坑																
			145号土坑																
			23号ピット																
			93号ピット																
			107号ピット																
			125号ピット																
			143号ピット																
			144号ピット																
			2号溝																
			包含層																
482	砥上上林遺跡	朝倉郡夜須町大字砥上字上林	1号土坑	○		○													40
			2号土坑			○													
			12号土坑						○										
			21号土坑	○					○									合子	
			26号土坑						○										
			29号土坑						○										
			33号土坑			○													
			大溝	○		○	○	○	○	○	○								
			2号溝				○	○	○										
			3号溝	○		○			○										
			13号溝	○															
			遺構検出面	○		○	○	○	○	○									
483	大園遺跡	朝倉郡夜須町大字三並	2号土坑墓							○			○						311
			ピット	○															
484	砥上上林遺跡	朝倉郡夜須町大字砥上	19号土坑						○										312
			22号土坑						○										
			27号土坑			○													
			61号土坑	○		○													
			34号溝状遺構	○		○			○										
			35号溝状遺構			○			○										
485	法福寺遺跡	朝倉郡夜須町大字三並	1号土坑墓							○									313
			ピット						○										
486	三並宮ノ前遺跡	朝倉郡夜須町大字三並	表土下層	○		○													314
487	曽根田前田遺跡	朝倉郡夜須町大字曾根田	2号溝状遺構	○															315
488	穂坂天神原遺跡	朝倉郡杷木町大字穂坂字天神原	SK25	○															387
			SX40	○		○													
			SD50	○															

付表2 九州島・琉球列島における中国産陶磁器出土遺跡一覧

番号	遺跡名	所在	出土状況	C期 白	C期 陶	D期 白	D期 龍	D期 同	D期 陶	E期 白	E期 龍	E期 陶	F期 白	F期 龍	F期 陶	G期 龍	G期 陶	備考	文献
489	狐塚南遺跡	朝倉郡大字入地字狐塚	44号土坑墓							○									15
			47号土坑墓	○															
490	天園遺跡	朝倉郡杷木町大字古賀字天園	包含層			○	○			○			○						16
491	志波桑ノ本遺跡	朝倉郡杷木町大字志波桑ノ本	1号道路状遺構	○	○	○	○	○	○	○	○		○		○				17
492	才田遺跡	朝倉郡朝倉町大字入地字才田	SK1	○															18
			SK2	○															
			SK5	○															
			SK8								○								
			SK9	○			○												
			SK12	○															
			SK13	○															
			SK19	○															
			SK23	○															
			SK24	○															
			SK26	○															
			SK29	○			○	○											
			SK32	○		○	○			○									
			SK35	○															
			SK44	○		○													
			SK48			○													
			SK50	○					○		○							青白磁	
			SK56	○															
			SK57	○															
			SK59	○															
			SK60	○															
			SK61	○															
			SK62	○			○												
			SK63	○															
			SK68	○	○														
			SK83	○				○											
			1号溝	○	○	○	○	○											
			12号溝	○		○													
			1号木棺墓			○													
493	長島Ⅱ遺跡	朝倉郡大字須川字長島	21号掘立柱建物柱穴	○															19
			1号竪穴	○															
			2号竪穴				○			○									
			7号土坑	○															
			8号土坑	○													○		
			19号土坑	○															
			22号土坑	○															
			24号土坑	○															
			26号土坑			○													
			2号溝	○															
			3号通路	○					○	○									
494	畑田遺跡	朝倉郡杷木町大字池田字畑田	1号土坑	○															20
			3号土坑	○															
			20号土坑											○		○			
			SR1	○		○													
			1号溝	○	○		○			○								合子	
			2号溝	○															
			5号溝	○															
			中世ピット群	○			○												
			包含層Ⅰ	○														合子	

番号	遺跡名	所在	出土状況	C期 白	C期 陶	D期 白	D期 龍	D期 同	D期 陶	E期 白	E期 龍	E期 陶	F期 白	F期 龍	F期 陶	G期 龍	G期 陶	備考	文献
494	畑田遺跡	朝倉郡杷木町大字池田字畑田	包含層Ⅱ	○														合子	20
			包含層Ⅲ	○			○	○		○									
			遺構検出面	○			○	○		○									
495	屋敷内遺跡	浮羽郡浮羽町大字流川字屋敷内	Ⅱ区黄褐色土	○		○													48
			Ⅱ区東端暗褐色土				○												
			Ⅱ区 atr 土層 a 区				○												
			Ⅱ区5号溝	○															
			Ⅲ区4号溝	○															
			Ⅰ区黄褐色土	○															
			暗褐色土			○													
			Ⅰ区 atr 暗茶褐色土			○													
			Ⅰ区 btr 暗茶褐色土							○			○						
496	塚堂遺跡	浮羽郡吉井町大字宮田、徳丸	31号土坑	○															26
			39号土坑				○			○	○								
			採集																
497	大碇遺跡	浮羽郡吉井町大字行葉大字大碇	井戸							○									27
498	仁衛門畑遺跡	浮羽郡吉井町大字新治字仁衛門畑	17号溝	○		○				○									28
			32号溝	○			○		○	○									
			90号墓				○												
499	堂畑遺跡	浮羽郡吉井町大字新治字堂畑								○									29
500	浦田遺跡	浮羽郡浮羽町大字流川字浦田	1号土坑	○															48
			2号土坑			○		○											
			3号土坑			○		○											
			4号土坑	○															
			2号溝	○		○													
501	石原遺跡	浮羽郡浮羽町大字流川字石原	北落ち	○	○	○													48
502	綿内遺跡	浮羽郡浮羽町大字流川字綿内	1号土坑							○									48
			西端落ち							○									
503	観音丸遺跡	三瀬郡大木町筏溝字漢音丸								○				○				ビロースク？	36
504	前田遺跡	大川市大字荻島	SD2																405
505	高江原口遺跡	筑後市高江	1号溝	○						○									
506	久富斗代遺跡	筑後市字久富	3号土坑																43
			6号土坑			○													
			11号土坑			○													
			不明遺構5、6			○		○											
			不明遺構12	○		○													
			不明遺構一括	○		○													
507	高江遺跡	筑後市大字高江	墳墓			○	○												359
508	榎崎遺跡	筑後市大字下北島	溝							○									360
509	四ヶ所古四ヶ所遺跡	筑後市大字四ヶ所	包含層							○				○					361
510	鶴田楢原遺跡	筑後市鶴田字楢原	1SD001							○									362
			1SD010			○				○									
			1SD005			○				○								合子	
511	久富大門口遺跡	筑後市大字久富	SD03							○									363
512	徳永中牟田遺跡	筑後市大字徳永	SD10	○		○	○												364
			SX15			○													

番号	遺跡名	所在	出土状況	C期 白	C期 陶	D期 白	D期 龍	D期 同	D期 陶	E期 白	E期 龍	E期 陶	F期 白	F期 龍	F期 陶	G期 龍	G期 陶	備考	文献
513	長崎坊田遺跡	筑後市大字長崎	SD030			○		○		○									365
514	岩戸山古墳群	八女市大字吉田	4号墳	○		○				○								合子	309
515	三河小学校庭遺跡	八女市大字酒井田字六反田				○													310
516	三船山遺跡	山門郡大字本吉三船	ピット	○															36
517	大江北遺跡	山門郡瀬高町字大江	1号土坑墓							○									37
			2号土坑墓	○			○												
			2号土坑				○												
			12号土坑										○						
			14号土坑				○												
			19号土坑	○															
			80号土坑				○												
			4号井戸	○															
			3号溝	○		○	○	○		○									
518	金栗遺跡	山門郡瀬高町大字下庄字金栗	1号土坑							○									39
			4号土坑			○													
			1号溝	○		○	○			○			○					合子	
			2号溝	○		○				○								合子	
519	岩本南部地区遺跡	大牟田市大字岩本	下方トレンチ	○		○				○									411
520	上白川遺跡	大牟田市上白川町				○													412
521	城遺跡	大牟田市大字甘木字城								○									413
522	上内・高頭遺跡	大牟田市大字上内字高頭	SD01	○			○												414
523	大間遺跡	大牟田市字三池	SK-17							○			○						415

佐賀県

番号	遺跡名	所在	出土状況	C期 白	C期 陶	D期 白	D期 龍	D期 同	D期 陶	E期 白	E期 龍	E期 陶	F期 白	F期 龍	F期 陶	G期 龍	G期 陶	備考	文献
1	千塔山遺跡	三養基郡基山町大字宮浦	3号周溝墓							○									90
			81号土坑墓	○						○									
			大塚古墳墓道	○															
			八幡古墳周溝	○															
2	天建寺土井内遺跡	三養基郡三根町大字天建	SE301				○												99
			SE305				○	○											
3	日岸田遺跡	鳥栖市神辺町字日岸田	SD001	○			○			○									3
4	前田遺跡	鳥栖市柚比町字前田	トレンチ			○				○									79
5	今泉遺跡	鳥栖市今泉町	SD01	○															80
			SK11				○												
			小穴				○			○									
6	的遺跡	神埼郡神埼町大字的	SD050	○															2
7	朝日遺跡	神埼郡神埼町大字白原	ST09古墳										○						4
			不明	○			○												
8	尾崎利田遺跡	神埼郡神埼町尾崎西分	溝					○											10
			SD605	○		○	○			○									
			SE604	○		○	○		○										
			SE609	○		○	○	○											
			土坑			○													
			土坑墓			○													
9	中園遺跡	神埼郡神埼町大字鶴	Ⅲ区	○		○													84
			Ⅴb区	○		○													

番号	遺跡名	所在	出土状況	C期		D期				E期			F期			G期		備考	文献
				白	陶	白	龍	同	陶	白	龍	陶	白	龍	陶	龍	陶		
10	本堀朝日遺跡	神埼郡神埼町大字本堀	SK7082			○													85
			SD7077				○												
			SD7088	○		○													
			SB7076						○										
			SB7077						○										
			SK8027	○		○													
			SK8031			○													
			SE8028	○		○	○			○									
			SD8069			○													
			ピット			○	○												
			検出面			○													
11	的小渕遺跡	神埼郡神埼町大字的	ST701			○													86
			SD706			○													
			SD707			○													
			SX702			○			○	○									
			SH803							○									
			SK805							○									
			SK807							○									
			SK811							○									
			SD821			○													
			SK943							○									
			SD908			○							○						
			SX968							○									
			SD1002			○	○												
			ST1101	○		○													
12	荒堅目遺跡Ⅱ区	神埼郡神埼町大字本堀	SE2001	○															87
			SE2002	○															
			SE2003	○		○													
13	馬郡遺跡	神埼郡神埼町大字鶴	SE2128	○					○										88
			SE2131	○		○	○		○										
			SE2147	○															
14	小渕遺跡13区	神埼郡神埼町大字的	SD1312			○	○			○			○						89
			SD1312			○	○			○									
15	野田遺跡	神埼郡神埼町大字竹	SE016	○															12
			SE029	○		○	○		○									合子	
			SE031	○				○											
			SE048	○															
16	吉野ケ里遺跡	神埼郡三田川町大字田手	SD0028	○															15
17	黒井八本松遺跡	神埼郡千代田町大字黒井	SE007						○										95
			SE012				○												
18	霊仙寺跡	神埼郡東脊振村坂本																	96
19	西石動遺跡	神埼郡東脊振村西石動	SD120	○		○			○	○									1
20	石動二本松遺跡	神埼郡東脊振村西石動	SP06						○									完形品	
			古墳						○										
21	柿樋瀬遺跡	佐賀郡牛津町柿樋瀬	SK01						○										81
			Ⅱ区	○			○			○									
22	東山田一本杉遺跡・西山田二本松遺跡	佐賀郡大和町大字東山田	SD187			○	○		○										6
			SK226			○												完形品	
			SE246						○										
			SK268	○															
			SK293			○													
			SK296							○									
			SD335			○	○	○											

付表2　九州島・琉球列島における中国産陶磁器出土遺跡一覧

番号	遺跡名	所在	出土状況	C期		D期			E期			F期			G期		備考	文献
				白	陶	白	龍	同	陶	白	龍	陶	白	龍	陶	龍	陶		
22	東山田一本杉遺跡・西山田二本松遺跡	佐賀郡大和町大字東山田	SP356							○									6
			SK368				○												
			SE01			○													
			SK371				○												
23	西山田二本松遺跡	佐賀郡大和町大字川上	SD078			○													7
			SD101		○														
			SE115											○					
			SK010							○									
			SK114				○	○		○									
			SK116				○												
			SK120							○									
			SK203							○			○						
			SK306	○										○					
			SK038							○									
			SP046				○											完形品	
			SP202				○											完形品	
			小穴・検出面				○						○					合子	
24	小杭村中遺跡	佐賀郡諸富町大字山領	SE161							○									13
			SD300		○	○				○									
			包含層															墨陶	
25	上恒安遺跡	佐賀郡久保田町大字徳万	SK036							○									91
			SD002				○												
26	後藤館跡	佐賀郡久保田町大字徳万	SK001	○						○									92
			SK028				○											墨陶	
			SK031							○									
			SD011							○									
			SD012							○									
27	快万遺跡1区	佐賀郡久保田町大字徳万	SD1008			○	○	○	○	○								墨陶	93
28	本村遺跡	佐賀市久保泉町大字下和泉	SD101			○	○			○			○					集計表	14
			SD102			○													
			SD025	○									○						
			SD104	○			○	○		○			○	○					
			SE134							○									
			SE006				○												
			SE001				○	○											
			SE003				○	○											
			SE010	○															
			SK141	○															
			SK026										○						
			SD109							○									
			SD110					○										完形品	
			SD113							○									
			SP170							○								完形品	
			SD205		○	○	○												
29	村徳永遺跡	佐賀市久保泉町大字上和泉	SD105	○															16
			SE209	○															
			SK011	○															
30	本村遺跡	佐賀市久保泉町大字下和泉	SD402				○												17
31	村徳永遺跡	佐賀市久保泉町大字上和泉	SE002							○									18
32	村徳永遺跡	佐賀市久保泉町大字上和泉	SK413	○		○													19
			SK420	○									○						
			SK405	○						○									
			SK407							○									

番号	遺跡名	所在	出土状況	C期 白	C期 陶	D期 白	D期 龍	D期 同	D期 陶	E期 白	E期 龍	E期 陶	F期 白	F期 龍	F期 陶	G期 龍	G期 陶	備考	文献
32	村徳永遺跡	佐賀市久保泉町大字上和泉	SK408	○															19
			SK421	○															
33	篠木野遺跡	佐賀市久保泉町大字上和泉	SD001							○									21
			SD003				○	○		○									
34	浦田遺跡	佐賀市久保泉町大字川久保	SK109							○									25
35	川久保遺跡	佐賀市久保泉町大字川久保	SD111				○			○									26
36	徳永遺跡9区	佐賀市久保和泉町大字上和泉	SP9003										○					完形品	47
			SP9006										○					完形品	
			SP918	○						○								完形品	
			SP9021										○					完形品	
			SP9023							○								完形品	
			その他							○									
37	上和泉遺跡6区	佐賀市久保和泉町大字上和泉	その他	○			○												48
38	村徳永遺跡13区	佐賀市久保泉町大字上和泉	SD13031	○															49
39	徳永遺跡6区	佐賀市久保泉町大字上和泉	SX6031	○						○									52
40	阿高遺跡	佐賀市北川副町大字光法	SE005											○					20
			SK045					○											
			SD002							○									
41	梅屋敷遺跡	佐賀市北川副町大字光法	SD024				○			○									
42	観音遺跡	佐賀市北川副町大字光法	SD001				○			○			○					合子	22
43	増田遺跡3区	佐賀市鍋島町大字蛎久	SK018	○															23
			SK026	○		○			○	○									
			SK028	○															
44	大西屋敷遺跡	佐賀市鍋島町大字八戸溝	SE007				○		○										27
			SE009	○			○											墨陶	
			SE011	○															
			SE012				○	○	○									集計表	
			SE013				○	○	○	○									
			SE016				○	○	○	○									
			SE017				○	○	○										
			SE108				○												
			SE019			○	○			○									
			SE026				○		○										
			SE027						○										
			SE031				○												
			SB103				○												
			SD025				○	○											
			SD035				○	○											
			SD040	○			○	○	○										
			SX003				○	○											
			SX036				○												
			SX037				○												
			柱穴			○	○			○									
			その他				○		○									墨陶	
45	増田遺跡2区	佐賀市鍋島町大字蛎久	SE003					○		○									29
			SE006	○						○									
			SK004			○				○									
			SK009						○										

番号	遺跡名	所在	出土状況	C期白	C期陶	D期白	D期龍	D期同	D期陶	E期白	E期龍	E期陶	F期白	F期龍	F期陶	G期龍	G期陶	備考	文献
46	大西屋敷遺跡2区	佐賀市鍋島町大字八戸溝	SE201	○															31
			SK232					○											
			SK235					○											
			SB22					○											
			SB208					○											
			SD226			○	○	○										合子	
			SD229					○											
			SD231					○											
47	江頭遺跡8区	佐賀市鍋島町大字森田	SD8043			○	○												45
48	江頭遺跡9区	佐賀市鍋島町大字森田	SE9019			○													41
			SE9020			○													
			SD9005							○			○					合子	
49	森田遺跡1区	佐賀市鍋島町大字森田	SE1215								○	○							
			SE1219							○									
			SD1208							○									
50	森田遺跡4区	佐賀市鍋島町大字森田	SE4001			○				○									50
			SE4007	○						○									
			SE4022	○															
51	増田遺跡6区	佐賀市鍋島町大字蛎久	SK6505							○									51
			SK6535	○															
			SK6538	○															
			SD6525	○		○	○	○											
52	増田遺跡7区	佐賀市鍋島町大字蛎久	SP7204					○											53
			SP7303	○		○													
			SD7302			○													
			SD7336							○									
53	増田遺跡5区	佐賀市鍋島町大字鍋島	SD5231	○						○								墨陶	54
54	来迎寺遺跡2・3区	佐賀市金立町大字金立	その他							○									32
55	若宮原遺跡1区	佐賀市金立町大字金立	SE009			○				○									
56	友貞遺跡7区	佐賀市金立町大字千布	SD004							○									30
			SD080							○									
			SK144						○										
57	友貞遺跡	佐賀市金立町大字千布	SD102							○									24
58	東千布遺跡	佐賀市金立町大字千布	SK025			○													34
			SK028			○				○									
			SK038	○															
			SK058	○															
			SK040	○				○											
			SK061			○	○			○								合子	
59	東千布遺跡3区	佐賀市金立町大字千布	SE014			○				○									35
			SE016			○				○									
			SE017	○		○													
			SE038			○				○									
			SK002							○									
			SK154			○	○												
60	西千布遺跡6区	佐賀市金立町大字千布	SE6089			○	○												36
			SE6094			○	○												
			SD6015	○															
			SE7076				○												
			SK7026			○													
			SK7040			○													

番号	遺跡名	所在	出土状況	C期 白	C期 陶	D期 白	D期 龍	D期 同	D期 陶	E期 白	E期 龍	E期 陶	F期 白	F期 龍	F期 陶	G期 龍	G期 陶	備考	文献
60	西千布遺跡6区	佐賀市金立町大字千布	SK7070	○		○		○											36
			SD7066				○	○		○									
			SK7041	○															
61	牟田口遺跡1区	佐賀市金立町大字薬師丸	SD1012							○									
			包含層				○	○		○									
62	牟田口遺跡2区	佐賀市金立町大字薬師丸	SD2006							○			○						55
			SD2014							○									
			SD2020					○		○									
			SD3002			○													
			SD3004					○											
63	下村遺跡1区	佐賀市兵庫町大字渕	SE104			○													33
			SE140			○	○	○											
			SE152	○															
			SK103	○				○											
			SK143	○		○													
64	下村遺跡2区	佐賀市兵庫町大字渕	SE208	○															
			SD205	○		○												合子	
65	妙常寺北遺跡1・2区	佐賀市兵庫町大字下渕	SD101			○							○						37
			SD102			○		○											
66	牟田寄遺跡9A区	佐賀市兵庫町大字瓦町	SE107			○		○											38
			SE111			○													
			SE113	○						○	○								
			SE117			○	○												
			SE153	○		○	○												
			SE186	○															
			SD101			○													
			SD103	○															
67	コマガリ遺跡	佐賀市兵庫町大字藤木	SE2209					○		○									40
			SE2212					○											
			SE2305					○		○									
			SE2303					○											
			SE3012				○												
			SK2208							○									
			SK2348	○															
			SK3305					○											
			SD3114					○											
			SD2201				○												
			SD2342			○		○											
			SD2353				○												
			SD2358					○											
68	ウー屋敷遺跡	佐賀市兵庫町大字藤木	SE1003	○				○										墨陶	42
			SE1015	○															
			SK3002					○											
			SK3012					○		○									
			SK3015	○															
			SD3107							○									
69	牟田寄遺跡10区	佐賀市兵庫町大字瓦町	SE10006	○															43
			SE10007			○													
			SE10049			○	○		○										
			SE10053	○				○											
			SE10054							○									
			SE10102	○															
			SE10125			○													
			SK10062	○															
			SD10037	○															

付表2 九州島・琉球列島における中国産陶磁器出土遺跡一覧

番号	遺跡名	所在	出土状況	C期		D期				E期			F期			G期		備考	文献
				白	陶	白	龍	同	陶	白	龍	陶	白	龍	陶	龍	陶		
70	修理田遺跡2・3区	佐賀市巨勢町大字修理田	SD2002	○				○											39
			SE2007	○						○									
71	坪の上遺跡	佐賀市高木瀬町大字長瀬	SD339							○									46
72	東高木遺跡4区	佐賀市高木瀬町	SK001	○				○		○									28
			SK003							○									
			SK005				○												
			SK006	○		○		○											
			SK009	○						○									
			SK010				○	○											
			SK011 上層	○		○		○											
			SK011 下層	○															
73	長瀬一本杉遺跡1区	佐賀市高木瀬町大字長瀬	SD003				○			○									44
			その他	○															
74	高木城跡1区	佐賀市高木瀬東	SK004					○											
75	織島西分遺跡	小城郡三日月町大字織島	SE017					○											97
			A区							○									
76	社遺跡	小城郡三日月町大字金田	SE009	○															98
			SE042	○															
			SE110	○															
			SK061	○	○														
			SD001		○		○	○		○	○								
			SD021			○	○			○									
			SD013	○			○	○		○							墨陶	
			SD067	○			○												
			SD098	○			○	○		○							墨陶	
			SD099				○	○											
			SD118				○	○											
			SD092							○									
			小穴							○									
77	戌遺跡	小城郡三日月町	外溝	○			○			○			○						8
78	久米遺跡群	小城郡三日月町	館跡							○									9
79	小路遺跡	小城郡芦刈町芦刈	土坑、溝	○			○			○									82
80	見借辻の尾遺跡	唐津市見借	水田跡	○		○													60
81	見借西の前遺跡	唐津市見借	包含層			○	○											墨陶	
82	見借野中遺跡	唐津市見借	包含層				○			○			○						
83	神田中村遺跡	唐津市神田字中村	B地区	○		○													61
84	徳蔵谷遺跡	唐津市佐志	包含層			○	○			○			○						62
85	菜畑内田遺跡	唐津市菜畑内田	不明				○	○											63
86	佐志中通遺跡	唐津市佐志	SX11					○											64
			SX10				○												
			溝状遺構				○	○											
			SX08				○			○									
			その他の遺構				○			○									
			包含層			○				○			○	○					
87	菅牟田西山遺跡	唐津市菅牟田	表土	○				○											65
88	菜畑内田遺跡2次調査	唐津市菜畑内田	SX02			○				○			○						66
89	岸高II遺跡	唐津市半田字桜崎	包含層	○															67
			SK01							○									
			SK07			○	○												

番号	遺跡名	所在	出土状況	C期 白	C期 陶	D期 白	D期 龍	D期 同	D期 陶	E期 白	E期 龍	E期 陶	F期 白	F期 龍	F期 陶	G期 龍	G期 陶	備考	文献
89	岸高Ⅱ遺跡	唐津市半田字桜崎	SK06							○									67
			調査区外							○									
90	菜畑内田遺跡	唐津市神田字考釈迦	包含層	○						○	○								68
91	川頭遺跡	唐津市半田字川頭	溝状落ち込み	○	○	○													69
92	佐志中通遺跡	唐津市佐志																	70
93	徳蔵谷遺跡	唐津市佐志																	71
94	半田引地遺跡	唐津市半田字引地	C区			○	○			○									72
95	馬立場遺跡	伊万里市東山代	B6-Ⅲ							○									56
96	西尾遺跡 A地点	伊万里市二里町	柱穴内	○	○	○	○		○	○	○								57
			SK、SD	○	○					○									
			a、b、c区			○	○	○		○								合子	
97	西尾遺跡 B地点	伊万里市二里町	b、c区			○				○									58
			調査区内							○									
98	小野原遺跡	武雄市橘町尾大字大日	SK024	○				○											
			SX009	○				○											
			SD032	○			○												
			SD016	○															
99	みやこ遺跡	武雄市橘町尾大字大日	SD001	○		○	○	○		○		○							5
			SX004	○															
100	玉江遺跡	武雄市武雄町大字永島	SX002	○			○			○									
			不明			○				○									
101	東福寺遺跡	武雄市橘町大字片白	SX019	○		○													
102	郷ノ木遺跡 B地点	武雄市橘町大字大日	不明	○															73
103	潮見遺跡	武雄市橘町大字永島	SK219							○									
104	みやこ遺跡	武雄市橘町大字大日	SK135			○													74
			SE101			○	○												
			SK202				○			○									
			P1			○													
			SK231			○													
			SE301							○	○								
			SD304	○															
			SD401			○													
			SK602	○															
			Ⅵ区							○									
			Ⅶ区			○													
			Ⅷ区		○														
			SD1006				○												
			SD1007			○	○												
105	茂手遺跡	武雄市橘町大字大日	SK103	○															75
			SK301	○		○	○			○									
			SK1002	○															
			SD202										○						
			SB1001	○						○									
			SE1102	○															
			SE101							○									
			SD104			○													
			SE201			○													
			SD206			○													
			SK303			○													
			SK1009			○													

番号	遺跡名	所在	出土状況	C期 白	C期 陶	D期 白	D期 龍	D期 同	D期 陶	E期 白	E期 龍	E期 陶	F期 白	F期 龍	F期 陶	G期 龍	G期 陶	備考	文献
105	茂手遺跡	武雄市橘町大字大日	SB802			○													75
			SE1001			○													
			Ⅶ区							○									
106	玉江遺跡	武雄市橘町大字永島	P-27			○													76
			P-12	○		○													
			P-4			○													
			4C			○													
107	市場遺跡	武雄市橘町大字永島	SE029			○													77
			SE030	○															
			SE038			○													
			SD037	○															
			SE062	○															
			SD035							○									
108	天神裏遺跡	武雄市東川登町大字永野	不明							○									78
109	南永野遺跡	武雄市東登町大字永野	SE204		○	○				○								墨陶	
110	座主遺跡	東松浦郡北畑村大字山彦	包含層	○		○	○	○										合子	11
111	不動遺跡 C地区	鹿島市能古見	SX01	○		○													59
112	伊岐佐伊良尾遺跡	東松浦郡相知町大字伊岐佐	SK202							○									83
			SK423							○									
			SK206			○													
			Ⅱ区遺構面			○													
113	大黒町遺跡	藤津郡塩田町字大黒	BE-1	○					○										94

長崎県

番号	遺跡名	所在	出土状況	C期 白	C期 陶	D期 白	D期 龍	D期 同	D期 陶	E期 白	E期 龍	E期 陶	F期 白	F期 龍	F期 陶	G期 龍	G期 陶	備考	文献
1	名切遺跡	壱岐群郷ノ浦町	表土	○		○													1
2	安国寺前B遺跡	壱岐郡芦部町深江栄触	包含層			○				○									10
3	壱岐氏居館跡	壱岐郡芦部町国分東触	包含層			○													11
4	興触遺跡	壱岐郡芦辺町湯岳興触	包含層	○		○				○									12
			Ⅱ区	○															
			ピット6	○															
			SD2埋納一括	○															
			SD2	○															
			SX-1	○															
5	興触遺跡	壱岐郡芦辺町湯岳興触	包含層	○		○							○						13
6	興触上川遺跡	壱岐郡芦辺町湯岳興触	包含層	○		○				○									
7	興触上川遺跡	壱岐郡芦辺町湯岳興触	包含層	○						○									14
8	大宝遺跡	壱岐郡郷ノ浦町志原南触字大宝	包含層	○				○										合子	15
9	原の辻遺跡大川地区	壱岐郡芦辺町石田町	包含層	○															16
10	馬乗石遺跡	下県郡厳原町豆酸	包含層			○	○	○											8
11	長田第一遺跡	北松浦郡小値賀町笛吹郷長田	包含層							○									22

番号	遺跡名	所在	出土状況	C期		D期				E期			F期			G期		備考	文献
				白	陶	白	龍	同	陶	白	龍	陶	白	龍	陶	龍	陶		
12	小山ノ尾遺跡	北松浦郡小値賀町笛吹郷字小山ノ尾	包含層						○	○									22
13	春ノ辻遺跡	北松浦郡小値賀町柳郷字春ノ辻	包含層	○			○	○											23
14	大島赤尾遺跡	北松浦郡小値町大島郷字赤尾	包含層	○															24
15	宮ノ前遺跡	北松浦郡小値町大島郷字宮ノ前	包含層	○						○									24
16	床浪海底遺跡	北松浦郡鷹島町南岸	海底						○					○					25
17	鷹島海底遺跡	北松浦郡鷹島町地先公有水面	海底							○	○								26
18	鷹島海底遺跡	北松浦郡鷹島町地先公有水面	海底							○									27
19	鷹島海底遺跡	北松浦郡鷹島町地先公有水面	海底							○	○			○					28
20	宇久山本遺跡	北松浦郡宇久町平郷	包含層	○		○	○	○	○	○									29
21	小船遺跡	松浦市御厨町山根免	包含層							○	○								30
22	楼楷田遺跡	松浦市志佐町白浜免	4号集積土坑	○														完形品	2
			5号集積土坑															墨陶	
			包含層	○		○	○	○	○	○									
23	宮田A遺跡	東彼杵郡東彼杵町八反田郷中	包含層															集計表	4
24	外園遺跡	東彼杵郡東彼杵町千綿宿郷	包含層	○			○		○	○									5
25	小薗城跡	東彼杵郡東彼杵町瀬戸郷字小薗	包含層	○			○	○	○	○									6
26	岡遺跡	東彼杵郡東彼杵町蔵本郷字岡	包含層外	○									○						20
			42区8層	○															
			13区3層	○			○	○											
			14区3層	○			○	○											
			40区2層	○			○	○		○			○						
			41-1区6層	○						○									
			本調査包含層外	○						○									
27	白井川遺跡	東彼杵郡東彼杵町蔵本郷字白井川	52号支線排水路	○		○	○	○		○								墨陶	21
28	今福遺跡	南高来郡北有馬町今福名	2号建物跡							○								集計表	3
			井戸							○									
			不整形土坑							○									
			道路状遺構							○									
			C地区							○									
29	伊木力遺跡	多良見町船津郷	包含層	○		○	○	○		○									7
30	稗田原遺跡	島原市稗田町	包含層				○						○						9
31	坂口館跡	大村市荒瀬町	包含層				○			○									6
32	寿古遺跡	大村市寿古郷	試掘地点	○			○			○									18
			本調査地点				○			○									
33	黒丸遺跡	大村市黒丸町	包含層	○			○												19
34	深堀貝塚	長崎市深堀5丁目	包含層	○			○			○									17

付表2　九州島・琉球列島における中国産陶磁器出土遺跡一覧　233

熊本県

番号	遺跡名	所在	出土状況	C期		D期				E期			F期			G期		備考	文献
				白	陶	白	龍	同	陶	白	龍	陶	白	龍	陶	龍	陶		
1	祇園遺跡	阿蘇郡白水村大字一関字祇園																	22
2	杉の本遺跡	阿蘇郡白水村大字中松字杉の本	包含層			○				○									26
3	二本木前遺跡	阿蘇郡白水村大字中松字二本木	ST02	○		○													18
			SE01	○				○											
			SD01	○		○		○											
			SD03	○		○													
			SD04	○		○				○						○			
			SD05					○					○			○			
			SD07							○									
			SD06					○											
			SD08					○						○					
4	池辺寺遺跡平成12年度	阿蘇郡一の宮町大字宮路字塩塚	sp-14					○											33
			sp-60					○											
			遺構外	○		○	○	○		○								青白磁	
5	陣内遺跡	阿蘇郡一の宮町大字宮路字塩塚	5号建物							○									37
			ピット群					○		○									
6	下城遺跡	阿蘇郡小国町大字下城字下白	第Ⅰ調査区		○														4
7	深川遺跡	菊池市深川・大淋寺・西寺	SD14			○				○			○						25
8	坂口遺跡	菊池郡泗水町大字田島字坂口	包含層			○													28
9	篠原遺跡	菊池郡泗水町大字田島	D区　く-24			○													42
			D区　SD-403			○													
			D区　外堀北			○	○												
			D区			○													
			A区　SF-103							○									
			A区　SF-101							○									
			D区　406	○															
			C区　SF-301	○															
			C区　SF-302	○															
10	七地水田遺跡		1トレンチ			○									○				9
11	鞠智城跡	鹿本郡菊鹿町	81-Ⅰ区　Ⅲ層							○									14
12	鞠智城跡	鹿本郡菊鹿町	12調査区							○									15
			13調査区							○									
			15調査区							○									
			16調査区							○									
13	若宮城跡	鹿本郡菊花町下内田若宮	包含層	○		○													7
14	樋ノ口遺跡	鹿本郡菊花町大字松尾字樋ノ口	水溜め遺構	○		○				○									39
15	人園山居館跡	荒尾市一部字大園	第6地区1層							○									38
16	竈門寺原遺跡	玉名郡菊水町大字竈門字寺原	SF02	○		○				○									24
17	田中城跡	玉名郡三加和町字古城	主郭			○													45
18	前田遺跡	玉名市大字月田字前田	S066							○									30
			s096							○									
			s010							○									
			s018					○											
			包含層				○												
19	伊蔵城跡	玉名市方諏訪、伊倉	SD-1				○			○	○		○						30
			SD-2			○	○			○									

番号	遺跡名	所在	出土状況	C期 白	C期 陶	D期 白	D期 龍	D期 同	D期 陶	E期 白	E期 龍	E期 陶	F期 白	F期 龍	F期 陶	G期 龍	G期 陶	備考	文献
19	伊蔵城跡	玉名市方諏訪、伊倉	SD-8				○			○									30
			S-1				○												
20	高橋南貝塚	熊本市高橋町	包含層			○	○		○	○			○	○	○				3
21	御幸木部古屋敷遺跡	熊本市御幸木部町	1号墓壙	○															16
			包含層	○			○		○	○			○	○					
22	二本木遺跡群	熊本市田崎1丁目	SD17				○			○									21
			13層	○						○									
			12層			○				○									
23	健軍・ミョウゲンジ屋敷下	熊本市健軍町字1277	貝層	○		○	○	○	○	○			○					青白磁	32
24	神水遺跡 第5次調査	熊本市神水本町					○			○									
25	神水遺跡 第18次調査	熊本市神水本町	SK016				○											完形品	32
			SK018				○											完形品	
			遺構外	○		○	○			○									
26	神水遺跡 第25次調査	熊本市神水本町	sp221			○													34
			sp223			○													
27	二本木遺跡群 第1次調査	熊本市二本木	2号遺構							○									35
			3号遺構							○									
28	二本木遺跡群 第2次調査	熊本市二本木	包含層							○									36
										○									
29	陣内上ノ園遺跡群 第一次調査	熊本市龍田町陣内	1号竪穴遺構			○	○	○		○									36
			2号竪穴遺構							○									
			1号溝							○									
			3溝中位				○			○									
			3溝下位							○									
30	神水遺跡 第20次調査	熊本市神水本町	遺構外				○			○									37
31	竹崎城跡	益城郡松橋町竹崎	第1トレンチ							○									1
32	久保遺跡	益城郡御船町大字豊明字久保	Aトレンチ	○															2
33	曲野遺跡	下益城郡松橋町曲野	SX-201 上層				○			○									8
			SD-202							○									
			SD-208 2層						○	○									
			RSD-01 1層							○									
			RSD-01 2層							○									
			LSD-01 1層			○	○			○									
			SD-201							○									
			SD-214							○									
34	沈目遺跡	上益城郡城南町沈目	表土													○			40
35	宮地遺跡群	上益城郡城南町宮地	IVb-1号土壙			○												完形品	41
36	境古墳	八代市岡町小路	境2号墳							○									5
			境3号墳	○		○	○	○											
37	境遺跡		A地区	○															
38	川田京坪遺跡	八代市川田町西				○													6
39	中片小路遺跡	八代市中片町小路	IV区			○				○									29
40	上片町水田遺跡	八代市上片町	洪水層			○													12
41	村山闇谷遺跡	人吉市上林町	A地区	○															44
42	天道ヶ尾遺跡	人吉市大字天道ヶ尾	包含層																11

番号	遺跡名	所在	出土状況	C期 白	C期 陶	D期 白	D期 龍	D期 同	D期 陶	E期 白	E期 龍	E期 陶	F期 白	F期 龍	F期 陶	G期 龍	G期 陶	備考	文献
43	山田城跡	球磨郡山江村大字山田朝字大王谷	第Ⅰ期整地層	○		○	○			○						○			10
			第Ⅱ期整地層	○		○	○	○		○			○						
			第Ⅲ期整地層				○			○				○					
			東・西尾根							○									
44	山田城跡	球磨郡山江村大字山田字城山	不明			○													13
45	沖松遺跡	球磨郡須恵村字沖松	遺構外	○		○	○			○									17
46	蔵城遺跡	球磨郡錦町大字木上字蔵城	SD06				○			○				○					19
			北側堅堀													○			
			Ⅳ区 包含層	○		○										○			
47	頭地松本B遺跡	球磨郡五木村甲字松本	Ⅱ・Ⅲ区													○			20
48	灰塚遺跡	球磨郡深田村字灰塚	SB-4				○		○										27
			SK-5				○	○											
49	長野遺跡	水俣市長野	掘立柱建物			○				○									23
50	浜崎遺跡	本渡市浜崎町	SD8-2	○														墨陶	44
			SD1	○		○	○			○			○						
			SD2	○		○	○												
			SD4	○		○													
			SD6	○															
			SD8	○			○												
			SK1			○													
			SK2			○													
			SK3			○													
			SK4			○													
			SK5			○													
			SK6	○															
			SK7	○															
			SK9	○		○		○		○									

大分県

番号	遺跡名	所在	出土状況	C期 白	C期 陶	D期 白	D期 龍	D期 同	D期 陶	E期 白	E期 龍	E期 陶	F期 白	F期 龍	F期 陶	G期 龍	G期 陶	備考	文献
1	陽求遺跡	東国東郡国東町大字横手字陽求	包含層	○		○	○			○									7
2	浜崎寺山遺跡	東国東郡国東町大字浜崎	1号土坑墓							○									39
3	安国寺遺跡	東国東郡国東町大字原字日ヤケ	C区	○		○													40
4	原遺跡	東国東郡国東町大字原																	41
5	口寺田遺跡	東国東郡国東町大字赤松																	41
6	富貴寺遺跡	高田市大字蕨中田	C地区	○		○	○			○									13
7	割掛遺跡	豊後高田市大字来縄字割掛	1号溝	○					○										26
8	西村遺跡	豊後高田市大字佐野	16号掘立柱建物	○		○													27
			2号溝	○															
			1号井戸							○									
			2号井戸							○									
			9号土坑					○											
			20号土坑							○									
			1号墓			○	○												
			2号墓	○															

番号	遺跡名	所在	出土状況	C期		D期				E期			F期			G期		備考	文献
				白	陶	白	龍	同	陶	白	龍	陶	白	龍	陶	龍	陶		
8	西村遺跡	豊後高田市大字佐野	3号墓			○													27
			柱穴	○		○		○		○			○						
9	池辺・横嶺条里遺跡宮田地区	豊後高田市大字真中	2号溝							○									28
			2号墓	○															
10	池辺・横嶺条里遺跡田中地区	豊後高田市嶺崎	1号溝	○		○													
11	天念寺遺跡	豊後高田市大字長岩屋	5号土坑	○															29
			8号土坑							○									
			9号土坑			○							○						
			14号土坑																
			15号土坑																
12	王子遺跡	遠見郡日出町大字藤原字弥四郎	包含層							○									15
13	御幡遺跡	宇佐市御幡	井戸状遺構			○				○									21
14	犬丸川流域遺跡	中津市大字福島	SD01	○	○	○	○	○		○									25
			SD06	○		○	○		○										
			SK01							○									
15	佐知遺跡	下毛郡三光村佐知	12号遺構							○									4
			17号遺構			○				○								完形品	
			A-7区							○									
			包含層	○		○	○						○					合子あり	
16	妙ヶ野遺跡	下毛郡耶馬渓町大字宮園字妙ヶ野	包含層	○															42
17	古庄屋遺跡	下毛郡本耶馬渓町落合	建物10							○									16
			土坑1				○	○											
			土坑2			○													
			土坑16				○			○									
			土坑20				○			○									
			土坑21				○	○		○									
			土坑24							○									
			土坑34							○									
			土坑35													○			
			竪穴1							○									
			竪穴3				○			○									
			竪穴4										○						
			溝1							○									
			遺構検出面	○						○			○						
18	会所宮遺跡	日田市大字日高字後山	B区							○									30
19	森ノ元遺跡	日田市大字東有田字打上り	土坑墓			○													31
			1号建物			○													
20	徳瀬遺跡	日田市大字友田字徳瀬	土坑墓							○									32
21	日田条里上手地区	日田市大字西有田字上手	土坑	○															33
			包含層	○															
22	高瀬条里永平寺地区	日田市大字高瀬字火ノ口	6号建物			○				○									
			9号建物							○									
23	日田条里上手地区	日田市大字西有田字上手	柱穴			○				○									34
24	川原田遺跡	日田市大字西有田字川原田	1号墓	○															35
25	慈眼山遺跡	日田市求来里町慈眼山	II区			○				○									5
			III区土坑1							○									

番号	遺跡名	所在	出土状況	C期 白	C期 陶	D期 白	D期 龍	D期 同	D期 陶	E期 白	E期 龍	E期 陶	F期 白	F期 龍	F期 陶	G期 龍	G期 陶	備考	文献
25	慈眼山遺跡	日田市求来里町慈眼山	III区包含層			○													5
			III区石組遺構埋土上層			○	○												
			III区石組遺構埋土下層							○									
26	手崎遺跡	日田市大字高瀬字手崎	中世墓							○									6
27	尾漕遺跡群	日田市大字有田字三森・楢木・狐迫	A地区1号墓			○		○										完形品	8
28	小竿遺跡	玖珠郡玖珠町九日市	溝	○															1
29	治別当遺跡	玖珠郡玖珠町大字四日市字別当	採集							○									9
30	瀬戸遺跡	玖珠郡玖珠町大字帆足字瀬戸	1号大型竪穴	○		○				○								合子	10
			2号竪穴	○		○													
			1号整地層	○		○	○						○						
31	伐株山城跡	玖珠郡玖珠町大字万年山	第1土塁遺構	○		○													38
32	小路遺跡	直入郡久住町大字仏原字小路	B地区柱穴							○									36
33	上城遺跡	直入郡久住町大字仏原	溝1	○						○									37
			溝2	○									○						
34	ふいが城遺跡	別府市明礬	城郭	○															2
35	稙田市遺跡	大分市大字市	館跡							○									3
36	毛見所遺跡	大分市大字佐野	A調査区	○		○	○												14
37	敷戸城都留遺跡	大分市大字和鴛野字都留	包含層	○		○	○			○									17
38	羽田遺跡	大分市大字羽田字大日前	SX001	○															18
39	大分元町石仏	大分市大字大分字元町	参道調査区	○		○													19
40	城南遺跡	大分市大字永興	ST001			○												完形品	20
41	下赤嶺遺跡	大野郡三重町大字赤嶺	A地区				○						○						1
42	下ノ山遺跡	臼杵市大字吉小野	1号土坑							○									11
43	清太郎遺跡	臼杵市大字望月字紺屋窪	包含層	○		○	○			○									12
44	荒田遺跡	臼杵市大字前田字大王原	SC03	○		○													22
			集石遺構集石・盛土内			○													
			SX82					○											
45	汐月遺跡	佐伯市字柿ノ木畑	西斜面II層	○															23
			西斜面IV〜VIII層	○		○	○			○									
46	桝牟礼城址	佐伯市佐伯	第1トレンチI層							○									24

宮崎県

番号	遺跡名	所在	出土状況	C期 白	C期 陶	D期 白	D期 龍	D期 同	D期 陶	E期 白	E期 龍	E期 陶	F期 白	F期 龍	F期 陶	G期 龍	G期 陶	備考	文献
1	林遺跡	延岡市伊形町字林	水田面	○		○													6
			柱穴群	○		○										○			
2	志戸平遺跡	児湯郡新富町三納代	A区			○													9
3	竹渕C遺跡	児湯郡新富町大字新田字竹渕	II層			○	○			○									14
			SC1													○			

番号	遺跡名	所在	出土状況	C期 白	C期 陶	D期 白	D期 龍	D期 同	D期 陶	E期 白	E期 龍	E期 陶	F期 白	F期 龍	F期 陶	G期 龍	G期 陶	備考	文献
3	竹渕C遺跡	児湯郡新富町大字新田字竹渕	石積			○													14
			SH27										○						
4	前ノ田村上第1遺跡	児湯郡川南町大字川南字須田久保	SG3							○									16
5	銀座第1遺跡	児湯郡川南町大字川南字川南	SG3							○									17
6	諏訪遺跡	西都市大字三宅字毘沙門																	26
7	保木下遺跡	宮崎市大字島之内字保木下	包含層			○	○			○									1
8	堂地東遺跡	宮崎市大字熊野字堂地	包含層	○		○								○					2
9	前原北遺跡	宮崎市大字熊野	SH46	○		○													3
10	竹ノ内遺跡	宮崎郡清武町大字今泉字竹ノ内	溝状遺構	○						○			○						12
11	古城第3遺跡	宮崎郡佐土原町大字上田島字古城	包含層										○						4
12	馬場第1遺跡	宮崎郡佐土原町大字上田島字古城	包含層	○				○		○									5
13	天神川内第1遺跡	宮崎郡田野町字天神河内	包含層							○									7
14	西下本庄遺跡	東諸県郡国富町大字本庄字西下本状	SE10	○		○	○	○	○	○			○	○					11
			包含層			○		○						○					
15	年神遺跡	小林市大字真方字年神	包含層	○				○											25
16	平原遺跡	えびの市大字東川北字平原	包含層	○						○									10
17	小木原遺跡	えびの市大字上江字小木原	A地区北東遺跡群			○							○						18
18	口の坪遺跡	えびの市大字上江	溝状遺構			○				○									
19	小木原遺跡	えびの市大字上江字小木原	包含層										○						19
20	内小野遺跡	えびの市大字西川北字内小野	包含層			○	○			○									20
21	昌妙寺遺跡	えびの市大字昌妙寺字油田	包含層	○		○	○	○		○	○		○						21
22	内丸遺跡	えびの市大字西長江浦字内丸	SX－01				○			○	○								22
			包含層	○			○												
23	田上城跡	えびの市大字上江字田上	VI区							○				○					23
24	草刈田遺跡	えびの市大字栗下字草刈田	II区							○	○								24
			III区				○			○	○			○					
25	樺山・郡元地区遺跡	都城市樺山、郡元	SE1			○	○			○									8
26	池島遺跡	都城市早水町	A区			○													13
			B区							○									
27	天神原遺跡	都城市早水町字天神原	包含層	○															27
28	久玉遺跡	都城市	38号掘立柱建物						○										29
			1号木管土坑内				○												
			包含層	○		○	○												
29	柳川原遺跡	都城市中町	YG1	○															30

番号	遺跡名	所在	出土状況	C期		D期				E期			F期			G期		備考	文献
				白	陶	白	龍	同	陶	白	龍	陶	白	龍	陶	龍	陶		
30	鶴喰遺跡	都城市横市町字鶴喰	A地区				○			○			○						29
			C地区	○						○									
31	郡元遺跡群	都城市姫城町6	土壙	○														完形品	30
			SB5					○											
			SD2					○											
			SD11											○					
32	横市遺跡群	都城市																	31
33	馬渡遺跡	都城市蓑原町字馬渡	包含層	○		○	○			○	○								32
34	王子原第2遺跡	都城市安久町字王子原	SD1			○													35
			SD2	○															
			SD4	○															
			包含層	○			○	○											
35	本宮遺跡	串間市大字市来	表土							○									15
			C3				○												

鹿児島県

番号	遺跡名	所在	出土状況	C期		D期				E期			F期			G期		備考	文献
				白	陶	白	龍	同	陶	白	龍	陶	白	龍	陶	龍	陶		
1	大坪遺跡	出水市美原町	包含層	○		○													16
2	北山遺跡	阿久根市波留	包含層							○	○								29
3	北山遺跡	伊佐郡菱刈町北山	包含層			○	○												28
4	馬場A遺跡	大口市平出水馬場	包含層			○	○			○			○						51
5	辻町2遺跡	大口市平出水辻町								○									51
6	新平田遺跡	大口市平出水新平田	掘立柱建物跡1号				○												52
			掘立柱建物跡2号							○									
			掘立柱建物跡4号							○									
			掘立柱建物跡5号							○									
			掘立柱建物跡6号										○						
			掘立柱建物跡7号							○	○								
			掘立柱建物跡16号							○									
			掘立柱建物跡19号							○									
			掘立柱建物跡23号							○			○						
			掘立柱建物跡26号										○	○					
			掘立柱建物跡27号							○									
			掘立柱建物跡28号				○												
			掘立柱建物跡29号							○									
			掘立柱建物跡30号										○						
			1号方形竪穴							○	○								
			2号方形竪穴							○									
			3号方形竪穴				○			○	○								

番号	遺跡名	所在	出土状況	C期 白	C期 陶	D期 白	D期 龍	D期 同	D期 陶	E期 白	E期 龍	E期 陶	F期 白	F期 龍	F期 陶	G期 龍	G期 陶	備考	文献
6	新平田遺跡	大口市平出水新平田	4号方形竪穴				○						○	○					52
			5号方形竪穴					○		○									
			7号方形竪穴							○									
			土壙1										○						
			土壙6							○									
			土壙14							○									
			土壙18							○									
			包含層			○		○		○			○						
7	北川遺跡	薩摩郡薩摩町時吉	包含層							○			○						45
8	寺屋敷遺跡	薩摩郡薩摩町求名寺屋敷	包含層							○									46
9	通山遺跡	薩摩郡薩摩町求名通山	SK166							○									
			SK225							○									
			包含層							○									
10	宮ノ前遺跡	薩摩郡薩摩町求名宮ノ前	包含層							○			○			○			47
11	成岡遺跡	川内市中福良町	溝状遺構	○			○	○		○			○						
12	西ノ平遺跡	川内市中福良町	柱穴	○						○			○						4
			包含層	○	○	○	○	○		○			○						
13	成岡遺跡	川内市中福良町	包含層	○				○		○									5
14	上野城跡	川内市桃次町上野	掘立柱建物跡16	○															13
			方形竪穴遺構1			○													
			方形竪穴遺構2			○													
			方形竪穴遺構4	○		○													
			方形竪穴遺構5							○			○						
			SKⅡ-9	○		○													
			SKⅡ-6	○															
			SKⅡ-7			○													
			SKⅡ-8			○													
			焼土	○															
			畠跡Ⅰ			○													
			溝1				○						○						
			溝4							○									
			同一柱穴内	○															
			柱穴遺構	○				○											
			包含層	○		○	○	○	○	○			○	○					
15	大島遺跡	川内市東大路町	包含層	○		○	○	○		○									17
16	本御内遺跡	国分市中央2丁目1番地	溝	○		○	○	○		○			○	○		○			7
17	菩提遺跡	姶良郡隼人町三次	第1号溝址			○				○									39
			第21号溝址			○													
			第25号溝址							○			○						
			ウネ状遺構	○			○			○									
			遺構外	○	○	○	○	○		○			○		○				
18	留守氏居館跡	姶良郡隼人町神宮六丁目	第3次調査トレンチ7区	○			○			○									40
			第4次調査土塁	○															
19	山崎B遺跡	姶良郡栗野町木場牛瀬戸	堀2	○						○								青白磁	1
			包含層	○			○	○		○			○	○					
20	木場A遺跡	姶良郡栗野町木場	包含層		○					○									3
21	萩原遺跡	姶良郡姶良町重富	包含層							○									25
22	中園遺跡	姶良郡牧園町万膳	包含層				○			○									30

付表2　九州島・琉球列島における中国産陶磁器出土遺跡一覧

番号	遺跡名	所在	出土状況	C期 白	C期 陶	D期 白	D期 龍	D期 同	D期 陶	E期 白	E期 龍	E期 陶	F期 白	F期 龍	F期 陶	G期 龍	G期 陶	備考	文献
23	小山遺跡	鹿児島郡吉田町小山	包含層							○			○						2
24	山ノ中遺跡	鹿児島市西別府町	包含層			○				○									24
25	谷山城跡	鹿児島市下福元町岩下	E地点包含層	○										○					50
26	今里遺跡	日置郡東市来町伊作田字今里	包含層			○													9
27	前畑遺跡	日置郡東市来町伊作田	包含層			○				○									43
28	鍋ヶ城跡	日置郡市来町湊町	ピット内	○		○				○									27
29	市野原遺跡	日置郡市来町大里字上ノ原前	包含層											○		○			10
30	上ノ平遺跡	日置郡伊集院町下神殿	包含層	○						○						○			14
31	山ノ脇遺跡	日置郡伊集院町郡	包含層	○						○			○	○		○			11
32	下永迫A遺跡	日置郡伊集院町下谷口								○						○			15
33	古里遺跡	日置郡吹上町和田	包含層							○			○						18
34	白糸原遺跡	日置郡金峰町宮崎	包含層										○	○	○				19
35	柳原遺跡	日置郡伊集院町下谷口	包含層						○										21
36	馬塚松遺跡	日置郡金峰町大野	包含層			○				○			○	○					22
37	小中原遺跡	日置郡金峰町大字新山小中原	包含層	○		○				○			○	○					6
38	持躬松遺跡	日置郡金峰町宮崎	包含層	○		○	○	○		○				○			○	青白磁	38
39	原口遺跡	日置郡日吉町吉利字原口	包含層	○		○				○			○						44
40	湯屋原遺跡	日置郡郡山町東俣	包含層	○												○			36
41	上加世田遺跡	加世田市川畑	第I地点包含層	○						○			○						31
41			第II地点包含層	○		○	○	○		○									
42	別府城跡	加世田市武田	包含層	○										○					32
43	中小路遺跡	加世田市益山	包含層	○		○	○	○											33
44	春ノ山遺跡	加世田市津貫	包含層			○													34
45	中山遺跡	加世田市津貫	包含層							○			○	○					35
46	古市遺跡	川辺郡川辺町永田	包含層	○						○				○		○			20
47	中原田遺跡	枕崎市東鹿籠	包含層	○						○									37
48	中島ノ下遺跡	指宿市中福良字中島ノ下	包含層			○				○			○						53
49	新田遺跡	曽於郡輝北町下百引	掘立柱建物4号										○						26
49			竪穴建物跡3号	○									○						
49			掘立柱建物10号							○									
49			竪穴建物跡11号	○						○									
49			竪穴建物跡12号			○				○									
49			竪穴建物跡13号							○									
49			竪穴建物跡16号							○									

番号	遺跡名	所在	出土状況	C期 白	C期 陶	D期 白	D期 龍	D期 同	D期 陶	E期 白	E期 龍	E期 陶	F期 白	F期 龍	F期 陶	G期 龍	G期 陶	備考	文献
49	新田遺跡	曽於郡輝北町下百引	遺構集中区									○	○						26
			包含層	○		○	○		○	○			○						
50	後迫遺跡	曽於郡大崎町横瀬字後迫	包含層	○		○													12
51	美堂A遺跡	曽於郡大隅町月野藤ヶ峯	包含層							○									48
52	迫田遺跡	曽於郡大隅町月野上勢井	包含層				○			○									49
53	後ヶ迫A遺跡	垂水市柊原新生	第I地区							○			○					完形品	41
54	宮下遺跡	垂水市新城大浜						○		○									42
55	中ノ丸遺跡	鹿屋市大浦町					○			○									23

薩南諸島

番号	遺跡名	所在	出土状況	C期 白	C期 陶	D期 白	D期 龍	D期 同	D期 陶	E期 白	E期 龍	E期 陶	F期 白	F期 龍	F期 陶	G期 龍	G期 陶	備考	文献
1	馬毛島出土地	西之表市馬毛島	表採							○								完形品	10
2	大園遺跡	熊毛郡中種子町星原	包含層	○		○				○			○						1

トカラ列島

番号	遺跡名	所在	出土状況	C期 白	C期 陶	D期 白	D期 龍	D期 同	D期 陶	E期 白	E期 龍	E期 陶	F期 白	F期 龍	F期 陶	G期 龍	G期 陶	備考	文献
1	臥蛇島	鹿児島郡	保管品							○								完形品	10
2	切石遺跡	鹿児島郡	埋納															合子	10
3	悪石島	鹿児島郡	祠					○		○						○		完形品	10

奄美諸島

番号	遺跡名	所在	出土状況	C期 白	C期 陶	D期 白	D期 龍	D期 同	D期 陶	E期 白	E期 龍	E期 陶	F期 白	F期 龍	F期 陶	G期 龍	G期 陶	備考	文献
1	森田遺跡	大島郡喜界町坂嶺	採集							○									10
2	山田中西遺跡（平成16年調査区）	大島郡喜界町山田	土坑墓1号			○													11
			土坑1号	○															
			包含層	○															
3	山田半田遺跡（平成15年調査区）	大島郡喜界町山田	掘立柱建物跡9号	○															12
			掘立柱建物跡14号	○															
			土坑墓5号	○															
			土坑墓7号	○															
			土坑墓8号	○															
			土坑6号	○															
			溝状遺構	○															
			包含層	○		○													
4	用安湊城	大島郡笠利町用安	包含層	○															2
5	フーグスク	大島郡笠利町用安	表採	○															10
6	城遺跡（グスク遺跡）	大島郡笠利町城	土コウ1							○									3
			土コウ5							○									
			土コウ12										○						
			包含層	○		○							○	○					
7	赤木名グスク遺跡	大島郡笠利赤城名	15-I区包含層	○						○									5
8	ウーバルグスク	大島郡笠利町	包含層	○															4

付表2 九州島・琉球列島における中国産陶磁器出土遺跡一覧

番号	遺跡名	所在	出土状況	C期 白	C期 陶	D期 白	D期 龍	D期 同	D期 陶	E期 白	E期 龍	E期 陶	F期 白	F期 龍	F期 陶	G期 龍	G期 陶	備考	文献
9	宇宿貝塚 1979年調査	大島郡笠利町宇宿	包含層	○						○									10
	宇宿貝塚 1993年調査	大島郡笠利町宇宿	包含層			○				○									
			V字溝上面	○															
10	宇宿貝塚東地区(ダンベ山)	大島郡笠利町宇宿	墓				○												10
11	宇宿高又遺跡	大島郡笠利町宇宿	包含層			○													10
12	戸口ひらき山グスク	大島郡龍郷町戸口	採集							○									10
13	小湊フワガネク遺跡群	名瀬市小湊	包含層	○															6
14	伊津部勝城	名瀬市伊津部勝	包含層	○															10
15	倉木崎海底遺跡	大島郡宇検村	海底より採集			○	○	○	○										7
16	大谷山グスク	大島郡徳之島町尾母					○			○									10
17	玉城遺跡	大島郡天城町辺土野	包含層、土坑			○	○	○											8
18	鬼入塔遺跡	大島郡天城町浅間														○			10
19	ミンツィキタブク遺跡	大島郡伊仙町伊仙	採集							○									10
20	川嶺辻遺跡	大島郡伊仙町目手久	第1遺構面	○		○				○			○	○					9
			第2遺構面			○	○						○	○					
			第3遺構面	○		○	○			○			○						
			第4遺構面	○		○	○			○			○						
			第5遺構面	○		○													
21	犬田布貝塚	大島郡伊仙町犬田布	包含層							○									10
22	ネーマグスク	大島郡伊仙町中山	採集	○															10
23	内城遺跡	大島郡和泊町内城	採集													○			10
24	屋子母遺跡	大島郡知名町屋子母	包含層							○									10
25	城遺跡	大島郡与論町城	採集							○									10
26	城C地点	大島郡与論町城	採集							○									10

沖縄諸島

番号	遺跡名	所在	出土状況	C期 白	C期 陶	D期 白	D期 龍	D期 同	D期 陶	E期 白	E期 龍	E期 陶	F期 白	F期 龍	F期 陶	G期 龍	G期 陶	備考	文献
1	伊是名城跡	国頭郡伊是名村	表採										○						1
2	伊是名元島遺跡	国頭郡伊是名村	包含層							○									2
3	安田遺跡	国頭郡国頭村	表採							○									3
4	古十利原A遺跡	国頭郡今帰仁村	包含層										○						4
5	今帰仁城跡	国頭郡今帰仁村	志慶真門郭			○				○			○	○	○				5
			主郭IX層																6
			主郭VIII層																
			主郭VII層																
			主郭VI層																
			主郭V層																
			主郭I〜IV層																
6	今帰仁ムラ跡	国頭郡今帰仁村	西区屋敷地1																7・8
			西区屋敷地2																
			西区屋敷地3																

番号	遺跡名	所在	出土状況	C期 白	C期 陶	D期 白	D期 龍	D期 同	D期 陶	E期 白	E期 龍	E期 陶	F期 白	F期 龍	F期 陶	G期 龍	G期 陶	備考	文献
6	今帰仁ムラ跡	国頭郡今帰仁村	西区屋敷地4その他																7・8
7	シイナグスク	国頭郡今帰仁村	包含層			○				○			○	○					9
8	フガヤ遺跡	名護市		○		○													10
9	羽地間切番所跡	名護市								○			○	○					10
10	仲尾次上グスク	名護市								○									10
11	名護グスク遺跡群	名護市	試掘調査							○									11
12	宇茂佐古島遺跡	名護市								○									12
13	前田原遺跡	名護市		○															13
14	熱田貝塚	国頭郡恩納村		○															14
15	久良波貝塚	国頭郡恩納村				○													15
16	山田グスク	国頭郡恩納村								○			○						16
17	漢那遺跡	国頭郡宜野座村					○												17
18	漢那ウェーヌアタイ遺跡	国頭郡宜野座村		○		○				○			○						18
19	漢那福地川水田遺跡	国頭郡宜野座村	グゥース地区																19
19			ユマビチャー地区										○						20
20	松田遺跡	国頭郡宜野座村								○									21
21	前原遺跡	国頭郡宜野座村		○															22
																			23
22	穴川洞窟遺物散布地	国頭郡金武町	表採	○															24
23	金武鍾乳洞遺跡	国頭郡金武町	表採			○							○	○					24
24	伊波城跡	石川市		○		○	○	○		○	○		○	○					25
25	伊波後原遺跡	石川市		○				○											26
26	伊波城跡北西遺跡	石川市				○				○									27
27	喜屋武グスク	具志川市		○		○				○									28
28	神山遺跡	中頭郡与那城村	表採	○															29
29	勝連城跡	中頭郡勝連町	二の丸北地点							○			○						30
29			南貝塚	○		○				○					○				
30	平敷屋古島遺跡	中頭郡勝連町		○		○				○					○				31
31	平敷屋トウバル遺跡	中頭郡勝連町											○						32
32	伊計グスク	中頭郡与那城村	表採							○									33
33	西後原散布地	中頭郡与那城村	表採	○															30・33
34	吹出原遺跡	中頭郡読谷村								○			○						34
35	タシーモー遺跡	中頭郡読谷村		○															35
36	屋良グスク	中頭郡嘉手納町		○		○		○		○			○	○					36
36				○		○				○			○		○				37
37	嘉手納貝塚東遺跡	中頭郡嘉手納町		○						○									37
38	北谷城跡	中頭郡北谷町	第一次調査							○									38
38			第7遺跡	○						○			○						39
38			第六次調査							○									40
39	砂辺サーク原遺跡	中頭郡北谷町		○															41
40	玉代勢原遺跡	中頭郡北谷町								○			○						42
41	後兼久原遺跡	中頭郡北谷町	町調査	○															43
41			県調査	○		○	○			○			○	○					44

付表2　九州島・琉球列島における中国産陶磁器出土遺跡一覧

番号	遺跡名	所在	出土状況	C期		D期			E期			F期			G期		備考	文献
				白	陶	白	龍	同	陶	白	龍	陶	白	龍	陶	龍	陶		
42	伊礼伊森原遺跡	中頭郡北谷町						○											45
43	竹下遺跡	沖縄市	クガニ地区							○									46
			リウグウ地区			○				○			○	○					47
44	仲宗根貝塚	沖縄市								○			○						48
45	越来グスク	沖縄市		○						○			○						49
46	ヒニグスク	中頭郡北中村					○			○			○	○					50
47	中城城跡	中頭郡中城村																	51
48	上原同原遺跡	宜野湾市		○															53
49	安仁屋トゥンヤマ遺跡	宜野湾市		○		○	○	○		○	○		○						54
50	伊佐前原遺跡	宜野湾市																	55、56、57
51	伊佐前原古墓群	宜野湾市		○		○	○			○			○						58
52	喜友名山川原第6遺跡	宜野湾市											○						52、59
53	喜友名山川原第7遺跡	宜野湾市		○															52
54	喜友名西原遺跡	宜野湾市	表採	○															52
55	喜友名泉石畳道	宜野湾市				○							○						58
56	喜友名グスク	宜野湾市		○			○	○		○			○						60
57	クシヌウタキ遺跡	宜野湾市											○						61
58	真志喜石川第1遺跡	宜野湾市		○															52
59	真志喜森川原第一遺跡	宜野湾市		○			○	○		○	○		○						62
60	真志喜森川原第二遺跡	宜野湾市					○				○								63
61	真志喜富盛原第二遺跡	宜野湾市		○			○			○									64
62	真志喜蔵当原遺跡	宜野湾市		○															64
63	宇地泊兼久原第三遺跡	宜野湾市								○									65
64	伊祖城跡	浦添市	表採			○													66
65	親富祖遺跡	浦添市		○		○				○			○						67
66	浦添城跡	浦添市		○			○			○			○	F期					68
67	牧港貝塚	浦添市								○			○	○					69
68	真久原遺跡	浦添市		○		○				○			○						66
			表採	○						○									69
69	城間古墓群	浦添市				○													70
70	拝山遺跡	浦添市		○		○	○		○				○	○					71
71	我謝遺跡	中頭郡西原町				○	○			○			○						72
																			73
72	ヒヤジョー毛遺跡	那覇市		○		○	○	○		○	○		○						74
73	銘苅原遺跡	那覇市		○		○	○	○		○			○						75
				○		○	○	○		○			○						76
74	銘苅原南遺跡	那覇市		○			○	○		○			○						77
75	安謝東原遺跡	那覇市		○															78
76	首里城跡	那覇市	観会門・久慶門																79
			京の内																80

番号	遺跡名	所在	出土状況	C期 白	C期 陶	D期 白	D期 龍	D期 同	D期 陶	E期 白	E期 龍	E期 陶	F期 白	F期 龍	F期 陶	G期 龍	G期 陶	備考	文献
76	首里城跡	那覇市	御庭後・奉神門跡																81
			継世門																82
			下之御庭																83
			城郭南側下地区																84
			東のアザナ地区																85
																			86
																			87
																			88
77	天界寺跡	那覇市	那覇市調査											○					89
			県調査	○									○						90
																			91
78	御茶屋御殿跡	那覇市		○									○						92
79	尻川原遺跡	那覇市		○			○	○											93
80	牧志御願東方遺跡	那覇市								○			○	○					94
81	湧田古窯跡	那覇市		○															95
82	識名シーマ御嶽遺跡	那覇市		○															96
83	伊良波東遺跡	島尻郡豊見城村		○		○	○	○		○			○						97
84	高嶺古島遺跡	島尻郡豊見城村		○			○			○				○					98
85	渡嘉敷後原遺跡	島尻郡豊見城村		○			○												99
86	宜保アガリヌ御嶽	島尻郡豊見城村		○						○									100
87	津嘉山古島遺跡	島尻郡南風原町		○						○									101・102
88	津嘉山クボー遺跡	島尻郡南風原町		○															102
89	宮平遺跡	島尻郡南風原町					○												102
90	仲間村跡	島尻郡南風原町					○			○									102・104
			A地点	○				○											
91	御宿井遺跡	島尻郡南風原町		○															101
92	クニンドー遺跡	島尻郡南風原町		○			○	○		○	○								103
93	佐敷グスク	島尻郡佐敷町	1980報告	○						○	○								105
			2000報告							○									106
			関連遺跡(表採)	○															106
94	稲福遺跡	島尻郡大里村	上御願地区	○			○	○		○			○	○					107
			安里調査																108
95	大里城跡	島尻郡大里村		白		白				○			白	○					109
																			110
																			111
96	糸数城跡	島尻郡玉城村		○			○	○	○	○	○		○	○					112
97	蔵屋敷遺跡	島尻郡玉城村	表採							○									113
98	フルティラ遺跡	島尻郡玉城村	表採							○									113
99	仲栄真グスク	島尻郡玉城村								○									113
100	志堅原遺跡	島尻郡玉城村																	114
101	志喜屋グスク	島尻郡知念村								○									115
102	玻名城古島遺跡	島尻郡具志頭村		○			○		○				○						116
103	多々名グスク	島尻郡具志頭村								○									116
104	フェンサ城貝塚	糸満市					○												117

番号	遺跡名	所在	出土状況	C期 白	C期 陶	D期 白	D期 龍	D期 同	D期 陶	E期 白	E期 龍	E期 陶	F期 白	F期 龍	F期 陶	G期 龍	G期 陶	備考	文献
105	大里伊田慶名原遺跡	糸満市		○		○				○			○						118
106	伊原遺跡	糸満市		○		○				○			○	○					119
107	阿波根古島遺跡	糸満市		○		○	○			○			○						120
108	佐慶グスク	糸満市		○									○						121
109	山城古島遺跡	糸満市		○		○		○	○				○						121
110	里東遺跡	糸満市		○		○				○			○						122
111	真栄里貝塚	糸満市		○		○	○												123
112	南山城跡	糸満市																	123
113	ヤッチのガマ	島尻郡久米島町				○													124
114	ナカの島	島尻郡久米島町	表採			○	○												125

先島諸島

番号	遺跡名	所在	出土状況	C期 白	C期 陶	D期 白	D期 龍	D期 同	D期 陶	E期 白	E期 龍	E期 陶	F期 白	F期 龍	F期 陶	G期 龍	G期 陶	備考	文献
1	住屋遺跡	平良市		○		○	○						○						1
2	大牧遺跡	宮古郡城辺町	表採	○															2
3	野城遺跡	宮古郡城辺町				○	○			○									2
4	砂川古島遺跡	宮古郡城辺町		○															3
5	高腰遺跡	宮古郡城辺町		○		○	○			○			○	○					4
6	新里元島上方台地遺跡	宮古郡上野村		○			○						○						5
7	多良間添道遺跡	宮古郡多良間村				○													6
8	竿若東遺跡	石垣市		○						○									7
9	山原貝塚	石垣市		○		○				○			○						8
10	ビロースク遺跡	石垣市		○		○	○			○			○	○					9
11	ウイヌスズ遺跡	石垣市				○				○									10
12	大泊浜貝塚	八重山郡竹富町		○															11
13	慶来慶田城遺跡	八重山郡竹富町		○															12
14	与那原遺跡	八重山郡与那国町								○									13

【付表2 文献】

福岡県

1　福岡県教育委員会　1977『山陽新幹線関係埋蔵文化財調査報告』3
2　福岡県教育委員会　1977『山陽新幹線関係埋蔵文化財調査報告』4
3　福岡県教育委員会　1979『山陽新幹線関係埋蔵文化財調査報告』11
4　福岡県教育委員会　1979『山陽新幹線関係埋蔵文化財調査報告』12
5　福岡県教育委員会　1976『山陽新幹線関係埋蔵文化財調査報告』2
6　福岡県教育委員会　1977『九州縦貫自動車道関係埋蔵文化財調査報告』XI
7　福岡県教育委員会　1977『九州縦貫自動車道関係埋蔵文化財調査報告』XII
8　福岡県教育委員会　1977『九州縦貫自動車道関係埋蔵文化財調査報告』XV
9　福岡県教育委員会　1977『九州縦貫自動車道関係埋蔵文化財調査報告』XVI
10　福岡県教育委員会　1978『九州縦貫自動車道関係埋蔵文化財調査報告』XXIV
11　福岡県教育委員会　1979『九州縦貫自動車道関係埋蔵文化財調査報告』XXVII
12　福岡県教育委員会　1979『九州縦貫自動車道関係埋蔵文化財調査報告』XXIX
13　福岡県教育委員会　1986『九州横断自動車道関係埋蔵文化財調査報告』7
14　福岡県教育委員会　1993『九州横断自動車道関係埋蔵文化財調査報告』26
15　福岡県教育委員会　1994『九州横断自動車道関係埋蔵文化財調査報告』28
16　福岡県教育委員会　1996『九州横断自動車道関係埋蔵文化財調査報告』42

17	福岡県教育委員会	1997	『九州横断自動車道関係埋蔵文化財調査報告』45
18	福岡県教育委員会	1998	『九州横断自動車道関係埋蔵文化財調査報告』48
19	福岡県教育委員会	1999	『九州横断自動車道関係埋蔵文化財調査報告』55
20	福岡県教育委員会	1999	『九州横断自動車道関係埋蔵文化財調査報告』56
21	福岡県教育委員会	1999	『筑紫野バイパス関係埋蔵文化財調査報告』7
22	福岡県教育委員会	1975	『福岡南バイパス関係埋蔵文化財調査報告』2
23	福岡県教育委員会	1976	『今宿バイパス関係埋蔵文化財調査報告』4
24	福岡県教育委員会	1983	『今宿バイパス関係埋蔵文化財調査報告』8
25	福岡県教育委員会	1978	『福岡南バイパス関係埋蔵文化財調査報告』8
26	福岡県教育委員会	1988	『塚堂遺跡Ⅴ』浮羽バイパス関連埋蔵文化財調査報告 5
27	福岡県教育委員会	1994	『堺町・大碇遺跡』浮羽バイパス関連埋蔵文化財調査報告 8
28	福岡県教育委員会	2000	『仁衛門畑遺跡Ⅰ』浮羽バイパス関係埋蔵文化財調査報告 12
29	福岡県教育委員会	2002	『堂畑遺跡Ⅰ』浮羽バイパス関係埋蔵文化財調査報告 17
30	福岡県教育委員会	1980	『二丈・浜玉道路関係埋蔵文化財調査報告』
31	福岡県教育委員会	1990	『福岡東バイパス関係埋蔵文化財調査報告』
32	福岡県教育委員会	1999	『上唐原了清遺跡Ⅰ』一級河川山国川築堤関係埋蔵文化財調査報告 4
33	福岡県教育委員会	2001	『上唐原了清遺跡Ⅲ』一級河川山国川築堤関係埋蔵文化財調査報告 6
34	福岡県教育委員会	1970	『筑後国分寺』福岡県文化財調査報告 44
35	福岡県教育委員会	1980	『三雲遺跡Ⅰ』福岡県文化財調査報告書 58
36	福岡県教育委員会	1985	『観音丸遺跡、向野古墳群、三船山遺跡』福岡県文化財調査報告書 71
37	福岡県教育委員会	1987	『大江北遺跡』福岡県文化財調査報告書 76
38	福岡県教育委員会	1987	『箱崎遺跡』福岡県文化財調査報告書 79
39	福岡県教育委員会	1988	『上枇杷・金栗遺跡』福岡県文化財調査報告書 82
40	福岡県教育委員会	1993	『砥上上林遺跡』福岡県文化財調査報告書 103
41	福岡県教育委員会	1993	『小柳遺跡』福岡県文化財調査報告書 104
42	福岡県教育委員会	1993	『大宰府条坊跡』福岡県文化財調査報告書 107
43	福岡県教育委員会	1993	『高江原口遺跡』福岡県文化財調査報告書 109
44	福岡県教育委員会	1996	『浦ノ田A・B遺跡』福岡県文化財調査報告書 126
45	福岡県教育委員会	2000	『陣山屋敷遺跡』福岡県文化財調査報告書 145
46	福岡県教育委員会	2000	『上別府沖代遺跡・上別府園田園田遺跡』福岡県文化財調査報告書 152
47	福岡県教育委員会	2002	『徳政宮ノ上遺跡』福岡県文化財調査報告書 166
48	福岡県教育委員会	2002	『流川地区遺跡群』福岡県文化財調査報告書 171
49	福岡県教育委員会	2003	『南原西門田遺跡』福岡県文化財調査報告書 175
50	福岡市教育委員会	1975	『板付遺跡周辺遺跡調査報告書（2）』福岡市埋蔵文化財調査報告書 31
51	福岡市教育委員会	1975	『山陽新幹線関係埋蔵文化財調査報告』福岡市埋蔵文化財調査報告書 32
52	福岡市教育委員会	1975	『蒲田遺跡』福岡市埋蔵文化財調査報告書 33
53	福岡市教育委員会	1981	『板付周辺遺跡調査報告書（7）』福岡市文化財調査報告書 65
54	福岡市教育委員会	1981	『博多Ⅰ』福岡市文化財調査報告書 66
55	福岡市教育委員会	1981	『那珂深ヲサ遺跡Ⅰ』福岡市文化財調査報告書 72
56	福岡市教育委員会	1982	『五十川野間遺跡』
57	福岡市教育委員会	1982	『博多Ⅱ』福岡市文化財調査報告書 86
58	福岡市教育委員会	1983	『久保園遺跡』福岡市埋蔵文化財調査報告書 91
59	福岡市教育委員会	1983	『有田・小田部第4集』福岡市埋蔵文化財調査報告書 96
60	福岡市教育委員会	1983	『福岡城址』福岡市埋蔵文化財調査報告書 101
61	福岡市教育委員会	1984	『田村遺跡Ⅱ』福岡市埋蔵文化財調査報告書 104
62	福岡市教育委員会	1984	『博多—高速鉄道関係調査（1）—』福岡市埋蔵文化財調査報告書 105
63	福岡市教育委員会	1984	『那珂君休遺跡Ⅱ』福岡市埋蔵文化財調査報告書 106
64	福岡市教育委員会	1984	『麦野下古賀遺跡』福岡市埋蔵文化財調査報告書 107
65	福岡市教育委員会	1984	『諸岡遺跡』福岡市埋蔵文化財調査報告書 108
66	福岡市教育委員会	1984	『有田・小田部第5集』福岡市埋蔵文化財調査報告書 110
67	福岡市教育委員会	1985	『有田・小田部第6集』福岡市埋蔵文化財調査報告書 113
68	福岡市教育委員会	1985	『博多Ⅲ』福岡市埋蔵文化財調査報告書 118
69	福岡市教育委員会	1985	『博多Ⅳ』福岡市埋蔵文化財調査報告書 119
70	福岡市教育委員会	1985	『博多Ⅴ』福岡市埋蔵文化財調査報告書 120
71	福岡市教育委員会	1985	『博多—高速鉄道関係調査（2）—』福岡市埋蔵文化財調査報告書 126
72	福岡市教育委員会	1986	『博多』福岡市埋蔵文化財調査報告書 126
73	福岡市教育委員会	1986	『藤崎遺跡Ⅲ』福岡市埋蔵文化財調査報告書 137

74	福岡市教育委員会	1986	『有田・小田部第 7 集』福岡市埋蔵文化財調査報告書 139
75	福岡市教育委員会	1987	『博多Ⅶ』福岡市埋蔵文化財調査報告書 147
76	福岡市教育委員会	1987	『博多Ⅸ』福岡市埋蔵文化財調査報告書 149
77	福岡市教育委員会	1987	『博多Ⅹ』福岡市埋蔵文化財調査報告書 150
78	福岡市教育委員会	1987	『有田・小田部第 8 集』福岡市埋蔵文化財調査報告書 155
79	福岡市教育委員会	1987	『博多―高速鉄道関係調査（3）―』福岡市埋蔵文化財調査報告書 156
80	福岡市教育委員会	1987	『柏原遺跡群Ⅲ』福岡市埋蔵文化財調査報告書 157
81	福岡市教育委員会	1987	『野田目遺跡群』福岡市埋蔵文化財調査報告書 159
82	福岡市教育委員会	1988	『博多 11』福岡市埋蔵文化財調査報告書 176
83	福岡市教育委員会	1988	『博多 12』福岡市埋蔵文化財調査報告書 177
84	福岡市教育委員会	1987	『田村遺跡Ⅳ』福岡市埋蔵文化財調査報告書 168
85	福岡市教育委員会	1988	『有田・小田部第 9 集』福岡市埋蔵文化財調査報告書 173
86	福岡市教育委員会	1988	『都市計画道路博多駅築港関係埋蔵文化財調査報告（Ⅰ）博多』福岡市埋蔵文化財調査報告書 183
87	福岡市教育委員会	1988	『都市計画道路博多駅築港関係埋蔵文化財調査報告（Ⅱ）博多』福岡市埋蔵文化財調査報告書 184
88	福岡市教育委員会	1988	『長峰遺跡』福岡市埋蔵文化財調査報告書 185
89	福岡市教育委員会	1988	『田村遺跡Ⅴ』福岡市埋蔵文化財調査報告書 192
90	福岡市教育委員会	1988	『博多―高速鉄道関係調査（4）―』福岡市埋蔵文化財調査報告書 193
91	福岡市教育委員会	1989	『峰遺跡』福岡市埋蔵文化財調査報告書 197
92	福岡市教育委員会	1989	『戸原麦尾遺跡（Ⅱ）』福岡市埋蔵文化財調査報告書 201
93	福岡市教育委員会	1989	『都市計画道路博多駅築港関係埋蔵文化財調査報告（Ⅲ）博多』福岡市埋蔵文化財調査報告書 204
94	福岡市教育委員会	1989	『都市計画道路博多駅築港関係埋蔵文化財調査報告（Ⅳ）博多』福岡市埋蔵文化財調査報告書 205
95	福岡市教育委員会	1990	『原遺跡 3』福岡市埋蔵文化財調査報告書 215
96	福岡市教育委員会	1990	『戸原麦尾遺跡（Ⅲ）』福岡市埋蔵文化財調査報告書 217
97	福岡市教育委員会	1990	『都市計画道路博多駅築港関係埋蔵文化財調査報告（Ⅴ）博多』福岡市埋蔵文化財調査報告書 221
98	福岡市教育委員会	1990	『博多 13』福岡市埋蔵文化財調査報告書 228
99	福岡市教育委員会	1990	『博多 14』福岡市埋蔵文化財調査報告書 229
100	福岡市教育委員会	1990	『博多 15』福岡市埋蔵文化財調査報告書 230
101	福岡市教育委員会	1990	『脇山Ⅰ』福岡市文化財調査報告書 236
102	福岡市教育委員会	1991	『博多 16』福岡市埋蔵文化財調査報告書 244
103	福岡市教育委員会	1991	『博多 17』福岡市埋蔵文化財調査報告書 245
104	福岡市教育委員会	1991	『博多 18』福岡市埋蔵文化財調査報告書 246
105	福岡市教育委員会	1991	『博多 19』福岡市埋蔵文化財調査報告書 247
106	福岡市教育委員会	1991	『博多 20』福岡市埋蔵文化財調査報告書 248
107	福岡市教育委員会	1991	『博多 21』福岡市埋蔵文化財調査報告書 249
108	福岡市教育委員会	1991	『博多 23』福岡市埋蔵文化財調査報告書 251
109	福岡市教育委員会	1991	『博多 24』福岡市埋蔵文化財調査報告書 252
110	福岡市教育委員会	1991	『箱崎遺跡 2』福岡市埋蔵文化財調査報告書 262
111	福岡市教育委員会	1991	『有田・小田部第 12 集』福岡市埋蔵文化財調査報告書 264
112	福岡市教育委員会	1991	『脇山Ⅱ』福岡市埋蔵文化財調査報告書 269
113	福岡市教育委員会	1992	『立花寺 1』福岡市埋蔵文化財調査報告書 271
114	福岡市教育委員会	1992	『柏崎 3』福岡市埋蔵文化財調査報告書 273
115	福岡市教育委員会	1992	『警弥郷 B 遺跡』福岡市埋蔵文化財調査報告書 278
116	福岡市教育委員会	1992	『博多 25』福岡市埋蔵文化財調査報告書 280
117	福岡市教育委員会	1992	『博多 26』福岡市埋蔵文化財調査報告書 281
118	福岡市教育委員会	1992	『博多 27』福岡市埋蔵文化財調査報告書 282
119	福岡市教育委員会	1992	『博多 29』福岡市埋蔵文化財調査報告書 284
120	福岡市教育委員会	1992	『博多 30』福岡市埋蔵文化財調査報告書 285
121	福岡市教育委員会	1992	『博多 31』福岡市埋蔵文化財調査報告書 286
122	福岡市教育委員会	1992	『博多 32』福岡市埋蔵文化財調査報告書 287
123	福岡市教育委員会	1992	『福岡城肥前第 3 次調査報告』福岡市埋蔵文化財調査報告書 293
124	福岡市教育委員会	1992	『入部Ⅲ』福岡市埋蔵文化財調査報告書 310
125	福岡市教育委員会	1992	『脇山Ⅲ』福岡市埋蔵文化財調査報告書 311

126	福岡市教育委員会	1993	『香椎 A』福岡市埋蔵文化財調査報告書 317
127	福岡市教育委員会	1993	『博多 34』福岡市埋蔵文化財調査報告書 326
128	福岡市教育委員会	1993	『博多 36』福岡市埋蔵文化財調査報告書 328
129	福岡市教育委員会	1993	『博多 37』福岡市埋蔵文化財調査報告書 329
130	福岡市教育委員会	1993	『博多 38』福岡市埋蔵文化財調査報告書 330
131	福岡市教育委員会	1993	『博多 40』福岡市埋蔵文化財調査報告書 332
132	福岡市教育委員会	1993	『藤崎遺跡 8』福岡市埋蔵文化財調査報告書 338
133	福岡市教育委員会	1993	『有田・小田部第 18 集』福岡市埋蔵文化財調査報告書 340
134	福岡市教育委員会	1993	『岩本遺跡』福岡市埋蔵文化財調査報告書 342
135	福岡市教育委員会	1993	『入部Ⅳ』福岡市埋蔵文化財調査報告書 343
136	福岡市教育委員会	1993	『脇山Ⅴ』福岡市埋蔵文化財調査報告書 344
137	福岡市教育委員会	1993	『能古島』福岡市埋蔵文化財調査報告書 354
138	福岡市教育委員会	1994	『那珂 10』福岡市埋蔵文化財調査報告書 365
139	福岡市教育委員会	1994	『那珂 12』福岡市埋蔵文化財調査報告書 367
140	福岡市教育委員会	1994	『博多 41』福岡市埋蔵文化財調査報告書 370
141	福岡市教育委員会	1994	『東入部遺跡群 2』福岡市埋蔵文化財調査報告書 382
142	福岡市教育委員会	1994	『田村遺跡Ⅸ』福岡市埋蔵文化財調査報告書 384
143	福岡市教育委員会	1994	『田村遺跡Ⅹ』福岡市埋蔵文化財調査報告書 385
144	福岡市教育委員会	1994	『脇山Ⅳ』福岡市埋蔵文化財調査報告書 386
145	福岡市教育委員会	1995	『博多 45』福岡市埋蔵文化財調査報告書 394
146	福岡市教育委員会	1995	『博多 46』福岡市埋蔵文化財調査報告書 395
147	福岡市教育委員会	1995	『博多 47』福岡市埋蔵文化財調査報告書 396
148	福岡市教育委員会	1995	『博多 43』福岡市埋蔵文化財調査報告書 392
149	福岡市教育委員会	1995	『博多 48』福岡市埋蔵文化財調査報告書 392
150	福岡市教育委員会	1995	『那珂遺跡 13』福岡市埋蔵文化財調査報告書 398
151	福岡市教育委員会	1995	『席田青木遺跡 2』福岡市埋蔵文化財調査報告書 408
152	福岡市教育委員会	1995	『入部Ⅴ』福岡市埋蔵文化財調査報告書 424
153	福岡市教育委員会	1995	『桑原遺跡群』福岡市埋蔵文化財調査報告書 432
154	福岡市教育委員会	1996	『博多 50』福岡市埋蔵文化財調査報告書 447
155	福岡市教育委員会	1996	『博多 51』福岡市埋蔵文化財調査報告書 447
156	福岡市教育委員会	1996	『博多 53』福岡市埋蔵文化財調査報告書 450
157	福岡市教育委員会	1996	『那珂 16』福岡市埋蔵文化財調査報告書 455
158	福岡市教育委員会	1996	『下月隈天神森遺跡Ⅱ』福岡市埋蔵文化財調査報告書 456
159	福岡市教育委員会	1996	『箱崎遺跡 4』福岡市埋蔵文化財調査報告書 459
160	福岡市教育委員会	1996	『有田・小田部遺跡』福岡市埋蔵文化財調査報告書 470
161	福岡市教育委員会	1996	『大原 D 遺跡群Ⅰ』福岡市埋蔵文化財調査報告書 481
162	福岡市教育委員会	1996	『入部Ⅵ』福岡市埋蔵文化財調査報告書 485
163	福岡市教育委員会	1997	『博多 54』福岡市埋蔵文化財調査報告書 503
164	福岡市教育委員会	1997	『清末Ⅲ』福岡市埋蔵文化財調査報告書 508
165	福岡市教育委員会	1997	『博多遺跡群第 3 次調査』福岡市埋蔵文化財調査報告書 515
166	福岡市教育委員会	1997	『入部Ⅶ』福岡市埋蔵文化財調査報告書 516
167	福岡市教育委員会	1997	『博多 56』福岡市埋蔵文化財調査報告書 521
168	福岡市教育委員会	1997	『博多 57』福岡市埋蔵文化財調査報告書 522
169	福岡市教育委員会	1997	『立花寺 B 遺跡』福岡市埋蔵文化財調査報告書 523
170	福岡市教育委員会	1997	『田村遺跡 12』福岡市埋蔵文化財調査報告書 524
171	福岡市教育委員会	1997	『博多 58』福岡市埋蔵文化財調査報告書 526
172	福岡市教育委員会	1997	『野多目 A 遺跡 4』福岡市埋蔵文化財調査報告書 527
173	福岡市教育委員会	1997	『博多 59』福岡市埋蔵文化財調査報告書 532
174	福岡市教育委員会	1997	『橋本榎田遺跡』福岡市埋蔵文化財調査報告書 542
175	福岡市教育委員会	1997	『博多 60』福岡市埋蔵文化財調査報告書 543
176	福岡市教育委員会	1998	『有田・小田部第 30 集』福岡市埋蔵文化財調査報告書 547
177	福岡市教育委員会	1998	『箱崎遺跡 5　蒲田部木原遺跡 5』福岡市埋蔵文化財調査報告書 550
178	福岡市教育委員会	1998	『箱崎遺跡 6』福岡市埋蔵文化財調査報告書 551
179	福岡市教育委員会	1998	『吉塚 4』福岡市埋蔵文化財調査報告書 553
180	福岡市教育委員会	1998	『吉塚遺跡 5』福岡市埋蔵文化財調査報告書 554
181	福岡市教育委員会	1998	『博多 62』福岡市埋蔵文化財調査報告書 557
182	福岡市教育委員会	1998	『博多 63』福岡市埋蔵文化財調査報告書 558

183	福岡市教育委員会	1998	『博多 64』福岡市埋蔵文化財調査報告書 559
184	福岡市教育委員会	1998	『博多 65』福岡市埋蔵文化財調査報告書 560
185	福岡市教育委員会	1998	『下月隈 C 遺跡 2』福岡市埋蔵文化財調査報告書 556
186	福岡市教育委員会	1998	『有田・小田部遺跡 31』福岡市埋蔵文化財調査報告書 574
187	福岡市教育委員会	1998	『今山遺跡』福岡市埋蔵文化財調査報告書 584
188	福岡市教育委員会	1998	『箱崎 7』福岡市埋蔵文化財調査報告書 591
189	福岡市教育委員会	1998	『箱崎 8』福岡市埋蔵文化財調査報告書 592
190	福岡市教育委員会	1999	『博多 66』福岡市埋蔵文化財調査報告書 593
191	福岡市教育委員会	1999	『博多 67』福岡市埋蔵文化財調査報告書 594
192	福岡市教育委員会	1999	『蒲田部木原遺跡群 6』福岡市埋蔵文化財調査報告書 589
193	福岡市教育委員会	1999	『藤崎遺跡 14』福岡市埋蔵文化財調査報告書 607
194	福岡市教育委員会	1999	『室見が丘』福岡市文化財調査報告書 614
195	福岡市教育委員会	1999	『峯遺跡 2』福岡市埋蔵文化財調査報告書 618
196	福岡市教育委員会	2000	『香椎 B 遺跡』福岡市埋蔵文化財調査報告書 621
197	福岡市教育委員会	2000	『香椎 A 遺跡』福岡市埋蔵文化財調査報告書 622
198	福岡市教育委員会	2000	『吉塚祝町 1』福岡市埋蔵文化財調査報告書 624
199	福岡市教育委員会	2000	『箱崎 9・比恵甕棺遺跡』福岡市埋蔵文化財調査報告書 625
200	福岡市教育委員会	2000	『博多 69』福岡市埋蔵文化財調査報告書 627
201	福岡市教育委員会	2000	『博多 70』福岡市埋蔵文化財調査報告書 628
202	福岡市教育委員会	2000	『博多 71』福岡市埋蔵文化財調査報告書 629
203	福岡市教育委員会	2000	『博多 72』福岡市埋蔵文化財調査報告書 630
204	福岡市教育委員会	2000	『博多 74』福岡市埋蔵文化財調査報告書 632
205	福岡市教育委員会	2000	『上月隈遺跡群 2』福岡市埋蔵文化財調査報告書 633
206	福岡市教育委員会	2000	『麦野 C 遺跡』福岡市埋蔵文化財調査報告書 643
207	福岡市教育委員会	2000	『日佐遺跡』福岡市埋蔵文化財調査報告書 646
208	福岡市教育委員会	2000	『田島小松浦遺跡』福岡市埋蔵文化財調査報告書 647
209	福岡市教育委員会	2000	『内野遺跡』福岡市埋蔵文化財調査報告書 653
210	福岡市教育委員会	2001	『箱崎 10』福岡市埋蔵文化財調査報告書 664
211	福岡市教育委員会	2001	『博多 75』福岡市埋蔵文化財調査報告書 666
212	福岡市教育委員会	2001	『博多 76』福岡市埋蔵文化財調査報告書 667
213	福岡市教育委員会	2001	『博多 77』福岡市埋蔵文化財調査報告書 668
214	福岡市教育委員会	2001	『博多 79』福岡市埋蔵文化財調査報告書 670
215	福岡市教育委員会	2001	『那珂 29』福岡市埋蔵文化財調査報告書 674
216	福岡市教育委員会	2001	『中南部（6）』福岡市埋蔵文化財調査報告書 679
217	福岡市教育委員会	2001	『樋井川 A 遺跡』福岡市埋蔵文化財調査報告書 682
218	福岡市教育委員会	2001	『有田・小田部第 36 集』福岡市埋蔵文化財調査報告書 684
219	福岡市教育委員会	2001	『入部 XI』福岡市埋蔵文化財調査報告書 685
220	福岡市教育委員会	2002	『箱崎 11』福岡市埋蔵文化財調査報告書 703
221	福岡市教育委員会	2002	『箱崎 12』福岡市埋蔵文化財調査報告書 704
222	福岡市教育委員会	2002	『箱崎 13』福岡市埋蔵文化財調査報告書 705
223	福岡市教育委員会	2002	『博多 80』福岡市埋蔵文化財調査報告書 706
224	福岡市教育委員会	2002	『博多 81』福岡市埋蔵文化財調査報告書 707
225	福岡市教育委員会	2002	『博多 82』福岡市埋蔵文化財調査報告書 708
226	福岡市教育委員会	2002	『博多 83』福岡市埋蔵文化財調査報告書 709
227	福岡市教育委員会	2002	『那珂 32』福岡市埋蔵文化財調査報告書 713
228	行橋市教育委員会	1908	『円屋敷遺跡』行橋市文化財調査報告書 20
229	行橋市教育委員会	2002	『徳永泉古墳・徳永法師ヶ坪遺跡』行橋市文化財調査報告書 30
230	若宮町教育委員会	1979	『竹原遺跡』若宮町文化財調査報告書 2
231	若宮町教育委員会	1999	『黒丸丸尾城跡』若宮町文化財調査報告書 16
232	北九州市教育文化事業団	1980	『紅梅（A）遺跡』北九州市埋蔵文化財調査報告書 1
233	北九州市教育文化事業団	1980	『白岩遺跡』北九州市埋蔵文化財調査報告書 3
234	北九州市教育文化事業団	1980	『長野 D 遺跡』北九州市埋蔵文化財調査報告書 5
235	北九州市教育文化事業団	1982	『新道寺・天疫神社前遺跡』北九州市埋蔵文化財調査報告書 11
236	北九州市教育文化事業団	1982	『長行遺跡』北九州市埋蔵文化財調査報告書 20
237	北九州市教育文化事業団	1984	『砥石山遺跡』北九州市埋蔵文化財調査報告書 28
238	北九州市教育文化事業団	1984	『本城南遺跡』北九州市埋蔵文化財調査報告書 33
239	北九州市教育文化事業団	1985	『伊川遺跡』北九州市埋蔵文化財調査報告書 38

240	北九州市教育文化事業団	1985	『勝円遺跡（C地点）』北九州市埋蔵文化財調査報告書 41
241	北九州市教育文化事業団	1985	『白岩西遺跡』北九州市埋蔵文化財調査報告書 43
242	北九州市教育文化事業団	1986	『愛宕遺跡II』北九州市埋蔵文化財調査報告書 46
243	北九州市教育文化事業団	1986	『北方遺跡』北九州市埋蔵文化財調査報告書 48
244	北九州市教育文化事業団	1986	『潤崎遺跡』北九州市埋蔵文化財調査報告書 49
245	北九州市教育文化事業団	1987	『長野A遺跡2』北九州市埋蔵文化財調査報告書 54
246	北九州市教育文化事業団	1987	『長野A遺跡3』北九州市埋蔵文化財調査報告書 55
247	北九州市教育文化事業団	1987	『愛宕遺跡III』北九州市埋蔵文化財調査報告書 60
248	北九州市教育文化事業団	1989	『高津尾遺跡2』北九州市埋蔵文化財調査報告書 84
249	北九州市教育文化事業団	1990	『上清水遺跡I区』北九州市埋蔵文化財調査報告書 90
250	北九州市教育文化事業団	1990	『徳力遺跡（上）』北九州市埋蔵文化財調査報告書 98
251	北九州市教育文化事業団	1992	『徳力遺跡（下）』北九州市埋蔵文化財調査報告書 113
252	北九州市教育文化事業団	1992	『金山遺跡II区』北九州市埋蔵文化財調査報告書 122
253	北九州市教育文化事業団	1993	『長野・早田遺跡』北九州市埋蔵文化財調査報告書 137
254	北九州市教育文化事業団	1993	『長野・早田遺跡』北九州市埋蔵文化財調査報告書 138
255	北九州市教育文化事業団	1994	『浜田遺跡・脇ノ浦遺跡・こうしんのう2号墳』北九州市埋蔵文化財調査報告書 142
256	北九州市教育文化事業団	1994	『中畑遺跡』北九州市埋蔵文化財調査報告書 155
257	北九州市教育文化事業団	1994	『井上遺跡1区』北九州市埋蔵文化財調査報告書 162
258	北九州市教育文化事業団	1994	『穴生古屋敷遺跡』北九州市埋蔵文化財調査報告書 175
259	北九州市教育文化事業団	1995	『中島遺跡』北九州市埋蔵文化財調査報告書 178
260	北九州市教育文化事業団	1996	『園田遺跡・八反田遺跡』北九州市埋蔵文化財調査報告書 183
261	北九州市教育文化事業団	1996	『祇園町遺跡3』北九州市埋蔵文化財調査報告書 193
262	北九州市教育文化事業団	1997	『小倉城跡2』北九州市埋蔵文化財調査報告書 196
263	北九州市教育文化事業団	1997	『高野遺跡』北九州市埋蔵文化財調査報告書 198
264	北九州市教育文化事業団	1997	『金丸遺跡1』北九州市埋蔵文化財調査報告書 205
265	北九州市教育文化事業団	1997	『永犬丸遺跡群1』北九州市埋蔵文化財調査報告書 206
266	北九州市教育文化事業団	1998	『金山遺跡2』北九州市埋蔵文化財調査報告書 210
267	北九州市教育文化事業団	1998	『金山遺跡0・IV区』北九州市埋蔵文化財調査報告書 212
268	北九州市教育文化事業団	1998	『潤崎遺跡6』北九州市埋蔵文化財調査報告書 214
269	北九州市教育文化事業団	1998	『永犬丸遺跡群2』北九州市埋蔵文化財調査報告書 216
270	北九州市教育文化事業団	1998	『上貫遺跡（C）1』北九州市埋蔵文化財調査報告書 220
271	北九州市教育文化事業団	1998	『上貫遺跡（C）2』北九州市埋蔵文化財調査報告書 221
272	北九州市教育文化事業団	1998	『小倉城下屋敷遺跡』北九州市埋蔵文化財調査報告書 222
273	北九州市教育文化事業団	2000	『小倉城跡第3地点』北九州市埋蔵文化財調査報告書 245
274	北九州市教育文化事業団	2000	『上貫遺跡（C）3』北九州市埋蔵文化財調査報告書 247
275	北九州市教育文化事業団	2000	『行正遺跡』北九州市埋蔵文化財調査報告書 254
276	北九州市教育文化事業団	2000	『御座遺跡』北九州市埋蔵文化財調査報告書 256
277	北九州市教育文化事業団	2001	『下石田遺跡』北九州市埋蔵文化財調査報告書 259
278	北九州市教育文化事業団	2001	『上貫遺跡（C）4』北九州市埋蔵文化財調査報告書 264
279	北九州市教育文化事業団	2002	『金丸遺跡3』北九州市埋蔵文化財調査報告書 267
280	北九州市教育文化事業団	2002	『蒲生寺中遺跡1』北九州市埋蔵文化財調査報告書 274
281	北九州市教育文化事業団	2002	『中村遺跡』北九州市埋蔵文化財調査報告書 278
282	北九州市教育文化事業団	2002	『黒崎遺跡』北九州市埋蔵文化財調査報告書 280
283	北九州市教育文化事業団	2002	『横代堂ノ前遺跡』北九州市埋蔵文化財調査報告書 289
284	北九州市教育文化事業団	2002	『紅梅（A）遺跡3』北九州市埋蔵文化財調査報告書 285
285	北九州市教育文化事業団	2002	『上貫（C）遺跡5』北九州市埋蔵文化財調査報告書 287
286	北九州市教育文化事業団	2002	『金丸遺跡4』北九州市埋蔵文化財調査報告書 292
287	北九州市教育文化事業団	2003	『志井雀木遺跡』北九州市埋蔵文化財調査報告書 294
288	北九州市教育文化事業団	2003	『寺町遺跡2』北九州市埋蔵文化財調査報告書 305
289	北九州市教育委員会	1980	『北九州直方道路及び都市計画道路建設関係埋蔵文化財調査報告書』
290	中ノ坊遺跡・三反田遺跡調査団	1976	『北九州市文化財調査報告書』
291	北九州市教育委員会	1978	『力丸遺跡』北九州市文化財調査報告書 26
292	北九州市教育委員会	1980	『勝円B遺跡』北九州市文化財調査報告書 38
293	北九州市教育委員会	1993	『中畑南遺跡・中畑遺跡』北九州市文化財調査報告書 52
294	北九州市教育委員会	1994	『高津尾遺跡III』北九州市文化財調査報告書 62
295	北九州市教育委員会	1996	『祇園町遺跡第2地点』北九州市文化財調査報告書 68
296	北九州市教育委員会	1998	『小倉城跡IV』北九州市文化財調査報告書 78

297　北九州市教育委員会　1998『中尾遺跡』北九州市文化財調査報告書 79
298　北九州市教育委員会　2002『今村清川町遺跡』北九州市文化財調査報告書 95
299　中部日本鉱業研究所　2003『上葛原遺跡第 2 地点』
300　福岡市教育委員会　2003『箱崎 14』福岡市埋蔵文化財調査報告書 767
301　福岡市教育委員会　2003『箱崎 15』福岡市埋蔵文化財調査報告書 768
302　福岡市教育委員会　2003『福岡外環状道路関係埋蔵文化財調査報告 17』福岡市埋蔵文化財調査報告書 751
303　福岡市教育委員会　2003『博多 86』福岡市埋蔵文化財調査報告書 757
304　福岡市教育委員会　2003『博多 88』福岡市埋蔵文化財調査報告書 759
305　福岡市教育委員会　2003『博多 90』福岡市埋蔵文化財調査報告書 761
306　福岡市教育委員会　2003『博多 91』福岡市埋蔵文化財調査報告書 762
307　福岡市教育委員会　2003『博多 93』福岡市埋蔵文化財調査報告書 764
308　福岡市教育委員会　2003『博多 95』福岡市埋蔵文化財調査報告書 766
309　八女市教育委員会　1987『岩戸山古墳群』八女市文化財調査報告書 15
310　八女市教育委員会　1992『三河小学校庭遺跡』八女市文化財調査報告書 22
311　夜須町教育委員会　1989『大園遺跡』夜須町文化財調査報告書 14
312　夜須町教育委員会　1993『砥上上林遺跡』夜須町文化財調査報告書 27
313　夜須町教育委員会　1996『法福寺遺跡』夜須町文化財調査報告書 34
314　夜須町教育委員会　1999『三並宮ノ前遺跡　本宮遺跡・鎌瀬遺跡』夜須町文化財調査報告書 45
315　夜須町教育委員会　2000『曽根田前田遺跡』夜須町文化財調査報告書 52
316　鞍手町教育委員会　2000『古門遺跡群』鞍手町文化財調査報告書 13
317　古賀町教育委員会　1983『高木遺跡』古賀町文化財調査報告書 2
318　古賀市教育委員会　2001『極田・杉ノ木遺跡』古賀市文化財調査報告書
319　古賀市教育委員会　2001『鹿部田淵遺跡』古賀市文化財調査報告書 33
320　犀川町教育委員会　1992『城井遺跡群』犀川町文化財調査報告書 3
321　犀川町教育委員会　1994『城井遺跡群Ⅱ』犀川町文化財調査報告書 4
322　志免町教育委員会　1996『松ヶ上遺跡』志免町文化財調査報告書 6
323　大平村教育委員会　1991『土佐井ミソンデ遺跡』太平村文化財調査報告書七
324　太宰府市教育委員会　1994『大宰府条坊跡Ⅵ』太宰府市の文化財 23
325　太宰府市教育委員会　1994『水城跡』太宰府市の文化財 24
326　太宰府市教育委員会　1995『大宰府条坊跡Ⅶ』太宰府市の文化財 28
327　太宰府市教育委員会　1995『大宰府条坊跡Ⅷ』太宰府市の文化財 29
328　太宰府市教育委員会　1996『大宰府条坊跡Ⅸ』太宰府市の文化財 30
329　太宰府市教育委員会　1997『筑前国分寺』太宰府市の文化財 32
330　太宰府市教育委員会　1997『宝満山遺跡群Ⅱ』太宰府市の文化財 34
331　太宰府市教育委員会　1998『大宰府条坊跡Ⅹ』太宰府市の文化財 37
332　太宰府市教育委員会　1999『筑前国分寺Ⅱ』太宰府市の文化財 40
333　太宰府市教育委員会　1999『馬場遺跡』太宰府市の文化財 41
334　太宰府市教育委員会　1999『大宰府条坊跡ⅩⅠ』太宰府市の文化財 42
335　太宰府市教育委員会　2001『大宰府条坊跡ⅩⅥ』太宰府市の文化財 52
336　太宰府市教育委員会　2001『大宰府条坊跡ⅩⅦ』太宰府市の文化財 53
337　太宰府市教育委員会　2001『原遺跡Ⅰ』太宰府市の文化財 54
338　太宰府市教育委員会　2001『宝満山遺跡群Ⅲ』太宰府市の文化財 55
339　太宰府市教育委員会　2001『大宰府条坊跡ⅩⅧ』太宰府市の文化財 57
340　太宰府市教育委員会　2002『大宰府条坊跡ⅩⅨ』太宰府市の文化財 59
341　太宰府市教育委員会　2002『大宰府条坊跡 20』太宰府市の文化財 60
342　太宰府市教育委員会　2002『大宰府条坊跡 21』太宰府市の文化財 61
343　九州歴史資料館　1975『太宰府史跡　昭和 49 年度発掘調査概報』
344　九州歴史資料館　1976『太宰府史跡　昭和 50 年度発掘調査概報』
345　九州歴史資料館　1977『太宰府史跡　昭和 51 年度発掘調査概報』
346　九州歴史資料館　1978『太宰府史跡　昭和 52 年度発掘調査概報』
347　九州歴史資料館　1979『太宰府史跡　昭和 53 年度発掘調査概報』
348　九州歴史資料館　1981『太宰府史跡　昭和 55 年度発掘調査概報』
349　九州歴史資料館　1983『太宰府史跡　昭和 58 年度発掘調査概報』
350　九州歴史資料館　1987『太宰府史跡　昭和 61 年度発掘調査概報』
351　九州歴史資料館　1988『太宰府史跡　昭和 62 年度発掘調査概報』
352　九州歴史資料館　1987『太宰府史跡　昭和 63 年度発掘調査概報』
353　九州歴史資料館　1990『太宰府史跡　平成元年度発掘調査概報』

354	九州歴史資料館	1991	『太宰府史跡　平成2年度発掘調査概報』
355	九州歴史資料館	1993	『太宰府史跡　平成4年度発掘調査概報』
356	九州歴史資料館	1998	『太宰府史跡　平成9年度発掘調査概報』
357	大刀洗町教育委員会	1993	『大刀洗町内遺跡群』大刀洗町文化財調査報告書3
358	大刀洗町教育委員会	2000	『西森田遺跡2』大刀洗町文化財調査報告書19
359	筑後市教育委員会	1991	『高江遺跡』筑後市文化財調査報告書7
360	筑後市教育委員会	1993	『榎崎遺跡』筑後市文化財調査報告書9
361	筑後市教育委員会	1994	『四ヶ所古四ヶ所遺跡』筑後市文化財調査報告書10
362	筑後市教育委員会	1994	『筑後東部地区遺跡群Ⅰ』筑後市文化財調査報告書11
363	筑後市教育委員会	1998	『久富大門口遺跡』筑後市文化財調査報告書18
364	筑後市教育委員会	1999	『徳永中牟田遺跡』筑後市文化財調査報告書19
365	筑後市教育委員会	1999	『長崎坊田遺跡』筑後市文化財調査報告書23
366	筑紫野市教育委員会	1982	『矢倉遺跡』筑紫野市文化財調査報告書8
367	筑紫野市教育委員会	1985	『西小田地区遺跡』筑紫野市文化財調査報告書11
368	筑紫野市教育委員会	1987	『丸隈遺跡』筑紫野市文化財調査報告書16
369	筑紫野市教育委員会	1997	『常松遺跡』筑紫野市文化財調査報告書55
370	筑紫野市教育委員会	1998	『岡田地区遺跡群Ⅱ』筑紫野市文化財調査報告書56
371	築城町教育委員会	1992	『城井谷Ⅰ』築上町文化財調査報告書2
372	築城町教育委員会	1996	『龍神遺跡群』築上町文化財調査報告書3
373	築上町教育委員会	2003	『小山田・スルメ田遺跡』築城町文化財調査報告書9
374	筑穂町教育委員会	2001	『上穂波地区遺跡群4』筑穂町文化財調査報告書7
375	津屋崎町教育委員会	1998	『生家釘ヶ裏遺跡』津屋崎町文化財調査報告書14
376	新吉富村教育委員会	2000	『宇野地区遺跡群Ⅱ』新吉富村文化財調査報告書13
377	豊津町教育委員会	1985	『豊前国府』豊津町文化財調査報告書3
378	豊津町教育委員会	1986	『豊前国府』豊津町文化財調査報告書4
379	豊津町教育委員会	1987	『豊前国府』豊津町文化財調査報告書5
380	豊津町教育委員会	1988	『北原遺跡』豊津町文化財調査報告書6
381	那珂川町教育委員会	1991	『山田西遺跡』那珂川町文化財調査報告書28
382	那珂川町教育委員会	1997	『中原・ヒナタ遺跡群』那珂川町文化財調査報告書39
383	那珂川町教育委員会	1999	『仲遺跡群Ⅲ』那珂川町文化財調査報告書45
384	那珂川町教育委員会	2001	『内田遺跡群』那珂川町文化財調査報告書55
385	二丈町教育委員会	1995	『木船の森遺跡』二丈町文化財調査報告書12
386	二丈町教育委員会	1995	『木船・三本松遺跡』二丈町文化財調査報告書15
387	杷木町教育委員会	1995	『穂坂天神原遺跡』杷木町文化財調査報告書2
388	直方市教育委員会	1993	『上頓野宮ノ遺跡』直方市文化財調査報告書15
389	直方市教育委員会	2003	『植木平遺跡』直方市文化財調査報告書25
390	久山町教育委員会	1999	『天神面遺跡』久山町文化財調査報告書4
391	久山町教育委員会	2002	『下山田遺跡群』久山町文化財調査報告書8
392	穂波町教育委員会	1989	『穂波地区遺跡群』嘉穂町文化財調査報告書4
393	前原町教育委員会	1992	『今宿バイパス関係埋蔵文化財調査報告Ⅱ』前原町文化財調査報告書42
394	前原市教育委員会	2001	『飯原門口遺跡』前原市文化財調査報告書72
395	水巻町教育委員会	1998	『上二貝塚』水巻町文化財調査報告書6
396	宗像市教育委員会	1987	『埋蔵文化財発掘調査報告書』宗像市文化財発掘調査報告書12
397	宗像市教育委員会	1990	『名残Ⅲ』宗像市文化財発掘調査報告書25
398	宗像市教育委員会	1995	『冨地原森』宗像市文化財発掘調査報告書40
399	宗像市教育委員会	2000	『久原瀧ヶ下』宗像市文化財発掘調査報告書48
400	宗像市教育委員会	2002	『徳重本村』宗像市文化財発掘調査報告書52
401	宗像市教育委員会	1988	『久原遺跡』宗像市文化財発掘調査報告書19
402	芦屋町教育委員会	1995	『金屋遺跡』芦屋町文化財調査報告書7
403	芦屋町教育委員会	1995	『旧芦屋小学校遺跡』芦屋町文化財調査報告書8
404	柿原野田遺跡調査団	1976	『柿原野田遺跡』
405	大川市教育委員会	1999	『前田遺跡』大川市文化財調査報告書6
406	飯塚市教育委員会	1991	『明星寺遺跡』飯塚市文化財調査報告書15
407	飯塚市教育委員会	1997	『明星寺南地区遺跡群Ⅳ』飯塚市文化財調査報告書23
408	糸田町教育委員会	1980	『松ヶ迫遺跡』糸田町文化財調査報告書1
409	大野城市教育委員会	1996	『石勺遺跡Ⅰ』大野城市文化財調査報告書47
410	大野城市教育委員会	2002	『塚口遺跡』大野城市文化財調査報告書58

411	大牟田市教育委員会	1985	『昭和59年度 埋蔵文化財発掘調査概要』大牟田市文化財調査報告書24
412	大牟田市教育委員会	1989	『上白川遺跡』大牟田市文化財調査報告書34
413	大牟田市教育委員会	1990	『城遺跡』大牟田市文化財調査報告書36
414	大牟田市教育委員会	1991	『上内・高頭遺跡』大牟田市文化財調査報告書38
415	大牟田市教育委員会	1999	『大間遺跡』大牟田市文化財調査報告書51
416	岡垣町教育委員会	1983	『大坪遺跡』大牟田市文化財調査報告書5
417	小郡市教育委員会	1989	『小郡堂の前遺跡』小郡市文化財調査報告書51
418	小郡市教育委員会	1989	『津古・唐前遺跡』小郡市文化財調査報告書53
419	小郡市教育委員会	1990	『大板井遺跡Ⅸ』小郡市文化財調査報告書65
420	小郡市教育委員会	1991	『小郡野口遺跡』小郡市文化財調査報告書73
421	小郡市教育委員会	1991	『小郡野口遺跡』小郡市文化財調査報告書73
422	小郡市教育委員会	1995	『福童山の上遺跡2・小郡正尻遺跡2』小郡市文化財調査報告書100
423	小郡市教育委員会	1999	『三沢古賀遺跡2区』小郡市文化財調査報告書131
424	小郡市教育委員会	2002	『三沢古賀遺跡3』小郡市文化財調査報告書165
425	小郡市教育委員会	2002	『福童山の上遺跡4』小郡市文化財調査報告書170
426	小郡市教育委員会	2003	『大保龍頭遺跡3・4・5』小郡市文化財調査報告書183
427	遠賀町教育委員会	2001	『先ノ野遺跡・慶ノ浦遺跡』遠賀町文化財調査報告書14
428	粕屋町教育委員会	1985	『蒲田部木原遺跡』粕屋町文化財調査報告2
429	粕屋町教育委員会	1994	『大隈栄松遺跡』粕屋町文化財調査報告7
430	粕屋町教育委員会	1995	『阿恵古屋敷遺跡』粕屋町文化財調査報告9
431	粕屋町教育委員会	1998	『花ヶ浦古墳2』粕屋町文化財調査報告15
432	粕屋町教育委員会	2000	『戸原御堂の原遺跡』粕屋町文化財調査報告16
433	嘉穂町教育委員会	1990	『嘉穂地区遺跡群Ⅷ』嘉穂町文化財調査報告書11
434	中間市教育委員会	2001	『垣生羅漢山遺跡群』中間市文化財調査報告書3
435	苅田町教育委員会	1986	『山口南古墳群』苅田町文化財調査報告書5
436	苅田町教育委員会	1990	『谷遺跡調査報告書』苅田町文化財調査報告書11
437	苅田町教育委員会	1990	『富久遺跡調査報告書』苅田町文化財調査報告書12
438	北野町教育委員会	1995	『古賀ノ上遺跡1』北野町文化財調査報告書2
439	北野町教育委員会	1997	『陣屋堂出遺跡』北野町文化財調査報告書8
440	北野町教育委員会	1997	『茶屋屋敷遺跡』北野町文化財調査報告書9
441	北野町教育委員会	1998	『仁王丸遺跡』北野町文化財調査報告書10
442	北野町教育委員会	2002	『大城小学校校庭遺跡』北野町文化財調査報告書15
443	久留米市開発公社	1976	『二子塚遺跡』
444	久留米市教育委員会	1974	『茶臼山・東光寺遺跡』久留米市文化財調査報告書9
445	久留米市教育委員会	1981	『久留米東バイパス関係埋蔵文化財調査報告』久留米市文化財調査報告書28
446	久留米市教育委員会	1984	『西屋敷遺跡Ⅱ』久留米市文化財調査報告書40
447	久留米市教育委員会	1985	『東部土地区画整理事業関係埋蔵文化財調査報告書第4集』久留米市文化財調査報告書43
448	久留米市教育委員会	1986	『筑後国府跡』久留米市文化財調査報告書46
449	久留米市教育委員会	1987	『横道遺跡（Ⅰ）』久留米市文化財調査報告書49
450	久留米市教育委員会	1993	『汐入遺跡』久留米市文化財調査報告書78
451	久留米市教育委員会	1993	『東部地区埋蔵文化財調査報告書第13集』久留米市文化財調査報告書88
452	久留米市教育委員会	1993	『上津・藤光遺跡群Ⅰ』久留米市文化財調査報告書80
453	久留米市教育委員会	1994	『神道遺跡』久留米市文化財調査報告書91
454	久留米市教育委員会	1994	『大善寺北部地区遺跡群Ⅲ』久留米市文化財調査報告書92
455	久留米市教育委員会	1994	『津福西小路遺跡』久留米市文化財調査報告書95
456	久留米市教育委員会	1996	『二本木遺跡』久留米市文化財調査報告書106
457	久留米市教育委員会	1995	『白口西屋敷遺跡』久留米市文化財調査報告書107
458	久留米市教育委員会	1995	『久留米市内遺跡群』久留米市文化財調査報告書110
459	久留米市教育委員会	1996	『大善寺北部地区遺跡群Ⅴ』久留米市文化財調査報告書112
460	久留米市教育委員会	1996	『ヘボノ木遺跡』久留米市文化財調査報告書115
461	久留米市教育委員会	1996	『ヘボノ木遺跡』久留米市文化財調査報告書121
462	久留米市教育委員会	1997	『筑後国府跡』久留米市文化財調査報告書126
463	久留米市教育委員会	1999	『久留米市内遺跡群』久留米市文化財調査報告書150
464	久留米市教育委員会	1999	『筑後国府跡』久留米市文化財調査報告書152
465	久留米市教育委員会	2001	『筑後国府跡』久留米市文化財調査報告書170
466	久留米市教育委員会	2002	『久留米市埋蔵文化財調査集報Ⅳ』久留米市文化財調査報告書180
467	久留米市教育委員会	2003	『正福寺遺跡』久留米市文化財調査報告書188

468　久留米市教育委員会　2003『碇遺跡』久留米市文化財調査報告書190

佐賀県

1　佐賀県教育委員会　1990『西石動遺跡』九州横断自動車道関係埋蔵文化財発掘調査報告書12
2　佐賀県教育委員会　1991『志波屋六本松乙遺跡』九州横断自動車道関係埋蔵文化財発掘調査報告書13
3　佐賀県教育委員会　1991『都谷遺跡』九州横断自動車道関係埋蔵文化財発掘調査報告書14
4　佐賀県教育委員会　1992『朝日北遺跡』九州横断自動車道関係埋蔵文化財発掘調査報告書15
5　佐賀県教育委員会　1994『東福寺遺跡』九州横断自動車道関係埋蔵文化財発掘調査報告書17
6　佐賀県教育委員会　1995『東山田一本杉遺跡』九州横断自動車道関係埋蔵文化財発掘調査報告書18
7　佐賀県教育委員会　1996『西山田二本松遺跡』九州横断自動車道関係埋蔵文化財発掘調査報告書19
8　佐賀県教育委員会　1976『戊遺跡』佐賀県文化財調査報告書36
9　佐賀県教育委員会　1978『久米遺跡群』佐賀県文化財調査報告書42
10　佐賀県教育委員会　1980『尾崎利田遺跡』佐賀県文化財調査報告書55
11　佐賀県教育委員会　1981『押川遺跡』佐賀県文化財調査報告書60
12　佐賀県教育委員会　1985『筑後川下流用水事業に係る文化財調査報告書』佐賀県文化財調査報告書80
13　佐賀県教育委員会　1989『筑後川下流用水事業に係る文化財調査報告書2』佐賀県文化財調査報告書93
14　佐賀県教育委員会　1991『筑後川下流用水事業に係る文化財調査報告書3』佐賀県文化財調査報告書103
15　佐賀県教育委員会　1997『吉野ケ里遺跡』佐賀県文化財調査報告書32
16　佐賀市教育委員会　1989『村徳永遺跡（A・B地区）』佐賀市文化財調査報告書26
17　佐賀市教育委員会　1990『南宿遺跡・本村遺跡・阿高遺跡・牟田寄遺跡・村徳永遺跡・古村遺跡』佐賀市文化財調査報告書28
18　佐賀市教育委員会　1990『村徳永遺跡（E・F・G地区）』佐賀市文化財調査報告書32
19　佐賀市教育委員会　1991『村徳永遺跡（J地区）』佐賀市文化財調査報告書34
20　佐賀市教育委員会　1992『阿高遺跡・寺裏遺跡・梅屋敷遺跡』佐賀市文化財調査報告書40
21　佐賀市教育委員会　1993『篠木野遺跡・琵琶原遺跡』佐賀市文化財調査報告書45
22　佐賀市教育委員会　1993『観音遺跡』佐賀市文化財調査報告書46
23　佐賀市教育委員会　1994『増田遺跡群Ⅱ』佐賀市文化財調査報告書50
24　佐賀市教育委員会　1994『友貞遺跡』佐賀市文化財調査報告書53
25　佐賀市教育委員会　1994『浦田遺跡』佐賀市文化財調査報告書54
26　佐賀市教育委員会　1994『御手水遺跡』佐賀市文化財調査報告書55
27　佐賀市教育委員会　1994『大西屋敷遺跡Ⅰ』佐賀市文化財調査報告書56
28　佐賀市教育委員会　1995『東高木遺跡Ⅱ』佐賀市文化財調査報告書57
29　佐賀市教育委員会　1995『増田遺跡群Ⅲ』佐賀市文化財調査報告書58
30　佐賀市教育委員会　1995『友貞遺跡Ⅱ』佐賀市文化財調査報告書60
31　佐賀市教育委員会　1995『大西屋敷遺跡Ⅱ』佐賀市文化財調査報告書62
32　佐賀市教育委員会　1996『来迎寺遺跡・若宮原遺跡』佐賀市文化財調査報告書69
33　佐賀市教育委員会　1996『下村遺跡（1・2区）』佐賀市文化財調査報告書74
34　佐賀市教育委員会　1996『東千布遺跡Ⅱ（2区の調査）』佐賀市文化財調査報告書75
35　佐賀市教育委員会　1997『東千布遺跡Ⅲ（3区の調査）』佐賀市文化財調査報告書78
36　佐賀市教育委員会　1997『西千布遺跡（2〜7区の調査）・友貞遺跡（7・12区）』佐賀市文化財調査報告書80
37　佐賀市教育委員会　1997『妙常寺北遺跡（1・2区）・妙常寺南遺跡（1区）』佐賀市文化財調査報告書82
38　佐賀市教育委員会　1998『牟田寄遺跡Ⅳ』佐賀市文化財調査報告書83
39　佐賀市教育委員会　1998『修理田遺跡Ⅱ（2・3区）』佐賀市文化財調査報告書90
40　佐賀市教育委員会　1998『コマガリ遺跡』佐賀市文化財調査報告書94
41　佐賀市教育委員会　1999『江頭遺跡（9区の調査）・森田遺跡（1区の調査）』佐賀市文化財調査報告書100
42　佐賀市教育委員会　1999『ウー屋敷遺跡』佐賀市文化財調査報告書101
43　佐賀市教育委員会　1999『牟田寄遺跡Ⅶ』佐賀市文化財調査報告書102
44　佐賀市教育委員会　1999『長瀬一本杉遺跡・高木城跡』佐賀市文化財調査報告書103
45　佐賀市教育委員会　1999『江頭遺跡（1〜8区の調査）』佐賀市文化財調査報告書104
46　佐賀市教育委員会　1999『坪の上遺跡Ⅱ』佐賀市文化財調査報告書105
47　佐賀市教育委員会　1999『徳永遺跡9区』佐賀市文化財調査報告書106
48　佐賀市教育委員会　1999『上和泉遺跡6区』佐賀市文化財調査報告書107
49　佐賀市教育委員会　2000『村徳永遺跡（13〜16区）』佐賀市文化財調査報告書109
50　佐賀市教育委員会　2000『森田遺跡Ⅱ（2〜6区の調査）』佐賀市文化財調査報告書110
51　佐賀市教育委員会　2000『増田遺跡Ⅳ』佐賀市文化財調査報告書111
52　佐賀市教育委員会　2000『徳永遺跡4・5・6区』佐賀市文化財調査報告書118
53　佐賀市教育委員会　2001『増田遺跡群Ⅴ（7区の調査）』佐賀市文化財調査報告書121

54	佐賀市教育委員会	2002	『増田遺跡群Ⅵ（4・5区の調査）』	佐賀市文化財調査報告書 130
55	佐賀市教育委員会	2003	『牟田口遺跡』	佐賀市文化財調査報告書 140
56	伊万里市教育委員会	1987	『馬立場遺跡』	伊万里市文化財調査報告書 21
57	伊万里市教育委員会	1988	『西尾遺跡（A地点）』	伊万里市文化財調査報告書 23
58	伊万里市教育委員会	1988	『西尾遺跡（B地点）』	伊万里市文化財調査報告書 25
59	伊万里市教育委員会	1990	『不動遺跡（C地区）』	伊万里市文化財調査報告書 6
60	唐津市教育委員会	1986	『見借遺跡群』	唐津市文化財調査報告書 16
61	唐津市教育委員会	1986	『神田中村遺跡』	唐津市文化財調査報告書 49
62	唐津市教育委員会	1994	『徳蔵谷遺跡（1）』	唐津市文化財調査報告書 57
63	唐津市教育委員会	1996	『菜畑内田遺跡』	唐津市文化財調査報告書 73
64	唐津市教育委員会	1997	『佐志中通遺跡』	唐津市文化財調査報告書 78
65	唐津市教育委員会	1997	『菅牟田西山遺跡・山田団六遺跡』	唐津市文化財調査報告書 79
66	唐津市教育委員会	1999	『菜畑内田遺跡（2）』	唐津市文化財調査報告書 87
67	唐津市教育委員会	2000	『岸高遺跡Ⅱ』	唐津市文化財調査報告書 90
68	唐津市教育委員会	2000	『菜畑内田遺跡（3）』	唐津市文化財調査報告書 93
69	唐津市教育委員会	2002	『川頭遺跡』	唐津市文化財調査報告書 103
70	唐津市教育委員会	2002	『佐志中通遺跡（2）』	唐津市文化財調査報告書 104
71	唐津市教育委員会	2003	『徳蔵谷遺跡（4）』	唐津市文化財調査報告書 110
72	唐津市教育委員会	2002	『半田引地遺跡』	唐津市文化財調査報告書 111
73	武雄市教育委員会	1984	『郷ノ木遺跡B地点』	武雄市文化財調査報告書 14
74	武雄市教育委員会	1986	『みやこ遺跡』	武雄市文化財調査報告書 15
75	武雄市教育委員会	1986	『茂手遺跡』	武雄市文化財調査報告書 15
76	武雄市教育委員会	1989	『甕屋遺跡』	武雄市文化財調査報告書 20
77	武雄市教育委員会	1990	『南永野遺跡』	武雄市文化財調査報告書 22
78	武雄市教育委員会	1990	『天神裏遺跡』	武雄市文化財調査報告書 23
79	鳥栖市教育委員会	1984	『前田遺跡』	鳥栖市文化財調査報告書 23
80	鳥栖市教育委員会	1997	『今泉遺跡』	鳥栖市文化財調査報告書 55
81	牛津町教育委員会	1992	『柿樋瀬遺跡Ⅰ・石丸塚遺跡Ⅰ』	牛津町文化財調査報告書 2
82	芦刈町教育委員会	1980	『小路遺跡』	芦刈町文化財調査報告書
83	相知町教育委員会	1986	『伊岐佐遺跡群』	相知町文化財調査報告書 1
84	神崎町教育委員会	1992	『中園遺跡Ⅱ・Ⅲ・Ⅳ・Ⅴ区』	神崎町文化財調査報告書 32
85	神崎町教育委員会	1995	『本堀朝日遺跡』	神崎町文化財調査報告書 42
86	神崎町教育委員会	1998	『的小渕遺跡』	神崎町文化財調査報告書 61
87	神崎町教育委員会	2000	『荒堅目遺跡Ⅱ区』	神崎町文化財調査報告書 68
88	神崎町教育委員会	2002	『馬郡遺跡』	神崎町文化財調査報告書 73
89	神崎町教育委員会	2003	『小渕遺跡13区』	神崎町文化財調査報告書 81
90	基山町遺跡発掘調査団	1978	『千塔山遺跡』	
91	久保田町教育委員会	1993	『上恒安遺跡』	久保田町文化財調査報告書 1
92	久保田町教育委員会	1998	『後藤館跡』	久保田町文化財調査報告書 3
93	久保田町教育委員会	2002	『快万遺跡1区・2区』	久保田町文化財調査報告書 5
94	塩田町教育委員会	1994	『大黒町遺跡発掘調査報告書』	塩田町文化財調査報告書 10
95	千代田町教育委員会	1986	『黒井八本松遺跡』	千代田町文化財調査報告書 5
96	東脊振村教育委員会	1980	『霊仙寺跡』	東脊振村文化財調査報告書 4
97	三日月町教育委員会	1984	『織島西分遺跡群Ⅱ』	三日月町文化財調査報告書 4
98	三日月町教育委員会	1999	『札遺跡』	三日月町文化財調査報告書 11
99	三根町教育委員会	1985	『天建寺土井内遺跡』	三根町文化財調査報告書 2

長崎県

1	長崎県教育委員会	1985	『名切遺跡』	長崎県文化財調査報告書 71
2	長崎県教育委員会・松浦市教育委員会	1985	『楼楷田遺跡』	長崎県文化財調査報告書 75
3	長崎県教育委員会	1986	『今福遺跡Ⅲ』	長崎県文化財調査報告書 84
4	長崎県教育委員会	1989	『九州横断自動車道建設に伴う埋蔵文化財緊急発掘調査報告書Ⅵ』	長崎県文化財調査報告書 93
5	長崎県教育委員会	1990	『九州横断自動車道建設に伴う埋蔵文化財緊急発掘調査報告書Ⅶ』	長崎県文化財調査報告書 98
6	長崎県教育委員会	1991	『九州横断自動車道建設に伴う埋蔵文化財緊急発掘調査報告書Ⅷ』	長崎県文化財調査報告書 99
7	長崎県教育委員会	1996	『伊木力遺跡Ⅰ』	長崎県文化財調査報告書 126
8	長崎県教育委員会	1998	『馬乗石遺跡』	長崎県文化財調査報告書 149
9	長崎県教育委員会	1999	『稗田原遺跡Ⅲ』	長崎県文化財調査報告書 152

10	長崎県教育委員会	1997	『原の辻遺跡・安国寺前A遺跡・安国寺前B遺跡』	原の辻遺跡調査事務所調査報告書1
11	長崎県教育委員会	1997	『百合畑古墳群・山ノ神古墳・壱岐氏居館跡』	原の辻遺跡調査事務所調査報告書2
12	長崎県教育委員会	1998	『興触遺跡』	原の辻遺跡調査事務所調査報告書7
13	長崎県教育委員会	1999	『興触遺跡・興触上川遺跡』	原の辻遺跡調査事務所調査報告書12
14	長崎県教育委員会	1999	『興触上川遺跡』	原の辻遺跡調査事務所調査報告書13
15	長崎県教育委員会	1999	『大宝遺跡』	原の辻遺跡調査事務所調査報告書14
16	長崎県教育委員会	2000	『原の辻遺跡』	原の辻遺跡調査事務所調査報告書18
17	長崎市教育委員会	1987	『深堀貝塚発掘調査報告書』	
18	大村市文化財保護協会	1992	『寿古遺跡』	
19	大村市教育委員会	2004	『黒丸遺跡ほか発掘調査概報』vol.4	大村市文化財調査報告書27
20	東彼杵町教育委員会	1988	『岡遺跡』	東彼杵町文化財調査報告書2
21	東彼杵町教育委員会	1988	『白井川遺跡』	東彼杵町文化財調査報告書3
22	小値賀町教育委員会	1993	『県営畑総事業に伴う確認調査概報Ⅰ』	小値賀町文化財調査報告書9
23	小値賀町教育委員会	1993	『県営畑総事業に伴う確認調査概報Ⅱ』	小値賀町文化財調査報告書10
24	小値賀町教育委員会	1994	『県営畑総事業に伴う確認調査概報Ⅲ』	小値賀町文化財調査報告書11
25	鷹島町教育委員会	1984	『床浪海底遺跡』	鷹島町教育委員会・床浪海底遺跡発掘調査団
26	鷹島町教育委員会	2001	『鷹島海底遺跡Ⅳ』	鷹島町文化財調査報告書3
27	鷹島町教育委員会	2002	『鷹島海底遺跡Ⅶ』	鷹島町文化財調査報告書6
28	鷹島町教育委員会	2003	『鷹島海底遺跡Ⅷ』	鷹島町文化財調査報告書7
29	宇久町教育委員会	1997	『宇久山本遺跡』	宇久町文化財調査報告書3
30	松浦市教育委員会	2000	『小船遺跡』	松浦市文化財調査報告書15

熊本県

1	熊本県文化財保護協会	1975	『竹崎城』	熊本県文化財調査報告17
2	熊本県教育委員会	1975	『久保遺跡』	熊本県文化財調査報告18
3	熊本県教育委員会	1978	『高橋南貝塚』	熊本県文化財調査報告28
4	熊本市教育委員会	1979	『下城遺跡Ⅰ』	熊本県文化財調査報告37
5	熊本県教育委員会	1980	『境古墳群・境遺跡』	熊本県文化財調査報告42
6	熊本県教育委員会	1980	『車塚遺跡・川田京坪遺跡・川田小筑遺跡・塩塚古墳』	熊本県文化財調査報告46
7	熊本県教育委員会	1980	『里の城遺跡・若宮城跡・瀬戸口横穴群 調査報告書』	熊本県文化財調査報告51
8	熊本県教育委員会	1983	『曲野遺跡Ⅰ』	熊本県文化財調査報告61
9	熊本県教育委員会	1989	『七地水田遺跡』	熊本県文化財調査報告101
10	熊本県教育委員会	1989	『山田城跡』	熊本県文化財調査報告書102
11	熊本県教育委員会	1989	『天道ヶ尾遺跡（Ⅰ）』	熊本県文化財調査報告書103
12	熊本県教育委員会	1989	『上片町水田遺跡』	熊本県文化財調査報告書109
13	熊本県教育委員会	1990	『山田城跡Ⅱ・Ⅲ』	熊本県文化財調査報告書112
14	熊本県教育委員会	1991	『鞠智城跡』	熊本県文化財調査報告書116
15	熊本県教育委員会	1992	『鞠智城跡』	熊本県文化財調査報告書124
16	熊本県教育委員会	1993	『御幸木部古屋敷遺跡』	熊本県文化財調査報告書129
17	熊本県教育委員会	1996	『沖松遺跡』	熊本県文化財調査報告書154
18	熊本県教育委員会	1998	『二本木前遺跡』	熊本県文化財調査報告書167
19	熊本県教育委員会	1999	『蔵城遺跡』	熊本県文化財調査報告書172
20	熊本県教育委員会	1999	『頭地松本B遺跡（2）』	熊本県文化財調査報告書173
21	熊本県教育委員会	1999	『二本木遺跡群』	熊本県文化財調査報告書174
22	熊本県教育委員会	2000	『祇園遺跡』	熊本県文化財調査報告188
23	熊本県教育委員会	2000	『長野遺跡』	熊本県文化財調査報告189
24	熊本県教育委員会	2000	『竈門寺原遺跡』	熊本県文化財調査報告190
25	熊本県教育委員会	2001	『瀬戸口横穴墓群・深川遺跡』	熊本県文化財調査報告193
26	熊本県教育委員会	2001	『杉の本遺跡』	熊本県文化財調査報告196
27	熊本県教育委員会	2001	『灰塚遺跡（Ⅱ）』	熊本県文化財調査報告197
28	熊本県教育委員会	2001	『坂口遺跡・石清水遺跡』	熊本県文化財調査報告201
29	熊本県教育委員会	2005	『中片小路遺跡』	熊本県文化財調査報告224
30	熊本県教育委員会	2005	『前田遺跡』	熊本県文化財調査報告225
31	熊本市教育委員会	1979	『熊本市内埋蔵文化財発掘調査報告書』	
32	熊本市教育委員会	2001	『神水遺跡Ⅳ』	
33	熊本市教育委員会	2002	『池辺寺遺跡Ⅳ』	
34	熊本市教育委員会	2001	『神水遺跡Ⅴ』	

35	熊本市教育委員会	2003	『熊本市埋蔵文化財発掘調査報告書』
36	熊本市教育委員会	2001	『神水遺跡Ⅵ』
37	阿蘇町教育委員会	1982	『陣内遺跡』阿蘇町文化財調査報告書2
38	荒尾市教育委員会	1978	『大園山、杉谷遺跡』荒尾市文化財調査報告3
39	菊花長教育委員会	1999	『樋ノ口遺跡』菊花町文化財調査報告5
40	城南町教育委員会	2002	『沈目遺跡』城南町文化財調査報告12
41	城南町教育委員会	2003	『宮路遺跡群』城南町文化財調査報告13
42	泗水町教育委員会	1998	『篠原遺跡』泗水町文化財調査報告書3
43	人吉市教育委員会	1988	『村山闇谷遺跡発掘調査報告書』
44	本渡市教育委員会	1993	『浜崎遺跡』本渡市文化財調査報告書6
45	三加和町教育委員会	1988	『田中城跡』三加和町文化財調査報告書2

大分県

1	大分県教育委員会	1985	『大分県内遺跡詳細分布調査概報4』
2	大分県教育委員会	1986	『ふいが城遺跡』
3	大分県教育委員会	1989	『稙田遺跡Ⅱ』
4	大分県教育委員会	1989	『佐知遺跡』大分県文化財調査報告　第81輯
5	大分県教育委員会	1991	『慈眼山遺跡（A地区）』大分県文化財調査報告　第85輯
6	大分県教育委員会	1992	『手崎遺跡・大部遺跡』一般国道210号日田バイパス建設に伴う埋蔵文化財調査概報Ⅲ
7	大分県教育委員会	1996	『横手遺跡群』大分県文化財調査報告書93
8	大分県教育委員会	1998	『佐寺原遺跡・尾漕遺跡群・有田塚ヶ原古墳群』九州横断自動車道関係埋蔵文化財調査報告書（9）
9	大分県教育委員会	1999	『治別当遺跡』九州横断自動車道関係埋蔵文化財調査報告書（15）
10	大分県教育委員会	2000	『瀬戸墳墓群・瀬戸遺跡・帆足城跡』九州横断自動車道関係埋蔵文化財調査報告書（17）
11	大分県教育委員会	2001	『下ノ山遺跡』大分県文化財調査報告書　第114輯
12	大分県教育委員会	2001	『清太郎遺跡』大分県文化財調査報告書　第115輯
13	大分県教育委員会	2001	『富貴寺遺跡（東地区）』大分県文化財調査報告書　第117輯
14	大分県教育委員会	2002	『西王寺遺跡・毛見所遺跡・上久所遺跡・浄土寺遺跡』大分県文化財調査報告書第138輯
15	大分県教育委員会	2002	『弥四郎遺跡・王子遺跡』大分県文化財調査報告書　第140輯
16	大分県教育委員会	2002	『古庄屋遺跡』大分県文化財調査報告書　第141輯
17	大分市教育委員会	1994	『大分市埋蔵文化財調査年報5』
18	大分市教育委員会	1995	『羽田遺跡Ⅱ』
19	大分市教育委員会	1995	『大分元町石仏』
20	大分市教育委員会	1999	『城南遺跡』
21	宇佐市教育委員会	1985	『御幡遺跡（Ⅱ）、高森遺跡（Ⅱ）』
22	臼杵市教育委員会	2001	『荒田遺跡』
23	佐伯市教育委員会	1990	『汐月遺跡』
24	佐伯市教育委員会	1991	『栂牟礼城址と関連遺跡発掘調査概報』
25	中津市教育委員会	1997	『犬丸川流域遺跡群』中津市文化財調査報告書19
26	豊後高田市教育委員会	1998	『割掛遺跡』豊後高田市文化財調査報告書5
27	豊後高田市教育委員会	2002	『佐野地区遺跡発掘調査報告書』豊後高田市文化財調査報告書10
28	豊後高田市教育委員会	2002	『嶺崎地区遺跡発掘調査報告書』豊後高田市文化財調査報告書11
29	豊後高田市教育委員会	2003	『天念寺遺跡円思坊地区1次地点』豊後高田市文化財調査報告書12
30	日田市教育委員会	1996	『会所宮遺跡』日田市埋蔵文化財調査報告書11
31	日田市教育委員会	1998	『森ノ元遺跡』日田市埋蔵文化財調査報告書13
32	日田市教育委員会	2000	『徳瀬遺跡第3次』日田市埋蔵文化財調査報告書22
33	日田市教育委員会	2001	『日田条里上手地区Ⅲ・高瀬糸里永平寺地区・尾部田遺跡』日田市埋蔵文化財調査報告書34
34	日田市教育委員会	2001	『日田条里上手地区5次』日田市埋蔵文化財調査報告書31
35	日田市教育委員会	2001	『川原田遺跡』日田市埋蔵文化財調査報告書32
36	久住町教育委員会	2000	『小路遺跡・上屋敷遺跡』
37	久住町教育委員会	2002	『上城遺跡』
38	玖珠町教育委員会	1984	『伐株山城跡』
39	国東町教育委員会	1993	『浜崎寺山遺跡』国東町文化財調査報告書10
40	国東町教育委員会	1993	『県営圃場整備国東川南地区関係発掘調査報告書』国東町文化財調査報告書17
41	国東町教育委員会	1999	『原遺跡七郎丸1地区・口寺田遺跡』国東町文化財調査報告書18
42	耶麻渓町教育委員会	1997	『妙ヶ野遺跡』耶麻渓町文化財調査報告書1

宮崎県
1 宮崎県教育委員会　1986『保木下遺跡』
2 宮崎県教育委員会　1986『宮崎学園都市遺跡発掘調査報告書』2
3 宮崎県教育委員会　1988『宮崎学園都市遺跡発掘調査報告書』4
4 宮崎県教育委員会　1993『宮崎県文化財調査報告書』36
5 宮崎県教育委員会　1995『宮崎県文化財調査報告書』38
6 宮崎県教育委員会　1990『林遺跡』
7 宮崎県教育委員会　1991『天神河内第1遺跡』
8 宮崎県教育委員会　1992『樺山・郡元地区遺跡』
9 宮崎県教育委員会　1994『三納代遺跡群』
10 宮崎県教育委員会　1994『野久首遺跡・平原遺跡・妙見遺跡』九州縦貫自動車道（人吉～えびの間）建設工事に伴う埋蔵文化財調査報告書2
11 宮崎県立埋蔵文化財センター　1999『西下本庄遺跡』宮崎県埋蔵文化財センター調査報告書15
12 宮崎県立埋蔵文化財センター　2000『竹ノ内遺跡』宮崎県埋蔵文化財センター調査報告書27
13 宮崎県立埋蔵文化財センター　2004『池島遺跡』宮崎県埋蔵文化財センター調査報告書84
14 宮崎県立埋蔵文化財センター　2005『竹渕C遺跡』宮崎県埋蔵文化財センター調査報告書96
15 宮崎県立埋蔵文化財センター　2005『本宮遺跡』宮崎県埋蔵文化財センター調査報告書112
16 宮崎県立埋蔵文化財センター　2005『前ノ田村上第1遺跡』宮崎県埋蔵文化財センター調査報告書116
17 宮崎県立埋蔵文化財センター　2006『銀座第1遺跡』宮崎県埋蔵文化財センター調査報告書120
18 えびの市教育委員会　1990『永田原遺跡・小木原遺跡群蕨地区・田ノ坪遺跡』えびの市文化財調査報告書6
19 えびの市教育委員会　1996『上江・池島地区県圃場整備事業に伴う埋蔵文化財発掘調査報告書Ⅱ』えびの市文化財調査報告書16
20 えびの市教育委員会　2000『内小野遺跡』えびの市文化財調査報告書24
21 えびの市教育委員会　2001『昌妙寺遺跡』えびの市埋蔵文化財調査報告30
22 えびの市教育委員会　2001『長江浦遺跡群』えびの市埋蔵文化財調査報告32
23 えびの市教育委員会　2003『小岡丸地区遺跡群』えびの市埋蔵文化財調査報告37
24 えびの市教育委員会　2003『草刈田遺跡』えびの市埋蔵文化財調査報告39
25 小林市教育委員会　2001『市谷遺跡群』小林市文化財調査報告書13
26 西都市教育委員会　1990『西都市・埋蔵文化財発掘調査報告書』12
27 都城市教育委員会　1993『天神原遺跡』都城市文化財調査報告書23
28 都城市教育委員会　1998『久玉遺跡第5次発掘調査』都城市文化財調査報告書25
29 都城市教育委員会　1998『鶴喰遺跡』都城市文化財調査報告書44
30 都城市教育委員会　2000『郡元遺跡群』都城市文化財調査報告書51
31 都城市教育委員会　2002『横市地区遺跡群』都城市文化財調査報告書58
32 都城市教育委員会　2004『馬渡遺跡』都城市文化財調査報告書62

鹿児島県
1 鹿児島県教育委員会　1982『九州縦貫自動車関係埋蔵文化財調査報告Ⅸ　山崎B遺跡』鹿児島県埋蔵文化財発掘調査報告書18
2 鹿児島県教育委員会　1982『九州縦貫自動車道関係埋蔵文化財調査報告ⅩⅠ』鹿児島県埋蔵文化財発掘調査報告書20
3 鹿児島県教育委員会　1982『九州縦貫自動車道関係埋蔵文化財調査報告ⅩⅡ』鹿児島県埋蔵文化財発掘調査報告書21
4 鹿児島県教育委員会　1983『成岡・西ノ平・上ノ原遺跡』鹿児島県埋蔵文化財発掘調査報告書28
5 鹿児島県教育委員会　1985『成岡遺跡Ⅱ』鹿児島県埋蔵文化財調査報告書35
6 鹿児島県教育委員会　1991『小中原遺跡』鹿児島県埋蔵文化財調査報告書57
7 鹿児島県立埋蔵文化財センター　1994『本御内遺跡』鹿児島県埋蔵文化財センター発掘調査報告書12
8 鹿児島県立埋蔵文化財センター　1994『柿内遺跡・大園遺跡・西俣遺跡』鹿児島県埋蔵文化財センター発掘調査報告書24
9 鹿児島県立埋蔵文化財センター　2002『今里遺跡』鹿児島県埋蔵文化財センター発掘調査報告書33
10 鹿児島県立埋蔵文化財センター　2003『市野遺跡』鹿児島県立埋蔵文化財センター発掘調査報告書49
11 鹿児島県立埋蔵文化財センター　2003『山ノ脇遺跡・石坂遺跡・西原遺跡』鹿児島県立埋蔵文化財センター発掘調査報告書58
12 鹿児島県立埋蔵文化財センター　2004『後迫遺跡』鹿児島県立埋蔵文化財センター発掘調査報告書66
13 鹿児島県立埋蔵文化財センター　2003『上野城遺跡』鹿児島県立埋蔵文化財センター発掘調査報告書68
14 鹿児島県立埋蔵文化財センター　2004『上ノ平遺跡』鹿児島県立埋蔵文化財センター発掘調査報告書70
15 鹿児島県立埋蔵文化財センター　2004『下永迫A遺跡』鹿児島県立埋蔵文化財センター発掘調査報告書72
16 鹿児島県立埋蔵文化財センター　2005『大坪遺跡』鹿児島県立埋蔵文化財センター発掘調査報告書79

17　鹿児島県立埋蔵文化財センター　2005『大島遺跡』鹿児島県立埋蔵文化財センター発掘調査報告書80
18　鹿児島県立埋蔵文化財センター　2005『農業開発センター遺跡群』鹿児島県立埋蔵文化財センター発掘調査報告書83
19　鹿児島県立埋蔵文化財センター　2005『白糸原遺跡』鹿児島県立埋蔵文化財センター発掘調査報告書86
20　鹿児島県立埋蔵文化財センター　2005『古市遺跡』鹿児島県立埋蔵文化財センター発掘調査報告書89
21　鹿児島県立埋蔵文化財センター　2005『柳原遺跡』鹿児島県立埋蔵文化財センター発掘調査報告書94
22　鹿児島県立埋蔵文化財センター　2005『馬塚松遺跡・市堀遺跡・大門口遺跡』鹿児島県立埋蔵文化財センター発掘調査報告書94
23　鹿児島県立埋蔵文化財センター　2006『中ノ原・中ノ丸遺跡』鹿児島県立埋蔵文化財センター発掘調査報告書102
24　鹿児島県立埋蔵文化財センター　2006『山ノ中遺跡』鹿児島県立埋蔵文化財センター発掘調査報告書103
25　姶良町教育委員会　1978『萩原遺跡』
26　輝北町教育委員会　2005『新田遺跡・吉元遺跡』輝北町埋蔵文化財発掘調査報告書2
27　市来町教育委員会　1997『鍋ヶ城跡』市来町愛憎文化財調査報告書4
28　菱刈町教育委員会　2005『大嶺遺跡・北山遺跡』菱刈町埋蔵文化財調査報告書8
29　阿久根市教育委員会　1982『北山遺跡』阿久根市埋蔵文化財調査報告書1
30　牧園町教育委員会　1991『中園遺跡』牧園町埋蔵文化財調査報告書2
31　加世田市教育委員会　1985『上加世田遺跡—1』加世田市埋蔵文化財発掘調査報告書3
32　加世田市教育委員会　1985『別府城跡』加世田市埋蔵文化財発掘調査報告書10
33　加世田市教育委員会　2000『西大原遺跡・ヘゴノ原遺跡・流合遺跡・小原ノ原遺跡・愛宕B遺跡・中小路遺跡・別府城跡・志風頭遺跡』加世田市埋蔵文化財調査報告書19
34　加世田市教育委員会　2002『春ノ山遺跡・中園遺跡・鳥越下遺跡・向江原遺跡・谷木場遺跡・宮野ヶ原遺跡・宮園遺跡』加世田市埋蔵文化財調査報告書22
35　加世田市教育委員会　2004『中山遺跡』加世田市埋蔵文化財調査報告書25
36　郡山町教育委員会　2003『湯屋原遺跡』郡山町埋蔵文化財発掘調査報告書2
37　枕崎市教育委員会　1992『中原田遺跡』枕崎市埋蔵文化財調査報告書7
38　金峰町教育委員会　1998『持躰松遺跡』金峰町埋蔵文化財調査報告書10
39　隼人町教育委員会　1998『菩提遺跡』
40　隼人町教育委員会　2005『留守氏居官館跡Ⅱ』
41　垂水市教育委員会　1999『後ヶ迫A遺跡』垂水市埋蔵文化財発掘調査報告書3
42　垂水市教育委員会　2001『宮下遺跡・小房迫前遺跡』垂水市埋蔵文化財発掘調査報告書5
43　東市来町教育委員会　1995『前畑遺跡・伊作田城跡』東市来町埋蔵文化財調査報告書6
44　日吉町教育委員会　2003『原口遺跡』日吉町埋蔵文化財発掘調査報告書4
45　さつま町教育委員会　2006『時由遺跡』薩摩町埋蔵文化財調査報告書1
46　薩摩町教育委員会　2001『寺屋敷遺跡・通道遺跡・宮ノ前遺跡・大木屋遺跡』薩摩町埋蔵文化財調査報告書3
47　大崎町教育委員会　2006『美堂A遺跡』大崎町埋蔵文化財調査報告書6
48　大隅町教育委員会　1999『向井ヶ丘迫遺跡』大隅町文化財発掘調査報告書18
49　大隅町教育委員会　1999『迫田遺跡』大隅町文化財発掘調査報告書19
50　鹿児島市教育委員会　2000『谷山城跡E地点』鹿児島市埋蔵文化財調査報告書2000
51　大口市教育委員会　1996『馬場A遺跡・辻町1遺跡・辻町2遺跡』大口市埋蔵文化財調査報告書15
52　大口市教育委員会　1997『新平田遺跡・辻町B遺跡・辻町2遺跡』大口市埋蔵文化財調査報告書20
53　指宿市教育委員会　1990『中島ノ下遺跡』指宿市埋蔵文化財調査報告書7

大隅諸島、トカラ列島、奄美諸島
1　鹿児島県立埋蔵文化財センター　1994『柿内遺跡・大園遺跡・西俣遺跡』鹿児島県埋蔵文化財センター発掘調査報告書24
2　笠利町教育委員会　1993『用安湊城（ニヤトグスク）』笠利町文化財調査報告書19
3　笠利町教育委員会　1986『城遺跡、丁山田遺跡、ケジⅢ遺跡』笠利町文化財調査報告書
4　笠利町教育委員会　1999『ウーパルクスク遺跡』笠利町文化財調査報告書25
5　笠利町教育委員会　2003『赤木名グスク遺跡』笠利町文化財調査報告書27
6　名瀬市教育委員会　2003『小湊フワガネク遺跡群　遺跡範囲確認発掘調査報告書』名瀬市文化財叢書4
7　宇検村教育委員会　1999『倉木崎海底遺跡発掘調査報告書』宇検村文化財調査報告書2
8　熊本大学考古学研究室　1983『玉ція遺跡』研究室活動報告19
9　伊仙町教育委員会　2006年発掘調査
10　亀井明徳　1993「南西諸島における貿易陶磁器の流通経路」『上智アジア学』第11号　上智アジア文化研究所
11　喜界町教育委員会　2006『城久遺跡群　山田中西遺跡Ⅰ』喜界町埋蔵文化財発掘調査報告書（8）
12　喜界町教育委員会　2008『城久遺跡群　山田中西遺跡Ⅱ』喜界町埋蔵文化財発掘調査報告書（9）

沖縄諸島

1　伊是名村教育委員会　1980『伊是名ウフジカ遺跡発掘調査報告書』伊是名村文化財調査報告書 5
2　伊是名村教育委員会　2000『伊是名元島遺跡』伊是名村文化財調査報告書 10
3　国頭村教育委員会　1987『国頭村の遺跡』国頭村文化財調査報告書 2
4　今帰仁村教育委員会　2005『古宇利原 A 遺跡』今帰仁村文化財調査報告書 19
5　今帰仁村教育委員会　1983『今帰仁城跡発掘調査報告書Ⅰ』今帰仁村文化財調査報告書 9
6　今帰仁村教育委員会　1991『今帰仁城跡発掘調査報告書Ⅱ』今帰仁村文化財調査報告書 14
7　今帰仁村教育委員会　1986『今帰仁城跡周辺遺跡発掘調査報告書』今帰仁村文化財調査報告書 12
8　今帰仁村教育委員会　2005『今帰仁城跡周辺遺跡Ⅱ』今帰仁村文化財調査報告書 20
9　今帰仁村教育委員会　2004『シイナグスク』今帰仁村文化財調査報告書 17
10　名護市教育委員会　1988『フガヤ遺跡・田井等遺跡・羽地間切番所跡遺跡・仲尾次上グシク』名護市文化財調査報告 8
11　名護市教育委員会　1990『ナングシク遺跡群』（現場説明資料）
12　名護市教育委員会　1992『宇茂佐古島遺跡』名護市文化財調査報告 10
13　名護市教育委員会　2004『前田原遺跡』（現場説明会資料）
14　沖縄県教育委員会　1978『恩納村熱田貝塚発掘調査ニュース』
15　沖縄県教育委員会　1994『久良波貝塚』沖縄県文化財調査報告書 116
16　恩納村教育委員会　1990『山田グスク　土に埋もれた歴史と文化』
17　宜野座村教育委員会　1984『漢那遺跡』宜野座村乃文化財 4
18　宜野座村教育委員会　1990『漢那ウェーヌアタイ遺跡』宜野座村乃文化財 9
19　宜野座村教育委員会　1993『漢那福地川水田遺跡発掘調査報告書グゥーヌ地区』宜野座村乃文化財 10
20　宜野座村教育委員会　1993『漢那福地川水田遺跡発掘調査報告書ユマビチャー地区』宜野座村乃文化財 11
21　沖縄県教育委員会　1986『松田遺跡』沖縄県文化財調査報告書 76
22　宜野座村教育委員会　1997『前原遺跡』宜野座村乃文化財 13
23　宜野座村教育委員会　1999『前原遺跡』宜野座村乃文化財 14
24　金武町教育委員会　1990『金武町の遺跡』金武町文化財調査報告書 1
25　石川市教育委員会　2003『伊波城跡』石川市文化財調査報告書 5
26　當眞嗣一　1975『石川市伊波後原遺跡調査概報』『南島考古』4　沖縄考古学会
27　石川市教育委員会　1996『伊波城跡北西遺跡』石川市文化財調査報告書
28　具志川市教育委員会　1988『喜屋武グスク』公園計画に係る遺跡詳細範囲確認調査概報
29　与那城村教育委員会　1988『与那城村の遺跡』与那城村文化財調査報告書 2
30　勝連町教育委員会　1984『勝連城跡』勝連町の文化財 6
31　勝連町教育委員会　1991『平敷屋古島遺跡発掘調査報告書』勝連町の文化財 13
32　沖縄県教育委員会　1996『平敷屋トウバル遺跡』沖縄県文化財調査報告書 125
33　沖縄大学・沖縄学生文化協会　1979『郷土』17
34　読谷村教育委員会　1990『吹出原遺跡』読谷村文化財調査報告書 9
35　読谷村教育委員会　2001『タシーモー北方遺跡』読谷村文化財調査報告書 10
36　嘉手納町教育委員会　1994『屋良グスク』嘉手納町文化財調査報告書 1
37　嘉手納町教育委員会　1995『嘉手納町の遺跡』嘉手納町の文化財 2
38　北谷町教育委員会　1984『北谷城―北谷城第一次調査―』北谷町文化財調査報告書 1
39　北谷町教育委員会　1985『北谷城第 7 遺跡』北谷町文化財調査報告書 2
40　北谷町教育委員会　1991『北谷城―北谷城第六次調査―』北谷町文化財調査報告書 11
41　沖縄県教育委員会　1987『砂辺サーク原遺跡』沖縄県文化財調査報告書 81
42　北谷町教育委員会　1993『玉代勢原遺跡』北谷町文化財調査報告書 13
43　北谷町教育委員会　1997『後兼久原遺跡発掘展』
44　沖縄県立埋蔵文化財センター　2004『後兼久原遺跡』沖縄県立埋蔵文化財センター調査報告書 22
45　北谷町教育委員会　1998『伊礼伊森原遺跡』北谷町文化財調査報告書 18
46　沖縄県教育委員会　1978『知花遺跡群』沖縄県文化財調査報告書 16
47　沖縄県教育委員会　1986『竹下遺跡』沖縄県文化財調査報告書 78
48　沖縄県教育委員会　1980『仲宗根遺跡』沖縄県文化財調査報告書 33
49　沖縄県市教育委員会　1988『越来城』沖縄県文化財調査報告書 11
50　嵩元政秀　1966『ヒニ城の調査報告』『琉球政府文化財調査報告書』1966 年度版　琉球政府文化財保護委員会
51　中城村教育委員会　2002『中城城跡』中城村文化財調査報告書 4
52　宜野湾市教育委員会　1989『土に埋もれた宜野湾』宜野湾市文化財調査報告書 10
53　宜野湾市教育委員会　1992『上原同原遺跡の発掘調査記録』宜野湾市文化財調査報告書 16
54　沖縄県教育委員会　1992『安仁屋トゥンヤマ遺跡』沖縄県文化財調査報告書 105
55　宜野湾市教育委員会　1993『伊佐前原遺跡』宜野湾市文化財調査報告書 17
56　宜野湾市教育委員会　1998『伊佐前原第一・第二遺跡』宜野湾市文化財調査報告書 28

57	沖縄県立埋蔵文化財センター	2001	『伊佐前原第一遺跡』沖縄県立埋蔵文化財センター調査報告書4	
58	沖縄県教育委員会	2000	『喜友名泉石畳道・喜友名山川原丘陵古墓群・伊佐前原古墓群』沖縄県文化財調査報告書137	
59	宜野湾市教育委員会	1984	『喜友名遺跡群』宜野湾市文化財調査報告書5	
60	沖縄県教育委員会	1999	『喜友名貝塚・喜友名グスク』沖縄県文化財調査報告書134	
61	宜野湾市教育委員会	1997	『宜野湾クシヌウタキ』宜野湾市文化財調査報告書25	
62	宜野湾市教育委員会	1994	『真志喜森川原遺跡』宜野湾市文化財調査報告書18	
63	宜野湾市教育委員会	1997	『森川原第二遺跡緊急発掘調査概要図録集』宜野湾市文化財調査報告書26	
64	宜野湾市教育委員会	1998	『真志喜富盛第二遺跡・真志喜蔵当原遺跡』宜野湾市文化財調査報告書27	
65	宜野湾市教育委員会	2002	『宇地泊兼久原第三遺跡』宜野湾市文化財調査報告書32	
66	浦添市教育委員会	1980	『うらそえの文化財』浦添市文化財調査報告書1	
67	浦添市教育委員会	1983	『親富祖遺跡』浦添市文化財調査報告書3	
68	浦添市教育委員会	1983	『浦添城跡発掘調査報告書』浦添市文化財調査報告書9	
69	沖縄県教育委員会	1985	『牧港貝塚・真久原遺跡』沖縄県文化財調査報告書65	
70	浦添市教育委員会	1990	『城間古墓群』浦添市文化財調査報告書	
71	沖縄県教育委員会	1987	『拝山遺跡』沖縄県文化財調査報告書83	
72	西原町教育委員会	1983	『我謝遺跡』西原町文化財報告書4	
73	西原町教育委員会	1983	『我謝遺跡』西原町文化財報告書5	
74	那覇市教育委員会	1994	『ヒヤジョー毛遺跡』那覇市文化財調査報告書26	
75	那覇市教育委員会	1997	『銘苅原遺跡』那覇市文化財調査報告書35	
76	那覇市教育委員会	2002	『銘苅原遺跡』那覇市文化財調査報告書53	
77	那覇市教育委員会	2002	『銘苅原南遺跡』那覇市文化財調査報告書54	
78	那覇市教育委員会	1995	『安謝東原遺跡』那覇市文化財調査報告書29	
79	沖縄県教育委員会	1988	『首里城跡』沖縄県文化財調査報告書88	
80	沖縄県教育委員会	1998	『首里城跡』沖縄県文化財調査報告書132	
81	沖縄県教育委員会	1998	『首里城跡』沖縄県文化財調査報告書133	
82	沖縄県立埋蔵文化財センター	2001	『首里城跡』沖縄県立埋蔵文化財センター調査報告書1	
83	沖縄県立埋蔵文化財センター	2001	『首里城跡』沖縄県立埋蔵文化財センター調査報告書3	
84	沖縄県立埋蔵文化財センター	2004	『首里城跡』沖縄県立埋蔵文化財センター調査報告書19	
85	沖縄県立埋蔵文化財センター	2004	『首里城跡』沖縄県立埋蔵文化財センター調査報告書20	
86	沖縄県立埋蔵文化財センター	2005	『首里城跡』沖縄県立埋蔵文化財センター調査報告書27	
87	沖縄県立埋蔵文化財センター	2005	『首里城跡』沖縄県立埋蔵文化財センター調査報告書28	
88	沖縄県立埋蔵文化財センター	2006	『首里城跡』沖縄県立埋蔵文化財センター調査報告書34	
89	那覇市教育委員会	2000	『天界寺跡』那覇市文化財調査報告書43	
90	沖縄県立埋蔵文化財センター	2002	『天界寺跡（Ⅰ）』沖縄県立埋蔵文化財センター調査報告書2	
91	沖縄県立埋蔵文化財センター	2002	『天界寺跡（Ⅱ）』沖縄県立埋蔵文化財センター調査報告書8	
92	沖縄県立埋蔵文化財センター	2003	『御茶屋御殿跡』沖縄県立埋蔵文化財センター調査報告書17	
93	那覇市教育委員会	1993	『尻川原遺跡』那覇市文化財調査報告書24	
94	那覇市教育委員会	1995	『牧志御願東方遺跡』那覇市文化財調査報告書28	
95	沖縄県教育委員会	1995	『湧田古窯跡Ⅱ』沖縄県文化財調査報告書121	
96	那覇市教育委員会	1997	『識名シーマ御嶽遺跡』那覇市文化財調査報告書34	
97	豊見城村教育委員会	1987	『伊良波東遺跡』豊見城村文化財調査報告書2	
98	豊見城村教育委員会	1990	『高嶺古島遺跡』豊見城村文化財調査報告書4	
99	豊見城村教育委員会	1997	『渡嘉敷後原遺跡』豊見城村文化財調査報告書5	
100	豊見城村教育委員会	2003	『宜保アガリヌ御嶽』豊見城村文化財調査報告書6	
101	南風原町教育委員会	1993	『南風原町の遺跡』南風原町文化財調査報告書1	
102	南風原町教育委員会	2002	『むかし南風原は』南風原町史5	
103	南風原町教育委員会	1996	『クニンドー遺跡』南風原町文化財調査報告書2	
104	南風原町教育委員会　2005『津嘉山古島遺跡・仲間村跡A地点・仲間村跡B地点・津嘉山クボー遺跡』南風原町文化財調査報告書4				
105	佐敷町教育委員会	1980	『佐敷グスク』	
106	佐敷町教育委員会	2000	『佐敷町の文化財―遺跡詳細分布調査報告書―』佐敷町文化財調査報告書2	
107	沖縄県教育委員会	1983	『稲福遺跡発掘調査報告書』沖縄県文化財調査報告書50	
108	琉球大学考古学研究会	1971	『稲福村落―稲福村落第1次調査報告書　村落形成過程の研究』	
109	大里村教育委員会	1998	『大里城跡』大里村文化財調査報告書3	
110	大里村教育委員会	2001	『大里城跡』大里村文化財調査報告書4	
111	大里村教育委員会	2004	『大里城跡』大里村文化財調査報告書5	
112	玉城村教育委員会	1991	『糸数城跡』玉城村文化財調査報告書1	

113　玉城村教育委員会　1995『玉城村の遺跡』玉城村文化財調査報告書2
114　玉城村教育委員会　2002『志堅原遺跡』玉城村文化財調査報告書3
115　知念村教育委員会　1994『志喜屋グスク』知念村文化財調査報告書5
116　具志頭村教育委員会　1986『具志頭村の遺跡』具志頭文化財調査報告書3
117　友寄英一郎　1969『フェンサ城貝塚調査概報』『琉球大学法文学部紀要社会篇』第13号　琉球大学法文学部
118　糸満市教育委員会　1983『大里伊田慶名原遺跡』糸満市文化財調査報告書4
119　沖縄県教育委員会　1986『伊原遺跡』沖縄県文化財調査報告書73
120　沖縄県教育委員会　1983『阿波根古島遺跡』沖縄県文化財調査報告書96
121　糸満市教育委員会　1994『佐慶グスク・山城古島遺跡』糸満市文化財調査報告書8
122　糸満市教育委員会　1995『里東原遺跡』糸満市文化財調査報告書10
123　糸満市教育委員会　1996『真栄里貝塚ほか発掘調査報告書』糸満市文化財調査報告書12
124　沖縄県立埋蔵文化財センター　2001『ヤッチのガマ』沖縄県立埋蔵文化財センター調査報告書6
125　宮城弘樹・片桐千亜紀・新垣力・比嘉尚輝　2004「南西諸島における沈没船発見の可能性とその基礎的調査—海洋採集遺物からみた海上交通—」『沖縄埋文研究』2　沖縄県立埋蔵文化財センター

先島諸島
1　平良市教育委員会　1992『住屋遺跡』平良市文化財調査報告書2
2　城辺町教育委員会　1987『大牧遺跡・野城遺跡』城辺町文化財調査報告書3
3　城辺町教育委員会　1989『砂川元島』城辺町文化財調査報告書4
4　城辺町教育委員会　1989『高腰城址』城辺町文化財調査報告書5
5　沖縄県立埋蔵文化財センター　2002『新里元島上方台地遺跡・新里東元島遺跡』沖縄県立埋蔵文化財センター調査報告書7
6　多良間村教育委員会　1996『多良間添道遺跡』多良間村文化財調査報告書11
7　沖縄県教育委員会　1978『竿若東遺跡緊急発掘調査報告書』沖縄県文化財調査報告書13
8　石垣市教育委員会　1983『山原貝塚発掘調査概要』
9　石垣市教育委員会　1983『ビロースク遺跡』石垣市文化財調査報告書6
10　沖縄県教育委員会　1985『アラスク村跡遺跡・ウイヌスズ遺跡発掘調査報告書』沖縄県文化財調査報告書62
11　沖縄県教育委員会　1986『下田原貝塚・大泊浜貝塚』沖縄県文化財調査報告書74
12　沖縄県教育委員会　1997『慶来慶田城遺跡』沖縄県文化財調査報告書131
13　与那国町教育委員会　1988『与那原遺跡』与那国町文化財調査報告書2

付表3　琉球列島における福建産粗製白磁出土遺跡一覧

※「・」は点数不明ながら出土を確認したものを示し、遺跡数の合計に加算している。

1. 奄美諸島

島名	番号	遺跡名	所在	調査地点等	浦口窯製品 今帰仁タイプ 完形	口縁	底部	閩清窯 ビロースクタイプ 碗Ⅰ 完形	口縁	底部	碗Ⅱ 完形	口縁	底部	碗Ⅲ 完形	口縁	底部	皿Ⅱ 完形	口縁	底部	皿Ⅲ 完形	口縁	底部	文献
奄美	1	喜瀬浦	奄美市												・								1
喜界	2	川堀遺跡	喜界町												1								2
喜界	3	西海岸採集	喜界町									・											3
徳之島	4	川嶺辻遺跡	伊仙町						1			3			15	5				1			4
沖永良部	5	友竿遺跡	和泊町												・								5
奄美諸島		破片数小計			0	0	0	0	1	0	0	3	0	0	15	6	0	0	0	1	0	0	
		破片数合計			0			1			3			21			0			1			
		遺跡数			0			1			2			5			0			1			

2. 沖縄諸島

島名	番号	遺跡名	所在	調査地点等	浦口窯製品 今帰仁タイプ 完形	口縁	底部	閩清窯 ビロースクタイプ 碗Ⅰ 完形	口縁	底部	碗Ⅱ 完形	口縁	底部	碗Ⅲ 完形	口縁	底部	皿Ⅱ 完形	口縁	底部	皿Ⅲ 完形	口縁	底部	文献
伊是名	1	伊是名城跡	伊是名村	表採								1			2	2							6
沖縄	2	今帰仁城跡	今帰仁村	志慶真	2	16	9	3				18	9	5	355	38					3		7
				主郭	6	27	3	2			4	70	13	11	892	135		2			3	2	8
	3	今帰仁ムラ跡	今帰仁村	西屋敷1		1						5			9	1							9
				西屋敷2								1			17	1							10
				西屋敷2（10次）		1						4			2								10
				西屋敷3		5	2					7	1		32	5							11
				西屋敷4		1	3					7			12	1							9
				西屋敷5			5					3			14	3							10
				Ⅳ区											2								9
				Ⅰ区		2						2			2								9
				東7区					1	4			1		4	3							10
	4	シイナグスク	今帰仁村			1																	12
	5	屋比久原遺跡	本部町									2	3		5								13
	6	羽地間切番所跡	名護市												1								13
	7	漢那ウェーヌアタイ遺跡	宜野座村												9	1							14
	8	伊波城跡	うるま市					3	9		1				54	23							15
	9	具志川グスク	うるま市						1			3		1	6	1							16
	10	勝連城跡	うるま市	二の丸				1	1		1				1	1							17
				本丸												5							18
				南貝塚											6	2							17
				四の曲輪						1					1								19
				本丸南側										1	2	1							20
	11	南風原古島遺跡	うるま市	町内遺跡											2								21
											1	1											22

島名	番号	遺跡名	所在	調査地点等	浦口窯製品 今帰仁タイプ			閩清窯 ビロースクタイプ												文献
								碗I			碗II			碗III			皿II			皿III			
					完形	口縁	底部	完形	口縁	底部	完形	口縁	底部	完形	口縁	底部	完形	口縁	底部	完形	口縁	底部	
沖縄	12	平敷屋古島遺跡	うるま市	M19地点											3								23
	13	平敷屋トゥバル遺跡	うるま市												1								24
	14	座喜味城跡	読谷村	5・6次											1								25
	15	屋良グスク	嘉手納町		1			4	1	1	2	1		5	4								26
	16	北谷城跡	北谷町	第1次							1												27
				第7次				1		1													28
				第7遺跡							1			1									29
	17	玉代勢原遺跡	北谷町								1												30
	18	後兼久原遺跡	北谷町	町調査							2	3		7	1								31
				県調査					1		1			3									32
	19	仲宗根貝塚	沖縄市								1			1									33
	20	越来グスク	沖縄市											6	1								34
	21	知花遺跡	沖縄市					1	2	2													35
	22	中城城跡	中城村	北の郭西							1			3	3								36
	23	新垣グスク	中城村	第1トレンチ								1											37
				Aグリッド							1			1									37
				Eグリッド										5									37
				第2トレンチ										1									37
				第3トレンチ										1									37
	24	安仁屋トゥンヤマ遺跡	宜野湾市						1		2	1		5	2								38
	25	伊佐前原遺跡	宜野湾市	県調査	8						2												39・40
	26	真志喜ウンサクモー	宜野湾市		1									1	2								41
	27	喜友名泉石畳道	宜野湾市								1												42
	28	喜友名グスク	宜野湾市						2		13			29	5								43
	29	宜野湾クシヌウタキ	宜野湾市										1		2								44
	30	嘉数トゥンヤマ遺跡	宜野湾市		6			15						15	4								45
	31	真志喜森川原第一遺跡	宜野湾市		2						7	1		12	2								46
	32	嘉門貝塚	浦添市	A地点										1									47
				B地点										1									48
	33	親富祖遺跡	浦添市								3			3	2								49
	34	浦添城跡	浦添市	A殿地区							1												50
				SH01試掘							1	2		1									50
				jh試掘					1														50
				SF01										2	1						1		50
				コーグスク							1	1		2	1								50
				松林地区							1			1									50
				溜井東地										1	1						1		50
	35	当山東原遺跡	浦添市								1			1	2								51
	36	浦添原遺跡	浦添市											2									52
	37	城間遺跡	浦添市								1												53
	38	拝山遺跡	浦添市	県調査							5	2			1								54
				市調査	4	1		1			6	1		6	1								55
	39	仲間遺跡	浦添市											1									55

島名	番号	遺跡名	所在	調査地点等	浦口窯製品 今帰仁タイプ 完形	口縁	底部	閩清窯 ビロースクタイプ 碗I 完形	口縁	底部	碗II 完形	口縁	底部	碗III 完形	口縁	底部	皿II 完形	口縁	底部	皿III 完形	口縁	底部	文献
沖縄	40	我謝遺跡	西原町	個人住宅								1											56
				分譲宅地								4	1		5	1							57
	41	ヒヤジョー毛遺跡	那覇市			2	1					16	6		4	8							58
	42	銘苅原遺跡	那覇市	区画整理					1	1	2	5	1	1	3		1	2					59
				公園整備								3	1		1	1							60
	43	銘苅原南遺跡	那覇市												2								61
	44	首里城跡	那覇市	御庭・奉神門											3	7							62
				継世門											3	4							63
				下之御庭											2	1							64
				首里森御嶽											2								65
				城郭南側下											4								66
				東のアザナ								13	4		3	1							67
				御内原											3						1		68
				御内原西											1								69
				南殿北殿									1		5	1		1					70
				書院鎖之間											1	1							71
				上の毛	1										1								72
				右掖門									1		1								73
	45	綾門大道跡	那覇市	守礼門周辺											1	1							74
	46	天界寺跡	那覇市	公園整備											1								75
				街路整備					1						2	1							76
				地下駐車場								1			1								77
				公園管理棟								1			3	1							78
	47	真珠道跡	那覇市	報告II											1								79
	48	御細工所	那覇市												1	1							80
	49	尻川原遺跡	那覇市												3								81
	50	牧志御願東方遺跡	那覇市									2											82
	51	識名シーマ御嶽遺跡	那覇市												2	1							83
	52	識名原遺跡	那覇市									1	2		1								84
	53	ハナグスク	那覇市										2										85
	54	渡地村跡	那覇市								1												86
	55	銘刈直禄原	那覇市									4			5								87
	56	島ノ上原遺跡	与那原町									1											88
	57	瀬長グスク	豊見城市												3								89
	58	高嶺古島遺跡	豊見城市										2		3	1					1	1	90
	59	宜保アカリメ御嶽	豊見城市												3	3							91
	60	津嘉山古島遺跡	南風原町						1			1											92
	61	仲間村跡 B地点	南風原町									1			1								92
	62	クニンドー遺跡	南風原町									1											93
				個人住宅								2			2	1							94
	63	佐敷グスク	南城市	1980報告								3	1		3	2							95
				試掘											2	2							96
	64	佐敷上グスク	南城市	Jトレンチ								1			1								97
				Oトレンチ											2								97
				Tトレンチ											1								97
				Vトレンチ											1								97
				Wトレンチ											1								97

島名	番号	遺跡名	所在	調査地点等	浦口窯製品 今帰仁タイプ			閩清窯 ビロースクタイプ														文献
								碗Ⅰ			碗Ⅱ			碗Ⅲ			皿Ⅱ			皿Ⅲ			
					完形	口縁	底部	完形	口縁	底部	完形	口縁	底部	完形	口縁	底部	完形	口縁	底部	完形	口縁	底部	
沖縄	64	佐敷上グスク	南城市	bトレンチ											1								97
				eトレンチ												1							97
	68	稲福遺跡	南城市	上御願					1		5	1		6	3	1							98
	66	大里城跡	南城市	Eトレンチ							1	1		2									99
				Fトレンチ											1						1		99
				Gトレンチ											1								99
				Iトレンチ								2											99
				Jトレンチ								2											99
				Oトレンチ								1			1								99
				ログリッド								1											100
				Wトレンチ											1								100
	67	糸数城跡	南城市			1	2					1			2	2							101
	68	伊原遺跡	糸満市									2			1								102
	69	阿波根古島遺跡	糸満市									1			1	2							103
	70	佐慶グスク	糸満市									5	1		4	2							104
	71	山城古島遺跡	糸満市												1								104
	72	里東原遺跡	糸満市												1	1							105
	73	真栄里貝塚	糸満市												1								106
	74	大里前原遺跡	糸満市										1			1							107
久米島	75	具志川城跡	久米島町												1					1			108
沖縄諸島				破片数小計	8	80	26	2	34	20	8	263	69	21	1,655	326	2	5	0	3	13	3	
				破片数合計	114			56			340			2,002			7			19			
				遺跡数	12			16			50			65			3			6			

3. 宮古諸島

島名	番号	遺跡名	所在	調査地点等	浦口窯製品 今帰仁タイプ			閩清窯 ビロースクタイプ														文献
								碗Ⅰ			碗Ⅱ			碗Ⅲ			皿Ⅱ			皿Ⅲ			
					完形	口縁	底部	完形	口縁	底部	完形	口縁	底部	完形	口縁	底部	完形	口縁	底部	完形	口縁	底部	
宮古	1	住屋遺跡	宮古島市	市庁舎	1			1		1	1												109
				範囲確認	1							1			1	1							110
	2	尻川遺跡	宮古島市				1		2			1			4								111
	3	尻並遺跡	宮古島市									1	1										112
	4	野城遺跡	宮古島市			1						3	2										113
	5	砂川元島遺跡	宮古島市			1						3			2	3							114
	6	高腰遺跡	宮古島市		5	1			2	1	1	4	5			1							115
	7	宮国元島	宮古島市												2								116
	8	新里元島上方台地遺跡	宮古島市			1				1		5	1		1	4		1			1		117
	9	旧城辺町の古墓	宮古島市	実見資料							1												4
多良間	10	多良間添道遺跡	多良間村			・						・											118
宮古諸島				破片数小計	2	7	3	1	4	3	3	18	9	1	8	11	0	1	0	0	1	0	
				破片数合計	12			8			30			20			1			1			
				遺跡数	7			4			8			7			1			1			

4. 八重山諸島

島名	番号	遺跡名	所在	調査地点等	浦口窯製品 今帰仁タイプ			閩清窯 ビロースクタイプ										Ⅲ Ⅱ			皿 Ⅲ			文献
								碗Ⅰ			碗Ⅱ			碗Ⅲ									
					完形	口縁	底部	完形	口縁	底部	完形	口縁	底部	完形	口縁	底部	完形	口縁	底部	完形	口縁	底部	
石垣	1	蔵元跡	石垣市						・							1							119
	2	喜田盛遺跡	石垣市									1											120
	3	平川貝塚	石垣市						1				1		6	1							121
	4	フルスト原遺跡	石垣市	1977報告											2								122
				実見資料	・	・	・		・	・													5
				1984報告	1	2	1																123
	5	桃里恩田遺跡	石垣市									5			1								124
	6	アラスク村遺跡	石垣市									1			1								125
	7	ウイヌスズ遺跡	石垣市									・			・	・							125
	8	竿若東遺跡	石垣市							1		1	2			5							126
	9	ビロースク遺跡	石垣市		1	3		2	2			9	2		3	1							127
	10	仲筋貝塚	石垣市												1								128
	11	石垣貝塚	石垣市		・	・						・			・								129
	12	カンドウ原遺跡	石垣市			・			2			6	2		4	3							130
	13	川原第一遺跡	石垣市		・																		5
	14	川花遺跡	石垣市		・																		5
	15	富野岩陰遺跡	石垣市			1						1	1											131
竹富	16	新里村遺跡	竹富町	東遺跡		2	3					11	2		1								132
				西遺跡		2	10		1	1		40	19		38	10							132
西表	17	上村遺跡	竹富町												1	1							133
	18	与那良遺跡	竹富町																				134
	19	慶来慶田城遺跡	竹富町	Ⅰ地区		1							1		1	2							135
				Ⅱ地区								1	1										135
与那国	20	慶田崎遺跡	与那国町			4	7		2	3		5	4		9	3							136
	21	島仲村跡遺跡	与那国町			1																	137
	22	与那原遺跡	与那国町			4	8		1			6	2		8	7							138
八重山諸島			破片数小計		2	18	31	2	9	5	0	86	37	0	75	36	0	0	0	0	0	0	
			破片数合計		51			16			123			111			0			0			
			遺跡数		12			8			13			17			1			1			

5. 琉球列島

琉球列島	破片数総計	12	105	60	5	48	28	11	370	115	22	1,753	379	2	6	0	4	14	3
	総計	177			81			496			2,154			8			21	
	遺跡数	31			29			73			94			5			9	

【付表3 文献】

1 田中克子氏実見・ご教示
2 喜界町教育委員会 1987『ハンタ遺跡』
3 池畑耕一 2009「喜界町の古代・中世遺跡」『古代中世の境界領域』高志書院
4 筆者実見・集計
5 宮城弘樹氏実見
6 伊是名村教育委員会 1980『伊是名ウフジカ遺跡発掘調査報告書』伊是名村文化財調査報告書5
7 今帰仁村教育委員会 1983『今帰仁城跡発掘調査報告書Ⅰ』今帰仁村文化財調査報告書9
8 今帰仁村教育委員会 1991『今帰仁城跡発掘調査報告書Ⅱ』今帰仁村文化財調査報告書14
9 今帰仁村教育委員会 2005『今帰仁城跡周辺遺跡発掘調査報告書Ⅱ』今帰仁村文化財調査報告書20
10 今帰仁村教育委員会 2007『今帰仁城跡周辺遺跡発掘調査報告書Ⅲ』今帰仁村文化財調査報告書24
11 今帰仁村教育委員会 1986『今帰仁城跡周辺遺跡発掘調査報告書』今帰仁村文化財調査報告書12
12 今帰仁村教育委員会 2004『シイナグスク』今帰仁村文化財調査報告書17
13 名護市教育委員会 1988『フガヤ遺跡・田井等遺跡・羽地間切番所遺跡・仲尾次上グシク遺跡』名護市文化財調査報告8
14 宜野座村教育委員会 1990『漢那ウェーヌアタイ遺跡』宜野座村乃文化財9

15	石川市教育委員会	2003	『伊波城跡』石川市文化財調査報告書5
16	うるま市教育委員会	2006	『具志川グスクⅠ』うるま市文化財調査報告書第4集
17	勝連町教育委員会	1984	『勝連城跡』勝連町の文化財6
18	琉球政府文化財保護審議委員会	1965	『琉球文化財調査報告書』琉球政府
19	うるま市教育委員会	2006	『国指定史跡勝連城跡環境整備事業報告書Ⅳ』うるま市文化財調査報告書第6集
20	勝連町教育委員会	1983	『勝連城跡』勝連町の文化財5
21	勝連町教育委員会	2001	『町内遺跡発掘調査に伴う埋蔵文化財発掘調査報告書』勝連町の文化財21
22	うるま市教育委員会	2008	『南風原古島遺跡』うるま市文化財調査報告書第5集
23	勝連町教育委員会	1991	『平敷屋古島遺跡発掘調査報告書』勝連町の文化財13
24	沖縄県教育委員会	1996	『平敷屋トウバル遺跡』沖縄県文化財調査報告書125
25	読谷村教育委員会	1986	『座喜味城跡環境整備報告書Ⅱ』
26	嘉手納町教育委員会	1994	『屋良グスク』嘉手納町文化財調査報告書1
27	北谷町教育委員会	1985	『北谷城第1次調査』北谷町文化財調査報告書1
28	北谷町教育委員会	1991	『北谷城』北谷町文化財調査報告書12
29	北谷町教育委員会	1985	『北谷城第7遺跡』北谷町文化財調査報告書2
30	北谷町教育委員会	1993	『玉代勢原遺跡』北谷町文化財調査報告書13
31	北谷町教育委員会	1997	『後兼久原遺跡発掘展』
32	沖縄県立埋蔵文化財センター	2004	『後兼久原遺跡』沖縄県立埋蔵文化財センター調査報告22
33	沖縄県教育委員会	1980	『仲宗根遺跡』沖縄県文化財調査報告書33
34	沖縄県市教育委員会	1988	『越来城』沖縄市文化財調査報告書11
35	沖縄県教育委員会	1978	『知花遺跡群』沖縄県文化財調査報告書16
36	中城村教育委員会	2002	『中城城跡』中城村の文化財4
37	中城村教育委員会	2002	『新垣グスク』中城村の文化財9
38	沖縄県教育委員会	1992	『安仁屋トゥンヤマ遺跡』沖縄県文化財調査報告書105
39	宜野湾市教育委員会	1993	『伊佐前原遺跡』宜野湾市文化財調査報告書17
40	沖縄県立埋蔵文化財センター	2001	『伊佐前原第一遺跡』沖縄県立埋蔵文化財センター調査報告書4
41	宜野湾市教育委員会	2002	『真志喜ウンサクモー遺跡』宜野湾市文化財調査報告書33
42	沖縄県教育委員会	2000	『喜友名石泉石畳道・喜友名山川原丘陵古墓群・伊佐前原古墓群』沖縄県文化財調査報告書137
43	沖縄県教育委員会	1999	『喜友名貝塚・喜友名グスク』沖縄県文化財調査報告書134
44	宜野湾市教育委員会	1997	『宜野湾クシヌウタキ』宜野湾市文化財調査報告書25
45	宜野湾市教育委員会	2008	『嘉数トゥンヤマ遺跡Ⅰ』宜野湾市文化財調査報告書43
46	宜野湾市教育委員会	1994	『真志喜森川原遺跡』宜野湾市文化財調査報告書18
47	浦添市教育委員会	1991	『嘉門貝塚A』浦添市文化財調査報告書18
48	浦添市教育委員会	1993	『嘉門貝塚B』浦添市文化財調査報告書21
49	浦添市教育委員会	1983	『親富祖遺跡』浦添市文化財調査報告書3
50	浦添市教育委員会	1983	『浦添城跡発掘調査報告書』浦添市文化財調査報告書9
51	浦添市教育委員会	2003	『当山東遺跡』浦添市文化財調査報告書33
52	浦添市教育委員会	2005	『浦添原遺跡』浦添市文化財調査報告書
53	浦添市教育委員会	1992	『城間遺跡』浦添市文化財調査報告書19
54	沖縄県教育委員会	1987	『拝山遺跡』沖縄県文化財調査報告書83
55	浦添市教育委員会	2007	『市内遺跡発掘調査報告書（1）』
56	西原町教育委員会	1983	『我謝遺跡』西原町文化財報告書4
57	西原町教育委員会	1983	『我謝遺跡』西原町文化財報告書5
58	那覇市教育委員会	1994	『ヒヤジョー毛遺跡』那覇市文化財調査報告書26
59	那覇市教育委員会	1997	『銘苅原遺跡』那覇市文化財調査報告書35
60	那覇市教育委員会	2002	『銘苅原遺跡』那覇市文化財調査報告書53
61	那覇市教育委員会	2002	『銘苅原南遺跡』那覇市文化財調査報告書54
62	沖縄県教育委員会	1998	『首里城跡』沖縄県文化財調査報告書133
63	沖縄県立埋蔵文化財センター	2001	『首里城跡』沖縄県立埋蔵文化財センター調査報告書1
64	沖縄県立埋蔵文化財センター	2001	『首里城跡』沖縄県立埋蔵文化財センター調査報告書3
65	沖縄県立埋蔵文化財センター	2008	『首里城跡』沖縄県立埋蔵文化財センター調査報告書47
66	沖縄県立埋蔵文化財センター	2004	『首里城跡』沖縄県立埋蔵文化財センター調査報告書19
67	沖縄県立埋蔵文化財センター	2004	『首里城跡』沖縄県立埋蔵文化財センター調査報告書20
68	沖縄県立埋蔵文化財センター	2006	『首里城跡』沖縄県立埋蔵文化財センター調査報告書34
69	沖縄県立埋蔵文化財センター	2007	『首里城跡』沖縄県立埋蔵文化財センター調査報告書44
70	沖縄県教育委員会	1995	『首里城跡』沖縄県文化財調査報告書120
71	沖縄県立埋蔵文化財センター	2005	『首里城跡』沖縄県立埋蔵文化財センター調査報告書28

72	沖縄県立埋蔵文化財センター	2005	『首里城跡』沖縄県立埋蔵文化財センター調査報告書 27
73	沖縄県立埋蔵文化財センター	2003	『首里城跡』沖縄県立埋蔵文化財センター調査報告書 14
74	沖縄県立埋蔵文化財センター	2003	『綾門大道跡』沖縄県立埋蔵文化財センター調査報告書 13
75	那覇市教育委員会	2000	『天界寺跡』那覇市文化財調査報告書 43
76	那覇市教育委員会	2000	『天界寺跡』那覇市文化財調査報告書 42
77	沖縄県立埋蔵文化財センター	2002	『天界寺跡（Ⅰ）』沖縄県立埋蔵文化財センター調査報告書 2
78	沖縄県立埋蔵文化財センター	2002	『天界寺跡（Ⅱ）』沖縄県立埋蔵文化財センター調査報告書 8
79	沖縄県立埋蔵文化財センター	2007	『真珠道跡（Ⅱ）』沖縄県立埋蔵文化財センター調査報告書 42
80	那覇市教育委員会	1991	『御細工所跡』那覇市文化財調査報告書 18
81	那覇市教育委員会	1993	『尻川原遺跡』那覇市文化財調査報告書 24
82	那覇市教育委員会	1995	『牧志御願東方遺跡』那覇市文化財調査報告書 28
83	那覇市教育委員会	1997	『識名シーマ御嶽遺跡』那覇市文化財調査報告書 34
84	那覇市教育委員会	2001	『識名原遺跡』那覇市文化財調査報告書 49
85	那覇市教育委員会	1999	『ハナグスク』那覇市文化財調査報告 41
86	沖縄県立埋蔵文化財センター	2007	『渡地村跡』沖縄県立埋蔵文化財センター調査報告書 46
87	那覇市教育委員会	2003	『銘苅直禄原遺跡』那覇市文化財調査報告書 57
88	与那町教育委員会	1996	『与那原町の遺跡』与那原町文化財調査報告書 1
89	豊見城市教育委員会	2008	『瀬長グスク他範囲確認調査報告書』豊見城市文化財調査報告書 8
90	豊見城村教育委員会	1990	『高嶺古島遺跡』豊見城村文化財調査報告書 4
91	豊見城村教育委員会	2003	『宜保アガリヌ御嶽』豊見城村文化財調査報告書 6
92	南風原町教育委員会	2005	『津嘉山古島遺跡・仲間村跡A地点・仲間村跡B地点・津嘉山クボー遺跡』南風原町文化財調査報告書 4
93	南風原町教育委員会	1996	『クニンドー遺跡』南風原町文化財調査報告書 2
94	南風原町教育委員会	1997	『クニンドー遺跡（Ⅱ）』南風原町文化財調査報告書 5
95	佐敷町教育委員会	1980	『佐敷グスク』
96	佐敷町教育委員会	2000	『佐敷町の文化財―遺跡詳細分布調査報告―』佐敷町文化財調査報告書第 2 集
97	南城市教育委員会	2006	『佐敷上グスクほか範囲確認調査報告書』南城市文化財調査報告書 1
98	沖縄県教育委員会	1983	『稲福遺跡発掘調査報告書』沖縄県文化財調査報告書 50
99	大里村教育委員会	1998	『大里城跡』大里村文化財調査報告書 3
100	大里村教育委員会	2001	『大里城跡』大里村文化財調査報告書 4
101	玉城村教育委員会	1991	『糸数城跡』玉城村文化財調査報告書 1
102	沖縄県教育委員会	1986	『伊原遺跡』沖縄県文化財調査報告書 73
103	沖縄県教育委員会	1983	『阿波根古島遺跡』沖縄県文化財調査報告書 96
104	糸満市教育委員会	1994	『佐慶グスク・山城古島遺跡』糸満市文化財調査報告書 8
105	糸満市教育委員会	1995	『里東原遺跡』糸満市文化財調査報告書 10
106	糸満市教育委員会	1996	『真栄里貝塚ほか発掘調査報告』糸満市文化財調査報告書 12
107	糸満市教育委員会	2007	『大里前原遺跡』糸満市文化財調査報告書 21
108	久米島町教育委員会	2005	『具志川城跡発掘調査報告書Ⅰ』久米島町文化財調査報告書 2
109	平良市教育委員会	1999	『住屋遺跡（Ⅰ）』平良市文化財調査報告書 4
110	平良市教育委員会	1983	『住屋遺跡（俗称・尻間）発掘調査報告』
111	平良市教育委員会	2003	『尻川遺跡』平良市文化財調査報告書 5
112	沖縄県立埋蔵文化財センター	2003	『尻並遺跡』沖縄県立埋蔵文化財センター調査報告書 15
113	城辺町教育委員会	1987	『大牧遺跡・野城遺跡』城辺町文化財調査報告書 2
114	城辺町教育委員会	1989	『砂川元島』城辺町文化財調査報告書 4
115	城辺町教育委員会	1989	『高腰城跡』城辺町文化財調査報告書 5
116	上野村教育委員会	1980	『宮国元島』
117	沖縄県立埋蔵文化財センター	2002	『新里元島上方台地遺跡・新里東元島遺跡』沖縄県立埋蔵文化財センター調査報告書 7
118	多良間村教育委員会	1996	『多良間添道遺跡』多良間村文化財調査報告書 11
119	石垣市教育委員会	1997	『蔵元跡発掘調査報告書』石垣市文化財報告 21
120	石垣市教育委員会	2006	『喜田盛遺跡』石垣市文化財報告 28
121	石垣市教育委員会	1993	『平川貝塚』石垣市文化財調査報告書 18
122	石垣市教育委員会	1977	『フルスト原遺跡』石垣市文化財調査報告書 1
123	石垣市教育委員会	1984	『フルスト原遺跡発掘調査報告書』石垣市文化財調査報告書 7
124	石垣市教育委員会	1982	『桃里恩田遺跡』石垣市文化財調査報告書 5
125	沖縄県教育委員会	1985	『アラスク村跡遺跡・ウイヌスズ遺跡発掘調査報告書』沖縄県文化財調査報告書 62
126	沖縄県教育委員会	1978	『竿若東遺跡緊急発掘調査報告書』沖縄県文化財調査報告書 13

127　石垣市教育委員会　1983『ビロースク遺跡』石垣市文化財調査報告書 6
128　仲筋貝塚調査団　1979『仲筋貝塚発掘調査報告』
129　石垣市教育委員会　1993『石垣貝塚』石垣市文化財調査報告書 17
130　沖縄県教育委員会　1984『カンドウ原遺跡』沖縄県文化財調査報告書 58
131　石垣市教育委員会　2000『石垣島の岩陰遺跡』石垣市教育員会 25
132　沖縄県教育委員会　1990『新里村遺跡』沖縄県文化財調査報告書 97
133　沖縄県教育委員会　1990『上村遺跡』沖縄県文化財調査報告書 98
134　与那良遺跡調査団　1982『与那良遺跡発掘調査概報』
135　沖縄県教育委員会　1997『慶来慶田城遺跡』沖縄県文化財調査報告書 131
136　与那国町教育委員会　1988『慶田崎遺跡』与那国町文化財調査報告書 1
137　与那国町教育委員会　2002『島中村跡遺跡』与那国町文化財調査報告書 3
138　与那国町教育委員会　1988『与那原遺跡』与那国町文化財調査報告書 2

付表4　カムィヤキ出土遺跡一覧

番号	遺跡名	所在	A群	B群	備考	文献
1	持躰松遺跡	金峰町宮崎字持躰松	○			133
2	小薗遺跡	金峰町浦之名小薗	○			169
3	タチバナ遺跡	中ノ島七つ山	○			134
4	切石遺跡	諏訪瀬島切石	○			135
5	八幡社境内	悪石島	○			172
6	下山田III遺跡	大島郡笠利町下山田	○			9
7	万屋下山田遺跡	大島郡笠利町下山田		○	本土産	143
8	宇宿貝塚	大島郡笠利町宇宿	○	○	本土産	4、5
9	屋仁出土品	大島郡笠利町屋仁				2
10	万屋城	大島郡笠利町中金久				10
11	辺留窪遺跡	大島郡笠利町辺留窪	○			7
12	辺留城遺跡	大島郡笠利町辺留城			記載のみ	132
13	赤木名グスク	大島郡笠利町赤城名	○			144
14	城遺跡	大島郡笠利町万屋	○	○		6
15	節田ヨフ井遺跡	大島郡笠利町節田			記載のみ	132
16	節田大漆遺跡	大島郡笠利町節田			記載のみ	132
17	土浜砂丘遺跡	大島郡笠利町土浜			記載のみ	132
18	第一あやまる貝塚	大島郡笠利町須野			記載のみ	132
19	鯨浜遺跡	大島郡笠利町鯨浜			記載のみ	132
20	屋仁遺跡	大島郡笠利町屋仁			記載のみ	132
21	笠利城	大島郡笠利町笠利			記載のみ	132
22	用安湊城	大島郡笠利町用安	○			142
23	円金久遺跡	大島郡龍郷町円	○			2、3
24	戸口ヒラキ山遺跡	大島郡龍郷町戸口				2
25	赤尾木出土地	大島郡龍郷町赤尾木			本土産	3
26	大勝城遺跡	大島郡龍郷町大勝				1
27	手広遺跡	大島郡竜郷町手広				130
28	竜郷金久遺跡	大島郡竜郷町龍郷			記載のみ	132
29	朝仁貝塚	名瀬市朝仁			記載のみ	163
30	名瀬小学校内遺跡	名瀬市	○			2
31	伊津部勝城	名瀬市伊津部勝				1
32	小湊遺跡	名瀬市小湊	○		記載のみ	132
33	小湊古墓群	名瀬市小湊			記載のみ	130、163
34	阿木名出土品	大島郡瀬戸内町阿木名	○			2、3
35	伊子茂遺跡	大島郡瀬戸内町伊子茂				139
36	嘉徳集落遺跡	大島郡瀬戸内町嘉徳	○			139
37	安脚場遺跡	大島郡瀬戸内町安脚場	○			139
38	石原氏家伝壷	大島郡住用町石原		○		2、3
39	川内出土品	大島郡住用町川内	○			2、3
40	小和瀬遺跡	大島郡住用町和瀬			記載のみ	139
41	国直遺跡	大島郡大和村国直	○			139
42	屋鈍遺跡	大島郡宇検村屋鈍			記載のみ	139
43	保進所蔵品	大島郡与路	○			3
44	オン畑遺跡	大島郡喜界町オン畑	○			136
45	喜界町出土品	大島郡喜界町				3
46	下田の滝周辺	大島郡喜界町伊実久				132
47	志戸桶七城遺跡	大島郡喜界町志戸桶	○			2、3
48	小野津八幡宮境内遺跡	大島郡喜界町小野津				3
49	大城久遺跡	大島郡喜界町伊砂			記載のみ	164
50	アギ小森田遺跡	大島郡喜界町坂嶺		○		164
51	前田遺跡	大島郡喜界町前田			記載のみ	132
52	上砂遺跡	大島郡喜界町上砂	○			164
53	柏毛遺跡	大島郡喜界町西目			記載のみ	132

番号	遺跡名	所在	A群	B群	備考	文献
54	上戸間遺跡	大島郡喜界町西目			記載のみ	132
55	ハンタ遺跡	大島郡喜界町西目			記載のみ	164
56	戸無田・能田	大島郡喜界町大朝			記載のみ	132
57	島中遺跡	大島郡喜界町島中			記載のみ	132
58	島中B遺跡	大島郡喜界町島中	○			137、138
59	前ヤ遺跡	大島郡喜界町島中			記載のみ	135
60	向田遺跡	大島郡喜界町島中	○		朝鮮産	135
61	上田遺跡	大島郡喜界町島中	○	○		135
62	滝川遺跡	大島郡喜界町滝川			記載のみ	132
63	坂嶺川窪遺跡	大島郡喜界町坂嶺			記載のみ	132
64	川嶺出土品	大島郡喜界町川嶺	○			3
65	巻畑B遺跡	大島郡喜界町小野津	○		本土産	136
66	巻畑C遺跡	大島郡喜界町小野津	○			136
67	当地遺跡	大島郡喜界町志戸桶				2・3
68	坂元遺跡	大島郡喜界町志戸桶			記載のみ	130、132
69	永嶺遺跡	大島郡喜界町永嶺			記載のみ	130、132
70	羽里下遺跡	大島郡喜界町羽里下	○			3
71	川掘遺跡	大島郡喜界町中熊	○	○		164
72	上嘉鉄遺跡	大島郡喜界町上嘉鉄		○		164
73	玉城遺跡	大島郡天城町真瀬名	○	○		8
74	西阿木名出土地	大島郡天城町西阿木名		○		3
75	大久保遺跡	大島郡天城町大久保	○			131
76	長竿遺跡	大島郡天城町瀬滝長竿	○			131
77	鬼入塔遺跡	大島郡天城町浅間鬼入塔		○		141
78	井之川出土品	大島郡徳之島町井之川	○			2、3
79	大谷山城	大島郡徳之島町尾母				1
80	山田遺跡	大島郡徳之島町手々山田	○			131
81	石京当原遺跡	大島郡徳之島町母間	○			166
82	ミンツィキ集落跡	大島郡伊仙町伊仙	○	○	朝鮮産	8
83	ミュウガングスク	大島郡伊仙町犬田布				1
84	アザマアジヤシキ遺跡	大島郡伊仙町大字阿三				1
85	トミグスク遺跡	大島郡伊仙町大字伊仙			記載のみ	1
86	アマングスク	大島郡伊仙町木の香				1
87	ネーマグスク	大島郡伊仙町中山				1
88	中山神社遺跡	大島郡伊仙町中山	○			131
89	下島権遺跡	大島郡伊仙町阿権太野	○			140
90	赤嶺原遺跡	大島郡知名町赤嶺原	○	○		11
91	前当遺跡	大島郡知名町平河	○			149
92	畦布遺跡	大島郡和泊町畦布				130
93	城部落鍾乳洞	大島郡与論町朝戸	○			130
94	メーサフ遺物散布地	大島郡与論町朝戸				12
95	ネッツェ遺物散布地	大島郡与論町朝戸	○	○		12
96	上里遺跡	国頭郡伊平屋村我喜屋			記載のみ	13
97	島尻集落内北川畑	国頭郡伊平屋村			記載のみ	153
98	久里原遺跡	国頭郡伊平屋村	○			14
99	ウンナ原遺跡	伊平屋村		○		173
100	具志川島遺跡群	国頭郡伊是名村具志川島	○			17
101	伊是名グスク	国頭郡伊是名村仲田				145
102	辺戸遺物散布地	国頭郡国頭村			記載のみ	85
103	比地集落内	国頭村国頭村			記載のみ	153
104	安波貝塚	国頭郡国頭村安波	○			129
105	根謝銘城跡	国頭郡大宜味村		○		18
106	上グスク内大グスク	国頭郡大宜味村			記載のみ	153
107	伊江城跡	国頭郡伊江村		○		13
108	ウンジョウヘイ遺跡	国頭郡今帰仁村			記載のみ	85

付表4 カムィヤキ出土遺跡一覧

番号	遺跡名	所在	分類 A群	分類 B群	備考	文献
109	平敷ウガン遺跡	国頭郡今帰仁村平敷			記載のみ	85
110	運天貝塚	国頭郡今帰仁村運天			記載のみ	85
111	内グスク	国頭郡今帰仁村玉城			記載のみ	20、85
112	兼次遺跡	国頭郡今帰仁村兼次			記載のみ	13
113	今帰仁城跡	国頭郡今帰仁村今泊	○	○		21
114	謝名遺跡	国頭郡今帰仁村謝名			記載のみ	19、85
115	ウンスウマンジュ拝所	国頭郡今帰仁村上運天			記載のみ	19、85
116	親川原貝塚	国頭郡今帰仁村上運天			記載のみ	19、85
117	山川垣内権現洞穴	国頭郡本部町山川港原				13、101
118	本部具志川森グスク	国頭郡本部町屋比久				101
119	住賀洞遺跡	国頭郡本部町新里			記載のみ	13、85
120	瀬底貝塚	国頭郡本部町瀬底島			記載のみ	22
121	伊差川古島遺跡	名護市羽地			記載のみ	24、85
122	源河大グシク遺跡	名護市羽地			記載のみ	24、85
123	川之上遺跡	名護市羽地	○		記載のみ	24、85
124	タキギター河口散布地	名護市屋我地			記載のみ	24、85
125	嘉陽貝塚	名護市久志			記載のみ	24、85
126	北上原遺跡	名護市久志	○	○	記載のみ	24、85
127	フガヤ遺跡	名護市字羽地	○			24、85
128	仲尾次上グシク遺跡	名護市字羽地			記載のみ	85
129	ナングシク遺跡	名護市名護城	○	○		24、85
130	名護貝塚	名護市名護大兼久原	○			23
131	饒平名シマヌハ御嶽遺跡群	名護市饒平名			記載のみ	24
132	シルフチ森遺跡	国頭郡宜野座村惣慶				127
133	惣慶川田原A・B地点	国頭郡宜野座村惣慶				127
134	宜野座シーシロー洞穴貝塚	国頭郡宜野座村宜野座			記載のみ	127
135	漢那明記原第一遺跡	国頭郡宜野座村漢那				127
136	漢那明記原第二遺跡	国頭郡宜野座村漢那				127
137	漢那ウェーヌアタイ遺跡	国頭郡宜野座村漢那		○		127
138	グシク原陶磁器出土地	国頭郡宜野座村漢那			記載のみ	85
139	金武鍾乳洞遺跡	国頭郡金武町金武	○			99
140	並里貝塚	国頭郡金武町並里			記載のみ	99
141	熱田貝塚	国頭郡恩納村熱田	○			26、165
142	仲泊遺跡	国頭郡恩納村仲泊				85
143	伊波後原遺跡	石川市伊波後原	○	○		121
144	伊波城	石川市伊波			記載のみ	22
145	伊波城跡北西遺跡	石川市伊波				94
146	江洲城祝部遺跡	具志川市宮里			記載のみ	28・30
147	安慶名城跡	具志川市安慶名				28
148	具志川グスク	具志川市具志川			記載のみ	13
149	喜屋武グスク	具志川市仲嶺仲嶺原	○	○		106
150	前頂原遺跡	具志川市田場				98
151	勝連城下南貝塚	中頭郡勝連町南風原		○		36、46
152	勝連城下北貝塚	中頭郡勝連町南風原				46
153	勝連城跡	中頭郡勝連町南風原	○	○		35、36
154	平敷屋古島遺跡	中頭郡勝連町平敷屋	○	○		91
155	平敷屋トゥバル遺跡	中頭郡勝連町平敷屋	○			110
156	浜グスク	中頭郡勝連町浜			記載のみ	104
157	中城原付近農道	中頭郡与那城村				34
158	伊計グスク海岸	中頭郡与那城村伊計	○	○		32
159	伊計原村落内	中頭郡与那城村伊計				32
160	伊計部落各小字	中頭郡与那城村伊計				32
161	西後原A地点	中頭郡与那城村伊計			記載のみ	33
162	神山遺跡	中頭郡与那城村伊計	○			33
163	伊計グスク	中頭郡与那城村伊計		○		32、97

番号	遺跡名	所在	分類 A群	分類 B群	備考	文献
164	上城原貝塚	中頭郡与那城村平安座				34
165	屋良グスク	中頭郡嘉手納町屋良	○	○		112
166	嘉手納貝塚東遺跡	中頭郡嘉手納町嘉手納	○	○		103
167	座喜味城跡	中頭郡読谷村喜名				43
168	メーダグスク	中頭郡読谷村大湾			記載のみ	45
169	波平洞穴遺跡	中頭郡読谷村波平	○		記載のみ	45
170	越来城	沖縄市越来	○	○		87
171	知花城	沖縄市知花			記載のみ	13
172	竹下遺跡	沖縄市松本田竹下原				38
173	室川貝塚	沖縄市仲宗根			記載のみ	40
174	仲宗根貝塚	沖縄市仲宗根町	○	○		37
175	天の岩戸遺跡	沖縄市八重島			記載のみ	39
176	比屋根遺跡	沖縄市比屋根			記載のみ	39
177	与儀遺跡	沖縄市与儀			記載のみ	39
178	砂辺サーク原遺跡	中頭郡北谷町砂辺	○			122
179	後兼久原遺跡	中頭郡北谷町桑江			記載のみ	155
180	クマヤー洞穴遺跡	中頭郡北谷町砂辺				150
181	砂辺貝塚	中頭郡北谷町砂辺				150
182	桑江殿遺物散布地	中頭郡北谷町桑江			記載のみ	150
183	北谷城	中頭郡北谷町グシク原	○			41
184	北谷城第7遺跡	中頭郡北谷町大村城原		○		102
185	玉代勢原遺跡	中頭郡北谷町玉代勢原	○	○	本土産	105
186	長老山遺物散布地	中頭郡北谷町玉代勢原			記載のみ	102
187	字新垣の御嶽	中頭郡中城村新垣			記載のみ	153
188	新垣グスク	中頭郡中城村福川原			記載のみ	100
189	上津覇遺跡	中頭郡中城村上津覇原	○			100
190	ヒニグスク	中頭郡北中城村喜舎場	○	○		46
191	安仁屋トゥンヤマ遺跡	宜野湾市瑞慶覧	○			109
192	伊佐上原遺跡群A地点	宜野湾市伊佐				51
193	伊佐前原第一遺跡	宜野湾市伊佐	○	○		160、161
194	大山前門原遺跡	宜野湾市大山				51
195	大山岳之佐久原第一遺跡	宜野湾市大山	○			156
196	喜友名グスク	宜野湾市喜友名	○	○		115
197	喜友名下原第二遺跡	宜野湾市喜友名			記載のみ	52
198	喜友名山川原第六遺跡	宜野湾市喜友名			記載のみ	52
199	喜友名前原遺跡	宜野湾市喜友名			記載のみ	52
200	嘉数トゥンヤマ遺跡	宜野湾市嘉数			記載のみ	52
201	嘉数遺跡	宜野湾市嘉数			記載のみ	51
202	真栄原アガリイサガマ遺跡	宜野湾市真栄原			記載のみ	51
203	真志喜森川原遺跡	宜野湾市真志喜	○	○		151
204	真志喜富盛原第二遺跡	宜野湾市真志喜			本土産	154
205	真志喜蔵当原遺跡	宜野湾市真志喜				154
206	真志喜石川第一遺跡	宜野湾市真志喜			記載のみ	51
207	真志喜石川第一遺跡	宜野湾市真志喜			記載のみ	51
208	浦添城跡	浦添市仲間城原	○	○	記載のみ	53、107
209	伊祖城	浦添市伊祖				54
210	真久原遺跡	浦添市伊祖	○	○	本土産	55
211	拝山遺跡	浦添市西原、森川		○		90
212	沢岻グスク	浦添市沢岻				54
213	浦添原遺跡	浦添市仲間				54
214	親富祖遺跡	浦添市親富祖	○	○		56
215	城間遺跡	浦添市城間	○			146
216	内間散布地No.1遺跡	中頭郡西原町内間	○			48
217	与那城貝塚	中頭郡西原町与那城	○	○		47、49
218	我謝遺跡	中頭郡西原町我謝	○	○	本土産	50

付表4 カムィヤキ出土遺跡一覧

番号	遺跡名	所在	分類 A群	分類 B群	備考	文献
219	ヒヤジョー毛遺跡	那覇市銘苅	○	○		118
220	銘苅原遺跡	那覇市銘苅	○	○		119
221	銘苅古墓群	那覇市天久				123
222	崎樋川貝塚	那覇市字天久				58
223	安謝東原南遺跡	那覇市安謝小字東原	○			162
224	ガジャンビラ丘陵遺跡	那覇市垣花町				58
225	首里城	那覇市首里当之蔵町				57
226	崎山御嶽	那覇市崎山町			記載のみ	13
227	魚下原遺跡	那覇市繁多川			記載のみ	13、57
228	シーマ御嶽遺跡	那覇市識名			記載のみ	124
229	シーマ嶽A地点	那覇市識名				13
230	識名遺跡	那覇市識名			記載のみ	153
231	識名原遺跡	那覇市識名			記載のみ	124
232	尻川原遺跡	那覇市具志	○			117
233	字小禄金丸御嶽	那覇市小禄			記載のみ	153
234	エーガ洞遺跡	島尻郡粟国村				29
235	ウチミグスク南側畑	島尻郡南風原町			記載のみ	153
236	御宿井遺跡	島尻郡南風原町宮城		○		95
237	善綱御嶽遺跡	島尻郡南風原町宮平		○		95
238	宮平遺跡	島尻郡南風原町宮平		○		95
239	宮平前本ヌ殿	島尻郡南風原町宮平			記載のみ	153
240	前殿原遺物散布地	島尻郡南風原町照屋		○		95
241	玉那覇村跡遺跡	島尻郡南風原町津嘉山		○		95
242	クニンドー遺跡	島尻郡南風原町津嘉山	○	○		95
243	津嘉山古島遺跡	島尻郡南風原町津嘉山				95
244	仲間村跡遺跡	島尻郡南風原町津嘉山	○	○		95
245	津嘉山クボー遺跡	島尻郡南風原町津嘉山			記載のみ	95
246	当銘グスク	島尻郡東風平町当銘			記載のみ	153
247	字高安旧家・御嶽	島尻郡豊見城村高安			記載のみ	153
248	伊良波東遺跡	島尻郡豊見城村伊良波	○	○		25
249	長嶺グスク	島尻郡豊見城村嘉数		○		125
250	高嶺古島遺跡	島尻郡豊見城村高嶺	○	○		114
251	根差部グスクヌチヂ遺跡	島尻郡豊見城村根差部			記載のみ	125
252	根差部元島付近東部	島尻郡豊見城村根差部			記載のみ	153
253	根差部元島付近北部	島尻郡豊見城村根差部			記載のみ	153
254	渡嘉敷古島遺跡	島尻郡豊見城村渡嘉敷			記載のみ	125
255	渡嘉敷後原遺跡群	島尻郡豊見城村渡嘉敷	○			171
256	平良赤幸原遺物散布地	島尻郡豊見城村平良			記載のみ	125
257	平良グスク	島尻郡豊見城村平良			記載のみ	153
258	平良集落内	島尻郡豊見城村平良			記載のみ	153
259	平良の古島	島尻郡豊見城村平良			記載のみ	153
260	保栄茂グスク	島尻郡豊見城村保栄茂		○		125
261	保栄茂集落内	島尻郡豊見城村保栄茂			記載のみ	153
262	饒波原遺物散布地	島尻郡豊見城村饒波			記載のみ	125
263	高安後原遺物散布地	島尻郡豊見城村饒波			記載のみ	125
264	饒波御嶽付近	島尻郡豊見城村饒波			記載のみ	153
265	米須グスク南側畑	糸満市米須			記載のみ	153
266	阿波根グスク	糸満市阿波根			記載のみ	22
267	阿波根古島遺跡	糸満市阿波根	○	○	本土産	126
268	阿波根グスク北側畑	糸満市阿波根			記載のみ	153
269	波平グスク	糸満市南波平			記載のみ	66
270	井原遺跡	糸満市井原	○	○		69
271	宇江城グスク	糸満市宇江城			記載のみ	66
272	宇江城古島遺跡	糸満市宇江城			記載のみ	153
273	賀数グスク	糸満市賀数			記載のみ	66

番号	遺跡名	所在	分類 A群	分類 B群	備考	文献
274	糸洲グスク	糸満市糸洲	○		朝鮮産	66
275	照屋グスク	糸満市照屋			記載のみ	66
276	伊礼ヌ殿	糸満市伊礼			記載のみ	153
277	真壁グスク	糸満市真壁			記載のみ	153
278	古波蔵グスク	糸満市古波蔵			記載のみ	153
279	シマタイヌ殿遺跡	糸満市真栄里			記載のみ	66
280	大里伊田慶名原遺跡	糸満市大里	○	○	本土産	70
281	南山城跡	糸満市大里	○			67
282	高摩文仁遺跡	糸満市摩文仁			記載のみ	13、30
283	フェンサ城貝塚	糸満市名城	○			68
284	当間グスク	糸満市名城			記載のみ	66
285	上里グスク	糸満市東里			記載のみ	13
286	大渡集落内	糸満市大渡			記載のみ	153
287	伊敷グスク	糸満市伊敷			記載のみ	153
288	佐慶グスク	糸満市山城阪当原	○	○		170
289	新垣集落内	糸満市新垣			記載のみ	153
290	新垣グスク南側畑	糸満市新垣			記載のみ	153
291	新垣A地点	糸満市新垣			記載のみ	153
292	国吉遺跡	糸満市国吉			記載のみ	153
293	山城グスク	糸満市山城			記載のみ	153
294	奥間グスク	糸満市奥間			記載のみ	153
295	真鏡名ヌ殿	島尻郡大里村真慶名			記載のみ	153
296	大城グスク	島尻郡大里村大城			記載のみ	153
297	稲福遺跡上御願地区	島尻郡大里村大城稲福原	○	○		59、60
298	大里城跡	島尻郡大里村大里				111
299	字山里・山口御嶽北側	島尻郡知念村山里			記載のみ	153
300	久高島御殿庭遺跡	島尻郡知念村久高				22、62
301	久高島伊敷浜遺跡	島尻郡知念村久高伊敷浜				62
302	佐敷グスク	島尻郡佐敷町	○	○		61
303	上グスク南方遺跡	島尻郡佐敷町			記載のみ	153
304	佐敷下代原遺跡	島尻郡佐敷町下代原	○		朝鮮産	157
305	西底原遺跡	島尻郡渡名喜村				32
306	里遺跡	島尻郡渡名喜村				29
307	渡名喜島遺物散布地	島尻郡渡名喜村渡名喜				30
308	船越グスク南側	島尻郡玉城村船越			記載のみ	153
309	船越集落内B地点	島尻郡玉城村船越			記載のみ	153
310	フルティラ原遺跡	島尻郡玉城村			記載のみ	153
311	玉城グスク	島尻郡玉城村			記載のみ	153
312	根石グスク	島尻郡玉城村			記載のみ	153
313	屋嘉部ヌ殿南畑	島尻郡玉城村屋嘉部			記載のみ	153
314	糸数城跡	島尻郡玉城村糸数	○	○		63、96
315	垣花城跡	島尻郡玉城村垣花				127
316	垣花村落遺跡	島尻郡玉城村垣花				127
317	前川ガラガラ上流遺跡	島尻郡玉城村前川			記載のみ	22
318	新城グスク	島尻郡具志頭郡新城			記載のみ	153
319	赤頭原遺跡	島尻郡具志頭村	○			65
320	屋富祖村跡遺跡	島尻郡具志頭村屋富祖井		○		65
321	具志頭グスク	島尻郡具志頭村新城			記載のみ	153
322	玻名城古島遺跡	島尻郡具志頭村玻名城				64
323	多々名グスク	島尻郡具志頭村玻名城			記載のみ	65
324	上グスク南方遺跡	島尻郡具志頭村与座			記載のみ	65
325	与座前原遺跡	島尻郡具志頭村与座	○	○		65
326	与座ヌ殿	島尻郡具志頭村与座			記載のみ	153
327	安里・マーガヌ殿	島尻郡具志頭村安里			記載のみ	153
328	宇江城城跡	島尻郡具志川村				29

付表4 カムィヤキ出土遺跡一覧

番号	遺跡名	所在	分類 A群	分類 B群	備考	文献
329	ヤジャーガマ遺跡	島尻郡具志川村北原	○			29
330	宇根周辺	島尻郡具志川村			記載のみ	153
331	島尻の古島	島尻郡具志川村			記載のみ	153
332	登武那覇グスク東斜面	島尻郡具志川村			記載のみ	153
333	ミレー原	島尻郡具志川村			記載のみ	153
334	字王那覇集落内	島尻郡具志川村			記載のみ	153
335	仲地E地点	島尻郡具志川村			記載のみ	153
336	東上原遺跡	渡名喜村			記載のみ	153
337	伊良部長浜遺跡	宮古郡伊良部町長浜				71
338	クマザ上方台地遺跡	宮古郡城辺町				71
339	牧の頭遺跡	宮古郡城辺町				71
340	牧中御嶽遺跡	宮古郡城辺町				89
341	砂川ウイピア遺跡	宮古郡城辺町砂川				89
342	砂川元島遺跡	宮古郡城辺町砂川	○			88
343	山川遺物散布地	宮古郡城辺町山川			記載のみ	89
344	大牧遺跡	宮古郡城辺町新城	○			93
345	箕島遺跡	宮古郡城辺町仲原	○			89
346	野城遺跡	宮古郡城辺町福里	○	○		93
347	高腰城跡	宮古郡城辺町比嘉				89
348	運城御嶽遺跡	宮古郡多良間村			記載のみ	89
349	嶺間遺跡	宮古郡多良間村			記載のみ	89
350	多良間添道遺跡	宮古郡多良間村	○	○		158
351	狩俣遺跡	平良市狩俣				73
352	住屋遺跡	平良市西里	○	○		129
353	東仲宗根散布地	平良市東仲宗根			記載のみ	71
354	上ヌ頂遺跡	平良市赤字下				72
355	石城山遺跡	石垣市	○			80
356	桃里恩田遺跡	石垣市桃里		○	本土産	77
357	カンドゥ原遺跡	石垣市大浜			記載のみ	81
358	ウフスク村遺跡	石垣市大浜			記載のみ	152
359	フルスト原遺跡	石垣市大浜北方				78
360	竿若東遺跡	石垣市新川	○			76
361	ビロースク遺跡	石垣市新川	○			159
362	川花第二遺跡	石垣市新川			記載のみ	152
363	川花第三遺跡	石垣市新川			記載のみ	152
364	カニヌティーハカ遺跡	石垣市			記載のみ	152
365	カフムリィ遺跡	石垣市			記載のみ	152
366	山原貝塚	石垣市			記載のみ	152
367	ヤドゥムレー遺跡	石垣市			記載のみ	152
368	チビスク遺跡	石垣市			記載のみ	152
369	クバントゥ遺跡	石垣市			記載のみ	152
370	下ヌ家屋敷遺跡	石垣市			記載のみ	152
371	白保遺跡	石垣市宮良・白保			記載のみ	152
372	ペーフ山遺跡	石垣市宮良・白保			記載のみ	152
373	ジーバ河口貝塚	石垣市平久保			記載のみ	152
374	元平久保村遺跡	石垣市平久保			記載のみ	152
375	名蔵貝塚群	石垣市名蔵			記載のみ	152
376	浦田原遺跡	石垣市名蔵			記載のみ	152
377	平地原遺跡	石垣市名蔵			記載のみ	152
378	大田原遺跡	石垣市名蔵			記載のみ	152
379	シーラ原遺跡	石垣市名蔵			記載のみ	152
380	川平貝塚	石垣市川平			記載のみ	152
381	ハコーザキィ遺跡	石垣市川平			記載のみ	152
382	慶来慶田城遺跡	八重山郡竹富町西表		○		147
383	大泊浜貝塚	八重山郡竹富町波照間	○			83

番号	遺跡名	所在	分類 A群	分類 B群	備考	文献
384	西新里村遺跡	八重山郡竹富町波照間				116
385	東新里村遺跡	八重山郡竹富町波照間				116
386	下田原貝塚	八重山郡竹富町波照間				83
387	カイジ村遺跡	八重山郡竹富町字竹富	○			120
388	小浜島フルロウ山	八重山郡竹富町小浜			記載のみ	22
389	浦内遺跡	八重山郡竹富町西表				82
390	与那原遺跡	八重山郡与那国町祖納	○			86
391	旧島仲ナウンニ	八重山郡与那国町島仲				84
392	慶田崎遺跡	八重山郡与那国町慶田崎		○		108
393	上里遺跡	八重山郡与那国町与那国				84

【付表4 文献】

1　沖縄県立博物館　1985『グスク展パンフレット』
2　佐藤伸二　1970「南島の須恵器」『東洋文化』48・49
3　白木原和美　1973「類須恵器集成（奄美大島・徳之島・喜界島）」『南日本文化』6
4　国分直一　1959「奄美大島の先史時代」『奄美—自然と文化—論文編』九学会連合
5　笠利町教育委員会　1979『宇宿貝塚』笠利町文化財調査報告書2
6　笠利町教育委員会　1986『城遺跡・下山田遺跡・ケジⅢ遺跡』笠利町文化財調査報告書8　1986
7　笠利町教育委員会　1983『ケジ遺跡・コビロ遺跡・辺留窪遺跡』笠利町文化財調査報告書6
8　熊本大学文学部考古学研究室　1985『玉城遺跡』熊本大学文学部考古学研究室活動報告19
9　笠利町教育委員会　1988『下山田Ⅲ遺跡』笠利町文化財調査報告書9
10　笠利町教育委員会　1997『笠利万屋城』笠利町文化財調査報告書24
11　知名町教育委員会　1985『赤嶺原遺跡』鹿児島県大島郡知名町埋蔵文化財発掘調査報告書3
12　熊本大学文学部考古学研究室　1981『与論島の先史時代』熊本大学文学部考古学研究室活動報告9
13　沖縄県教育委員会　1977『沖縄の遺跡分布』沖縄県文化財調査報告10
14　沖縄大学沖縄学生文化協会　1976「伊平屋・田名部落、宮古・来間島調査報告」『郷土』15
15　手塚直樹　1980『伊是名島の陶磁器』伊是名村文化財調査報告書5
16　沖縄大学沖縄学生文化協会　1978「伊是名村伊是名部落、本部町瀬底島調査報告」『郷土』16
17　伊是名村教育委員会　1977『具志川島遺跡群—第一次発掘調査報告書』伊是名村文化財調査報告書1
18　宮城長信　1971「根謝銘城調査概報」『琉大史学』2
19　今帰仁村教育委員会　1984「今帰仁村の遺跡」今帰仁村文化財調査報告書10
20　渡喜仁浜原貝塚調査団　1977『渡喜仁浜原貝塚』今帰仁村文化財調査報告書1
21　今帰仁村教育委員会　1983『今帰仁城跡発掘調査報告Ⅰ』今帰仁村文化財調査報告書9
22　多和田真淳　1961「琉球列島に於ける遺跡の土器・須恵器・磁器・瓦の区分」『文化財要覧』
23　沖縄県教育委員会　1985『名護貝塚』沖縄県文化財調査報告書63
24　名護市教育委員会　1982『名護市の遺跡（2）』名護市文化財調査報告書4
25　豊見城村教育委員会　1987『伊良波東遺跡』豊見城村文化財調査報告書2
26　沖縄県教育委員会　1978『恩納村熱田貝塚発掘ニュース』
27　沖縄県教育委員会　1982『掘り出された沖縄の歴史』
28　多和田真淳　1956「琉球列島の貝塚分布と編年の概念」『文化財要覧』
29　安里進　1975「グシク時代開始期の若干の問題について」『沖縄県立博物館紀要』1
30　多和田真淳　1960「琉球列島の貝塚分布と編年の概念補強」『文化財要覧』
31　沖縄県立博物館　1976『多和田真淳氏所蔵考古資料』
32　沖縄大学沖縄学生文化協会　1979「渡名喜島、与那城村伊計島調査報告」『郷土』17
33　沖縄県教育委員会　1981「伊計島の遺跡」沖縄県文化財調査報告書41
34　琉球大学歴史研究会　1967「平安座島の先史時代」『歴史研究』3
35　勝連町教育委員会　1983『勝連城跡』勝連町の文化財5
36　勝連町教育委員会　1984『勝連城跡』勝連町の文化財6
37　沖縄県教育委員会　1980『仲宗根貝塚』沖縄県文化財調査報告書33
38　沖縄県教育委員会　1978『知花遺跡群』沖縄県文化財調査報告書16
39　沖縄市教育委員会　1982『沖縄市の埋蔵文化財—遺跡分布調査報告書』沖縄市文化財調査報告書4
40　沖縄県教育委員会　1979『室川貝塚』沖縄県文化財調査報告書19
41　北谷町教育委員会　1984『北谷城』北谷町文化財調査報告書1
42　北谷町教育委員会　1986『北谷グスク第7遺跡』北谷町文化財調査報告書2

43	読谷村教育委員会	1975	『座喜味城跡遺構調査報告書』1
44	読谷村教育委員会	1980	『座喜味城跡―第5、6次遺構発掘調査―』読谷村文化財調査報告書8
45	読谷村教育委員会	1979	『読谷村の埋蔵文化財―遺跡分布調査報告』読谷村文化財調査報告7
46	琉球政府文化財保護委員会	1966	『琉球文化財調査報告書』
47	西原町教育委員会	1980	『与那城貝塚』西原町文化財調査報告書2
48	當眞嗣一	1981	「西原町内間散布地№1出土の須恵器について」『南島考古だより』24
49	西原町教育委員会	1981	『西原町の遺跡分布』
50	西原町教育委員会	1983	『我謝遺跡』西原町文化財調査報告書4
51	宜野湾市教育委員会	1989	『土に埋もれた宜野湾』宜野湾市文化財調査報告書10
52	宜野湾市教育委員会	1984	『喜友名遺跡群』宜野湾市文化財調査報告書5
53	浦添市教育委員会	1984	『浦添城跡第2次発掘調査概報』浦添市文化財調査報告書6
54	浦添市教育委員会	1980	『浦添の文化財』浦添市文化次調査報告書1
55	沖縄県教育委員会	1985	『牧港貝塚・真久原貝塚』沖縄県文化財調査報告書65
56	浦添市教育委員会	1983	『親冨祖遺跡』浦添市文化財調査報告書3
57	高宮廣衞	1968	「那覇市の考古資料」『那覇市史』資料編 第1巻1号
58	那覇市教育委員会	1983	『ガジャンビラ丘陵遺跡』那覇市文化財調査報告書7
59	琉球大学考古学研究会	1971	『稲福村落第1次調査報告書』
60	沖縄県教育委員会	1983	『稲福遺跡発掘調査報告書（上御願地区）』沖縄県文化財調査報告書50
61	佐敷村教育委員会	1980	『佐敷グスク』
62	新垣孫一・川平朝申・国分直一	1957	「久高島シマシヤーマ貝塚の調査概報」『文化財要覧』
63	安里進	1969	「沖縄における炭化米・炭化大麦出土遺跡―糸数城跡調査報告」『考古学ジャーナル』32
64	金城亀信	1985	「玻名城古島遺跡の概要」『沖縄考古学会大会発表要旨』
65	具志頭村教育委員会	1986	『具志頭村の遺跡』具志頭村文化財調査報告書3
66	糸満市教育委員会	1981	『糸満市の遺跡』糸満市文化財調査報告書1
67	糸満市教育委員会	1984	『南山城跡第一次緊急発掘調査概要』
68	友寄英一郎・嵩元政秀	1969	「フェンサ城貝塚調査概報」『琉球大学法文学部紀要』社会篇13号
69	沖縄県教育委員会	1986	『伊原遺跡』沖縄県文化財調査報告書73
70	糸満市教育委員会	1983	『大里伊田慶名原遺跡』糸満市文化財調査報告書4
71	沖縄県教育委員会	1983	『宮古の遺跡』沖縄県文化財調査報告書54
72	友寄英一郎・嵩元政秀	1973	「上の頂遺跡調査概報」『琉学史学』4
73	沖縄大学沖縄学生文化協会	1970	「宮古狩俣部落調査報告」『郷土』9
74	沖縄大学沖縄学生文化協会	1972	「本部町備瀬部落・第3次宮古調査報告」『郷土』11
75	下地和宏	1978	「野城式土器について」『琉学史学』10
76	沖縄県教育委員会	1978	『竿若東遺跡緊急発掘調査報告』沖縄県文化財調査報告13
77	石垣市教育委員会	1982	『桃里恩田遺跡』石垣市文化財調査報告書5
78	石垣市教育委員会	1984	『フルスト原遺跡』石垣市文化財調査報告書7
79	滝口宏編	1960	『沖縄八重山』
80	沖縄県教育委員会	1978	『石城山』沖縄県文化財調査報告書15
81	沖縄県教育委員会	1984	『カンドゥ原遺跡』沖縄県文化財調査報告書58
82	沖縄大学沖縄学生文化協会	1977	「座間味・西表島調査報告」『郷土』8
83	沖縄県教育委員会	1986	『下田原・大泊浜貝塚』沖縄県文化財調査報告書74
84	沖縄大学沖縄学生文化協会	1971	「国頭村北地部落・与那国島調査報告」『郷土』10
85	沖縄県教育委員会	1991	『北部リゾート地区遺跡分布調査報告』沖縄県文化財調査報告書99
86	沖縄県与那国町教育委員会	1988	『与那原遺跡』与那国町文化財調査報告書2
87	沖縄市教育委員会	1988	『越来城』沖縄市文化財調査報告書11
88	宮古城辺町教育委員会	1989	『砂川元島遺跡』城辺町文化財調査報告書4
89	沖縄県教育委員会	1990	『グスク分布調査報告（Ⅱ）』沖縄県文化財調査報告書94
90	沖縄県教育委員会	1987	『拝山遺跡』沖縄県文化財調査報告書83
91	勝連町教育委員会	1991	『平敷屋古島遺跡―発掘調査報告書―』勝連町の文化財13
92	沖縄県教育委員会	1975	『仲泊遺跡発掘調査概報（Ⅰ）』沖縄県文化財調査報告書2
93	城辺町教育委員会	1987	『大牧遺跡・野城遺跡』城辺町文化財調査報告書2
94	石川市教育委員会	1996	『伊波城跡北西遺跡』石川市文化財調査報告
95	南風原町教育委員会	1993	『南風原町の遺跡』南風原町文化財調査報告書1
96	玉城村教育委員会	1991	『糸数城跡』玉城村文化財調査報告書1
97	与那城村教育委員会	1988	『与那城村の遺跡―詳細分布調査報告書―』与那城村文化財調査報告書2
98	具志川市教育委員会	1987	『前頂原遺跡』
99	金武町教育委員会	1990	『金武町の遺跡―詳細分布調査報告書―』金武町文化財調査報告書1

100	中城村教育委員会	1992	『中城村の遺跡―詳細分布調査報告書―』中城村の文化財3	
101	本部町教育委員会	1991	『本部町の遺跡―詳細分布調査報告書―』本部町文化財調査報告書7	
102	北谷町教育委員会	1994	『北谷町の遺跡―詳細分布調査報告書―』北谷町文化財調査報告書14	
103	嘉手納町教育委員会	1995	『嘉手納町の遺跡―詳細分布調査―』嘉手納町の文化財2	
104	勝連町教育委員会	1993	『勝連町の遺跡』勝連町の文化財17	
105	北谷町教育委員会	1993	『玉代勢原遺跡』北谷町文化財調査報告書13	
106	具志川市教育委員会	1988	『喜屋武グスク』	
107	浦添市教育委員会	1985	『浦添城跡発掘調査報告書』浦添市文化財調査報告書9	
108	与那国町教育委員会	1986	『慶田崎遺跡』与那国町文化財調査報告書1	
109	沖縄県教育委員会	1992	『安仁屋トゥンヤマ遺跡』沖縄県文化財調査報告書105	
110	沖縄県教育委員会	1996	『平敷屋トゥバル遺跡』沖縄県文化財調査報告書125	
111	大里村教育委員会	1998	『大里城跡』大里村文化財調査報告書3	
112	嘉手納町教育委員会	1994	『屋良グスク』嘉手納町文化財調査報告書1	
113	名護市教育委員会	1988	『県営仲尾地区土地改良事業に伴う埋蔵文化財範囲確認調査報告書』名護市文化財調査報告8	
114	豊見城村教育委員会	1990	『高嶺古島遺跡』豊見城村文化財調査報告書	
115	沖縄県教育委員会	1999	『喜友名貝塚・喜友名グスク』沖縄県文化財調査報告書134	
116	沖縄県教育委員会	1994	『グスク分布調査報告書(Ⅲ)―八重山諸島―』沖縄県文化財調査報告書113	
117	那覇市教育委員会	1983	『尻川原遺跡』那覇市文化財調査報告書24	
118	那覇市教育委員会	1994	『ヒヤジョー毛遺跡』那覇市文化財調査報告書26	
119	那覇市教育委員会	1997	『銘苅原遺跡』那覇市文化財調査報告書35	
120	沖縄県教育委員会	1984	『カイジ浜貝塚』沖縄県文化財調査報告書115	
121	當眞嗣一	1975	『伊波後原遺跡発掘調査概報』『南島考古』4	
122	沖縄県教育委員会	1987	『北谷町砂辺サーク原遺跡』沖縄県文化財調査報告書81	
123	安里嗣淳、嵩元政秀編	1991	『日本の古代遺跡 沖縄』	
124	那覇市教育委員会	1982	『那覇市の遺跡』那覇市文化財調査報告書5	
125	豊見城村教育委員会	1988	『豊見城村の遺跡』豊見城村文化財調査報告書3	
126	沖縄県教育委員会	1990	『阿波根古島遺跡』沖縄県文化財調査報告書96	
127	宜野座村誌編集委員会	1989	『宜野座村誌 資料編Ⅲ』第三巻	
128	平良市教育委員会	1999	『住屋遺跡(Ⅰ)』平良市文化財調査報告書4	
129	国頭村教育委員会	1987	『国頭村の遺跡』国頭村文化財調査報告書2	
130	栗林文夫	1994	「滑石製石鍋出土遺跡地名表 鹿児島県」『大河』5	
131	鹿児島県教育委員会	1989	『奄美地区埋蔵文化財分布調査報告書Ⅰ』鹿児島県埋蔵文化財調査報告書49	
132	鹿児島県教育委員会	1991	『奄美地区埋蔵文化財分布調査報告書Ⅲ』鹿児島県埋蔵文化財調査報告書56	
133	伊仙町教育委員会委員会	2001	『カムィヤキ古窯跡群Ⅲ』伊仙町文化財発掘調査報告書11	
134	村上恭通	1988	「トカラ出土の陶質土器と石鍋」『奄美考古』創刊号	
135	喜界町教育委員会	1994	『前ヤ遺跡 向田遺跡 上田遺跡 ウ川田遺跡』喜界町埋蔵文化財発掘調査報告書6	
136	喜界町教育委員会	1993	『オン畑遺跡 巻畑B遺跡 巻畑C遺跡 池ノ底散布地』喜界町文化財調査発掘調査報告書5	
137	喜界町教育委員会	1989	『島中B遺跡』喜界町埋蔵文化財発掘調査報告書3	
138	喜界町教育委員会	1989	『島中B遺跡Ⅱ』喜界町埋蔵文化財発掘調査報告書4	
139	鹿児島県教育委員会	1990	『奄美地区埋蔵文化財分布調査報告書Ⅱ』鹿児島県埋蔵文化財調査報告書54	
140	伊仙町教育委員会	1994	『天城遺跡 下島権遺跡』伊仙町埋蔵文化財調査報告書9	
141	天城町教育委員会	1989	『鬼入塔遺跡・長竿遺跡』天城町埋蔵文化財調査報告書1	
142	笠利町教育委員会	1993	『用安湊城』笠利町文化財報告19	
143	笠利町教育委員会	1991	『節田湊金久・万屋下山田遺跡』笠利町文化財報告10	
144	笠利町教育委員会	2003	『赤木名グスク遺跡』笠利町文化財報告26	
145	伊是名村教育委員会	2000	『伊是名島遺跡』伊是名村文化財調査報告書10	
146	浦添市教育委員会	1992	『城間遺跡』浦添市文化財調査報告書19	
147	沖縄県教育委員会	1997	『慶良慶田城遺跡』沖縄県文化財調査報告書131	
148	多良間村教育委員会	1996	『多良間道遺跡』多良間村文化財調査報告書11	
149	知名町教育委員会	1988	『前当遺跡』知名町埋蔵文化財発掘調査報告書6	
150	北谷町史編集委員会	1994	『北谷町史 第三巻 資料編』	
151	宜野湾市教育委員会	1994	『真志喜森川原遺跡』宜野湾市文化財調査報告書18	
152	大浜永亘	1999	『八重山の考古学』先島文化研究所	
153	安里進	1998	『グスク・共同体・村』榕樹書林	
154	宜野湾市教育委員会	1998	『都市計画街路大謝名・真志喜線建設工事関係埋蔵文化財緊急発掘調査概要』宜野湾市文化財調査報告書27	
155	北谷町教育委員会	1997	『後兼久原遺跡展』	

156　宜野湾市教育委員会　1995『大山岳之佐久原第一遺跡・新城古集落遺跡』宜野湾市文化財調査報告書21
157　佐敷町教育委員会　2001『佐敷下代原遺跡』佐敷町文化財調査報告書3
158　沖縄県多良間村教育委員会　1996『多良間添道遺跡』多良間村文化財調査報告書11
159　石垣市教育委員会　1983『ビロースク遺跡』石垣市文化財調査報告書6
160　宜野湾市教育委員会　1998『伊佐前原第一・第二遺跡』宜野湾市文化財調査報告書28
161　沖縄県立埋蔵文化財センター　2001『伊佐前原第一遺跡』沖縄県立埋蔵文化財センター調査報告書4
162　那覇市教育委員会　2000『安謝東原南遺跡・旧天久村古井戸遺跡』那覇市文化財調査報告書45
163　亀井明徳　1993「南西諸島における貿易陶磁器の流通経路」『上智アジア学』11
164　熊本大学文学部考古学研究室　1987『ハンタ遺跡』研究室活動報告21　熊本大学文学部考古学研究室
165　金武正紀　1986「沖縄の南島須恵器」『南島の須恵器シンポジュウム』
166　徳之島町教育委員会　1991『石京当原遺跡・下田遺跡』徳之島町文化財調査報告書2
167　白木原和美　1976「大島郡伊仙町の先史学的所見」『南日本文化』9
168　城辺町教育委員会　1989『高腰城跡』城辺町文化財調査報告書5
169　金峰町歴史シンポジウム実行委員会　1999『万之瀬川から見える日本・東アジア—阿多忠景と海の道—』
170　糸満市教育委員会　1992『佐慶グスク・山城古島遺跡』糸満市文化財調査報告書8
171　豊見城村教育委員会　1997『渡嘉敷後原遺跡群』豊見城村文化財調査報告書5
172　白木原和美　1976「類須恵器の出自について」『法文論叢』36　熊本大学法文学部
173　伊平屋村教育委員会　1986『東原貝塚ほか発掘調査報告書』伊平屋村文化財調査報告書第2集
174　宜野座村教育委員会　1984『漢那遺跡』宜野座村乃文化財（4）
175　宜野座村教育委員会　1990『漢那ウェーヌアタイ遺跡』宜野座村乃文化財（9）

参 考 文 献

【あ行】

青﨑和憲・池畑耕一・石田肇・川畑昭光・五味克夫・佐熊正史・堂込秀人・戸崎勝洋・長野真一・繁昌正幸・松下孝之・弥栄久志・宮田栄二・分部哲秋・山口俊博・用丸英博（編） 1983『成岡遺跡・西ノ平遺跡・上ノ原遺跡』鹿児島県埋蔵文化財発掘調査報告書28 鹿児島県教育委員会

青﨑和憲・伊藤勝徳（編） 2001『カムィヤキ古窯跡群Ⅲ』伊仙町埋蔵文化財発掘調査報告書11 伊仙町教育委員会

赤司善彦 1991「研究ノート 朝鮮産無釉陶器の流入」『九州歴史資料館研究論集』16 九州歴史資料館 53-67頁

赤司善彦 1999「徳之島カムィヤキ古窯跡採集の南島陶質土器について」『九州歴史資料館研究論集』24 九州歴史資料館 49-60頁

赤司善彦 2002「カムィヤキと高麗陶器」『カムィヤキ古窯支群シンポジウム』奄美群島交流推進事業文化交流推進事業文化交流部会 42-48頁

赤司善彦 2007「高麗時代の陶磁器と九州および南島」『東アジアの古代文化』130 大和書房 118-131頁

朝岡康二 1993『鍋・釜』ものと人間の文化史72 法政大学出版局

安里嗣淳 1991「中国唐代貨銭「開元通寳」と琉球圏の形成」『文化課紀要』7 沖縄県教育委員会文化課 1-10頁

安里嗣淳ほか（編） 1984『勝連城跡―南貝塚および二の丸北地点の発掘調査』勝連町の文化財6 勝連町教育委員会

安里嗣淳・島弘（編） 1987『砂辺サーク原遺跡』沖縄県文化財調査報告書81 沖縄県教育委員会

安里 進 1969「沖縄における炭化米・炭化大麦出土遺跡―糸数城跡調査報告―」『月刊考古学ジャーナル』32 ニューサイエンス社 10-16頁

安里 進 1975「グスク時代開始期の若干の問題について―久米島ヤジャーガマ遺跡の調査から―」『沖縄県立博物館紀要』1 沖縄県立博物館 36-54頁

安里 進 1987「琉球―沖縄の考古学的時代区分をめぐる諸問題（上）」『考古学研究』34-3 考古学研究会 65-84頁

安里 進 1990a「熱田貝塚の石鍋A群とA群系土器の年代―金武氏の反論に答える―」『地域と文化』57 南西印刷出版部（ひるぎ社） 2-9頁

安里 進 1990b『考古学から見た琉球史 上』ひるぎ社

安里 進 1991a「沖縄の広底土器・亀焼系土器の編年について」『交流の考古学 三島会長古稀記念号』肥後考古学会 579-593頁

安里 進 1991b「グスク時代開始期の再検討」『新琉球史―古琉球編―』琉球新報社 63-90頁

安里 進 1995「14．沖縄」中世土器研究会（編）『概説 中世の土器・陶磁器』真陽社 212-223頁

安里 進 1996「大型グスク出現前夜＝石鍋流通期の琉球列島」『新しい琉球史像―安良城盛昭先生追悼論集―』榕樹社 7-26頁

安里 進 1998『グスク・共同体・村』榕樹書林

安里 進 2002a「起源論争の島」『東北学』6 東北芸術工科大学東北文化研究センター 158-166頁

安里 進 2002b「琉球文化圏と琉球王国の形成」『日本を問いなおす いくつもの日本Ⅰ』岩波書店 155-178頁

安里　進　2003「琉球王国の形成と東アジア」『琉球・沖縄史の世界』吉川弘文館　84-115頁

安里　進　2006a「カムィヤキ（亀焼）の器種分類と器種組成の変遷」『吉岡康暢先生古稀記念論集　陶磁器の社会史』吉岡康暢先生古稀記念論集刊行会　129-140頁

安里　進　2006b『日本史リブレット42　琉球の王権とグスク』山川出版社

安里　進　2010「ヤコウガイ交易二つの口と一つの口―争点の整理と検討―」『古代末期・日本の境界―城久遺跡群と石江遺跡群』森話社　161-180頁

安里　進　2013「7～12世紀の琉球列島をめぐる3つの問題」『国立歴史民俗資料館研究報告』179　国立歴史民俗博物館　391-423頁

安座間　充　2017「アカジャンガー式土器の編年的考察」『平成29年度奄美考古学会沖縄大会資料集　奄美・沖縄における貝塚時代後期土器の編年』平成29年度奄美考古学会沖縄大会実行委員会　20-37頁

足立拓朗（編）　1998『倉木崎海底遺跡発掘調査概要』宇検村文化財調査報告書1　宇検村教育委員会

奄美市教育委員会文化財課（編）　2015『史跡赤木名城跡保存管理計画書』奄美市教育委員会

網田龍生　1994a「奈良時代肥後の土器」『先史学・考古学論究』龍田考古会　197-254頁

網田龍生　1994b「肥後における回転台土師器の成立と展開」『中近世土器の基礎研究』Ⅹ　中近世土器研究会　93-117頁

新垣　力　1999「沖縄諸島出土の青磁に関する研究略史」『南島考古』18　沖縄考古学会　39-48頁

飯村　均　1995「東北諸窯」『概説　中世の土器・陶磁器』真陽社　425-436頁

飯村　均　2001「焼き物の生産　一）陶器の生産」『図解・日本の中世遺跡』東京大学出版会　86-91頁

池田榮史　1987「類須恵器出土地名表」『琉球大学法文学部紀要　史学・地理学篇』30　琉球大学法文学部　115-147頁

池田榮史　1993「南島の類須恵器」『季刊考古学』第42号　雄山閣　30-32頁

池田榮史　2000「須恵器からみた琉球列島の交流史」『古代文化』52　古代學協會　34-38頁

池田榮史　2001「東アジア中世の交流・交易と類須恵器」『第四回　沖縄研究国際シンポジウム　基調報告・研究発表要旨』沖縄研究国際シンポジウム実行委員会　36頁

池田榮史　2003a「増補・類須恵器出土地名表」『琉球大学法文学部人間科学科紀要　人間科学』12　琉球大学法文学部　201-242頁

池田榮史　2003b「穿孔を有する滑石製石鍋破片について」高梨修（編）『小湊フワガネク遺跡群遺跡範囲確認発掘調査報告書』名瀬市文化財叢書4　名瀬市教育委員会　82-85頁

池田榮史　2004「グスク時代開始期の土器編年をめぐって」『琉球大学考古学研究集録』5　琉球大学法文学部考古学研究室　25-40頁

池田榮史　2005a「類須恵器とカムィヤキ古窯跡群」『肥後考古』13　肥後考古学会　93-102頁

池田榮史　2005b「兼久式土器に伴出する外来土器の系譜と年代」高梨修（編）『奄美大島名瀬市小湊フワガネク遺跡群Ⅰ』名瀬市文化財叢書七　名瀬市教育委員会　134-148頁

池田榮史　2006a「琉球における中世貿易陶磁の様相」『九州史学』14　九州史学会　69-79頁

池田榮史　2006b「古代末～中世の奄美諸島―最近の考古学的成果を含めた展望―」『陶磁器の社会史』吉岡康暢先生古稀記念論集刊行会　119-128頁

池田榮史　2009a「カムィヤキの生産と流通」天野哲也・池田榮史・臼杵勲（編）『中世東アジアの周縁世界』同成社　44-56頁

池田榮史　2009b「琉球における土器の様相」天野哲也・池田榮史・臼杵勲（編）『中世東アジアの周縁世界』同成社　99-107頁

池田榮史　2009c「琉球列島におけるグスク」天野哲也・池田榮史・臼杵勲（編）『中世東アジアの周縁世界』同成社　255-268頁

池田榮史　2012「琉球国以前―琉球・沖縄史研究におけるグスク社会の評価をめぐって―」『日本古代の地域社会と周縁』吉川弘文館（『琉球・沖縄文化の形成と外的衝撃―古代～中世並行期を中心に―』平成

21 〜 24 年度科学研究費補助金（基盤研究（B））研究成果報告書　研究代表者　吉成直樹　55-73頁に再録。本書はこれを参照）

池田榮史　2015「琉球列島グスク社会の形成―土器文化にみる継続性と断続性―」『継続性と断続性―自然・動物・文化―』琉球大学法文学部考古学研究室　77-91頁

池田榮史　2017a「奄美諸島における土師器甕形土器―喜界島城久遺跡群の評価をめぐって―」『南島考古』36　沖縄考古学会　211-222頁

池田榮史　2017b「琉球列島出土の滑石製石鍋破片について」『人間科学』37　琉球大学法文学部　169-188頁

池田榮史（編）　2005「南島出土須恵器の出自と分布に関する研究」平成 14 〜 16 年度科学研究費補助金基盤研究（B）（2）研究成果報告書　琉球大学法文学部

池田征弘（編）　1998『神出古窯跡群』兵庫県文化財調査報告書171　兵庫県教育委員会

池畑耕一　1998「考古資料から見た古代の奄美と南九州」『列島の考古学』渡辺誠先生還暦記念論集刊行会　733-743頁

池畑耕一・堂込秀人（編）　1993『オン畑遺跡・巻畑B遺跡・巻畑C遺跡・池ノ底散布地』喜界町埋蔵文化財発掘調査報告書5　喜界町教育委員会

石垣市教育委員会市史編集課（編）　2015『石垣市史　各論編』石垣市教育員会

石塚宇紀　2005「石鍋の研究」『駒澤考古』30　駒澤大学考古学研究室　141-155頁

石塚宇紀　2006「東日本における石鍋の流通に関する研究」『駒沢史学』67　駒沢史学会　93-128頁

石塚宇紀　2007「石鍋の流通に関わった人々」『駒澤考古』32　駒澤大学考古学研究室　41-66頁

石塚宇紀　2008「石鍋出土遺跡集成」『駒澤考古』33　駒澤大学考古学研究室　85-94頁および付属CD

石塚宇紀　2009「滑石製石鍋と日宋貿易」『月刊考古学ジャーナル』591　ニューサイエンス社　23-25頁

伊藤慎二　2011「（26）文化境界の形成―琉球文化圏北限の検討―」『日本考古学協会第77回総会研究発表要旨』日本考古学協会　68-69頁

伊東忠太・鎌倉芳太郎　1937『南海古陶瓷』宝雲舎（鎌倉芳太郎　1976『セレベス沖縄発掘古陶瓷』国書刊行会として再販。本書はこれを参照）

上原　静　2000「古瓦からみた琉球列島の交流史」『古代文化』52　古代學協會　39-43頁

上原　静　2013『琉球古瓦の研究』榕樹書林

上原　静（編）　2003『伊波城跡』石川市文化財調査報告書第5集　石川市教育委員会

上原真人　1980a「11・12 世紀の瓦当文様の源流（上）」『古代文化』32-5　古代學協會　1-21頁

上原真人　1980b「11・12 世紀の瓦当文様の源流（下）」『古代文化』32-6　古代學協會　1-20頁

牛ノ浜修・井ノ上秀文編　1986『ヨヲキ洞穴』伊仙町埋蔵文化財発掘調査報告書6　伊仙町教育委員会

内山芳郎　1924「西彼杵郡に於ける史蹟」『史蹟名勝天然記念物調査報告書』長崎縣史蹟名勝天然記念物調査委員会

宇野隆夫　1992「食器計量の意義と方法」『国立歴史民俗博物館研究報告』40　国立歴史民俗博物館　215-222頁

宇野隆夫　1997「中世食器様式の意味するもの」『国立歴史民俗博物館研究報告』71　国立歴中民俗博物館　377-430頁

宇野隆夫・前川要（編）　1993『珠洲大畠窯』富山大学考古学研究報告6　富山大学文学部考古学研究室

馬原和広・友口恵子（編）　1985『玉城遺跡』研究室活動報告19　熊本大学文学部考古学研究室

江上智恵　2013「史跡　首羅山遺跡」文化庁（編）『発掘された日本列島2013』朝日新聞出版　58-60頁

江藤正澄　1916「上代石鍋考」『考古界』4-8　考古學會　21-24頁

榎本　渉　2001「宋代の『日本商人』の再検討」『史学雑誌』110-2　史学会　37-60頁

榎本　渉　2008「日宋・日麗貿易」『中世都市・博多を掘る』海鳥社　70-81頁

大城　慧　1997「沖縄の鉄とその特質」『考古資料より見た沖縄の鉄器文化』沖縄県立博物館　12-17頁

大城　慧（編）　1983『我謝遺跡』西原町文化財調査報告書5

大城慧・金城亀信（編）　1991『上村遺跡』沖縄県文化財調査報告書98　沖縄県教育委員会
大城　剛（編）　1987『前頂原遺跡』具志川市教育委員会
大城　剛（編）　1988『喜屋武グスク』具志川市教育委員会
大西智和　1996「南島須恵器の問題点」『南日本文化』29　鹿児島短期大学附属南日本文化研究所　19-35頁
大庭康時　1999「集散地遺跡としての博多」『日本史研究』448　日本史研究会　67-101頁
大庭康時　2010「モデルとコピー―範型の選択意図―」『中世東アジアにおける技術の交流と移転―モデル、人、技術』平成18～21年度科学研究費補助金（基盤研究（A））研究成果報告書　研究代表者　小野正敏　国立歴史民俗学博物館　13-22頁
大平　聡　2010「グスク研究覚書―安里進氏の「グスク時代」論を中心に」『沖縄研究　仙台から発信する沖縄学』宮城学院女子大学付属キリスト教文化研究所　9-38頁
大村敬通・水口富夫（編）　1983『魚住古窯跡』兵庫県文化財調査報告19　兵庫県教育委員会
岡田　博（編）　1988「亀山遺跡」『山陽自動車道建設に伴う発掘調査3』岡山県埋蔵文化財発掘調査報69　岡山県教育委員会
沖縄考古学会編　1978『カラー百科シリーズ⑨　石器時代の沖縄』新星図書
荻野繁春　1993「中世西日本における貯蔵容器の生産」『考古学雑誌』78-3　日本考古学会　31-73頁
小畑弘己　2002「出土銭貨から見た琉球列島と交易」『先史琉球の生業と交易』平成11～13年度科学研究費補助基盤研究（B）研究成果報告書　熊本大学文学部　145-162頁

【か行】
鹿児島県教育委員会（編）　2006『先史・古代の鹿児島』斯文堂株式会社
片桐千亜紀（編）　2004『後兼久原遺跡』沖縄県立埋蔵文化財センター調査報告書22　沖縄県立埋蔵文化財センター
鼎　丈太郎　2007「瀬戸内町出土の完形品カムィヤキ」『瀬戸内町立図書館・郷土館紀要』第2号　瀬戸内町立図書館・郷土館　1-28頁
鼎丈太郎・與嶺友紀也　2016「兼久式土器の暫定編年」『第8回　奄美考古学会発表資料』奄美考古学研究会
金沢　陽　2006「ナカノハマ採集遺物を加えて構築される中世東シナ海民間貿易航路の実像」『前近代の東アジア海域における唐物と南蛮物の交易とその意義』平成14～17年度科学研究費補助金（基盤研究（A）（2））研究成果報告書　国立歴史民俗博物館　研究代表者　小野正敏　105-115頁
金関　恕　2003「総括」桑原久男（編）『種子島広田遺跡』鹿児島県立歴史資料センター黎明館　381-384頁
上村俊雄　1994「南九州と南島の文物交流について―縄文・弥生時代相当期の文物―」『南島考古』14　沖縄考古学会　31-44頁
亀井明徳　1980「日本出土の明代青磁碗の変遷」鏡山猛先生古希記念『古文化論攷』811-851頁（1986『日本貿易陶磁史の研究』に再録。本書はこれを参照）
亀井明徳　1983「グスク採集の輸入陶磁器」『沖縄出土の中国陶磁器（下）』沖縄県立博物館　103-114頁（「琉球における貿易陶磁器予察」として1986『日本貿易陶磁史の研究』に再録。本書はこれを参照）
亀井明徳　1984「勝連城跡出土の陶磁器組成」『貿易陶磁研究』4　日本貿易陶磁研究会　33-40頁
亀井明徳　1986『日本貿易陶磁史の研究』同朋舎出版
亀井明徳　1993「南西諸島における貿易陶磁の流通経路」『上智アジア学』11　上智大学アジア文化研究所　11-45頁
亀井明徳　1997a「琉球陶磁貿易の構造的理解」『専修人文論集』60　専修大学学会　41-65頁
亀井明徳　1997b「東シナ海をめぐる交易の構図」『考古学による日本歴史10　対外交渉』雄山閣　77-88頁
亀井明徳　2006「南島における喜界島の歴史的位置―"五つのカメ"伝説の実像」『東アジアの古代文化』129　大和書房　84-109頁
河内一浩　1991「和歌山県における石鍋について」『中近世土器の基礎研究』Ⅶ　日本中世土器研究会　181-196頁

河口貞徳　　1956「南島先史時代」『南方産業科学研究所報告』1-2　南方産業科学研究所（河口貞徳先生古稀記念著作集刊行会（編）『河口貞徳先生古稀記念著作集　上巻』河口貞徳先生古稀記念著作集刊行会　356-363 頁に再録。本書はこれを参照）

河口貞徳　　1993「カムィヤキ古窯跡群」『鹿児島県文化財調査報告書』39　鹿児島県教育委員会　43-52 頁

河口貞徳（編）　1979『宇宿貝塚』笠利町文化財調査報告書　笠利町教育委員会

河口貞徳ほか（編）　1983『中甫洞穴』知名町教育委員会

河口貞徳ほか（編）　1984『中甫洞穴』知名町教育委員会

河口貞徳ほか（編）　1985『中甫洞穴』知名町教育委員会

川副祐一郎　2012「滑石を混入した土器の製作について」『あやみや　沖縄市郷土博物館紀要』第 20 号　沖縄市郷土博物館　1-14 頁

河本清・葛原克人　1972「不老山古備前窯跡」『埋蔵文化財発掘調査報告』岡山県文化財保護協会

菅　浩伸　2014「琉球列島のサンゴ礁形成過程」高宮広土・新里貴之（編）『琉球列島先史・原史時代における環境と文化の変遷に関する実証的研究　研究論文集　第 2 集　琉球列島先史・原史時代の環境と文化の変遷』六一書房　19-28 頁

義憲和・四本延宏　1984「亀焼古窯」『鹿児島考古』18　鹿児島県考古学会　145-149 頁

岸本義彦　2004「先島諸島の貝製品・骨角牙製品」高宮廣衞・知念勇（編）『考古資料大観 12　貝塚後期文化』小学館　331-334 頁

喜田貞吉　1915「鍋と釜」『考古学雑誌』6-3　考古學會　152-153 頁

木戸雅寿　1982「草戸千軒遺跡出土の石鍋」『草戸千軒』112　広島県草戸千軒町遺跡調査研究所　1-4 頁

木戸雅寿　1993「石鍋の生産と流通について」『中近世土器の基礎的研究』Ⅸ　中近世土器研究会　127-143 頁

木戸雅寿　1995「石鍋」中世土器研究会（編）『概説　中世の土器・陶磁器』真陽社　511-521 頁

木下尚子　1996a『南島貝文化の研究―貝の道の考古学』法政大学出版局

木下尚子　1996b「南島交易ノート―古代・中世における法螺とホラガイの需要―」『東アジアにおける社会・文化構造の異過程に関する研究』平成 6～7 年度科学研究費補助金一般研究（B）研究成果報告書　熊本大学文学部　57-88 頁

木下尚子　2000「開元通宝とヤコウガイ」『琉球・東アジアの人と文化（上巻）高宮廣衞先生古稀記念論集』高宮廣衞先生古稀記念論集刊行会　187-219 頁

木下尚子　2002「貝交易と国家形成―9 世紀～13 世紀を対象に―」木下尚子（編）『先史琉球の生業と交易』平成 11～13 年度科学研究費補助基盤研究（B）研究成果報告書　熊本大学文学部　117-144 頁

木下尚子　2003「貝製装身具からみた広田遺跡」桑原久男（編）『種子島広田遺跡』鹿児島県立歴史資料センター黎明館　329-366 頁

木下尚子　2009「総括」木下尚子（編）『13～14 世紀の琉球と福建』平成 17～20 年度科学研究費補助金基盤研究（A）(2) 研究成果報告書　熊本大学文学部　249-257 頁

木下尚子　2012「琉球列島における先史文化の形成と人の移動―島嶼間の人文地理的関係に注目して―」『文学部論叢』103　熊本大学文学部　13-26 頁

木下尚子（編）　2009『13～14 世紀の琉球と福建』平成 17～20 年度科学研究費補助金基盤研究（A）(2) 研究成果報告書　熊本大学文学部

九州歴史資料館　1985　『大宰府史跡出土木簡概報』

九州歴史資料館　1990『大宰府史跡　平成元年度発掘調査概報』

金武正紀　1986「沖縄の南島須恵器」『南島の須恵器シンポジュウム』

金武正紀　1988「ビロースクタイプ白磁碗について」『貿易陶磁研究』8　日本貿易陶磁研究会　148-158 頁

金武正紀　1989a「安里氏の断定に疑問」『琉球新報』11 月 16 日　琉球新報社

金武正紀　1989b「沖縄における 12・13 世紀の中国陶磁器」『沖縄県立博物館紀要』15　沖縄県立博物館　1-22 頁

金武正紀　1989c「考古学から見た宮古・八重山」『博物館文化講座レジメ』沖縄県立博物館
金武正紀　1990「沖縄の中国陶磁器」『月刊考古学ジャーナル』320　ニューサイエンス社　2-6頁
金武正紀　1994「土器→無土器→土器—八重山考古編年試案—」『南島考古』14　83-92頁
金武正紀　1998a「沖縄出土の12・13世紀の陶磁器」『陶磁器に見る大交易時代の沖縄とアジア』那覇市立壺屋焼物博物館　12頁
金武正紀　1998b「沖縄出土の14・15世紀の陶磁器」『陶磁器に見る大交易時代の沖縄とアジア』那覇市立壺屋焼物博物館　16頁
金武正紀　1998c「沖縄における貿易陶磁」『日本考古学協会1998年度大会　研究発表要旨』日本考古学協会　35-36頁
金武正紀　2004「先島諸島の土器」高宮廣衞・知念勇（編）『考古資料大観12　貝塚後期文化』小学館　339-340頁
金武正紀　2007「今帰仁タイプ白磁碗」『南島考古』26　沖縄考古学会　187-196頁
金武正紀　2009「今帰仁タイプとビロースクタイプ—設定の経緯・定義・分類—」木下尚子（編）『13～14世紀の琉球と福建』平成17～20年度科学研究費補助金基盤研究（A）（2）研究成果報告書　熊本大学文学部　21-26頁
金武正紀（編）　1978『恩納村熱田貝塚発掘調査ニュース』沖縄県教育委員会
金武正紀（編）　1983『ビロースク遺跡』石垣市文化財調査報告書6　石垣市教育委員会
金武正紀（編）　1991『今帰仁城跡発掘調査報告書Ⅱ』今帰仁村文化財調査報告14　今帰仁村教育委員会
金武正紀（編）　1994『ヒヤジョー毛遺跡』那覇市文化財調査報告書26　那覇市教育委員会
金武正紀（編）　1997『銘苅原遺跡』那覇市文化財調査報告書35　那覇市教育委員会
金武正紀・大田宏好（編）　1986『慶田崎城跡』与那国町文化財調査報告書1　与那国町教育委員会
金武正紀・金城亀信（編）　1986『下田原貝塚・大泊浜貝塚—第1・2・3次発掘調査報告書—』沖縄県文化財調査報告書第74集　沖縄県教育委員会
金武正紀・比嘉春美（編）　1979『恩納村熱田貝塚発掘調査報告書』沖縄県文化財調査報告書23　沖縄県教育委員会
金武正紀・松田朝雄・宮里末廣　1983「今帰仁城跡出土の元様式青花と共伴の陶磁器」『貿易陶磁研究』3　日本貿易陶磁研究会　32-40頁
金武正紀・宮里末廣（編）　1983『今帰仁城跡発掘調査報告Ⅰ』今帰仁村文化財調査報告9　今帰仁村教育委員会
金武町教育委員会　1990『金武町の遺跡—詳細分布調査報告書—』金武町文化財調査報告書1
金城亀信　1990「グスク土器の出現」『月刊考古学ジャーナル』320　ニューサイエンス社　13-16頁
金城亀信（編）　1991『糸数城跡』玉城村文化財調査報告書1　玉城村教育委員会
金城亀信ほか（編）　1994『カイジ浜貝塚』沖縄県文化財調査報告書115　沖縄県教育委員会
金城匠子　1999「グスク（系）土器の研究」『琉球大学考古学研究室集録』1　琉球大学法文学部考古学研究室　24-36頁
久貝弥嗣　2013「宮古島のグスク時代の様相」『第6回鹿児島県考古学会・沖縄考古学会合同学会研究発表資料集　鹿児島・沖縄考古学の最新動向』鹿児島県考古学会・沖縄考古学会　71-76頁
久貝弥嗣　2015「ミヌズマ遺跡の発掘調査のもたらした宮古のグスク時代の新展開と今後の展望」『琉大史学』17　琉球大学史学会　5-13頁
具志堅亮　2006「今帰仁城跡、シイナグスク出土土器の検討」『廣友会誌』2　廣友会　2-12頁
具志堅亮　2014「グスク土器の変遷」『琉球列島先史・原始時代における環境と文化の変遷に関する実証的研究　研究論文集』1　六一書房　215-226頁
具志堅亮（編）　2010『中里遺跡』天城町埋蔵文化財発掘調査報告書4　天城町教育委員会
具志堅亮（編）　2013『中組遺跡』天城町埋蔵文化財発掘調査報告書6　天城町教育委員会

国吉菜津子　1991「琉球における貿易陶磁器の一考察」『南島史学』38　南島史学会　1-38頁
栗林文夫　1994「滑石製石鍋出土遺跡地名表―鹿児島県―」『大河』5　大河同人　51-62頁
来間泰男　2013『グスクと按司（上・下）』日本経済評論社
黒川忠広（編）　2004『下原（Ⅰ～Ⅳ）遺跡』天城町埋蔵文化財発掘調査報告書3　天城町教育委員会
黒住耐二　2011「琉球先史時代人とサンゴ礁資源―貝類を中心に―」高宮広土・伊藤慎二（編）『先史・原始時代の琉球列島～ヒトと景観』六一書房　87-107頁
黒住耐二　2014「貝類遺体からみた沖縄諸島の環境変化と文化変化」高宮広土・新里貴之（編）『琉球列島先史・原史時代における環境と文化の変遷に関する実証的研究　研究論文集　第2集　琉球列島先史・原史時代の環境と文化の変遷』六一書房　55-70頁
桑原久男（編）　2003『種子島広田遺跡』鹿児島県歴史資料センター黎明館
合田芳正　1986「八重山式土器についての一試案」『南島考古』10　沖縄考古学会　55-71頁
甲元眞之　2002「琉球列島の農耕のはじまり」木下尚子（編）『先史琉球の生業と交易』平成11～13年度科学研究費補助基盤研究（B）研究成果報告書　熊本大学文学部　25-34頁
甲元眞之　2003「考古学的環境」桑原久男（編）『種子島広田遺跡』鹿児島県立歴史資料センター黎明館　11-15頁
甲元眞之　2015「考古学からみえる城久遺跡群」松原信之・野﨑拓司・澄田直敏・早田晴樹（編）『城久遺跡群―総括報告書―』喜界町埋蔵文化財発掘調査報告書（14）喜界町教育委員会　56-59頁
古環境研究所　2005「カムィヤキ古窯跡群の放射性炭素年代測定」『カムィヤキ古窯跡群Ⅳ』伊仙町埋蔵文化財発掘調査報告書12　伊仙町教育委員会　82-83頁
国立歴史民俗博物館　1997『中世食文化の基礎的研究』国立歴史民俗博物館研究報告71
国立歴史民俗博物館（編）　1999『村が語る沖縄の歴史―歴博フォーラム「再発見・八重山の村」の記録―』新人物往来社
国分直一　1959「奄美諸島圏と周辺地区」九学会連合奄美大島共同調査委員会（編）『奄美―自然と文化　論文編　奄美大島の先史時代』日本学術振興会　241-244頁
国分直一　1970『日本民族文化の研究』慶友社
国分直一　1972『南島先史時代の研究』慶友社
国分直一・河口貞徳・曾野寿彦・野口義麿・原口正三　1959「奄美大島の先史時代」九学会連合奄美大島共同調査委員会（編）『奄美―自然と文化　論文編』日本学術振興会　196-271頁
湖城清・金城亀信（編）　1981『糸満市の遺跡―詳細分布調査報告―』糸満市文化財調査報告書1　糸満市教育委員会
児玉健一郎・八木澤一郎・伊藤勝徳・橋口亘（編）　1999『ウエアタリ遺跡・アジマシ遺跡・ウシロマタ遺跡』伊仙町埋蔵文化財発掘調査報告書10　伊仙町教育委員会
呉屋義勝（編）　1994『真志喜森川原遺跡』宜野湾市文化財調査報告書18　宜野湾市教育委員会

【さ行】

崎原恒寿　2013「南西諸島の碇石について」『水中文化遺産データベース作成と水中考古学の推進　海の文化遺産総合調査報告書―南西諸島編―』特定非営利法人アジア水中考古学研究所　129-135頁
佐藤一郎　2008「朝鮮半島陶磁器」『中世都市・博多を掘る』海鳥社　128-131頁
佐藤伸二　1970「南島の須恵器」『東洋文化』48・49　東京大学東洋文化得研究所　169-204頁
佐藤　信　2004「国東半島西部における中世前期陶磁器の一様相―豊後高田市域を中心に―」『福岡大学考古学論集1　小田富士雄先生退職記念』小田富士雄先生退職記念事業会　625-638頁
沢井静芳・六車功（編）　1980『西村遺跡』香川県教育委員会
篠藤マリア・鐘ヶ江賢二・中村直子　2015「中岳山麓窯跡群の調査に伴う生産と流通に関する自然科学的研究について」中村直子・篠藤マリア（編）『中岳山麓窯跡群の研究』鹿児島大学埋蔵文化財調査センター　58-66頁

柴田圭子　2015「グスク時代における陶瓷の受容」『南島考古』34　沖縄考古学会　19-32頁
柴田　亮　2015「考古学的視点から見た肥前西部地域の流通構造」『考古学研究』62-1　考古学研究会　44-62頁
島　弘（編）　1987『伊良波東遺跡』豊見城村文化財調査報告書2　豊見城村教育委員会
島袋春美　2000「貝製品から見た奄美・沖縄地方の交流史」『古代文化』52　古代學協會　50-56頁
島袋　洋（編）　1986『井原遺跡』沖縄県文化財調査報告書73　沖縄県教育委員会
島袋　洋（編）　1996『平敷屋トゥバル遺跡』沖縄県文化財調査報告書125　沖縄県教育委員会
島袋洋・金城亀信（編）　1990『新里村遺跡』沖縄県文化財調査報告書97　沖縄県教育委員会
下川達彌　1974「滑石製石鍋考」『長崎県立美術館紀要』2　長崎県立美術館　19-36頁
下川達彌　1984「滑石製石鍋出土遺跡地名表（九州・沖縄）」『九州文化史研究所紀要』29　九州大学九州文化史研究施設　105-136頁
下川達彌　1992「西北九州の石鍋とその伝播」『海と列島文化』4　小学館　397-410頁
下川達彌　1995「生活を変えた職人たちの石鍋」『東シナ海を囲む中世世界』7　163-188頁
下地和宏　1978「野城（ぬぐすく）式土器について」『琉大史学』10　琉球大学史学会　34-49頁
下地和宏　1998「沖縄「グスク時代」初期の宮古」『月刊考古学ジャーナル』437　ニューサイエンス社　19-24頁
下地安広（編）　1985『浦添城跡発掘調査報告書』浦添市文化財調査報告書9　浦添市教育委員会
下地安広　1997「朝鮮と琉球」『考古学による日本歴史』10　雄山閣　141-150頁
下村　智（編）　1996『博多53』福岡市埋蔵文化財調査報告書450　福岡市教育委員会
下山　覚　1993「橋牟礼川遺跡の被災期日をめぐる編年的考察」『古文化談叢』30（下）　1179-1193頁
正林護・下川達彌（編）　1980『大瀬戸町石鍋製作所遺跡』大瀬戸町文化財調査報告書1　大瀬戸町教育委員会
白木原和美　1971「陶質の壺とガラスの玉」『古代文化』23-9・10　古代學協會　258-265頁
白木原和美　1973「類須恵器集成」『南日本文化』6（鹿児島短期大学附属南日本文化研究所　1999『南西諸島の先史時代』龍田考古学会　95-108頁に再録。本書はこれを参照）
白木原和美　1975「類須恵器の出自について」『法文論叢』36（熊本大学法文学部　1999『南西諸島の先史時代』龍田考古学会　109-120頁に再録。本書はこれを参照）
白木原和美・義憲和　1976「大島郡伊仙町の先史学的所見」『南日本文化』9　鹿児島短期大学附属南日本文化研究所（1999『南西諸島の先史時代』龍田考古学会　63-80頁に再録。本書はこれを参照）
新里亮人　2002「滑石製石鍋の基礎的研究」木下尚子（編）『先史琉球の生業と交易―奄美・沖縄の発掘調査から―』平成11～13年度科学研究費補助金基盤研究（B）（2）研究成果報告書　熊本大学文学部　163-190頁
新里亮人　2009「九州・琉球列島出土の中国陶磁一覧」木下尚子（編）『13～14世紀の琉球と福建』平成17～20年度科学研究費補助金基盤研究（A）（2）研究成果報告書　熊本大学文学部　269-270頁　付録CD
新里亮人　2013「徳之島の発掘調査史」新里貴之（編）『徳之島トマチン遺跡の研究』鹿児島大学　5-10頁
新里亮人（編）　2005『カムィヤキ古窯跡群Ⅳ』伊仙町埋蔵文化財発掘調査報告書12　伊仙町教育委員会
新里亮人（編）　2010『川嶺辻遺跡』伊仙町埋蔵文化財発掘調査報告書13　伊仙町教育委員会
新里亮人（編）　2015『史跡徳之島カムィヤキ陶器窯跡保存管理計画書』伊仙町教育委員会
新里亮人・常未来（編）　2018『前当り遺跡・カンナテ遺跡』伊仙町埋蔵文化財発掘調査報告書17　伊仙町教育委員会
新里亮人・三辻利一　2008a「徳之島、カムィヤキ窯群出土陶器、粘土、岩石の蛍光X線分析」『日本文化財科学会第25回大会』
新里亮人・三辻利一　2008b「徳之島の遺跡出土軟質土器の考古科学的研究」『日本文化財科学会第25回大会』
新里亮人・與嶺友紀也・具志堅亮・小畑弘己　2017「奄美諸島徳之島における土器圧痕調査の成果―貝塚時代

　　　　　　　　　　　後 2 期～グスク時代を中心に～」『南島考古』36　沖縄考古学会　203-210 頁
新里貴之　1997「八重山外耳土器の型式学的検討」『人類史研究』9　人類史研究会　28-50 頁
新里貴之　2004a「沖縄諸島の土器」高宮廣衞・知念勇（編）『考古資料大観 12　貝塚後期文化』小学館　203-
　　　　　　　　　212 頁
新里貴之　2004b「先島諸島におけるグスク時代煮沸土器の展開とその背景」『グスク文化を考える』307-324
　　　　　　　　　頁
新里貴之　2006「奄美諸島のグスク系土器」『鹿児島大学考古学研究室 25 周年記念論集』鹿児島大学考古学研
　　　　　　　　　究室 25 周年記念論集刊行会　221-234 頁
新里貴之　2010「南西諸島の様相からみた喜界島」『古代末期・日本の境界―城久遺跡群と石江遺跡群』森話社
　　　　　　　　　71-83 頁
新里貴之　2015「宮古諸島土器出現期の様相―グスク時代初期の土器資料の分類・年代観」『沖縄考古学会
　　　　　　　　　2015 年度研究発表会資料』沖縄考古学会　40-50 頁
新里貴之　2017a「トカラ列島の弥生時代と平安時代―中之島地主神社敷地内発掘調査成果から―」『一般社団
　　　　　　　　　法人日本考古学協会第 83 回総会研究発表要旨』一般社団法人日本考古学協会　178-179 頁
新里貴之　2017b「奄美・沖縄における貝塚時代後 2 期土器研究の課題―フェンサ城貝塚の調査成果から―」
　　　　　　　　　『平成 29 年度奄美考古学会沖縄大会資料集　奄美・沖縄における貝塚時代後期土器の編年』平成
　　　　　　　　　29 年度奄美考古学会沖縄大会実行委員会　3-12 頁
新里貴之（編）　2014『沖永良部鳳雛洞・大山水鏡洞の研究』鹿児島大学
新里貴之（編）　2018『沖縄　フェンサ城貝塚の研究』鹿児島大学国際島嶼教育研究センター
新東晃一　1994「調査以前の採集遺物」『熊本大学文学部考古学研究室研究報告』1　熊本大学文学部考古学研
　　　　　　　　　究室　19-20 頁
新東晃一　1995「先史時代の吐噶喇列島」『十島村誌』十島村役場　361-426 頁
新東晃一・青﨑和憲（編）　1985a『カムィヤキ古窯跡群Ⅰ』伊仙町埋蔵文化財発掘調査報告書 3　伊仙町教育
　　　　　　　　　委員会
新東晃一・青﨑和憲（編）　1985b『カムィヤキ古窯跡群Ⅱ』伊仙町埋蔵文化財発掘調査報告書 5　伊仙町教育
　　　　　　　　　委員会
杉原敏之　2007「観世音寺出土の滑石製石鍋」『観世音寺　考察編』九州歴史資料館　133-140 頁
鈴木重治　1985「松浦党にかかわる舶載陶磁器の検討―楼楷田遺跡出土陶磁器を中心に―」安楽勉・中田敦之
　　　　　　　　　（編）『楼楷田遺跡―松浦火力発電所建設に伴う埋蔵文化財発掘調査報告書―』長崎県教育委員
　　　　　　　　　会・松浦市教育委員会　169-184 頁
鈴木靖民　1987「南島人の来朝をめぐる基礎的考察」『東アジアと日本』歴史編（田村圓澄先生古稀記念会）
　　　　　　　　　吉川弘文館　347-398 頁
鈴木康之　2006「滑石製石鍋の流通と消費」『鎌倉時代の考古学』高志書院　173-188 頁
鈴木康之　2007「滑石製石鍋のたどった道」『東アジアの古代文化』130　大和書房　96-108 頁
鈴木康之　2008「滑石製石鍋の流通と琉球列島―石鍋の運ばれた道をたどって―」池田榮史（編）『古代中世の
　　　　　　　　　境界領域　キカイガシマの世界』高志書院　213-234 頁
鈴木康之（編）　1998『草戸千軒町遺跡出土の滑石製石鍋』草戸千軒町遺跡調査研究報告 2　広島県立博物館
砂辺和正（編）　1999『住屋遺跡（Ⅰ）』平良市埋蔵文化財調査報告書 4　平良市教育委員会
澄田直敏　2015「喜界島城久遺跡群の発掘調査」『古代末期・日本の境界―城久遺跡群と石江遺跡群』森話社
　　　　　　　　　57-70 頁
澄田直敏・野﨑拓司　2007「喜界島城久遺跡群の調査」『東アジアの古代文化』130　大和書房　46-52 頁
澄田直敏・野﨑拓司（編）　2006『城久遺跡群山田中西遺跡Ⅰ』喜界町埋蔵文化財発掘調査報告書 8　喜界町教
　　　　　　　　　育委員会
澄田直敏・野﨑拓司（編）　2008『城久遺跡群山田中西遺跡Ⅱ』喜界町埋蔵文化財発掘調査報告書 9　喜界町教

　　　　　　　　　育委員会
澄田直敏・野﨑拓司・後藤法宣（編）　2009『城久遺跡群山田半田遺跡』喜界町埋蔵文化財発掘調査報告書 10　喜界町教育委員会
瀬戸哲也　2010「沖縄における 12 〜 16 世紀の貿易陶磁―中国産陶磁を中心とした様相と組成―」『貿易陶磁研究』30　日本貿易陶磁研究会　17-40 頁
瀬戸哲也　2013「沖縄における 14・15 世紀中国陶磁編年の再検討」『中近世土器の基礎研究』25　日本中近世土器研究会　113-126 頁
瀬戸哲也　2014「グスク時代の 4 つの画期」『黎明館企画特別展　南からみる中世の世界―海に結ばれた琉球列島と南九州―』「南からみる中世の世界」実行委員会　162-165 頁
瀬戸哲也　2015「14・15 世紀の沖縄出土中国産青磁について」『貿易陶磁研究』35　日本貿易陶磁研究会　17-32 頁
瀬戸哲也　2017「那覇港整備以前の貿易陶磁の流通と交易形態―沖縄本島中南部を中心に―」『南島考古』36　沖縄考古学会　223-234 頁
瀬戸哲也・仁王浩司・玉城靖・宮城弘樹・安座間充・松原哲志　2007「沖縄における貿易陶磁研究」『沖縄埋文研究』5　沖縄県立埋蔵文化財センター　55-76 頁
副島和明（編）　2006『一般国道 497 号佐世保道路埋蔵文化財発掘調査報告書　門前遺跡Ⅱ』長崎県文化財調査報告書 190　長崎県教育委員会
副島邦弘　1971「年の神遺跡」『九州縦貫自動車道関係埋蔵文化財調査報告Ⅱ』福岡県教育委員会　47-60 頁

【た行】

高梨　修　2000「ヤコウガイ交易の考古学―奈良〜平安時代並行期の奄美諸島、沖縄諸島における島嶼社会―」『交流の考古学現代の考古学』5　朝倉書店　228-265 頁
高梨　修　2001「知られざる奄美諸島史のダイナミズム―奄美諸島の考古資料をめぐる新しい解読作業の試み―」『沖縄文化研究』28　法政大学沖縄文化研究所　183-245 頁
高梨　修　2004a「奄美諸島の土器」高宮廣衞・知念勇（編）『考古資料大観 12　貝塚時代後期文化』小学館　197-202 頁
高梨　修　2004b「琉球弧における土師器・須恵器出土遺跡の分布（予察）」『古代・中世のキカイガシマ』　喜界島郷土研究会・九州国立博物館誘致推進本部　41-48 頁
高梨　修　2005『ヤコウガイの考古学』ものが語る歴史 10　同成社
高梨　修　2008「城久遺跡群とキカイガシマ」谷川健一（編）『日流交易の黎明』叢書文化学の越境 17　森話社　121-149 頁
高梨　修　2012「鎌倉幕府成立前後における南海島嶼海域の様子―南海島嶼海域をめぐる政治的動態の考察―」『北から生まれた中世日本』高志書院（『琉球・沖縄文化の形成と外的衝撃―古代〜中世並行期を中心に―』平成 21 〜 24 年度科学研究費補助金（基盤研究（B））研究成果報告書　研究代表者　吉成直樹　75-96 頁に再録。本書はこれを参照）
高梨　修（編）　2003『小湊フワガネク遺跡群遺跡範囲確認調査報告書』名瀬市文化財叢書 4　名瀬市教育委員会
高梨　修（編）　2005『奄美大島名瀬市小湊フワガネク遺跡群Ⅰ』名瀬市文化財叢書 7　名瀬市教育委員会
高梨　修（編）　2007『奄美大島奄美市小湊フワガネク遺跡群Ⅱ』奄美市文化財叢書 1　奄美市教育委員会
高梨　修（編）　2016『奄美大島鹿児島県奄美市小湊フワガネク遺跡　総括報告書』奄美市文化財叢書 8　奄美市教育委員会
高宮廣衞　1965「沖縄（古墳文化の地域的概観）」『日本の考古学』Ⅳ　河出書房新社　532-535 頁（1990『先史古代の沖縄』第一書房　279-294 頁に再録）
高宮廣衞　1966「勝連城跡第二次発掘調査報告」『文化財要覧 1966 年度版』琉球政府文化財保護委員会　1-132 頁

高宮廣衞　1995「開元通宝から見た先史終末期の沖縄」『王朝の考古学　大川清博士古稀記念論文集』大川清博士古稀記念会　267-286頁

高宮廣衞　1997「開元通宝と按司の出現（予察）」『南島文化』19　沖縄国際大学南島文化研究所　1-21頁

高宮廣衞・Meighan, Clement, W.　1959「八重山鳩間島中森貝塚発掘概報」『文化財要覧1959年度版』琉球政府文化財保護委員会　55-77頁

高宮広土　1996「古代民族植物学的アプローチによる那﨑原遺跡の生業」『那﨑原遺跡発掘調査報告書』那覇市文化財調査報告書30　那覇市教育委員会　83-100頁

高宮広土・新里貴之　2013「琉球列島貝塚時代における社会組織の変化」『古代文化』64-4　古代學協會　98-110頁

高宮広土・千田寛之　2014「琉球列島先史・原始時代における植物食利用―奄美・沖縄諸島を中心に―」高宮広土・新里貴之編『琉球列島先史・原始時代の環境と文化の変遷に関する実証的研究　研究論文集第2集』六一書房　127-142頁

高良倉吉　1987『琉球王国の構造』吉川弘文館

高良倉吉　1995「グスクの発生」『岩波講座　日本通史』6　岩波書店　345-360頁

嵩元政秀　1966「ヒニ城の調査報告」『琉球文化財調査報告書』琉球政府文化財保護委員会　133-152頁

嵩元政秀　1969「「グシク」についての試論」『琉大史学』創刊号　琉球大学史学会　5-18頁

嵩元政秀　1971「再び「グシク」について」『古代文化』23-9・10　古代學協會　251-257頁

嵩元政秀　1972「沖縄における原始社会の終末期」『南島史論（一）』琉球大学史学会　347-364頁

嵩元政秀・安里嗣淳　1993『日本の古代遺跡47　沖縄』保育社

田里一寿（編）　2010『宜野座ヌ古島遺跡』宜野座村乃文化財21　宜野座村教育委員会

田島　公　1993「日本、中国、朝鮮対外交流史年表―大宝元年～文治元年―」『貿易陶磁―奈良・平安の中国陶磁―』橿原考古学研究所博物館編　臨川書店刊

田名真之　2004「古琉球王国の王統」『沖縄県の歴史』山川出版社　59-96頁

田中克子　2008「中国陶磁器」『中世都市　博多を掘る』海鳥社　112-128頁

田中克子　2009a「博多遺跡群における出土状況」木下尚子（編）『13～14世紀の琉球と福建』平成17～20年度科学研究費補助金基盤研究（A）（2）研究成果報告書　熊本大学文学部　93-101頁

田中克子　2009b「生産と流通」木下尚子（編）『13～14世紀の琉球と福建』平成17～20年度科学研究費補助金基盤研究（A）（2）研究成果報告書　熊本大学文学部　137-143頁

田中克子　2016「日宋貿易期における博多遺跡群出土中国陶磁器の変遷と流通―博多に残されたものから国内流通を考える―」佐々木達夫（編）『中近世陶磁器の考古学』第三巻　雄山閣　1-25頁

谷口武範・福田泰典（編）　2008『大島畠田遺跡』宮崎県埋蔵文化財センター発掘調査報告書第178集　宮崎県立埋蔵文化財センター

田畑幸嗣　2000「琉球諸島における貿易陶磁の需要に関して」『人類史研究』12　人類史研究会　33-45頁

田村晃一　1998「結語」足立拓朗（編）『倉木崎海底遺跡発掘調査概報』宇検村文化財調査報告1　宇検村教育委員会　32-33頁

田村晃一　1999「結語」林克彦（編）『倉木崎海底遺跡発掘調査報告書』宇検村文化財調査報告2　宇検村教育委員会　50-53頁

玉城　靖（編）　2005『シイナグスク』今帰仁村文化財調査報告書17　今帰仁村教育委員会

玉城靖・与那嶺俊　2005「今帰仁城跡周辺遺跡の発掘調査概要」『南島考古だより』74　沖縄考古学会

多和田眞淳　1956「琉球列島の貝塚分布と編年の概念」『文化財要覧1956年度版』琉球政府文化財保護委員会　37-55頁

主税英徳　2013「高麗陶器大型壺の分類と編年―生産からみた画期―」『古文化談叢』第70集　九州古代文化研究会　223-241頁

主税英徳　2016「九州出土の高麗陶器」『考古学は科学か　下　田中良之先生追悼論文集』田中良之先生追悼論

文集編集委員会　927-943頁
北谷町教育委員会　1997『後兼久原遺跡展』
土橋理子　1997「日宋貿易の諸相」『考古学による日本歴史10　対外交渉』雄山閣　61-76頁
出合宏光　1997「下り山窯跡研究ノート―下り山１号窯跡出土品の製作工程を復元する」『肥後考古』10　肥後考古学会　70-87頁
出合宏光　2003「カムィヤキ窯と下り山窯―カムィヤキ窯の操業に下り山窯の工人が参加したのか―」『琉球大学考古学研究集録』4　琉球大学法文学部考古学研究室　13-28頁
手塚直樹　2000「12世紀代の貿易陶磁を出土する沖縄本島の遺跡」『琉球・東アジアの人と文化（上巻）高宮廣衞先生古希記念論集』高宮廣衞先生古希記念論集刊行会　295-314頁
寺田仁志　2015「史跡徳之島カムィヤキ陶器窯跡の植生について」新里亮人（編）『史跡徳之島カムィヤキ陶器窯跡保存管理計画書』伊仙町教育委員会
樋泉岳二　2011「琉球先史時代人と動物資源利用―脊椎動物遺体を中心に―」高宮広土・伊藤慎二（編）『先史・原始時代の琉球列島〜ヒトと景観』六一書房　109-131頁
樋泉岳二　2014「脊椎動物遺体からみた琉球列島の環境変化と文化変化」高宮広土・新里貴之（編）『琉球列島先史・原史時代における環境と文化の変遷に関する実証的研究　研究論文集　第２集　琉球列島先史・原史時代の環境と文化の変遷』六一書房　71-86頁
堂込秀人　2004「南九州・奄美・沖縄の旧石器から縄文時代の考古学の課題―合同学会の成果と今後の課題―」『第５回　沖縄考古学会・鹿児島考古学会合同学会　研究発表資料集「20年の成果と今後の課題」』1-18頁
當眞嗣一　1975「石川市伊波後原遺跡調査概報」『南島考古』4　沖縄考古学会　49-66頁
當眞嗣一　1981「西原町内間散布地No.1出土の須恵器について」『南島考古だより』24　沖縄考古学会
當眞嗣一　2000「考古学からみたグスク時代考」『古代文化』52　古代學協會　14-20頁
當眞嗣一・金武正紀　1983「鉄器・須恵器・石鍋の出土と特質」『沖縄歴史地図（考古編）』柏書房株式会社　97頁
當眞嗣一（編）　1980『佐敷グスク』佐敷村教育委員会
當眞嗣一（編）　1983『稲福遺跡発掘調査報告書（上御願地区）』沖縄県文化財調査報告書50　沖縄県教育委員会
當眞嗣一・大城慧（編）　1994『屋良グスク』嘉手納町文化財調査報告書１　嘉手納町教育委員会
當銘清乃（編）　2001『伊佐前原第一遺跡』沖縄県立埋蔵文化財センター調査報告書４　沖縄県立埋蔵文化財センター
時枝克安　2001「カムィヤキ古窯跡の第９支群１号窯の地磁気年代」青﨑和憲・伊藤勝徳（編）『カムィヤキ古窯支群Ⅲ』伊仙町埋蔵文化財発掘調査報告書11　伊仙町教育委員会　71-75頁
時枝克安・伊藤晴明　1985「カムィヤキ古窯跡の熱残留磁気による年代測定」新東晃一・青﨑和憲（編）『カムィヤキ古窯跡群Ⅰ』伊仙町埋蔵文化財発掘調査報告書３　伊仙町教育委員　45-52頁
德田有希乃・石堂和博（編）　2009『植松遺跡・一ノ坪遺跡・高田遺跡・真所汐入Ｂ遺跡・有鹿野遺跡・下鹿野遺跡・日ノ丸遺跡』南種子町埋蔵文化財発掘調査報告書16　南種子町教育委員会
德永貞紹　1998「肥前神崎荘・松浦荘域の中世港湾と貿易陶磁」『貿易陶磁研究』18　日本貿易陶磁器研究会　33-44頁
德永貞紹　2010「初期滑石製石鍋考」『先史学・考古学論究Ⅴ　下巻　甲元眞之先生退任記念』龍田考古会　719-742頁
戸﨑勝洋・東和幸（編）　1988『前当遺跡』知名町文化財発掘調査報告書６　知名町教育委員会
友寄英一郎　1964「沖縄考古学の諸問題」『考古学研究』11-1　考古学研究会　13-21頁
友寄英一郎・嵩元政秀　1969「フェンサ城貝塚発掘調査概報」『琉球大学法文学部紀要　社会篇』13　55-94頁
鳥居龍蔵　1905「八重山の石器時代の住民に就て」『太陽』11-5　東京博文館　165-172頁

【な行】

長崎石鍋記録会（編）　2008『調査報告Ⅰ』

中島恒次郎　1992「大宰府における椀形態の変遷」『中近世土器の基礎研究』Ⅷ　中近世土器研究会　113-148頁

中島恒次郎　1995「九州北部」『概説　中世の土器・陶磁器』真陽社　187-196頁

中島恒次郎　2001「大宰府における土師器甕の変遷」『大分・大友研究会論集』1-9頁

中島恒次郎　2008「大宰府と南島社会―グスク社会形成起点―」池田榮史（編）『古代中世の境界領域』高志書院　171-198頁

中島恒次郎　2010「城久遺跡群の日本古代中世における社会的位置―津軽石江遺跡群との相違を含めて―」『古代末期・日本の境界―城久遺跡群と石江遺跡群』森話社　131-160頁

中島史子　2000「京都府内出土の石鍋について」『京都府埋蔵文化財情報』第78号（財）京都府埋蔵文化財調査研究センター　17-22頁

仲宗根禎・赤嶺信哉・比嘉史子・宮城智浩・樋泉岳二・土肥直美・古環境研究所・パリノ・サーヴェイ株式会社・宇田津徹朗・蔵田真一・（編）　2007『屋部前田原貝塚』名護市文化財調査報告書18　名護市教育委員会

中園　聡（編）　2015『黒島平家城跡・大里遺跡ほか』三島村埋蔵文化財調査報告書1　三島村教育委員会

長野陽介・藤井大祐（編）　2016『不動寺遺跡』鹿児島市埋蔵文化財発掘調査報告書76　鹿児島市教育委員会

仲松彌秀　1961「「グシク」考」『沖縄文化』5　沖縄文化協会　18-23頁

中村和美　1994「鹿児島県（薩摩・大隅国）における平安時代の土器―土師器の変遷を中心に―」『中近世土器の基礎研究』Ⅹ　中近世土器研究会　149-171頁

中村和美　1996「古代前期の煮沸具―肥後・日向・薩摩・大隅―」『古代の土器研究―律令的土器様式の西・東　4―煮沸具―』古代の土器研究会　188-193頁

中村和美　1997「鹿児島県における古代の在地土器」『鹿児島考古』31　鹿児島県考古学会　88-102頁

中村和美　2014「陶磁器からみる中世南九州の交易」鹿児島県歴史資料センター黎明館（編）『南からみる中世世界』「南から見る中世の世界」実行委員会　174-177頁

中村　愿　1994「クマヤー洞穴遺跡」『北谷町史』3　北谷町史編集委員会　504-518頁

中村友昭　2006「マツノト遺跡2004の概要」木下尚子（編）『先史琉球の生業と交易2―奄美・沖縄の発掘調査から―』熊本大学文学部　22-28頁

中山清美　2004「奄美・赤木名グスクの時代背景」今帰仁村教育委員会（編）『グスク文化を考える』新人物往来社　253-268頁

中山清美（編）　1986『城遺跡、下山田遺跡、ケジ遺跡』笠利町文化財調査報告書8　笠利町教育委員会

中山清美（編）　1996『宇宿貝塚発掘写真集』2　笠利町教育委員会

中山清美（編）　1997『笠利町万屋城』笠利町文化財調査報告書24　笠利町教育委員会

中山清美（編）　1999『ウーバルグスク発掘調査報告書』笠利町文化財報告書25　笠利町教育委員会

中山清美（編）　2003『赤木名グスク遺跡』笠利町文化財調査報告書26　笠利町教育委員会

中山清美（編）　2006『マツノト遺跡』笠利町文化財調査報告書28　笠利町教育委員会

永山修一　1993「キカイガシマ・イオウガシマ考」『日本律令制論集』下巻　吉川弘文館　419-464頁

永山修一　1997「古代・中世における薩摩・南島間の交流」『境界の日本史』145-150頁　山川出版社

永山修一　2010「中世日本の琉球観」『沖縄県史　各論編　第三巻　古琉球』沖縄県教育委員会　591-610頁

名瀬市教育委員会・カムィヤキ古窯跡群シンポジウム実行委員会編　2002『徳之島カムィヤキ古窯跡群の世界』

楢崎彰一　1967「古代・中世における生産上の諸問題」『日本の考古学』Ⅵ　河出書房新社　1-16頁

楢崎彰一　1974『日本の古磁　古代中世編』中央公論社

成尾英仁　2015「史跡徳之島カムィヤキ陶器窯跡周辺の地質」新里亮人（編）『史跡徳之島カムィヤキ陶器窯跡保存管理計画書』伊仙町教育委員会

縄田雅重　2014「滑石を混和材とした土器の実用性について」『あやみや　沖縄市郷土博物館紀要』22　沖縄市立郷土博物館　29-34頁

南西諸島水中文化遺産研究会・鹿児島大学法文学部物質文化論研究室（編）　2013『水中文化遺産データベース作成と水中考古学の推進―南西諸島編―』アジア水中考古学研究所

西谷　正　1981「高麗・朝鮮両王朝と琉球の交流―その考古学的研究序説―」『九州文化史研究所紀要』26　九州大学九州文化史研究施設　75-100頁

二宮満夫　2006「宮崎県出土の滑石製石鍋」『宮崎県立西都原考古博物館研究紀要』2　宮崎県立西都原考古博物館　26-29頁

野﨑拓司　2015「遺構・遺物から見た城久遺跡群」『城久遺跡群―総括報告書―』喜界町教育委員会　43-55頁

野﨑拓司　2016「奄美諸島出土の土師器と兼久式土器の年代」『第8回奄美考古学会発表資料』奄美考古学研究会

野﨑拓司・澄田直敏・後藤法宜　2010「城久遺跡群の発掘調査」『日本考古学』29　日本考古学協会　137-146頁

野﨑拓司・澄田直敏・宮城良真（編）　2011『城久遺跡群前畑遺跡・小ハネ遺跡』喜界町埋蔵文化財発掘調査報告書11　喜界町教育委員会

野﨑拓司・松原信之・澄田直敏（編）　2013a『城久遺跡群大ウフ遺跡・半田遺跡』喜界町埋蔵文化財発掘調査報告書12　喜界町教育委員会

野﨑拓司・松原信之・澄田直敏（編）　2013b『城久遺跡群半田口遺跡』喜界町埋蔵文化財発掘調査報告書13　喜界町教育委員会

【は行】

東　貴之　2003「滑石製石鍋製作所について」『西海考古』5　西海考古同人会　21-42頁

東　貴之　2011「滑石製石鍋の製作工程に関する一考察―生産地・消費地の資料を中心に―」『別府大学文化財学論集Ⅰ―後藤宗俊先生古希記念―』後藤宗俊先生古希記念論集刊行会　165-180頁

林　克彦（編）　1999『倉木崎海底遺跡発掘調査報告書』宇検村文化財調査報告書2　宇検村教育委員会

林　文理　1994「『博多綱首』関係資料」『福岡市博物館研究紀要』4　福岡市博物館　73-106頁

林　文理　1998「博多綱首の歴史的位置―博多における権門貿易―」『古代中世社会と国家　大阪大学文学部日本史研究室創立50周年記念論文集　上巻』大阪大学文学部日本史研究室　575-591頁

平川ひろみ・川宿田好見・太郎良真妃・中村有希・中園聡　2012「鹿児島県三島村黒島の滑石製石鍋―文化財の記録と博物館活動の一環としての3次元化を兼ねて―」『国際文化学部論集』13-2　鹿児島国際大学国際文化学部　165-177頁

広岡　凌　2016「沖縄本島におけるグスク出土のカムィヤキ―流通と消費に着目して―」『南島考古』35　沖縄考古学会　65-79頁

廣瀬祐良　1933『昭和9年　郷土史研究　徳之島ノ部』

藤井　忠　1886「石鍋」『東京人類學會報告』9　東京人類学会　18-19頁

藤江　望　2000「琉球列島におけるヤコウガイ利用の動向―紀元前4000年紀から紀元800年まで―」『南島考古』19　沖縄考古学会　1-12頁

降矢哲男　2002「韓半島産陶磁器の流通―高麗時代の青磁を中心に―」『貿易陶磁研究』22　日本貿易陶磁研究会　138-167頁

【ま行】

前川　要　2003「南西諸島における畿内型中世集落成立の歴史的意義」『南島考古』22　沖縄考古学会　21-40頁

前川威洋　1978「土師器の分類および編年とその共伴土器について」『福岡南バイパス関係埋蔵文化財調査報告書第8集（下）』福岡県教育委員会　5-47頁

松尾秀昭　2011「縦耳型石鍋の時期―長崎県内における資料を中心に―」『別府大学文化財学論集Ⅰ―後藤宗俊

先生古希記念—』後藤宗俊先生古希記念論集刊行会　181-190頁

松尾秀昭　2016「滑石製石鍋の生産・流通—中世西海地域の特産品—」『石が語る西海の歴史　倭寇とキリシタン世界を読み直す』アルファベータブックス　57-77頁

松田朝由　2004「土器の製作技術と土器様相」『高篠遺跡』鹿児島県立埋蔵文化財センター発掘調査報告書71　387-399頁

松原信之・野﨑拓司・澄田直敏・早田晴樹（編）　2015『城久遺跡群—総括報告書—』喜界町埋蔵文化財発掘調査報告書14　喜界町教育委員会

松村順一・得能壽美・島袋綾野　2008『石垣市史考古ビジュアル版第5巻　陶磁器から見た交流史』石垣市

松本健郎（編）　1980『生産遺跡基本調査報告書Ⅱ』熊本県文化財調査報告48　熊本県教育委員会

弥栄久志・旭慶男（編）　1987『長浜金久遺跡（第Ⅲ・Ⅳ・Ⅴ遺跡）』鹿児島県埋蔵文化財発掘調査報告書42　鹿児島県教育委員会

弥栄久志・倉本良文　1994『前ヤ遺跡・向田遺跡・上田遺跡・ウ川田遺跡』喜界町文化財発掘調査報告書6　喜界町教育委員会

三上次男　1978「沖縄県勝連城跡出土の元染付片とその歴史的性格」『考古学雑誌』63-4　日本考古学会　299-313頁

三上次男（編）　1982『沖縄・西表島　与那良遺跡発掘調査概報』与那良遺跡調査団

三島格　1966「南西諸島土器文化の諸問題」『考古学研究』13-2　考古学研究会　46-56頁

三島格・島津義昭　1983「肥後石鍋出土遺跡一覧」『肥後考古』4　肥後考古学会　164-167頁

三辻利一　1985「徳之島カムィヤキ窯跡，および2・3の遺跡出土類須恵器の胎土分析」新東晃一・青﨑和憲（編）『カムィヤキ古窯跡群Ⅰ』伊仙町埋蔵文化財発掘調査報告書3　伊仙町教育委員会

三辻利一　2001「徳之島カムィヤキ窯群出土須恵器の蛍光X線分析」青﨑和憲・伊藤勝徳（編）『カムィヤキ古窯跡群Ⅲ』伊仙町埋蔵文化財発掘調査報告書11　伊仙町教育委員会　75-85頁

三辻利一　2005「徳之島カムィヤキ古窯跡群出土陶器の化学的特性」新里亮人（編）『カムィヤキ古窯跡群Ⅳ』伊仙町埋蔵文化財発掘調査報告書12　伊仙町教育委員会　65-81頁

三辻利一　2010「川嶺辻遺跡出土陶器片の蛍光X線分析」新里亮人（編）『川嶺辻遺跡』伊仙町埋蔵文化財発掘調査報告書（13）　伊仙町教育委員会　72-76頁

美濃口雅朗　1997「樺番城窯跡の中世須恵器（1）」『肥後考古』10　肥後考古学会　94-117頁

宮城栄昌・高宮廣衞　1983『沖縄歴史地図　考古編』柏書房

宮城伸一・中村毅（編）　2011『勝連城跡—四の曲輪北区発掘調査報告書—』うるま市文化財調査報告書14　うるま市教育委員会

宮城利旭ほか（編）　1988『越来城』沖縄市文化財調査報告書11　沖縄市教育委員会

宮城弘樹　2014a「貿易陶磁出現期の琉球列島における土器文化」『琉球列島先史・原始時代における環境と文化の変遷に関する実証的研究　研究論文集　第1集』六一書房　199-226頁

宮城弘樹　2014b「貝塚時代後期土器の研究（Ⅵ）」『廣友会誌』7　廣友会　8-19頁

宮城弘樹　2015「南西諸島出土滑石製及び滑石混入土器出土遺跡集成」『廣友会誌』8　廣友会　19-31頁

宮城弘樹　2016「グスク時代初期における出土滑石からみた集団関係」『南島文化』38　沖縄国際大学南島文化研究所　89-99頁

宮城弘樹　2017「フェンサ下層式土器の編年的考察」『平成29年度奄美考古学会沖縄大会資料集　奄美・沖縄における貝塚時代後期土器の編年』平成29年度奄美考古学会沖縄大会実行委員会　38-48頁

宮城弘樹・片桐千亜紀・新垣力・比嘉尚輝　2004「南西諸島における沈没船発見の可能性とその基礎的調査—海洋採集遺物からみた海上交通—」『沖縄埋文研究』2　沖縄県立埋蔵文化財センター　81-108頁

宮城弘樹・片桐千亜紀・比嘉尚輝・崎原恒寿　2005「南西諸島における沈没船発見の可能性とその基礎的調査（Ⅱ）」『沖縄埋文研究』3　沖縄県立埋蔵文化財センター　43-60頁

宮城弘樹・具志堅亮　2007「中世並行期における南西諸島の在地土器の様相」『廣友会誌』3　廣友会　2-16頁

宮城弘樹・新里亮人　2009「琉球列島における出土状況」木下尚子（編）『13〜14世紀の琉球と福建』平成17〜20年度科学研究費補助金基盤研究（A）(2)　研究成果報告書　熊本大学文学部　73-92頁

宮城弘樹・千田寛之　2014「グスク時代初期農耕文化の動態」『南島考古』33　沖縄考古学会　沖縄考古学会　1-15頁

宮崎貴夫　1994「長崎県における貿易陶磁研究の現状と課題」『長崎県の考古学中・近世研究特集』長崎県考古学会　79-97頁

宮崎貴夫　1998「長崎県域の貿易陶磁の様相―肥前西部・壱岐・対馬―」『貿易陶磁研究』18　日本貿易陶磁器研究会　45-57頁

宮崎亮一（編）　2000『大宰府条坊跡ⅩⅤ―陶磁器分類編―』太宰府市の文化財49　太宰府市教育委員会

宮下貴浩　1998「鹿児島県持躰松遺跡と出土陶磁器」『貿易陶磁研究』18　日本貿易陶磁器研究会　70-85頁

宮下貴浩（編）　1998『持躰松遺跡第一次調査』金峰町埋蔵文化財発掘調査報告書10　金峰町教育委員会

宮田栄二・中山清美（編）　1988『下山田遺跡Ⅲ（東地区）』笠利町文化財報告書9　笠利町教育委員会

村井章介　1997「中世国家の境界と琉球・蝦夷」『境界の日本史』山川出版社　106-137頁

村上恭通　1988「吐噶喇出土の陶質土器と石鍋」『奄美考古』創刊号　奄美考古学研究会　1-3頁

目崎茂和　2003「地理学的環境」広田遺跡学術調査研究会（編）『廣田遺跡』鹿児島県立歴史資料センター黎明館　1-10頁

森浩一・伊藤勇輔（編）　1971「香川県綾南町十瓶山北山麓窯跡調査報告」『若狭・近江・讃岐・阿波における古代生産遺跡の調査』同志社大学文学部考古学調査報告4　同志社大学文学部考古学研究室

森田　勉　1982「14〜16世紀の白磁の型式分類と編年」『貿易陶磁研究』2　貿易陶磁研究会　47-54頁

森田　勉　1983「滑石製容器―特に石鍋を中心として―」『佛教藝術』148　佛教藝術學會　135-148頁

森本朝子・田中克子　2004「沖縄出土の貿易陶磁器の問題点：中国粗製白磁とベトナム初期貿易陶磁」今帰仁村教育委員会（編）『グスク文化を考える』新人物往来社　353-370頁

盛本　勲　2002「硫黄鳥島の考古調査」『沖縄県史　資料編13』沖縄県教育委員会　243-272頁

盛本　勲　2008「グスク時代の幕開け―文物と農耕をめぐって―」谷川健一（編）『日琉交易の黎明』森話社　263-284頁

盛本　勲（編）　1989『高腰城跡』城辺町文化財調査報告書5　城辺町教育委員会

盛本　勲（編）　1987『大牧遺跡・野城遺跡』城辺町文化財調査報告書2　城辺町教育委員会

【や行】

八重津照勝　1923「肥前國雪之浦遺跡調査報告」『考古学雑誌』14-14

柳原敏昭　1999「中世前期南九州の港と宋人居留地に関する一試論」『日本史研究』448　日本史研究会　102-134頁

矢部良明　1975「日本出土の元様式青花磁器について」『南島考古』4　沖縄考古学会　1-24頁

山内晋次　2009『日本史リブレット75　日宋貿易と「硫黄の道」』山川出版社

山口俊博（編）　1981『与論島の先史時代』熊本大学文学部考古学研究室

山崎純男　1993a「海の中道遺跡の製塩をめぐって」『海の中道遺跡Ⅱ』朝日新聞社西部本社・海の中道遺跡発掘調査実行委員会　109-112頁

山崎純男　1993b「鴻臚館をめぐる諸問題」『鴻臚館跡Ⅲ』福岡市埋蔵文化財調査報告書355　福岡市教育委員会　13-70頁

山崎純男（編）　1982『海の中道遺跡』福岡市埋蔵文化財調査報告書87　福岡市教育委員会

山里純一　1999『古代日本と南島の交流』吉川弘文館

山里純一　2010「七〜一二世紀の琉球列島」『沖縄県史　各論編　第三巻　古琉球』沖縄県教育委員会　90-109頁

山城安生・島袋晴美（編）　2003『後兼久原遺跡』北谷町文化財調査報告書21　北谷町教育委員会

山城安生・島袋晴美（編）　2012『小堀原遺跡』北谷町文化財調査報告書34　北谷町教育委員会

山本信夫　1988「大宰府における古代末から中世の土器・陶磁器―10〜12世紀の資料（1）本文編―」『中近世土器の基礎研究』Ⅳ　中近世土器研究会　183-202頁

山本信夫　2003「東南アジア海域における無釉陶器」『貿易陶磁研究』23　日本貿易陶磁研究会　76-89頁

山本信夫・山村信榮　1997「九州・南西諸島」『国立歴史民俗博物館研究報告』71　国立歴史民俗博物館　237-310頁

山本正昭　2000a「グスク時代の石積み囲いについての一考察（下）」『南島考古』19　沖縄考古学会　21-30頁

山本正昭　2000b「グスク土器の基礎的研究」『地域文化論叢』3　沖縄国際大学大学院地域文化研究科　47-98頁

弓削政己　2010「中山政権と奄美」『沖縄県史　各論編　第三巻　古琉球』沖縄県教育委員会　217-239頁

横田賢次郎・森田勉　1976「大宰府出土の土師器に関する覚え書き」『九州歴史資料館研究論集』2　九州歴史資料館　89-94頁

横田賢次郎・森田勉　1978「大宰府出土の輸入中国陶磁器について―型式分類と編年を中心にして―」『九州歴史資料館研究論集』4　九州歴史資料館　1-26頁

吉岡康暢　1994『中世須恵器の研究』吉川弘文館

吉岡康暢　2002a「南島の中世須恵器」『国立歴史民俗博物館』94　国立歴史民俗博物館　409-439頁

吉岡康暢　2002b「カムィ焼きの型式分類・編年と歴史性」『カムィヤキ古窯跡群シンポジウム』奄美群島交流推進事業文化交流推進事業文化交流部会　29-41頁

吉岡康暢　2012「14・15世紀中国陶磁編年の論点―琉球出土陶磁を中心に―」『中近世土器の基礎研究』24　日本中世土器研究会　103-124頁

吉岡康暢・門上秀叡　2011『琉球出土陶磁社会史研究』真陽社

吉成直樹　2010「古代・中世期の南方世界―キガイガシマ・交易・国家」『古代末期・日本の境界―城久遺跡群と石江遺跡群』森話社　15-56頁

吉成直樹　2013「グスク時代の社会変革は「内的発展論」で説明できるか」『琉球・沖縄文化の形成と外的衝撃―古代〜中世並行期を中心に』平成21年度〜平成24年度科学研究費補助金（基盤研究（B））研究成果報告書　9-54頁

吉村靖徳・黒瀬茂文　2003「福岡県篠栗南蔵院の滑石製石鍋製作跡」『古文化談叢』第50集（中）九州古文化研究会　159-167頁

四本延宏　2008「徳之島カムィヤキ陶器窯跡―窯跡発見とその後の調査成果―」谷川健一（編）『日琉交易の黎明』森話社　237-262頁

米倉秀紀（編）　1983『ケジ遺跡・コビロ遺跡・辺留窪遺跡』研究室活動報告15　熊本大学文学部考古学研究室

與嶺友紀也　2015「沖縄諸島におけるくびれ平底土器群の再検討」『考古学研究』245　考古学研究会　63-74頁

【ら行】

李浩炯ほか（編）　2000『瑞山　舞将里窯址』忠清埋蔵文化財研究院文化遺蹟調査報告九（財）忠清埋蔵文化財研究院　（株）現代精工

琉球政府文化財保護委員会　1965「勝連城第一次発掘調査概要」『琉球文化財調査報告書』

琉球政府文化財保護委員会　1966「勝連城第二次発掘調査概要」『琉球文化財調査報告書』

琉球大学考古学研究会　1971『稲福村落―稲福村落第1次調査報告書　村落形成過程の研究』

琉球大学考古学研究室　2003「琉球列島出土の貿易陶磁器の基礎的研究」『琉球大学考古学研究集録』4　琉球大学法文学部考古学研究室

図表出典一覧

図1　筆者作図
図2　1：山崎編 1982、2：金武・比嘉編 1979、3：青崎・伊藤編 2001、4：野﨑ほか編 2013a、5：金武編 1997、うち2・3は筆者実測、そのほかは再トレース
図3　筆者作図
図4　1：與嶺 2015、2：山城・島袋編 2003 より転載のうえ再トレース
図5　広瀬 1933 より転載
図6　1・2：中山編 2006、すべて筆者実測
図7　1～5：中山編 2006、すべて筆者実測
図8　1～4：中山編 2006、すべて筆者実測
図9　1：中島恒 1992、2・3：網田 1994a・b、4～6：中村和 1994 より転載のうえ再トレース
図10　中山編 2006、筆者実測
図11　1：澄田・野﨑編 2008 より転載のうえ再トレース、2：野﨑ほか編 2011 より転載のうえ再トレース、3：伊仙町歴史民俗資料館保管資料を筆者実測
図12　澄田ほか編 2009、筆者実測
図13　筆者作図
図14　新里亮・三辻 2008b をもとに筆者作図
図15　新里亮ほか 2017 より転載
図16　森田 1983、澄田・野﨑編 2006 より再トレース
図17　筆者作図
図18　1～4：金武・比嘉編 1979、5・6・8：山城・島袋編 2003、7：仲宗根ほか編 2007、9・12：金武編 1997、10・11：宮城・中村編 2011、13～15：片桐編 2004、19：金城編 1991、17：金武編 1994、18・26～34：金城編 1991、18・22・25：當眞編 1983、23・24：友寄・嵩元 1969、26～32：金城編 1991、35・38～40：玉城編 2005、36・37・41・42：金武編 1991、うち1・13・17・19・20・23・26・27・28・30 は筆者実測、そのほかは再トレース
図19　1・3～5：島袋・金城編 1990、2・6・8～10：金城ほか編 1994、7：新里貴 1997、11～14：金武編 1983、15：盛本 1989、16：三上編 1982、17～20：大城・金城編 1991、うち2～4は筆者実測、そのほかは再トレース
図20　1・4・5・12・13・17：新里貴 2006、2・3：澄田ほか編 2009、6・14・15：新里亮編 2010、7：野﨑ほか編 2011、8：野﨑ほか編 2013a、9・10：具志堅編 2013、11：馬原・友口編 1985、12・13：新里貴 2006、16：新里貴編 2014、うち1・5・6・14・15 は筆者実測、そのほかは再トレース
図21　森田 1983、鈴木康編 1998 より転載のうえ再トレース
図22　すべて筆者実測
図23　筆者作図
図24　1：長野・藤井編 2016、2：野﨑ほか編 2011、3：澄田・野﨑編 2008 より転載のうえ再トレース
図25　筆者作図
図26　筆者作図
図27　宮城弘 2015、平川ほか 2012 をもとに筆者作図

図28　筆者作図
図29　筆者作図　1〜4：德永 2010、5：佐藤伸 1970、6〜8：鈴木康編 1998 より転載のうえ再トレース
図30　筆者作図
図31　筆者作図
図32　筆者作図
図33　筆者作図
図34　澄田ほか編 2009、野﨑ほか編 2011、野﨑ほか編 2013a、馬原・友口編 1985、新里亮編 2010、當銘編 2001、金武編 1997、島袋・金城編 1990、金武・金城編 1986、金武・比嘉編 1979、金武・宮里編 1983、金武編 1991、宮城・中村編 2011 より転載のうえ再トレース
図35　筆者作図
図36　筆者作図
図37　筆者作図
図38　筆者作図
図40　筆者作図
図41　木下編 2009 より転載・一部改変のうえ再トレース
図42　筆者撮影
図43　新里亮編 2005 掲載図を一部改変
図44　新里亮編 2005 掲載図を一部改変のうえ転載
図45　新東・青﨑編 1985b 掲載図を一部改変のうえ再トレース
図46　筆者作図
図47　筆者作図
図48　筆者作図
図49　筆者作図
図50　新東・青﨑編 1985b、青﨑・伊藤編 2001 掲載図より抜粋作成
図51　筆者実測
図52　新里亮編 2005 掲載図を一部改変のうえ再トレース
図53　筆者作図
図54　筆者作図
図55　筆者撮影
図56　筆者作図
図57　筆者作図
図58　筆者作図
図59　新里・三辻 2008a をもとに筆者作図
図60　新東・青﨑編 1985a・b、青﨑・伊藤編 2001．新里亮編 2005、うち 3・7・15・23・41・48・51 は筆者実測、そのほかは再トレース
図61　筆者作図
図62　筆者作図
図63　新東・青﨑編 1985b、青﨑・伊藤編 2001、新里亮編 2005、宮崎亮編 2000 より転載のうえ再トレース
図64　新里亮編 2010、すべて筆者実測
図65　筆者作図
図66　6 は筆者原図をトレース、1：白木原 1976、2：弥栄・倉本 1994、3：湖城・金城編 1981、4：中山編 1997、5：河口編 1979、6：大城編 1983 より転載のうえ再トレース、うち 6 は筆者実測
図67　筆者作図
図68　筆者作図

図69　1・2・4・10～12・18・19、26～30、32は筆者原図トレース、ほかは、中山編 1986、戸﨑・東編 1988、白木原 1975・1976、大城編 1987、下地安編 1985、當銘編 2001、河口編 1979、安里進 1975、金武 1986、池畑・堂込編 1993の掲載図を一部改変のうえ再トレース

図70　13・19・20・26～28は筆者原図をトレース、米倉編 1983、馬原・友口編 1985、當銘編 2001、金城編 1991、新東 1994、白木原 1973・1975、當眞・大城ほか編 1994、金武編 1983、下地安編 1985、宮城利ほか編 1988、當眞 1981、當眞編 1983の掲載図を一部改変のうえ再トレース

図71　3・6・12・13は筆者原図をトレース、ほかは、安里嗣ほか編 1984、嵩元 1966、當眞編 1983、中山編 1986、白木原 1973、當銘編 2001、金武・大田編 1986、金武編 1994・1997、盛本編 1989、下地安編 1985、當眞編 1994、當眞編 1983の掲載図を一部改変のうえ再トレース

図72　9は筆者原図をトレース、ほかは金武・宮里編 1983、當眞編 1983、金城編 1991、大城編 1988、島袋洋編 1986、白木原 1976、金武編 1997、下地安編 1985の掲載図を一部改変のうえ再トレース

図73　青﨑・伊藤編 2001、當銘編 2001掲載図を筆者実測、トレース

図74　1～4は李ほか編 2000、5・6は九州歴史資料館 1990の掲載図を筆者実測、7は下村編 1996掲載図を実見加筆のうえ再トレース

図75　松本編 1980掲載図を筆者実測

図76　松本編 1980、新東・青﨑 1985b、李ほか編 2000掲載図を一部改変のうえトレース

図77　筆者作図

図78　筆者作図

図79　弥栄・旭編 1987掲載図を一部改編のうえ再トレース

図80　筆者作図

図81　奄美市教育委員会文化財課編 2015掲載図を転載のうえ一部改変

図82　新里亮・常編 2018をもとに筆者作成

図83　本書図18、図21、図60をもとに筆者作図、7は當眞 1975掲載図を一部改変のうえトレース・

図84　本書図18、図29、図34、図60をもとに筆者作図

図85　本書図18、図34、図60をもとに筆者作図、7は筆者原図をトレース

図86　筆者作図

図87　筆者作図

表1～39　筆者作成

あ と が き

　1996年4月、歴史好きが高じて熊本大学文学部史学科に入学した。当時は西洋史を学ぶことをイメージしていたように思う。入学の前後頃、とある不幸な事件を発端に沖縄の基地問題が盛んに報じられていた。報道に触れるたび、生まれ故郷の歴史に暗いことを心の中で恥じていた。学部1年次の「史学概論」で、後の恩師となる甲元眞之、木下尚子両先生の講義を受講し、考古学研究室が伝統的に琉球列島をフィールドとしていることを知った。当時はインターネットなどで研究室の様子や教員の専門分野を知ることができなかったので、所属して初めて得られる情報のほうが多かったからだ。「地元の歴史を一から学べる」、というわけで考古学にあっさりと鞍替えした。

　考古学研究室にメンバー入りして驚いたことは、先輩方が南の文化や歴史に驚くほど詳しいことだった。その熱心さに押され少々引き気味な時期もあったが、何とか食らいついて離脱はまぬがれた。教養教育では名誉教授であられた白木原和美先生の講義（東南アジア考古学）も受講できたし、赴任されたばかりの杉井健先生からは古墳時代の考古学を学び、当時埋蔵文化財調査室におられた小畑弘己先生による阿蘇の旧石器時代遺跡の調査にも参加した。考古学の教授をすべて消化したとは言いがたいが、贅沢な学生生活を送ることができた。

　熊本大学文学部考古学研究室では、夏に行われる発掘実習の事前に、学生が主体となった自発的な勉強会が開かれていた。3年次の沖縄調査前の発表分担を決める際、小学生の頃父親に連れられ見学した沖縄県立博物館の「グスク展」を思い出し、グスク時代概説の担当を希望した。その準備のため、安里進氏の著書『考古学からみた琉球史』を入手したことも今日続けている研究の大きなきっかけとなった。いつかこのような書籍を世に送りたいと強く思ったことを今でもよく覚えている。

　卒業論文、修士論文では琉球列島のグスク時代、特に食器類の生産と流通を研究テーマとした。目的は奄美・沖縄地域のグスクや集落跡から出土する陶器や陶磁器が作られ、運ばれ、使われるという一連の流れを明らかにするためであった。論文執筆に向けた資料調査では、各行政機関の方に大変お世話になったが、研究を進めるために避けて通れない遺跡が徳之島にあった。琉球列島最古の窯業生産遺跡である徳之島カムィヤキ陶器窯跡である。出土品の調査のため1999年の秋に初めて徳之島を訪れたが、何もわからないぽっと出の私を昼夜問わず歓待して下さったのが遺跡所在地の伊仙町に在住し、後の上司となる義憲和、四本延宏、伊藤勝徳の三氏であった。当時は、窯跡の悉皆調査によって窯跡の分布域が広がりをみせていた頃で、伊仙町は遺跡を起爆剤に文化財保護行政の体制整備を画策していたそうだ。2002年には窯跡の重要性を発信するシンポジウムにも参加し、窯跡の研究と保護について尽力されていた吉岡康暢、池田榮史、赤司善彦、坂井秀弥の各先生からさまざまなご教示をいただいた。こうした学問的な縁もあって、2004年4月、現職場の伊仙町教育委員会に奉職することとなり、現在に至っている。

就職後は、文化財保護行政担当者として徳之島カムィヤキ陶器窯跡の史跡指定を皮切りに、各種業務に携わり、仕事のかたわら研究を続けてきたが、ここ10年、断片的な様子しか知られていなかった鹿児島県の島嶼域や先島諸島における考古学的状況がかなり明瞭となってきた。これはひとえに志を同じくする良き仲間たちが日々遺跡と向き合ってこられた結果であるが、この機を逸せず、次の展開に向けた備えとしてこれまでの研究を一つにまとめたのが本書である。各章の内容は、以下に示す初出文献を基本とするが、必要に応じて加筆・修正を加え、場合によっては複数の書き物を集めて一つに章立てるなどし、書籍としての体裁を整えるため大幅な編集を行った。

序　章　書き下ろし
第1章　1～4節は書き下ろし、第5節は2006「琉球列島出土土師器・須恵器の基礎的研究」木下尚子（編）『先史琉球の生業と交易2』熊本大学文学部　179-185頁
第2章　2017「グスク時代琉球列島の土器」『考古学研究』第64巻1号（通巻253号）考古学研究会　60-81頁
第3章　2002「滑石製石鍋の基礎的研究」木下尚子（編）『先史琉球の生業と交易―奄美・沖縄の発掘調査から―』熊本大学文学部　163-190頁、2008「琉球列島出土の滑石製石鍋とその意義」谷川健一（編）『日流交易の黎明』叢書文化学の越境17　森話社　53-72頁
第4章　2009「九州・琉球列島における14世紀前後の中国陶磁と福建産白磁」木下尚子（編）『13～14世紀の琉球と福建』熊本大学文学部　145-153頁、2015「琉球列島の中国陶磁器」『貿易陶磁研究』35　日本貿易陶磁研究会　17-24頁
第5章　2003「琉球列島における窯業生産の成立と展開」『考古学研究』第49巻第4号（通巻196号）考古学研究会　75-95頁、2005「徳之島カムィヤキ古窯跡群」『中世窯業の諸相～生産技術の展開と編年～資料編』全国シンポジウム　中世窯業の諸相～生産技術の展開と編年～実行委員会　189-206頁、2007「カムィヤキとカムィヤキ古窯跡群」『東アジアの古代文化』130号　大和書房　132-143頁、2010「カムィヤキ窯跡」『古陶の譜　中世のやきもの―六古窯とその周辺―』MIHO MUSEUM、茨城県陶芸美術館、愛知県陶磁資料館、福井県陶芸館、山口県立美術館・浦上記念館　445-449頁
第6章　2003「徳之島カムィヤキ古窯産製品の流通とその特質」『先史学・考古学論究Ⅳ』龍田考古会　384-410頁
第7章　2004「カムィヤキ古窯の技術系譜と成立背景」『グスク文化を考える』今帰仁村教育委員会　325-352頁
第8章　2014「先史時代からグスク時代へ―その考古学上の諸画期と歴史的展開」高宮広土・新里貴之（編）『琉球列島先史・原始時代における環境と文化の変遷に関する実証的研究論文集』六一書房　227-239頁、2018「遺跡出土食器類から考えるグスク時代の琉球列島社会」高宮広土（編）『奄美・沖縄諸島先史学の最前線』南方新社　47-66頁
終　章　書き下ろし

　実のところ、就職から2年半後となる2006年10月、『琉球列島における食器生産と流通の考古学的研究』と題した博士論文を熊本大学大学院社会文化科学研究科に提出し、その翌年3月に学位

をいただいた。本来であれば、本書はこれをベースとすべきであるが、当時は、喜界島城久遺跡群の発掘調査が本格化し、奄美諸島をめぐる考古学的状況が大きく変わろうとしていた時期でもあった。当遺跡の報告書が未完の状態で執筆した学位論文は、まだ書籍としての発刊には耐え得るものではなかったし、若気の至りによる論の飛躍や不適切な引用も多々見受けられたため、これを世に問うにはやはり大幅な書き改めを要した。それ以来約10年、2度にわたる転居と職場の移転があり、台風被災によって自宅の収集文献が水没するなどしたが、ここ数年でどうにか研究を再開する態勢を整えることができた。学位論文の内容が熟成されたか劣化したかは定かでないが、ここにグスク時代の食器類研究に一つの区切りをつけ、ご諸兄の批判をお願い申し上げたい。なお、徳之島カムィヤキ陶器窯跡出土品は、総括報告書の刊行を目指す伊仙町教育委員会によって整理作業が現在進行中であるが、第5・6・7章での分析はそれに向けた事前準備のようなもので、今後の修正を要する暫定的な結論としてご容赦いただければと思う。

　本書で取りあげた遺跡には、今帰仁城跡や勝連城跡のように、すでに世界文化遺産としても登録され、手厚い保護と積極的な活用がなされている例もある。それらに加え、筆者が居する奄美群島では、小湊フワガネク遺跡、赤木名城跡、徳之島カムィヤキ陶器窯跡、城久遺跡が詳細な調査報告書の刊行によってここ数年の間に国史跡指定を受けた。研究対象とした遺跡がこのように評価されたことは、自身の個人研究が認められる以上にうれしく、また、指定の瞬間に何らかのかたちで立ち会えたことはこの上ない幸せでもある。これらは近い将来、適切な保存と活用が図られていくであろうが、こうした文化資源を地域振興に活かす取り組みは、今後、奄美群島における文化財保護行政の主流となることが予想される。本書の刊行が、沖縄本島だけでなく周辺の島々における遺跡の重要性を発信するものになれば幸いであり、また、島に住む方々の豊かな暮らしに役立つ地域資産としてこれらの遺跡が注目されれば、なおいっそうありがたい。

　奄美群島は2017年3月に国立公園指定を受け、うち奄美大島、徳之島、沖縄島北部および西表島の特定地域は世界自然遺産登録への候補地ともなっている。奄美群島国立公園は人と自然が深く関わり調和してきた関係そのものを保護の対象とする「環境文化型国立公園」に該当するとされる。本書の第5・6・7章で検討した徳之島における窯業生産では、その普遍的価値の象徴とされる亜熱帯照葉樹林帯（国内最大規模）の森林資源が積極的に活用され、森林と海浜が近接した島嶼環境の下、生産品の広域流通が達成されたことに言及している。今後、亜熱帯島嶼域の自然環境と人間の文化的・経済的営みの関係を考古資料から明らかにすることの重要性が認識され、世界自然遺産に登録されるであろう亜熱帯の森に文化的付加価値を与えることができるならば、本書の刊行はこれまでお世話になってきた奄美群島の皆さまに対する私なりの恩返しになれるのかもしれない。

　本書が曲がりなりにも書籍の体裁を整えることができたのは、学位論文の審査にあたられた甲元眞之先生、木下尚子先生、杉井健先生、稲葉継陽先生、吉村豊雄先生、森正人先生の熱心なご指導の賜物である。また、小畑弘己先生（熊本大学）、池田榮史先生（琉球大学）、後藤雅彦先生（琉球大学）、津波高志先生（元琉球大学）、高宮広土先生（鹿児島大学）、上原静先生（沖縄国際大学）には日頃より研究発表や調査の機会を与えていただき、忌憚ないご意見、ご助言を賜っている。ここに謝意を記すとともに、今後も変わらぬご指導をお願い申し上げたい。また、これまでさまざまなかたちで研究へのご協力を下さっている以下の皆さまのご芳名と諸機関名を記し、この場を借りて厚く御礼申し上げる。

青﨑和憲、青山奈緒、赤司善彦、安里進、安座間充、麻生伸一、新垣巧、新垣力、池崎譲二、池畑耕一、石上英一、伊藤勝徳、伊藤慎二、伊藤まさえ、伊藤正彦、上里隆史、上地克哉、上原恵、牛ノ濱修、上床真、榎本美里、大坪志子、大村達郎、大屋匡史、片桐千亜紀、加藤良彦、鼎丈太郎、金沢陽、神川めぐみ、亀井明徳、河口貞徳、川口雅之、川口洋平、義憲和、岸本圭、北野堪重郎、金姓旭、金武正紀、金城亀信、具志堅亮、黒住耐二、呉圭珍、後藤雅彦、小松裕、呉屋義勝、酒井清治、坂井秀弥、郷英理、芝康二郎、柴田圭子、柴田亮、島袋春美、島袋洋、新里貴之、新東晃一、鈴木康之、澄田直敏、瀬戸哲也、高梨修、田上勇一郎、竹中哲朗、立神次郎、田中愛、田中克子、玉城靖、主税英徳、常未来、手塚直樹、樋泉岳二、堂込秀人、富岡廣三、永岡明奈、中島恒次郎、中園聡、中村愿、中村友昭、中村直子、中山清美、野﨑拓司、野田拓治、ピアソン，R、東和幸、東貴之、平川ひろみ、藤江望、藤木聡、降矢哲男、古門雅高、前川要、前迫亮一、松ヶ野恵、水ノ江和同、南健太郎、南勇輔、宮城幸也、宮城弘樹、宮田栄治、元田明菜、森幸一郎、森達也、森本朝子、盛本勲、山内晋二、山崎純男、山城安生、山田浩正、山野ケン陽二郎、山本孝文、山本正昭、弓削政己、横田賢次郎、横手浩二郎、吉岡康暢、四本延宏、与那嶺俊、與嶺友紀也、羅建柱、李恵瓊、李浩炯、栗健安、渡辺美季、渡辺芳郎、渡聡子（敬称略五十音順）。

　天城町教育委員会、奄美市立奄美博物館、石垣市教育委員会、伊仙町教育委員会、伊仙町歴史民俗資料館、沖縄県教育委員会、沖縄県教育委員会文化課若狭資料室、沖縄県立埋蔵文化財センター、鹿児島県立埋蔵文化財センター、鹿児島大学国際島嶼教育研究センター、鹿児島大学法文学部、笠利町教育委員会、奄美市立笠利町歴史民俗資料館、宜野湾市教育委員会、九州歴史資料館、熊本県教育委員会文化財収蔵庫、熊本大学文学部考古学研究室、鴻臚館跡調査事務所、太宰府市教育委員会、北谷町教育委員会、忠清埋蔵文化財研究院、徳之島町教育委員会、長崎県教育委員会、那覇市教育委員会、西原町教育委員会、福岡市立埋蔵文化財センター、福岡県教育委員会、今帰仁村教育委員会。

　本書は、平成30年度科学研究費助成事業（研究成果公開促進費、課題番号：18HP5115）の交付を受けて刊行されたものである。執筆期間中、伊仙町教育委員会の同僚である榎本美里、常未来両氏には業務のフォローをお願いし、また、出版にあたり同成社の佐藤涼子氏と編集を担当された三浦彩子氏には大変お世話になった。末筆ながらお礼申し上げたい。成稿準備中であった2016年7月、長らく奄美群島の文化財保護に尽力された中山清美氏が逝去された。執筆に際し、直接ご指導をいただくことが叶わなかったのが悔しくてならない。これまでの感謝と哀悼の意をここに記し、氏の安らかなご冥福をお祈り申し上げる。

　最後に、私の仕事と研究活動を理解し、陰ながら支えてくれた妻と二人の娘、両親、実妹、親族ならびに亡き義父母に本書を捧げることをお許しいただきたい。

2018年4月30日

伊仙町歴史民俗資料館にて筆者記す

索　引

【あ行】

青崎和憲　86
赤木名城跡　1、6、77、121、124、128、154、160
赤司善彦　134
安里嗣淳　150
安里進　1、9、19、22、47、49、90、91、149
アジマシ遺跡　77
熱田貝塚　6、8、19、22、30、47、48、61、67、73、74、75、77、96、121、124、129、152
奄美大島　1、4、10、12、17、19、24、37、56、57、62、80、81、140、148
奄美諸島　1、2、4、5、8、10、12、16、17、23、24、25、28、36、37、38、40、49、57、61、62、63、66、68、69、74、76、79、80、81、82、83、86、116、119、120、123、128、130、132、140、141、145、148、150、151、152、153、154、156、160、161
網田龍生　13
上御願式　22
硫黄　61、62、152、159
硫黄島　62
池田榮史　3、18、23、48、70、90、105、134
伊佐前原第一遺跡　75、76、77、121、124、125、126、129
石塚宇紀　50
石鍋Ａ群　25、26、27、29
石鍋製作所跡　43
石鍋Ｂ群　40
糸数城跡　6、19、41、73、74、76、77、96、121、125、127、129、157
稲福遺跡　19、41、42、73、74、77、96、121、125、127、129、154
井原遺跡　127、129
伊良波東遺跡　121、129
上原真人　143
上村遺跡　35
宇宿貝塚　6、8、19、37、39、46、77、120、121、124、127、129
ウーバルグスク　77
浦添城跡　121、124、125、126、127、129
越州窯系青磁　13、17、49、57、59、60、61、63、148
榎本渉　72
大ウフ遺跡　37、39、55、56、60、75、76、77、128

大隅諸島　2、8、17、53、57、69、70、119、145、146
大島畠田遺跡　51
大泊浜貝塚　6、24、47、61、74、75、129
大西和智　90、91、133
大庭康時　141
大牧遺跡　77
沖縄県　1、8、9、22、46、47、68、86、90、119
沖縄諸島　1、3、4、5、7、8、9、10、17、19、20、22、23、24、25、27、30、31、35、38、40、41、42、48、67、68、69、74、76、79、80、81、82、83、84、116、123、128、130、132、145、148、150、154、156、159、161
沖永良部島　10、17、24、38

【か行】

カイジ村タイプ　34、35
階層表現　123、132、155、161、162
貝塚時代　7、8、9、10、12、17、19、23、47、57、61、67、145、147、148
鹿児島県　3、69、70
我謝遺跡　7、120、121、124、125、126、129
滑石混入土器　24、48、116
滑石製石鍋　4、5、8、12、19、22、43、44、45、46、47、48、49、50、53、55、56、57、61、63、64、65、67、68、74、79、81、116、119、131、132、133、134、140、142、149、150、151、152、153、159、160
滑石片　46、48、49、62
勝連城跡　6、23、74、75、76、77、121、126
窯跡　85、86、87、90、91、98、108、110、131、134、140
カムィヤキ　1、4、5、9、22、46、47、58、59、61、67、74、85、86、90、91、93、98、103、107、110、112、113、115、116、119、123、128、130、131、132、133、134、135、136、137、139、140、141、142、143、149、150、151、152、153、156、159、161、162
カムィヤキＡ群　107、110、131
カムィヤキＢ群　107、110、131
亀井明徳　68、70、83、141
甕形　19、24、30、38、40
川嶺辻遺跡　6、19、20、37、39、48、57、74、

　　　　75、76、77、81、107、110、128
還元炎焼成　　85、90
喜界島　　10、16、17、19、24、37、48、49、55、
　　　　56、61、62、81、119、123、142、148、153、154
木戸雅寿　　44、46、50
宜野座ヌ古島遺跡　　76、77
木下尚子　　82、146、158
義憲和　　86
九州島　　1、9、10、12、14、17、22、24、25、38、
　　　　40、41、43、47、49、50、53、54、55、57、61、
　　　　63、67、68、69、70、71、72、73、74、79、80、
　　　　81、82、83、85、116、119、131、132、133、
　　　　141、142、145、148、151、152、154、155、
　　　　156、159、160、161
喜屋武グスク　　23、121、127、129
供膳具　　4、13、14、15、35、40、41、42、130、
　　　　132、154、155、156、159、161、162
金武正紀　　24、47、68、74、76、90
金城亀信　　22
金城匠子　　22
具志堅亮　　22、25、41
後兼久原遺跡　　6、7、19、23、30、55、56、73、
　　　　74、77、96、129、130
グシク系土器　　20
グスク　　1、4、7、8、9、17、22、23、41、68、
　　　　76、85、86、116、130、145、149、155、156、
　　　　159、161、162
城久遺跡群　　1、6、10、19、38、48、49、55、56、
　　　　57、62、74、76、160
グスク時代　　1、3、4、5、7、8、9、10、12、16、
　　　　17、19、20、22、29、42、47、49、61、62、63、
　　　　67、85、116、133、135、149、150、155、156、
　　　　159、160、161、162
グスク土器　　20
グスク（系）土器　　20
小堀原遺跡　　48、55、56、74、77
高麗陶器　　42、78、133、134、136、137、142
鴻臚館　　16、72、142、143
国分直一　　8、146
穀類　　20、149
穀類圧痕　　21
子ハネ遺跡　　55、56、59、75、77、128
小湊フワガネク遺跡群　　1、19、48、56、65、74、
　　　　77、128
古琉球　　3
古琉球期　　1

【さ行】
下り山窯　　87、133、134、135、137、138、139、
　　　　140、142
先島諸島　　1、2、4、5、8、10、12、19、23、24、
　　　　26、27、31、34、35、38、40、41、47、53、55、
　　　　57、61、62、67、68、69、70、74、76、79、80、
　　　　81、82、83、119、120、123、130、131、134、
　　　　142、145、151、153、156、159、161
佐敷グスク　　30
佐藤伸二　　46、90
サンゴ礁　　1、146、147、148、149
三山時代　　1、6、41、162
シイナグスク　　30、76、77、129
下原Ⅳ遺跡　　37、39
柴田亮　　46、65、81
島中B遺跡　　121、128
下川達彌　　44、45
城遺跡　　38、76、77、121、124、126、128
初期高麗青磁　　42、59、69、74、79、153
初期貿易陶磁器　　10、16、17
食器類　　1、3、4、5、10、38、42、46、62、67、
　　　　123、130、145、148、153、155、159、160、
　　　　161、162
白木原和美　　133
新里貴之　　24、31、33、34、37
新里村式　　24、26、31
新里村西遺跡　　19、34、35、75、76、77、129
新里村東遺跡　　6、19、34、74、75、77、96、129
鈴木康之　　44、46、61、62
住屋遺跡　　77、157
青磁　　34、58、59、60、68、73、74、79
瀬戸哲也　　42
施文　　98

【た行】
胎土分析　　20、87、108
高腰城跡　　6、19、77、121、126、129
高梨修　　1、132
高宮廣衞　　7、8
高良倉吉　　1、17
大宰府　　1、3、14、44、54、61、62、68、70、72、
　　　　74、140、142
大宰府分類　　22、70
田中克子　　72、82、84
玉城遺跡　　39、74、77、121、125、127、128
多和田眞淳　　7
地下式窖窯　　87、138
中国産陶磁器　　5、9、10、19、31、40、41、47、
　　　　57、61、64、67、68、69、70、71、72、73、74、
　　　　76、79、80、81、83、85、92、107、108、113、
　　　　116、119、123、128、130、131、132、140、
　　　　141、142、149、151、152、153、156、158、161
中国大陸　　116、146
中世　　40、61、116、152
中世須恵器　　85、133、134、135、137

朝鮮半島　4、8、67、85、86、116、133、134、139、142、153、159
朝鮮半島産無釉陶器　120
調理具　4
貯蔵具　4、38、40、42、117、123、130、149、154、155、156
鍔付石鍋　44、45、46、47、49、50、53、54、55、62、63、65、159
壺形　19、22
陶器　3、8、9、116、140
トカラ列島　2、8、16
土器A群　19、20、21、22、24、26、29、30、31、40
土器B群　19、20、21、22、24、29、31、40、41、49、154
徳永貞紹　45、50、57
徳之島　10、16、17、24、37、38、86、116、120、123、128、132、133、134、139、149、153、156、159
徳之島カムィヤキ陶器窯跡　1、6、9、85、87、92、110、115、116、130、133、134、135、138、139、140、141、142、152、154、155、156、157、160

【な行】
中九州　12、13、14、15、70
中組遺跡　6、19、37、38、39、57、73、96、128
長崎　43、44、45、46、50、54、70、71、79
中島恒次郎　42、49、57
中村和美　13
中森式　23、24
中山清美　86
今帰仁城跡　6、19、30、41、68、73、74、75、76、77、96、121、127、129、154、157
今帰仁タイプ　69、70、71、82、83、160
鍋　7、48
鍋形　13、15、19、22、24、38、40、43、44、154
南島の中世須恵器　85、134、140
西谷正　133
西日本　46、50、53、54、138、154
日麗貿易　134、142、143、159、160
日宋貿易　141、142、143、159、160
日本列島　1、4、5、9、17、43、49、50、55、57、62、67、68、116、133、134、135、139、140、147、150、162
粘土　20、110、140
農業共同体　3、9、10
農業生産　1、3、9、133、145
農耕　1、10、20、23、43、47、49、116、145、148、150
野﨑拓司　18

野城遺跡　77、121
野城式　24

【は行】
灰原　87、90、92、102、107、110
博多　54、55、61、62、67、69、70、72、73、74、80、81、83、140、141、142、143、151、152、153、154、155、159、160
羽釜形　19、24、25、30、38、43、44、154
白磁　2、22、34、58、59、60、62、68、70、72、74、76、79、123、152、153
土師器　10、12、13、14、15、17、18、38、44、142、148
土師器甕　10、12、13、14、15、17、19、24、38、57
土師器甕系在地土器　12、13、17、158
把手　25、26、27、28、29、31、33、36、37、38、40、51
把手付石鍋　44、45、46、47、49、50、51、53、54、55、56、57、61、62、63、65、141
波状文　104、137
鉢　74、85、90、93、100、104、105、110、113、123、133、156
半田遺跡　55、56、77、128
半田口遺跡　55、56、60、77
東アジア　1、4、5、46、116、134
東九州　70
東貴之　45
東日本　54、62、65
ヒヤジョー毛遺跡　96、121、124、129
ビロースク遺跡　6、19、34、35、68、73、74、75、76、77、121、125、129、154、157
ビロースク式　24、34
ビロースクタイプⅠ類　69、73、74、76、81、82、83、156
ビロースクタイプⅡ類　69、73、74、76、81、82、83、156
廣瀬祐良　8、86
闊底土器　20
フェンサ下層式　7、22
フェンサ城貝塚　7、22、73、96、121
フェンサ城式　20、22
フェンサ上層式　7、20、22
不動寺遺跡　52
平敷屋トゥバル遺跡　121、124、129
辺留窪遺跡　77、121、125、128
北宋白磁　17
北部九州　16、45、46、54、55、62、70、79、116、134、142、143、153、159

【ま行】
舞将里窯　　6、134、135、136、138、139
前当り遺跡　　74、77
前畑遺跡　　17、37、38、39、52、55、56、58、73、
　　77、96、128
真志喜森川原　　30
マツノト遺跡　　6、10、11、12、14、15、16
万屋グスク　　128
三島村　　19、56、62
南九州　　12、13、14、15、18、51、70、72、85、
　　134、141、142、146、153
南中国　　85、153、156、161
宮城弘樹　　22、25、29、41、48、50、55
宮平式　　22
銘苅原遺跡　　19、41、74、75、77、121、124、
　　125、126、127、129、154
森田勉　　22、44、50、51

【や行】
ヤコウガイ　　4、10、61、116、148、150、159
ヤジャーガマ遺跡　　6、22、46、90、121、124
ヤジャーガマＡ式　　22
ヤジャーガマＢ式　　22、47
山川第六式　　22
山田中西遺跡　　17、52、55、56、58、77、128
山田半田遺跡　　17、37、38、39、55、56、58、74、
　　77、128
山本信夫　　45
屋良グスク　　76、77、121、125、126、129
吉岡康暢　　76、90、91、117、134、135、140、
　　142、143、162
吉成直樹　　3
四本延宏　　86
与論島　　17

【ら行】
琉球王国時代　　162
琉球圏　　150
琉球国　　1、2、3、4、5、9、10、67、116、145、
　　150、158、161、162
琉球列島　　1、2、3、4、5、7、8、9、10、12、16、
　　17、23、40、41、42、43、45、46、47、48、49、
　　50、53、54、55、56、57、61、62、63、64、67、
　　69、70、71、72、73、74、76、79、80、81、82、
　　83、85、86、113、116、119、120、123、131、
　　132、133、134、139、140、141、142、143、
　　145、146、148、150、151、152、153、154、
　　155、156、159、160

【わ行】
椀形　　19、22、31

琉球国成立前夜の考古学
(りゅうきゅうこくせいりつぜんや こうこがく)

■著者略歴■

新里亮人（しんざと・あきと）

1977年　沖縄県生まれ
2007年　熊本大学大学院社会文化科学研究科修了
　　　　学位：博士（文学）
現　在　伊仙町教育委員会　学芸員

〔主要論著〕

・「琉球列島穀物生産小考」『先史学・考古学論究Ⅴ』甲元眞之先生退官記念論集、龍田考古会、2010年
・「考古学からみた徳之島の生活文化」『鹿児島環境学3』鹿児島大学、2011年
・「穀物生産をめぐる考古学と民族学―琉球列島を中心に―」『先史学・考古学論究Ⅵ』龍田考古会、2014年
・「貝塚時代前4期奄美諸島の土器様相」『鹿児島考古』47、鹿児島県考古学会、2017年
・「考古資料からみた中世の宇検村」『宇検村誌　自然・通史編』宇検村誌編纂委員、2017年

2018年10月25日発行

著　者　新里亮人
発行者　山脇由紀子
印　刷　藤原印刷㈱
製　本　協栄製本㈱

発行所　東京都千代田区飯田橋4-4-8
　　　　（〒102-0072）　東京中央ビル　㈱同成社
　　　　TEL 03-3239-1467　振替 00140-0-20618

©Shinzato Akito 2018. Printed in Japan
ISBN978-4-88621-806-3 C3021